조선경학의
문화다원론적 심화와 대안

조선경학의 문화다원론적 심화와 대안
【조선경학사상사 연구 시리즈 2】

초판 1쇄 인쇄 2022년 6월 21일
초판 1쇄 발행 2022년 6월 30일

지은이 / 한림대학교 태동고전연구소 편
인 쇄 / 북토리

펴낸곳 / 도서출판 동과서
경기 고양시 일산서구 송파로 151번길 24
등록번호 / 제22-405호

D.K.S. Publishing Co.
24, Songpa-ro 151 beon-gil, Ilsanseo-gu,
Goyang-si, Gyeonggi-do, Korea

전화 / (02)333-7533
팩스 / (02)6280-2353

값 35,000원

ISBN 978-89-6525-147-7 (94140)
978-89-6525-140-8 (세트)

태동고전연구총서 2

조선경학의 문화다원론적 심화와 대안

【조선경학사상사 연구 시리즈 2】

한림대학교 태동고전연구소 편

동과서

이 저서는 2017년 대한민국 교육부와 한국연구재단의 지원을 받아 수행된 연구임 (NRF-2017S1A5B8058894)

* 필진 소개 (가나다순)

엄연석(嚴連錫) :

서울대학교에서 철학박사학위를 취득하고, 현재 한림대학교 태동고전연구소 교수로 재직하고 있다. 저서로 『조선전기역철학사』(2013)가 있고, 번역서로 『심경주해총람(상 · 하)』(공역)이 있으며, 「여헌 역학사상의 경위설과 분합론의 도덕실천적 의미」(2021), 「최명길의 「중용관견」에 나타난 경학적 특징과 문화다원론적 지평」(2020) 등의 논문이 있다. yseom05@nate.com

강경현(姜卿顯) :

연세대학교에서 철학박사학위를 취득하고, 강원대학교 윤리교육과 조교수를 거쳐 현재 성균관대학교 유학동양학과 조교수로 재직하고 있다. 저서로 『퇴계 이황의 리(理) 철학: 지선(至善) 실현과 자기완성』(2022)이 있고, 번역서로 『퇴계 선생이 엮은 옛사람들의 마음 닦기』(공역)가 있으며, 「천명(天命)에 대한 조선유학의 주목과 퇴계(退溪) 해석의 철학사적 의의」(2017) 등의 논문이 있다. kangkh@skku.edu

이영호(李昤昊) :

성균관대학교에서 문학박사학위를 취득하고, 현재 성균관대학교 동아시아학술원 교수로 재직하고 있다. 저서로 『동아시아의 논어학』(2019)dl 있고, 번역서로 『이탁오의 논어평』(2009)이 있으며, 「공자와 부처 : 『논어』 주석사적 전통에서 바라본 유교와 불교의 교섭양상」(2016), 「남헌학(南軒學)의 수용을 통해 본 한강학(寒岡學)의 새로운 이해」(2017) 등의 논문이 있다. lyh6896@skku.edu

이원석(李遠碩) :

서울대학교에서 철학박사학위를 취득하고, 현재 전남대학교 철학과 교수로 재직하고 있다. 공저로 『성리와 윤리』(2020)가 있고, 번역서로 『인학본체론』(2021), 『주희의 역사세계』(2015) 등이 있으며, 「정조와 윤행임의 「대학장구 서문」 해석과 인물성동이 논쟁」(2021), 「성현(成俔)의 『춘추』 이해와 문명 –야만의 구도」(2021) 등의 논문이 있다. wonseok.lee73@gmail.com

이해임(李海任) :
서울대학교에서 철학박사학위를 취득하고, 현재 상산고 철학 교사로 재직하고 있다. 저서로 『21세기 유교 연구를 위한 백가쟁명 2: 정상과 이상의 대결 역사』(공저, 2019)가 있고, 「허형(許衡)과 정몽주(鄭夢周)의 화이관(華夷觀) 연구」(2021), 「최명길(崔鳴吉)과 조익(趙翼)의 경전 해석 경향과 그 의의: 『사문록』, 「맹자기의(孟子記疑)」를 중심으로」(2020) 등의 논문이 있다. yihaem@gmail.com

이행훈(李幸勳) :
성균관대학교에서 철학박사학위를 취득하고, 현재 한림대학교 한림과학원 교수로 재직하고 있다. 저서로 『학문의 고고학』(2016), 『한주학파 재전 제자들과 영남 유현들의 활동과 사상』(2021, 공저), 『비교와 연동으로 본 19세기의 동아시아』(2020, 공저), 『백가쟁명』(2019, 공저) 등이 있고, 그 외에 다수의 논저와 역서가 있다. wunhwa@hallym.ac.kr

임재규(林在圭) :
중국 복단대학 역사학과에서 역사학박사학위를 취득하고, 현재 서울대학교 인문학연구원 객원연구원으로 재직하고 있다. 저서로 『다산 정약용의 역학이론』(2019), 『한국사회와 종교학』(공저, 2017), 『화해의 마음으로 세상을 보다』(역서, 2012) 등이 있고, 「주역 역사 형성과 서법의 상관관계」(2018), 「정약용 효변론의 연원에 대한 시론적 고찰 」(2013) 등 다수의 논문이 있다. sanshan@hanmail.net

한정길(韓正吉) :
연세대학교에서 철학박사학위를 취득하고, 현재 한림대학교 태동고전연구소 연구교수로 재직하고 있다. 저서로 『동양고전 속의 삶과 죽음』(공저, 2018) 등이 있고, 역서로 『전습록』(공역, 2001) 등이 있으며, 「태주학파 왕간의 '안신'설에 기초한 경세사상」(2019), 「정제두 「대학설」의 특성과 그 경학사상사적 의미」(2019), 「왕수인의 경세사상」(2017) 등의 논문이 있다. philohan@hanmail.net

황병기(黃昞起) :
연세대학교에서 철학박사학위를 취득하고, 현재 서경대학교 동양학과 특임교수이다. 저서로 『정약용의 주역철학(연세국학총서96)』(2014), 『공자혁명: 2000년 전의 유교, 현대 교육에 메스를 대다』(공저, 2015) 등이 있고, 역서로 『역주 대학공의 대학강의 소학지언 심경밀험』(공역, 2014) 등이 있으며, 「여헌 장현광의 도맥과 퇴계학 전승의 문제」(2016) 등의 논문이 있다. hw7533@naver.com

| 간행사 |

본 저서는 2017년 한국연구재단에서 지원하는 대학중점연구소 사업의 과제로 수행한 '조선시대 경학사상사에 대한 문화다원론적 비판 연구 -패러다임의 변이와 동요, 전환을 중심으로'라는 과제의 연구결과물이다. 이 연구 주제는 태동고전연구소에서 여말선초 이후 경학사상사의 흐름에 대한 보다 심도 있고 중층적인 내용을 이해하기 위하여 연례 학술회의를 계획하여 시행하기 시작한 2002년으로 거슬러 올라간다. 연구소에서는 2002년부터 8회에 걸쳐 조선시대 경학과 경학사상, 그리고 경학과 경세론 사이의 상관관계에 관한 학술회의를 시행하여 성과를 이루어 왔다. 이후 연구소에서는 2013년에 한국연구재단에서 지원하는 일반공동연구과제로 '조선전기 경학사상사의 통섭적 연구 -표준적 개념지도 구성과 지평 설정을 중심으로-'를 주제로 한 3년의 연구 과제를 수행하였다. 이러한 연구 경험을 토대로 본 연구소에서는 2017년 9월부터 2023년 8월까지 조선시대 경학사상사에 관하여 현재 2단계 3년차 연구를 수행하고 있다.

태동고전연구소에서 조선시대 경학사상사를 문화다원론적 견지에서 연구하고자 한 목적은 현대 인류사회의 여러 문제점에 대한 절실한 성찰의 과정에서 나온 연구 주제라고 할 수 있다. 현재 코로나 19(covid-19)가 만연해 있는 상황이 상징적으로 보여주는 현대사회의 문제점은 몇 가지 특징을 지닌다.

현대 인류사회는 과학의 혁명적 발전과 기술발전에 힘입어 고도의 물질문명을 성취함으로써 삶의 외적 조건을 향유하고, 멀티미디어로 대표되는 정보통신과 지식정보를 인공지능화함으로써 풍요로운 물질적 삶을 영위하는 것이 가능해졌다. 또한 정치·경제·사회·문화적으로 자유, 평등, 정의, 그리고 개인의 권리와 존엄성, 프라이버시(Privacy), 재산권 보장 등과 같은 민주주의와 자본주의의 핵심 가치를 누리고 있다. 하지만 이와 같은 긍정적 요소 이면에 인간중심적 세계관과 도구적 이성관에 따른 계산적 이기심이나, 물질적 진보와 같은 경제적 가치에 근거하여 자연을 지나치게 개발함으로써 생태계의 위기를 초래하였다.

또한 개성을 존중하는 자유민주주의와 물질적 욕구를 긍정하는 자본주의적 세계관은 개인을 사적(私的) 가치를 추구하는 원자적인 이기적 개체로 파편화시켰다. 이러한 현상과 가치 체계는 공동체로부터 개인을 고립시킴으로써 여러 병리현상을 낳는 원인이 되고 있다. 나아가 인류사회는 개인과 개인, 개인과 사회, 사회와 국가, 그리고 국제사회에 있어 공동체적 가치관을 소홀히 함으로써 문화적 갈등과 도덕적 무질서가 만연되어 있다. 현재의 한국 사회도 결코 예외가 아니다. 특히 정치 경제적 권력의 불균등과 불평등이 개선되지 않는 환경이 그대로 유지되고 있다. 구체적으로 지역 간, 계층 간, 성별, 세대 간, 종교 간, 소수자 및 이주자, 장애인 등 사회의 많은 영역에 내재되어 있는 불평등 구조는 사회적 통합과 조화를 해치는 요인이 되고 있다.

이러한 사회문화적 현상에 대한 전통철학적 대응으로 본 연구과제에서 조선시대 경학사상사를 문화다원론적 시각에서 연구하고자 하는 것은 이러한 문제들을 개선할 수 있는 이론 체계와 방법론을 탐색하고자 하는 것이다. 문화다원론은 중심문화와 주변문화가 각각 고유한 가치를 가지고 있어서, 아무런 수직적 위계를 가지지 않으며 수평적 평등적 차원에서 특수성과 고유성 자체를 가치로 가지는 것으로 이해된다. 이러한 관점에서 조선시대 경학사상사를 '문화다원론적 비판'이라는 관점에서 탐색한다는 것은 조선시대 각 시기를 경학(經學)과 유학(儒學) 사상을 중심으로 정치, 경제, 사회, 문화적 관점에서 중층적이고 복합적인 측면을 다양성의 시각, 수평적 시각에서 재점검하는 것을 의미한다.

그동안 조선시대 경학사상사는 주희 성리학을 중심으로 주리(主理)와 주기(主氣)의 구분, 정통(正統)과 이단(異端)의 구별, 중화(中華)와 이적(夷狄)의 구별, 유학(儒學)과 도불(道佛)의 구별, 성리학과 양명학의 구별과 같은 비본질적인 기준에 따라 학문과 이론을 수직적, 권력적으로 차별하는 경향이 있었다. 이러한 경향 가운데 일제 강점기의 식민사학자들은 조선경학사상사를 주리론과 주기론으로 구별하여 획일화함으로써 조선시대 경학사상사의 이데올로기성과 단일성을 강조하는 폐단을 낳기도 하였다.

본 저술은 이러한 권력적이고 이데올로기적인 폐쇄성을 벗어나 보다 다층적인 조선시대 경학사상사를 문화다원론적 관점에서 수평적 다양성과 문화적 고유성을 가지는 측면에 주목하여 연구한 것이다. 또한 조선경학의 여러 이론이 지니는 자체의 고유한 의미를 현대사회의 중심적 가치와 연관지어 고찰하면서 여러 불평등한 문제들을 개선할 수 있는 이론적 기준과 체계로서 재해석하고자 하였다.

'자유의지', '인권' 등과 같은 서양철학 사상의 여러 개념을 이해하기 위하여 '마음(心)'과 '감정(情)' 같은 유학적 개념을 인지심리학적 관점에서 바라보는 연구 성과들이 있다. 이러한 연구들은 서양철학과 현대 학문의 시각에서 유가철학 사상에 대한 통합과 융합의 관점을 지향하는 것이라 할 수 있다. 본 저술에서 패러다임 개념을 중심으로 하여 경학사적 지평을 준거틀로 삼아 조선시대 사상유형의 특성들을 통섭적, 수평적 관점에서 재조명하고자 한 것은 최근의 통합적 학문 경향에 대한 이론적 기초를 정립하기 위한 것이기도 하다. 이런 측면에서 본 저술은 보다 다층적인 특성을 내포하고 있는 현대사회의 여러 문제를 진단하고 개선하기 위하여 실용적·윤리적 가치 표준을 도출하는 데 도움이 될 것이다.

본 저술은 연구과제에 참여하여 연구를 수행한 모든 공동연구원들의 성심을 다한 연구열이 있었기 때문에 가능하였다. 연구에 참여하여 원고를 작성하신 한정길, 조정은, 이해임, 강경현, 이경구, 이영호, 이원석, 이행훈, 이현선, 임재규, 함영대, 황병기 등 모든 공동연구원들의 노고에 깊이 감사드린다. 아울러 여러 가지 번거로운 과정에도 불구하고 품격이 있는 저술을 출간해 주신 동과서 출판사의 황병기 박사님께도 각별히 감사드린다.

2022년 6월 29일

한림대 태동고전연구소 소장 엄연석 識

차 례

제2부 비판과 대안

제 1 부
심화와 분기

『논어』 오여회언장(吾與回言章)에 대한 조선의 주자학적 접근

강 경 현

* 이 글은 『태동고전연구』 40집(2018.06)에 게재한 「『논어』 "오여회언(吾與回言)"장(章)에 대한 조선의 주자학적 접근」를 본 저서의 간행 취지에 맞춰 일부 수정한 것이다.

1. 들어가는 말

“오여회언장(吾與回言章)”으로 알려져 있는 『논어』 「위정(爲政)」 9장에 대한 주자의 정론은 『논어집주(論語集註)』에 수록된다. 안회에 대한 공자의 평가가 담긴 이 구절은 안회가 이해한 공자의 가르침이 구체적으로 무엇이었는지 확인할 수 있는 유의미한 자료이다. 그러나 이와 관련한 주자의 해석이 처음부터 『논어집주』와 동일했던 것은 아니다. 『연평답문(延平答問)』과 『논어정의(論語精義)』, 『논어혹문(論語或問)』 그리고 『주자대전(朱子大全)』과 『주자어류(朱子語類)』를 통해 주자의 이 구절에 대한 해석의 변천 과정을 확인할 수 있다.

『논어집주대전(論語集註大全)』을 통해 “오여회언장”을 접한 조선의 학자들은 『논어집주』에 입각하여 이 구절을 해석하고자 하지만, 『논어집주대전』 소주(小註)에서 각기 다른 시기의 주자 해석을 단편적으로 제시하고 있기 때문에 야기된 몇몇 문제를 맞닥뜨린다. 이를 해결하기 위해 조선에서는 주자 문헌에 대한 추가적 검토를 진행해 나가면서 “오여회언장”을 이해하는 데 도움이 되는 구절들을 선별하여 체계화한다. 이러한 과정은 『논어집주』와 관련된 주자의 입장을 확인할 수 있는 문헌의 장악을 동반함으로써 조선의 주자학적 『논어』 해석을 심화시키는 토대 자료 구축의 의미를 갖는다. 그리고 이것은 조선에서 진행된 주자학적 유가 경전 해석이 동아시아 층위에서 갖는 문화다원론적 특징을 읽어낼 수 있도록 한다. 조선의 주자학적 학술 문화를 『오경대전(五經大全)』과 『사서대전(四書大全)』의 유입에 주목하여 조망함으로써 조선의 유가 경전 해석이 주자 관련 문헌 집성의 과정을 거쳤던 한 요인을 확인할 수 있을 것이다.

2. 『논어집주대전』 오여회언장의 문제

공자께서 말씀하셨다. "내가 안회와 더불어 온종일 이야기를 함에 어기지 않아 어리석은 사람인 듯하였다. 물러나 그 사(私)를 살피니 발(發)하기에 충분했다. 안회는 어리석지 않구나!"[1)]

안회(顔回)는 공자(孔子)의 뛰어난 제자이다. 공자가 그의 이른 죽음에 대해 크게 슬퍼하였던 사실은 『논어』에 반복적으로 기록되어 있다. 안회에 대한 공자의 칭찬 역시 여러 차례 발견된다. 그의 배움을 좋아하고[好學] 즐거움을 고치지 않았던[不改其樂] 면모는 끊임없이 회자되는 유학의 지향처 가운데 하나이다. 공자와 안회의 대화는 보다 직접적으로 유학의 이상을 읽어낼 수 있는 자료라는 점에서 주목된다. 그 가운데 핵심은 사물(四勿)과 극기복례(克己復禮)라는 선명한 가르침을 내용으로 하는 인(仁)에 대한 대화이다.[2)]

현행본 『논어』에서 안회가 처음 등장하는 이른바 "오여회언장"은 다소 함축적이다. 주자(朱子, 1130~1200)는 공자와 안회가 온종일 나누었던 대화의 내용이 전해지지 않는 것에 대해 안타까워하기도 했다.[3)] 그뿐만이 아니다. 이 장에 대한 일차적인 번역을 위해 확정되어야 하는 사항들, 예를 들어 물러난 것이 누구인지("退"의 주어), 누

1) 『論語』 「爲政」 9. "子曰, 吾與回言終日, 不違如愚, 退而省其私, 亦足以發, 回也不愚."

2) 『論語』에 안회(顔回)는 21회 이상 등장하며, 그의 죽음과 관련된 기록은 6회 발견된다. "好學"과 관련한 구절은 「옹야(雍也)」 2장과 「선진(先進)」 6장에 보이며, "不改其樂"은 「옹야」 9장에 나온다. 안회의 인(仁)에 대한 물음이 실린 구절은 「안연(顔淵)」 1장이다.

3) 『朱子語類』 卷24, 1條目. "『論語』所載顔子語, 止有'喟然之歎'與'問仁'兩章而已, 而夫子曰'吾與回言終日', 不知是說甚麽, 惜乎其不傳也!"

가 무엇을 살핀 것인지("省"의 주어와 "私"의 의미), 그리고 누가 무엇을 발(發)했다는 것인지("發"의 주어와 목적어)도 명확히 파악하기가 쉽지 않다.

이를 해결하기 위한 고민의 산물은 『논어』에 대한 역대 주석들에 담겨 있다. 『논어』에 대한 대표적 주석서로는 소위 고주(古注)와 신주(新注)라 불리는 『논어주소(論語注疏)』와 『논어집주(論語集註)』가 손꼽힌다. 그러나 『논어』가 동아시아의 고전으로서 지속적으로 재해석되어온 만큼 『논어주소』와 『논어집주』는 이 구절에 대한 해석에서 차이를 보인다.[4)]

조선은 『논어집주』를 『논어』 해석의 표준으로 삼았다고 한다.[5)] 이는 주자의 시선을 따라 공자와 안회를 이해했음을 뜻한다. "오여회언장"에 대한 『논어집주』의 설명은 다음과 같다.

> 회(回)는 공자의 제자이니, 성은 안(顔)이고, 자는 자연(子淵)이다. 어기지 않는다[不違]는 것은 의견이 서로 어긋나지 않아 듣고 받아들이기만 하고 의문과 논란이 없는 것이다. 사(私)는 한가히 혼자 거처함을 말하니, 나아가 뵙고 묻는 때가 아니다. 발(發)은 말한 바의 이치를 발명(發

4) 북송의 형병(邢昺, 932~1010)의 소(疏)를 보면, "退"의 주어는 안회, "省"의 주어는 공자, "私"의 의미는 동문들과 대화를 나누는 공간인 私室, "發"의 주어는 안회, "發"의 목적어는 안회의 동문들과의 대화 속에서 드러낸 공자 가르침의 대체(大體)이다. 후술하겠지만, 공자가 안회를 칭찬한 지점에 대해서 주자는 사물(四勿)과 극기복례(克己復禮)를 실천하는 안회의 평소 삶의 태도였다고 설명하는데, 『논어주소(論語注疏)』는 안회가 강론한 내용에 초점을 맞추고 있다. 『論語注疏』, 「爲政」 9章. "【注】孔曰, 察其退還與二三子說釋道義, 發明大體, 知其不愚." "【疏】退而省其私, 亦足以發. 回也不愚者, 言回旣退還而省察其在私室, 與二三子說釋道義, 亦足以發明大體, 乃知其回也不愚."

5) 김영호, 『논어의 주석과 해석학』, 문사철, 2010, 65-66쪽 참조.

明)함을 이른다.[6)]

내가 스승(연평)에게 들으니, "안자는 깊이 침잠하고 순수하여, 성인(聖人)에 대해서 체단(體段)을 이미 갖추었다. 부자(夫子)의 말씀을 들음에 묵묵히 이해하고 마음이 융회하여 만나는 곳마다 환하여, 자체로 조리(條理)가 있었다. 그러므로 종일토록 말을 함에 다만 어기지 않아 어리석은 사람과 같음을 볼 뿐이었는데, 물러간 뒤에 그가 혼자 지내는 것을 살펴보니, 일상의 동정(動靜)과 어묵(語默) 사이에서 모두 충분히 부자(夫子)의 도(道)를 발명하여 평탄히 그것을 말미암아 의심함이 없음을 보았다. 그런 뒤에야 그가 어리석지 않다는 것을 아신 것이다"라고 하였다.[7)]

주자의 설명은 크게 두 부분으로 나뉜다. 하나는 개별 자구에 대한 풀이이다. 여기에서 풀이 대상이 되는 글자는 "회(回)", "불위(不違)", "사(私)", "발(發)"이다. 다른 하나는 이 구절의 의미에 대해 스승 연평(延平) 이통(李侗, 1093~1163)의 말을 『연평답문(延平答問)』에서 직접 인용해 놓은 부분이다. 연평의 말에 의하면 이 구절은 안회가 혼자 지내는 것을 공자가 지켜보다가 평소 생활 전반에서 자신의 가르침을 잘 드러내고 있었기 때문에 칭찬한 것으로 해석된다. 연평과 주자의 말에 따르자면 이 구절에서 안회가 드러낸 공자의 가르침이 무엇인지를 독해해 내는 것이 핵심이 될 것이다. 그러나 안회가 드러낸 공자의 가르침이 무엇인지를 간파해 내기 위해서는 적지 않은 논란의 지점들을 헤쳐나가야만 했다. 주자에게서 그것은 선배 및 동

6) 『論語集註』. "回, 孔子弟子, 姓顏, 字子淵. 不違者, 意不相背, 有聽受而無問難也. 私, 謂燕居獨處, 非進見請問之時. 發, 謂發明所言之理."

7) 『論語集註』. "愚聞之師, 曰顏子深潛純粹, 其於聖人, 體段已具, 其聞夫子之言, 默識心融, 觸處洞然, 自有條理. 故終日言, 但見其不違如愚人而已, 及退省其私, 則見其日用動靜語默之間, 皆足以發明夫子之道, 坦然由之而無疑, 然後知其不愚也."

료 학자들의 견해를 검토하여 취사하는 일이었고, 주자를 좇고자 했던 조선 주자학계에서 그것은 온전한 번역을 정립하는 문제였다.

이 글에서는 "오여회언장"에서 안회가 드러낸 공자의 가르침의 내용이 무엇인지 찾아갔던 주자, 그리고 그와 동일한 목표 아래 해당 구절에 대한 정확한 번역부터 시도했던 조선의 주자학적 해석 과정을 살펴보고자 한다. 다만 논의의 시작은 조선의 『논어』 연구가 가시적 성과를 내기 시작한 16세기로 잡고자 한다. "오여회언장"을 통해 공자의 도를 규명하기 위한 주자의 여정과 400여 년 후 그 여정을 뒤따랐던 조선의 지향은 하나의 혼란 속에서 조우한다. 그 접점에 『논어집주대전(論語集註大全)』이 자리하고 있다.

조선의 『논어』 연구는 일련의 발전 단계를 거친다. 먼저 번역 단계의 산물이라고 할 수 있는 현토와 구결, 석의, 언해가 출현한 후, 주자학적 사유의 체계화와 맞물려 주자학적 경전 해석은 심화되어 갔다.[8] 이 과정에서 번역과 해석의 대본이 되었던 문헌은 『논어집주대전』이다.[9] 명의 영락제(永樂帝) 시기 『오경대전(五經大全)』, 『성리대전서(性理大全書)』와 함께 『사서대전(四書大全)』(1415)은 편찬되었는데, 그 안에 『논어집주대전』이 수록되어 있다. 이 책의 두드러진 특징은 주자의 주석과 함께 소주(小註)가 존재한다는 사실이다. 이 소주는 사서에 대한 주자 주석 이해에 도움이 되고자 하는 취지에서 명대 편찬자들이 포착한 주자와 주자 당대 및 전후 학자들의 발언들로 이루어

8) 이영호, 「조선 논어학의 형성과 전개양상」, 『동양철학연구』 59, 동양철학연구회, 2009, 127-132쪽 참조.

9) 현전하는 조선 시대 『논어』 간행 판본과 관련해서는 다음을 참조. 안현주, 「조선시대에 간행된 한문본 『논어』의 판본에 관한 연구」, 『서지학연구』 24, 한국서지학회, 2002.

져 있다.[10)]

1419년 『사서대전』의 수입 이후 조선의 『논어』 해석의 토대에 『논어집주대전』이 자리하게 되면서 다음과 같은 상황이 이어진다. 우선 『논어집주』가 조선의 『논어』 번역의 기준이 된다. 또한 조선에서 『논어집주대전』의 소주가 『논어집주』를 이해하는 데 유용한 참고자료로 활용된다. 그 연유는 소주의 구성에서부터 알 수 있다. 첫째는 주자 이전 학자들의 발언을 인용함으로써 주자 『논어집주』의 연원적 사유를 살펴볼 수 있게끔 하기 때문이다. 둘째는 주자의 다른 문헌들에 실린 『논어집주』 주석 관련 언설들을 제시함으로써 『논어집주』를 보다 풍성하게 이해할 수 있게 하기 때문이다. 셋째는 주자 후학들의 발언을 수록함으로써 주자 이후 『논어집주』에 대한 다양한 해석의 갈래들을 따라가 볼 수 있도록 하기 때문이다.

그런데 문제는 『논어집주대전』에는 『논어집주』만 수록된 것이 아니라, 주자 전후 학자들의 발언들이 함께 제시되고 있다는 동일한 이유에서 발생한다. 이는 『논어』 재해석의 층위가 다양해질 수 있는 단초들이 『논어집주대전』을 통해 함께 제시되고 있음을 의미한다. 단적으로 소주를 통해 제시되고 있는 여러 시기 학자들의 발언이 『논어집주』와 과연 부합하느냐 하는 문제가 발생하는 것이다. 이는 곧 『논어집주』에 대한 해석을 다각화시키는 소주들을 어떠한 방식으로 『논어집주』와 연관시킬 것이냐의 문제이기도 하다. 이와 같은 대전류 문헌

10) 『사서대전(四書大全)』 소주(小註)의 존재로 『사서대전』은 “송원 성리학자들의 학술을 집대성한 저작”이라는 평가를 받기도 한다. 그러나 한편으로는 원대 진력(陳櫟)이 저술한 『사서발명(四書發明)』과 호병문(胡炳文)이 저술한 『사서통(四書通)』을 예사의(倪士毅)가 한데 모아 편찬한 『사서집석(四書輯釋)』을 답습한 것에 불과하다는 평가도 받는다. 당윤희, 「《사서대전》 판본의 변화와 정주리학의 연변」, 『中國語文論譯叢刊』 20, 중국어문논역학회, 2007, 266-269쪽 참조.

소주의 문제점에 대한 지적은 훗날 고염무(顧炎武, 1613~1682)에게서 선명하게 발견되고, 조선에서는 율곡(栗谷) 이이(李珥, 1536~1584)에 의해 소주 관련 문제제기가 본격적으로 이루어진다.[11]

이뿐만 아니라 소주에 실린 주자의 발언들 간의 정합성 여부 또한 문제가 된다. 주자 저술에 대한 장악이 완벽해지기 이전의 조선[12]은 개별 『논어』 구절에 대해 다각도에서 접근했던 주자의 논의들을 접할 수 있다는 측면에서 『논어집주대전』을 활용하였지만, 소주와 소주, 소주와 집주 사이의 간극을 초래하는 구절들로 인해 유가 경전을 주자학적으로 읽어내는 데 혼란을 맞닥트리기도 했던 것이다.[13] 즉 『논어집주』의 정론을 완벽히 파악하는 데까지 나아가기 위해서는 보다 포괄적이고 정교한 문헌적 검토가 필요했다.

이러한 어려움은 비단 『논어집주대전』 소주의 존재 때문만은 아니다. 『논어』에 대한 주자 해석의 정론이 『논어집주』에 담겨 있다고 할 수 있겠지만, 실제 『논어집주』 형성에는 『논어정의(論語精義)』와 『논어혹문(論語或問)』 등의 저술 과정이 결부되어 있었다.[14] 그리고 『연평답문(延平答問)』과 『주자어류(朱子語類)』를 통해서는 『논어집주』로 완성되기까지 주자 견해의 변천 과정이 발견되기도 한다. 현재에는 잘

11) 전재동, 「17세기 율곡학파의 『대학』 해석 연구」, 『국학연구』 16, 한국국학진흥원, 2010, 802-803쪽 참조.

12) 이 시기를 특정하는 데에는 많은 조건을 고려해야 한다. 『논어』에 한정하여 본다면, 『論語精義』가 입수된 17세기 말이라고 할 수 있다.

13) 특히 『사서대전』 小註의 문제와 관련해서는 다음을 참조. 지준호, 「『사서대전』 黃氏·勉齋黃氏 주해 연구」, 『유교사상문화연구』 17, 한국유교학회, 2002, 234-237쪽.

14) 이영호, 「『논어집주』의 성서과정을 통해 본 주자 경학의 특징」, 『한문학보』 9, 우리한문학회, 2003 참조.

알려져 있는 이러한 『논어집주』 형성과정 및 『논어』에 대한 주자의 여러 입장에서의 해설과 관련하여, 16세기 조선에서는 『논어집주대전』을 정밀하게, 예를 들어 소주까지 고려하며 독해해 나가기 시작하였음에도 불구하고 여전히 아직 완벽하게 파악하고 있지는 않았던 것으로 보인다. 주자 『논어』 해석의 정론을 파악하기 위해서는 그의 사유 궤적을 더 정확히 짚어볼 필요가 있었으며, 그러한 과정을 확인할 수 있는 문헌으로의 접근이 필수적이었던 것이다. 이러한 상황 속에서 『논어집주』에 입각한 『논어』 번역과 해석을 진행하는 데 있어 곤란한 부분들에 대한 조선 학계의 논의는 매우 활발히 진행되었다. 그 가운데 소주 독해를 통해 발견된 주자 발언의 불일치를 계기로 하여 『논어』에 대한 이해가 심화되어 가는 과정을 보여주는 구절이 바로 "오여회언장"이다.[15)]

1550년대부터 작성되기 시작하여 1609년에 간행된 것으로 알려져 있는 퇴계(退溪) 이황(李滉, 1501~1570)의 『논어석의(論語釋義)』[16)]에서는 "오여회언장"과 관련하여 『논어집주대전』 소주들 사이의 차이점에 주목한다. "퇴이성기사(退而省其私)"에서 "퇴(退)"의 주어와 "성(省)"의 주어가 무엇인지 문제가 되었던 것이다. 이는 "퇴"와 "성"의 주어를 공자로 보는 견해와 "퇴"의 주어는 안회, "성"의 주어는 공자로

15) 이 글에서는 일차적으로 한국경학자료시스템(http://koco.skku.edu/index.jsp)에 수록되어 있는 조선의 주석서들을 대상으로 하였다. 이러한 자료의 제한은 적어도 다음의 문제들을 발생시킨다. 하나는 "한국경학자료"에 포함되지 않은 기록들의 존재이다.(예를 들어 관련 구절에 대한 서간문 등의 기록) 다른 하나는 "한국경학자료"에 포함된 주석서 간행과 해당 경전, 해당 구절에 대한 이해 사이의 시간적 간극이다.

16) 김언종, 「퇴계의 『논어석의』 소고」, 『퇴계학보』 107, 퇴계학연구원, 2000, 139-140쪽 참조.

보는 두 입장이 소주에서 모두 주자의 해석으로 제시되고 있기 때문이었다.[17] 이러한 혼란을 제공하는 구절은 『주자어류』와 『주자대전(朱子大全)』에서 발췌된 것으로, 각 구절에서 "퇴"와 "성"의 주어에 대한 설명은 다음과 같다.

> 부자가 물러나 안자의 혼자 있을 때를 살펴본 것이다.[18]
> 퇴는 부자가 물러난 것이 아니라 안자가 물러난 것이다.[19]

이 부분을 인용하며 퇴계는 기존 현토의 부정확함을 지적하면서 "성"의 주어가 안회가 아니라 공자라는 판단을 내린다.

> 【退而省其私】 (『논어집주대전』 소주에서) 앞에 실린 주자의 설명(에 따른 기존 현토): 退커늘 其 私를 省호니. (『논어집주대전』 소주에서) 뒤에 실린 주자의 설명(에 따른 기존 현토): 退ᄒᆞ야 그 私애 省ᄒᆞ야.
>
> 다음과 같이 생각한다. 소주에서 앞에 나오는 주자의 설명은 "부자가 물러나 안자의 혼자 있을 때를 살펴본 것이다"이니, "退ᄒᆞ야 그 私를 省

---

17) 이와 관련한 논의는 조선에서 이후 지속된다. 일례로 다음을 참조. 『梅山先生文集』 卷10, 「與李子岡【己丑(1829)二月廿七日】」. "顏子不違如愚章退省二字之義, 洲丈則以爲退屬顏子省屬夫子, 而未承盛論素日看得如何. 『語類』或作夫子退而省顏子之私, 或作顏子退而自省, 羣儒說紛如聚訟, 惡乎定一耶?"

18) 『論語集註大全』 卷2, 「爲政」 9章에 대한 小註. "不違如愚, 不消說了. 亦足以發, 是聽得夫子說話, 便能發明於日用躬行之間, 此夫子退而省察顏子之私如此. 且如說非禮勿視聽言動, 顏子便眞箇不於非禮上視聽言動. 『集註』謂坦然由之而無疑, 是他眞箇見得, 眞箇便去做." 『朱子語類』 권24, 7조목이다. 번역은 "夫子退而省察顏子之私."에 대한 것이다.

19) 『論語集註大全』 卷2, 「爲政」 9章에 대한 小註. "退非夫子退, 乃顏子退也. 發, 啓發也. 始也如愚人, 似無所啓發, 今省其私, 乃有啓發, 與啓予之啓, 不同." 『朱子大全』 卷39, 「答范伯崇」의 구절이다. 번역은 "退非夫子退, 乃顏子退也."에 대한 것이다.

> 호니"라고 해야 한다. 뒤에 나오는 주자의 설명은 "퇴는 부자가 물러난 것이 아니라 안자가 물러난 것이다"이니, "退커든 그 私를 省혼ᄃᆡᆫ"이라고 해야 한다. 생각건대 "퇴" 자에 대해서는 앞에 나오는 설명과 뒤에 나오는 설명에 차이가 있지만 "성" 자는 모두 공자가 살핀 것이다. 여기의 두 현토는 (소주의) 앞뒤 설명과의 연결이 잘못되었을 뿐만이 아니라, 뒤에 실린 주자의 설명(에 따른 기존 현토)의 "私애 省ᄒᆞ야"라는 것은 "성" 자를 안자의 성찰로 본 것이니 모두 틀렸다.[20]

퇴계가 보기에 기존 현토는 "안회가 물러나자 공자가 살펴본" 것이거나 "안회가 물러나 안회가 살펴본" 것이었다. 그러나 『논어집주대전』 소주에 실린 주자의 설명에 따른다면, "퇴"의 주어가 공자 혹은 안회일 가능성은 모두 있지만, "성"의 주어는 분명하게 공자로 보아야 한다는 것이 퇴계의 생각이었다.

"퇴"의 주어에 관한 논의는 퇴계의 문인 간재(艮齋) 이덕홍(李德弘, 1541~1596)에게로 이어진다. 그는 『논어』에 관해 퇴계 및 동료들과 토론한 『논어질의(論語質疑)』에서 『집주』에 인용되어 있는 연평의 발언[21]을 언급하며 "퇴"의 주어를 공자로 보는 것이 연평의 입장이며, 주자가 처음에는 이 설을 따라 공자를 "퇴"의 주어로 보았다가 이후

---

20) 李滉, 『論語釋義』. "【退而省其私】 前說: 退커늘 其 私를 省호니. 後說: 退ᄒᆞ야 그 私애 省ᄒᆞ야. 今按: 小註, 朱子前說, 夫子退而省察顏子之私, 則當云退ᄒᆞ야 그 私를 省호니, 後說, 退非夫子退, 乃顏子退也, 當云退커든 그 私를 省혼ᄃᆡᆫ. 蓋退字有前後之異, 而省字皆夫子省也. 此兩說非唯前後之倒置, 後說私애省ᄒᆞ야者, 乃以省字爲顏子之省察, 皆非也."

21) 『論語集註』, 「爲政」 9章에 대한 集註. "愚聞之師, 曰顏子深潛純粹, 其於聖人, 體段已具, 其聞夫子之言, 默識心融, 觸處洞然, 自有條理. 故終日言, 但見其不違如愚人而已, 及退省其私, 則見其日用動靜語默之間, 皆足以發明夫子之道, 坦然由之而無疑, 然後知其不愚也."

에 안회를 주어로 보는 입장으로 바꾸었다고 해석한다.[22] 간재와 퇴계의 관계, 그리고 『논어질의』의 성격을 고려한다면,[23] 이는 퇴계가 명확히 밝혀놓지 않은 "퇴"의 주어를 안회로 명기함으로써 퇴계 입장에 대한 일종의 보완의 성격을 지닌다고 할 수 있다.

흥미로운 지점은 간재가 그러한 판단의 근거로 연평을 거론하면서, 아마도 주자가 연평으로부터 수학했던 시기가 20-30대였다는 사실을 바탕으로 하여, 공자를 "퇴"의 주어로 보던 자신의 초기 견해를 안회로 수정한 것이라고 결론 내리고 있는 부분이다. 그러나 『논어집주대전』 소주에 인용된 구절들의 실제 연도를 확인해 보면, "퇴"의 주어를 안회로 보는 뒤 구절은 1168년 「범백숭에게 답한 편지」[24]에 보이는 주자의 해석이며, "퇴"의 주어를 공자로 보는 앞 구절은 1193년 이후의 발언으로 알려져 있는 『주자어류』의 구절[25]이다. 이렇게 보면 간재의 설명이 정확한 것이었다고 말하기는 어렵겠지만, 적어도 소주로 인해 발생한 주자설의 차이에 대해 시간적 추이를 고려함으로써 해결하고자 하였으며 그 근거로 연평의 말을 제시한 것은 주목할 만한 지점이라고 할 수 있다. 첨언하자면, 이 시기 『주자어류』와 『주자대전』은 이미 조선에 수용되어 독해되고 있었지만, 적어도 이 구절과 관련해서는 아직 『논어집주』 해석에까지 반영되지는 않았다고 할 수 있다.

---

22) 李德弘, 『論語質疑』. "【退而省】延平先生說以退爲夫子退也, 朱子初從其說, 故小註朱說者與延平同者, 其後改之, 故曰非夫子退也乃顔子退也."

23) 전재동, 「퇴계학파 經傳註釋의 전승과 「論語釋義」」, 『국학연구』 25, 한국국학진흥원, 2014, 175-181쪽 참조.

24) 『朱子大全』 卷39, 「答范伯崇」.

25) 『朱子語類』 卷24, 7條目.

한편 『논어』의 주요 구절들에 대한 언해를 위주로 작성된 율곡 이이의 『논어석의(論語釋義)』에서도 이 구절에 대한 입장이 발견된다.[26]

【退而省其私혼딘는】 退ᄒᆞ야 그 私을 省혼딘.

퇴계 『석의』의 언해풀이를 참조하여 이를 해석한다면, 율곡의 이 언해는 “퇴”와 “성”의 주어를 모두 공자로 본 것으로, “공자가 물러나 안회를 살펴보았다”는 의미이다. 이러한 입장은 사계(沙溪) 김장생(金長生, 1548~1631)의 『경서변의(經書辨疑)』(1618)에서도 확인된다.[27] 사계는 앞서 퇴계와 마찬가지로 『논어집주대전』 소주에 수록되어 있는 두 구절의 차이를 거론하면서 율곡의 입장과 마찬가지로 “퇴”와 “성”의 주어를 모두 공자로 본다. 그러나 비록 “퇴”와 “성”의 주어를 확정하고 있기는 하지만, 『논어집주대전』 소주와 『논어집주』만을 참고하여 결론짓고 있기 때문에 그렇게 결정하게 되는 근거에 대해서는 상세히 기록하여 놓지 않고 있다.

이렇듯 『논어집주대전』 소주를 통해 “오여회언장”에서 “퇴”와 “성”의 주어 문제가 야기된다. 이 문제를 해결하기 위해서는 서로 다른 주장을 하고 있는 주자의 두 발언의 시기와 수록 문헌 등에 대

---

26) 李珥, 『論語釋義』. “【吾與回言終日ᄋᆡ】 ᄂᆡ回로더브러日이終토로言호ᄆᆡ. 【不違如愚로ᄃᆡ】 違티아니호미愚ᄒᆞᆫ ᄃᆞᆺ호ᄃᆡ. 【退而省其私혼딘는】 退ᄒᆞ야그私을省혼딘. 【亦足以發ᄒᆞ니】 發ᄒᆞ니. 【回也不愚로다】 回ㅣ愚티아니토다.” *이 책의 성서 연대 및 작자와 관련해서는 여전히 논의 지점이 있는 것으로 알려져 있다. 전재동, 「퇴계학파와 율곡학파의 『四書釋義』 간행과 그 의의」, 『퇴계학논집』 20, 영남퇴계학연구원, 2017, 84-86쪽 참조.

27) 金長生, 『經書辨疑』. “【退而省其私】 小註, 朱子曰, 此夫子退而省察顏子之私也, 又曰, 退非夫子退, 乃顏子退也. 恐當以前說爲正.” *『經書辨疑』는 1618년 저술이다.

한 면밀한 검토가 진행될 필요가 있었다. 그러나 조선에서 퇴계, 율곡의 시기만 해도 그러한 수준의 검토까지는 이루어지지 않았던 것으로 보인다. 사실 "오여회언장"과 관련한 논의의 지점이 "퇴"와 "성"의 주어 문제에 집중되어 있다는 것은 이 시기 조선의 『논어』 연구가 번역의 차원에서 크게 벗어나 있지 않다는 것을 상징적으로 보여주는 사례라고도 할 수 있다. 물론 "퇴"의 주어는 이후에도 하나의 의견으로 합일되지는 않았지만, 이때 "성"의 주어가 공자로 수렴됨으로써 "성"의 주어를 안회로 볼 때 갖게 되는 오해의 지점, 즉 이 구절을 안회의 성찰공부에 대해 공자가 칭찬한 것으로 해석하는 방향은 차단된 것으로 간주할 수 있다.

그러나 이후 조선에서 이루어지는 주자의 "오여회언장" 해석과 결부된 발언들에 대한 포괄적 검토 과정을 고려한다면, 이 시기 논의는 비교적 단편적이라고 할 수 있다. 실제로 이후 조선은 주자 문헌에 대한 확장적 검토를 통해 이 구절과 관련해서 주자가 고려했던 사항들이 무엇이었고 그 고민의 맥락이 정확히 어떠했는지 확인해 감으로써 "오여회언장"에 대한 번역을 넘어 해석의 층위로 나아가게 된다.

3. 오여회언장에 대한 주자학적 접근

사실 1177년 『논어집주(論語集註)』 초고가 완성되기까지, 그후 1192년 공간(公刊)되기까지, 나아가 공간 이후에도 주자의 『논어』에 대한 고민은 지속되었다. 현전하는 자료[28] 가운데 『연평답문(延平答問)』, 『논어정의(論語精義)』(1172), 『논어혹문(論語或問)』(1177) 그리고 『주자대전(朱子大全)』과 『주자어류(朱子語類)』를 통해 주자의 "오여회언장" 해석과 관련한 전반적인 흐름과 구체적인 변천 과정 및 논의 주제들을 확인할 수 있다.

『연평답문』에서는 1158년 연평과의 서신교환을 통해 이 구절을 논의한 내용이 확인된다.[29] 그리고 『논어정의』에는 이 구절과 관련하여 주자가 검토한 앞선 시기 여섯 명의 학자들의 견해가 실려 있다.[30] 『논어혹문』에는 이 여섯 학자들의 견해에 대한 주자의 논평과 함께 세 학자들의 견해가 추가로 수록되어 있다.[31] 그리고 『주자어류』에는 50대 이후(주로 60대) 이 구절에 관해 문인들과 토론한 내용이 기록되어 있으며, 『주자대전』에서는 『논어집주대전』 소주에 수록된 「범백숭에게 답한 편지」 등이 발견된다.

『연평답문』의 논의에서 29세였던 주자의 질문은 "발(發)"의 의미에 대한 것이었다. 안회가 공자 자신을 감발시킨 상황으로 보고자 했던 주자에게 연평은 안회가 공자의 도를 드러내 밝힌 것으로 이해해야 한다고 답했다. 이 대화의 결과는 『논어집주』에 고스란히 반영되어 있다. 또한 『논어정의』에는 "발"의 의미를 포함하여 "퇴(退)"의 주어, "성(省)"의 주어, "사(私)"의 의미는 물론 이 구절에서 논의하고 있는 안회의 뛰어난 면모가 정확히 어떠한 것을 의미하는 것인지에

---

28) 현전하지 않는 자료로 『論語集解』(1159), 『論語要義』(1163), 『論語訓蒙口義』(1163)가 있다. 이영호, 「『논어집주』의 성서과정을 통해 본 주자 경학의 특징」, 『한문학보』 9, 우리한문학회, 2003, 334-340쪽 참조.

29) 『延平答問』, 『朱子全書』 13冊, 311쪽, 313쪽의 두 서간.

30) 『論語精義』, 『朱子全書』 7冊, 76-77쪽.

31) 『論語或問』, 『朱子全書』 6冊, 646-647쪽.

대한 정이(程頤, 1033~1107), 범조우(范祖禹, 1041~1098), 사량좌(謝良佐, 1050~1103), 양시(楊時, 1053~1135), 후중량(侯仲良) 그리고 윤돈(尹焞, 1071~1142)의 해석을 수록해 놓았다. 이 여섯 학자가 제시한 견해들 가운데 자신이 어떠한 설을 채택하는지에 대한 논증과 함께 증씨(曾氏), 호인(胡寅, 1098~1156), 장식(張栻, 1133~1180)의 입장을 덧붙여 놓은 것이 『논어혹문』이다. 그리고 『논어집주』의 해석에 보다 초점을 맞추어 문인들과 나눈 대화는 『주자어류』에서 발견된다.

주자의 "오여회언장"에 대한 입장 변화와 고민의 흔적들을 감안한다면, "퇴"와 "성"의 주어 문제에 한정되어 있었으며 그에 대한 확정도 미처 내리지 못하고 있던 조선 학계의 상황은 주자 문헌에 대한 추가적인 검토를 거친 뒤에야 타개될 수 있었을 것이다. 이러한 상황에서 "오여회언장"에 대한 보다 폭넓은 논의로 이끈 것은 『논어혹문(論語或問)』의 참조였다.

초려(草廬) 이유태(李惟泰, 1607~1684)는 『사서답문(四書答問)』(1674년 무렵)[32]에서 "퇴"와 "성"의 주어가 모두 공자라는 판단을 제시하고, 그와 관련되어 있던 "사"와 "발"에 대한 해석의 문제를 추가로 언급한다. 주목할 부분은 그가 이 문제에 대해 결론을 내리게 되는 근거로 『논어혹문』[33]을 새로 인용한다는 점이다. 그는 퇴계와 사계가 거론한, 혼란을 야기하는 소주의 두 구절을 수록한 후[34], 『논어

32) 『四書答問』의 成書 시기는 다음을 참조. 전재동, 「草廬 李惟泰의 『四書答問-大學』 硏究」, 『대동한문학』 32, 대동한문학회, 2010, 268쪽.

33) 『論語或問』은 조선 중종조(中宗朝)에 수입된다. 전재동, 「17세기 율곡학파의 『대학』 해석 연구」, 『국학연구』 16, 한국국학진흥원, 2010, 779-780쪽 참조.

34) 李惟泰, 『四書答問』. "問, 退而省其私亦足以發. ○答, 朱子曰, 亦足以發, 是聽得夫子說話, 便能發明於日用躬行之間, 此夫子退而省察顔子之私如此. 又曰, 退非夫子退, 乃顔子之退也. 發, 啓發也. 二說不同."

혹문』을 근거로 그에 대한 판단을 내린다. 먼저 "성"의 주어를 확정하기 위하여 "사"의 의미를 검토한다.

> 다음과 같이 생각한다. 정자가 말한 사(私)에는 세 가지 뜻이 있다. 주자가 말했다. "사를 자득(自得)으로, 중심(中心)으로 풀이한 것은 역시 치밀하다. 그러나 편안히 혼자 있는 것[燕私]으로 말한다면, 더욱 숨겨진 것과 드러난 것이 일치된 실질을 보이기에 충분하다." 이러한 이유로 편안히 혼자 있는 것으로 확정했다. 따라서 『논어집주』에서 사(私)를 편안히 홀로 거처하는 것이라고 풀이했다.[35]

주자는 "사"를 안회의 내면으로 보는 정자의 입장을 어느 정도 긍정하면서도, "사"를 평상시에 홀로 거처하고 있는 상태를 가리키는 말로 보는 것이 더 좋다고 보았다. 즉 "사"를 안회의 내면으로 보지 않고 내면과 외면이 일치되어 편안히 거처하는 상황으로 해석함으로써, 평소 삶을 영위하고 있는 안회의 모습을 공자가 살펴본 것으로 확정짓는 것이다. 초려는 이 견해를 따라 "성"의 주어를 공자로,[36] "사"의 의미를 안회가 편안히 거처하는 것으로 본다.

『논어혹문』의 검토를 통해 "오여회언장"의 주자학적 해석의 방향이 어디로 향하고 있는지에 대해 보다 선명히, 그리고 풍성하게 설명할 수 있게 된다. 예를 들어 "성"의 주어를 공자로 보는 것은 "사"의 의미를 안회의 내면이 아니라 내면과 일치된 외면이 관찰되는 상황이라 보기 때문이다.[37] 또 "발"의 주어를 안회로 보고 "발"의 목적

---

35) 李惟泰, 『四書答問』. "按, 程子之說私有三義, 朱子曰, '其以私爲自得爲中心者亦密矣. 但以燕私言之則尤足以見其隱顯一致之實耳.' 是以燕私爲定, 故『集註』私謂燕居獨處."

36) 李惟泰, 『四書答問』. "按, … 程子於退省二字意亦不同. 前說以爲孔子省之, 後說以爲顏子自省. 朱子曰, 當以前說爲正."

어를 공자의 도로 보는 것은 이 구절이 공자가 안회를 계발시켜 주었다는 의미도 아니고, 안회 마음에 개발된 측면이 있다는 것을 알리기 위한 것도 아니며, 안회가 처음에는 잘 이해하지 못하였다가 나중에 공자의 도를 알게 되었다는 것도 아니라는 뜻이다.[38] 그것은 곧 안회의 평소 생활 태도를 보고 공자가 자신의 도를 잘 드러내고 있다고 칭찬한 것이다.

참고문헌의 확장은 지속적으로 진행된다. 우암(尤菴) 송시열(宋時烈, 1607~1689)의 『논어혹문정의통고(論語或問精義通攷)』(1689)를 통해 『논어정의(論語精義)』가 참조되기 시작한다. 앞서 언급했듯 『논어혹문』을 이해하는 데 『논어정의』는 필수적인 문헌이다. 『논어정의』가 활용되었다는 것은 주자가 "오여회언장" 해석을 위해 검토했던 기존의 상이한 입장들에 무엇이 있었는지 명확히 확인할 수 있게 되었음을 뜻한다. 물론 『논어혹문정의통고』에 "오여회언장"에 대한 우암 본인의 해석이 수록되어 있지는 않지만, 『논어집주』를 이해하는 데 있어 『논어정의』와 『논어혹문』이 동시에 참조되기 시작하였다는 것만으로도

---

37) 다만 "退"는 沙溪의 입장을 따라 공자를 주어로 본다. 李惟泰, 『四書答問』. "按, … 又按退字, 『集註』曰退省其私, 似以爲夫子退也, 俗解謂顔子退而夫子省也, 先師謂當從夫子退之說云."

38) 李惟泰, 『四書答問』. "按, … 程子發字之義亦不同. 一以爲開發者, 二以爲發明者. 朱子曰, 恐當以一說爲正也. 蓋若以爲顔子退省乃有發明, 則是無違之時初未了了也, 以爲開發, 則未知其以爲顔子心有開發耶, 以爲孔子發之耶. 若曰顔子心有開發, 則當云亦可謂能有所開發, 而不當云亦足以發, 若以爲孔子發之如憤悱啓發之云, 則雖於文義可通, 而其語意乃若以顔子爲僅可開發, 而視他人爲全不足教者, 恐聖人之辭氣不如是之驕倨而忽易也. 【『或問』】 ○按, 『集註』采用延平之說, 曰見其日用動靜語默之間, 皆足以發明夫子之道, 是以顔子發明爲定也. 然語意非若朱子所謂不違之時初未了了, 退省其私乃有發明也." *참고로 『四書答問』에는 『延平答問』도 인용된다. "問, 註聖人體段. ○答, 朱子問於延平曰體段二字, 莫只是言箇模様否? 曰, 然.【『延平答問』】"

이 책의 편찬은 조선의 『논어』 해석에서 큰 의미를 갖는다.[39] 그것은 주자 사유궤적에 대한 주목 속에서 『논어집주』의 정립을 이해하는 것으로서, 주자 언설에 대한 맥락적, 연대기적 이해가 심화될 수 있는 터전이 완비되어 감을 의미한다.[40]

나아가 기원(杞園) 어유봉(魚有鳳, 1672~1744)의 『논어상설(論語詳說)』(1719)을 통해서는 『주자대전』에 수록된 관련 언급들이 정리된다. 이 책은 농암(農巖) 김창협(金昌協, 1651~1708)이 구상한 것을 문인 어유봉이 이어 완성한 것으로, 주자의 『논어』 해석을 이해하는 데 있어 『논어집주』, 『논어혹문』, 『논어정의』를 참조하면 충분하기는 하지만, 주자가 문인들과 서간으로 나눈 『논어』와 관련한 상세한 설명들까지 참고한다면 더욱 정밀한 주자학적 『논어』 이해가 가능해질 것이라는 취지에서 편찬된 것이다.[41] 이 역시 농암과 기원의 해석 없이 주자의 서간들을 『논어』의 편차에 따라 취합해 놓은 문헌이기 때문에 이 작업을 통해 정확히 어떠한 해석으로 나아가게 되었는지 확인할 수는 없지만, 적어도 주자의 『논어』 해석의 전모를 파악하기 위해 조선에서 진행되었던 주자 문헌 검토 작업의 전개를 확인할 수 있는 주요 자료라고 할 수 있다.[42]

---

39) 『論語精義』를 포함하는 『語孟精義』에 대한 우암(尤菴)의 입수 노력과 경위, 그리고 이 책의 의의에 대한 설명은 다음을 참조. 함영대, 「『맹자혹문정의통고』와 우암 송시열의 학술정신」, 『한국한문학연구』 45, 한국한문학회, 2010, 168-172쪽.

40) 서대원, 「尤庵 宋時烈 先生의 理學 研究에 대한 一考察」, 『동서철학연구』 48, 한국동서철학회, 2008, 171-173쪽 참조.

41) 『杞園集』 卷21, 「論語詳說跋」. "『論語』一書, 朱夫子訓釋備矣, 有『集註』, 有『精義』·『或問』, 所發明聖人之意, 殆无餘蘊矣. 然其平日與朋友門人往復辨難, 其說尤詳, 散出於『大全』書中者甚多, 我農岩先生, 嘗欲裒爲一編, 以便考覽, 而名之以論語詳說."

42) 『論語詳說』에 수록되어 있는 "오여회언장" 관련 『주자대전』 자료는 총 3개로,

"오여회언장"의 『논어집주』를 이해하는 데 필요한 가장 많은 종수의 주자 문헌이 한 곳에서 인용되는 것은 동암(東巖) 류장원(柳長源, 1724~1796)의 『사서찬주증보(四書纂註增補)』(1780)에서이다. 동암은 『주자어류』, 『논어정의』, 『논어혹문』, 『연평답문』을 두루 검토하고 이 구절에 대한 주자의 해석을 이해하는 데 필요한 발언을 선별하여 체계화하여 놓는다.[43] 동암이 이 구절과 관련하여 자신의 견해를 피력한 것은 "퇴"의 주어 문제 및 "발"의 의미에 대해서이지만[44], 『사서찬주증보』에 수록된 주자의 언설은 이미 "오여회언장"을 이해하는 데 필요한 다양한 주제와 논의로 확장되어 있었다. 동암이 표제어로 제시한 검토 문구와 그 안에 인용한 주자 문헌을 간략히 정리하면 다음과 같다.

권39의 「答范伯崇」, 권41의 「答程允夫」, 권52의 「答吳伯豊」이다. 魚有鳳, 『論語詳說』. "(問)退而省其私, 亦足以發, 以私爲私室, 如古注說, 恐未安. 竊謂私是顔子自受用處, 夫子退而嘿省之, 以爲亦足以啓予矣. 此一句游大信說. 蓋非顔子不能深喩夫子之言, 非夫子不足以知顔子之所以潛心也. (答)以私爲顔子自受用處, 恐未安. 退非夫子退, 乃顔子退也, 發, 啓發也. 始也如愚人, 似無所啓發, 今省其私, 乃有啓發, 與啓予之啓, 不同.【「答范伯崇」】 顔子所聞入耳着心, 布乎四體, 形乎動靜, 則足以發明夫子之言矣.【「答程允夫」】 (問)子曰, 吾與回言終日, 謝氏謂苟不至於不違之地, 則與群弟子無以異者, 竊恐抑揚太過. 且以孔門諸子言之, 所謂至於不違之地者, 顔子一人而已, 如謝之說, 則是群弟子, 雖朝夕親炙乎聖人之側, 與未嘗親見聖人者, 無以異也. (答)謝氏抑揚, 誠若大過, 然亦有此理.【「答吳伯豊」】" *"(問)", "(答)"은 인용자 추가.

43) 여기에는 청(淸)의 왕분(汪紛, 1655~1721)이 지은 『增訂四書大全』과 명(明)의 임희원(林希元, 1481~1565)이 지은 『四書存疑』가 함께 수록되어 있다.

44) 柳長源, 『四書纂註增補』. "爲政篇 吾與回言章. 【小註胡氏說存者幾】 按, 『精義』幾上有無字, 館本及營本缺字誤字甚多, 而不得盡論. 【又小註夫子退而云云又曰退非夫子退云云】 按, 恐當以後說爲正. 【又小註發啓發也又曰發明夫子之言云云】 按, 程子解發字有兩說, 一云開發, 一云發明, 『或問』以爲當從發明之說."

【온종일 이야기를 함[言終日]】: 『주자어류』

【어기지 않아 어리석은 사람인 듯함[不違如愚]】: 『논어정의』, 『논어혹문』

【물러간 뒤에(혹은 물러나와) 안회가 혼자 지내는 것을 살펴보니 나의 가르침을 충분히 드러내고 있음[退而省其私亦足以發]】: 『논어정의』, 『연평답문』, 『논어혹문』, 『주자어류』

【체단(體段)을 이미 갖추었음[體段已具] 묵묵히 이해하고 마음이 융회함[默識心融]】: 『주자어류』

앞서 이 구절에 대한 최종 해석을 도출해 내는 핵심은 공자의 가르침이 어떠한 내용을 담고 있는 것인지를 명확히 하는 데 있음을 언급했었다. 동암 류장원이 선택한 『주자어류』의 발언으로부터 이를 짐작해볼 수 있다.

물었다. "'역족이발(亦足以發)'은 공자께서 말씀하신 뜻을 드러내 밝힌 것입니까?" (주자가) 말했다. "그렇다. 예를 들자면, 공자께서 예(禮)가 아니면 보지도, 듣지도, 말하지도, 움직이지도 말라는 것으로 알려주자, 안자는 받아들이고는 더는 다시 무엇이 예이고 예가 아닌지 묻지 않았다. 다만 물러나 안자가 행하는 바를 살펴보니 보고 듣고 말하고 움직이는 데 예가 아님이 없을 뿐이었다. 이것이면 공자의 말씀을 충분히 드러낸 것이다."[45]

이를 통해 보면, "오여회언장"에 대한 주자학적 해석의 핵심은

45) 柳長源, 『四書纂註增補』. "問, 亦足以發, 莫是所以發明夫子所言之旨否? 曰, 然. 且如夫子告以非禮勿視聽言動, 顏子受之, 不復更問如何是禮與非禮. 但是退而省察顏子之所爲, 則直是視聽言動無非禮也, 此則足以發夫子之言也." *『주자어류』 권24, 8조목이다. 이와 함께 다음의 구절도 인용되어 있다. "先生令看顏子亦足以發, 於何處見之, 是甚麽意思. 或云, 於非禮勿視聽言動一章可見. 曰, 大概是如此. 良久, 云, 於睟面盎背皆見之." *『주자어류』 권24, 9조목의 일부이다.

공자가 인정한 안회의 면모가 사물(四勿)의 수행을 통해 극기복례(克己復禮)를 실천하는 평소 삶의 태도에 있다는 것이다. 그것이 바로 공자의 가르침, 그 자체라는 것이다. 여기서 "극기복례(克己復禮)"가 곧 "인(仁)" 그 자체라는 해석이 주자의 만년에 완성된 입장이라는 점을 염두에 둔다면,[46] 조선의 학자들이 이 구절에 대한 완벽한 주자학적 해석으로 나아가기 위해 고민했다는 사실은 조선에서 보였던 주자학적 예교(禮敎)와 인륜(人倫)에 대한 긍정이 그들의 주자학적 『논어』 해석의 맥락에서 정당화될 수 있음을 뜻한다.

4. 나오는 말

『논어집주』에 입각한 "오여회언장" 해석을 위해 조선의 주자학계는 관련 주자 문헌에 대한 취합과 선별, 그리고 체계화를 진행하였다. 그 필요성은 『논어집주대전』 소주에 대한 정밀한 독해 과정 속에서 발생하였으며, 그 해결은 『논어혹문』과 『논어정의』를 비롯하여 『연평답문』과 『주자어류』, 『주자대전』의 주자 발언을 직접 확인함으로써 진행되었다. 그렇게 도달하게 된 "오여회언장" 번역은 다음과 같을 것이다.

공자께서 말씀하셨다. "내가 안회와 더불어 온종일 이야기를 함에 내 말을 어기지 않아 어리석은 사람인 듯하였는데, 그가 물러간 뒤에(혹은 내가 물러나와) 안회가 혼자 지내는 것을 살펴보니 나의 가르침을 충분

46) 정현정, 「朱熹의 "克己復禮" 해석에 대한 고찰」, 『동양철학연구』 80, 동양철학연구회, 2014, 112쪽 참조.

히 드러내고 있었다. 안회는 어리석지 않구나!"

물론 "퇴"의 주어를 공자로 볼 것인지, 안회로 볼 것인지는 19세기 초에도 여전히 논란거리로 남아 있었지만,[47] "성"의 주어를 공자로, "사"는 편안히 홀로 거처하는 안회의 모습으로, "발"의 주어는 안회로, "발"의 목적어는 공자의 가르침이라고 보는 것이 『주자집주』의 정론이라는 것에는 귀착했을 것으로 보인다.

"오여회언장"에 대한 조선에서의 독해 과정을 문헌의 층위에서 살펴보면, 주자학적 경전 해석에 필요한 문헌이 종합적으로 구비되는 과정을 엿볼 수 있다. 『논어집주대전』 소주에 인용된 주자의 발언 사이의 차이에서 시작된 의문은 번역에 있어서의 고민에서 출발하여 그러한 의문과 고민을 해소하는 데 필요한 문헌들을 검토하고 유의미한 내용을 선별하여 체계화하는 것으로 확장되어 왔던 것이다. 물론 그 선별과 체계화 과정 이면에는 주자 사유의 시간적 추이에 대한 고려와 그에 대해 확인할 수 있는 주자 발언을 수록하고 있는 문헌에 대한 장악이 있다. 이는 곧 『논어』와 『논어집주』, 그리고 그와 관련한 주자 문헌을 전면적으로 검토함으로써 주자의 사유를 정합적으로 이해하려는 지향을 실현해가던 모습이라고 볼 수 있다.

---

47) 『梅山先生文集』 권10, 「與李子岡【己丑(1829)二月廿七日】」. "顔子不違如愚章退省二字之義, 洲丈則以爲退屬顔子省屬夫子, 而未承盛論素日看得如何. 『語類』或作夫子退而省顔子之私, 或作顔子退而自省, 群儒說紛如聚訟, 惡乎定一耶? 靜究退而省其私五字, 則似不可分退省而二之. 若不俱屬夫子則當俱屬顔子, 如此則文從字順, 而『集註』曰及退省其私, 則見其日用動靜語默之間, 皆足以發明夫子之道, 見字屬夫子而言, 與上文但見其不違之見字義同, 見者所以釋省也. 然則省字之當屬夫子無可疑者. 且及退二字, 恐當句絶, 而屬顔子看, 未知如何. 『論語或問』小註, 幷載胡張說, 而胡則曰及侍坐而退, 夫子察其燕私, 張則曰夫子退而省其私, 二說不倫如此, 而朱子幷善之者何歟? 胡說之顔退孔省, 脗合於『集註』, 當從否乎."

주자학에 입각하여 『논어』를 이해하기 위하여 조선에서 보였던 주자 문헌 완비 추구의 흐름은 해당 구절에 대한 해석을 위한 기초 마련의 성격을 가지며, 궁극적으로 주자학적 『논어』 해석이 가능하게 하는 실질적인 토대 작업이었다고 할 수 있다. 실제로 이에 기반을 둔 조선에서의 『논어』에 대한 주자학적 해석의 전개는 점차 다양해져 간다. 집성된 자료를 통해 『논어』에 대한 주자학의 원의를 파악하는 과정 속에서 조선의 『논어』 이해는 주자학적 해석에 충실해져가기도 하지만, 그로부터 파생되는 다양한 주제들로 관심이 확대되기도 하였을 것이다.

이러한 흐름에 주목하여 조선의 주자학적 경전 해석 양상에 접근한다면, 조선의 학술에 대해 주자학에 경도되었다는 평가를 내리도록 하는 현상들 이면에서 동시대 학술의 장으로서 중국 학술계를 끊임없이 주시했던 조선 학계의 학문적 여정을 확인할 수 있다. 어떻게 보면 주자학에 대한 주변적 지식인이면서도 그 주변성에서 기인하는 제약 속에서 유가 경전에 대한 정론적 해석을 확보해 내는 길을 마련해 가는 과정으로 바라볼 수도 있을 것이다.

조선에서는 주자학적 『논어』 해석의 전형과 함께 그로부터 재해석되거나 이탈한 입장들도 발견되며, 명청 시기 『논어』 해석서에 대한 동시대적 대응이 진행되기도 한다. 그리고 이러한 주자학적 『논어』 해석 지향에서 출발한 조선의 변주들은 그에 대한 조선 자체에서의 총괄적 검토 작업으로 이어지기도 한다. 주자학적 이해의 지평 위에서 전개된 『논어』 독해의 변용 지점들을 다각도에서 조망함으로써 『논어』에 대한 조선적 해석의 독자성은 검토될 수 있을 것이다.

동아시아 학술사 차원에서 조선의 주자학적 경전 해석의 흐름은 분명 조선의 문화적 특성 위에서 전개된다는 점에서 그 고유성을 갖는다. 이러한 고유성이 궁극적으로 조선 내 당대 문제에 대한 진단과 처방에 어떠한 방식으로 반영되어갔는지를 확인함으로써 조선의 주자학적 유가 경전 해석이 갖는 문화다원론적 함의는 더욱 분명하게 규명될 수 있을 것이다. ◆

참 고 문 헌

사료 :

『論語注疏』, 『十三經注疏』 23冊, 北京:北京大學出版社, 2000.

『論語精義』, 『朱子全書』 7冊, 上海:上海古籍出版社; 合肥:安徽教育出版社, 2002.

『論語集注』, 『朱子全書』 6冊, 上海:上海古籍出版社; 合肥:安徽教育出版社, 2002.

『論語集註大全』, 『經書』, 成均館大學校 大東文化研究院, 1965.

『論語或問』, 『朱子全書』 6冊, 上海:上海古籍出版社; 合肥:安徽教育出版社, 2002.

『延平答問』, 『朱子全書』 13冊, 上海:上海古籍出版社; 合肥:安徽教育出版社, 2002.

『朱子大全』, 保景文化社, 1984.

『朱子語類』, 『朱子全書』 14-18冊 上海:上海古籍出版社; 合肥:安徽教育出版社, 2002.

연구논문 :

김언종, 「퇴계의 『논어석의』 소고」, 『退溪學報』 107, 퇴계학연구원, 2000.

김영호, 『논어의 주식과 해석학』, 문사철, 2010.

당윤희, 「《四書大全》 판본의 변화와 程朱理學의 演變」, 『中國語文論譯叢刊』 20, 중국어문논역학회, 2007.

서대원, 「尤庵 宋時烈 先生의 理學 研究에 대한 一考察」, 『동서철학연구』 48, 한국동서철학회, 2008.

안현주, 「조선시대에 간행된 漢文本 『論語』의 板本에 관한 연구」, 『서지학연구』 24, 한국서지학회, 2002.

이영호, 「『논어집주』의 성서과정을 통해 본 주자 경학의 특징」, 『漢文學報』 9, 우리한문학회, 2003.

이영호, 「조선 논어학의 형성과 전개양상」, 『東洋哲學研究』 59, 동양철학연구회, 2009.

전재동, 「草廬 李惟泰의 『四書答問-大學』 研究」, 『大東漢文學』 32, 대동한문학회, 2010.

전재동, 「17세기 율곡학파의 『대학』 해석 연구」, 『국학연구』 16, 한국국학진흥원, 2010.

전재동, 「퇴계학파 經傳註釋의 전승과 「論語釋義」」, 『국학연구』 25, 한국국학진흥원, 2014.

전재동, 「退溪學派와 栗谷學派의 『四書釋義』 刊行과 그 의의」, 『퇴계학논집』 20, 영남퇴계학연구원, 2017.
정현정, 「朱熹의 "克己復禮" 해석에 대한 고찰」, 『東洋哲學研究』 80, 동양철학연구회, 2014.
지준호, 「『四書大全』 黃氏・勉齋黃氏 註解 研究」, 『유교사상문화연구』 17, 韓國儒教學會, 2002.
함영대, 「『맹자혹문정의통고』와 우암 송시열의 학술정신」, 『韓國漢文學研究』 45, 한국한문학회, 2010.

인터넷 자료 :
金長生, 『經書辨疑』(한국경학자료시스템 http://koco.skku.edu/index.jsp 제공)
柳長源, 『四書纂註增補』(한국경학자료시스템 제공)
宋時烈, 『論語或問精義通攷』(한국경학자료시스템 제공)
魚有鳳, 『論語詳說』(한국경학자료시스템 제공)
李德弘, 『論語質疑』(한국경학자료시스템 제공)
李惟泰, 『四書答問』(한국경학자료시스템 제공)
李珥, 『論語釋義』(한국경학자료시스템 제공)
李滉, 『論語釋義』(한국경학자료시스템 제공)
『杞園集』(한국고전종합DB http://db.itkc.or.kr 제공)
『梅山先生文集』(한국고전종합DB 제공)

『논어상설(論語詳說)』의 편찬 목적과 의의

-『논어』 이해를 위한 주자서(朱子書) 재구성-

강 경 현

* 이 글은 『태동고전연구』 42집(2019.06)에 게재한 「『논어상설(論語詳說)』의 편찬 목적과 의의 -『논어(論語)』 이해를 위한 주자서(朱子書) 재구성」을 본 저서의 간행 취지에 맞춰 일부 수정한 것이다.

1. 들어가는 말

『사서대전(四書大全)』과 『오경대전(五經大全)』은 명대(明代) 경학(經學)을 특징짓는 대표적 문헌이다. 그러나 명대 이후 학술에 『사서오경대전』이 끼친 영향에도 불구하고, 그에 대한 평가는 그리 우호적이지 않다. 명대를 "경학의 쇠락 시대"라고까지 평하는 시야는 일반적으로 청대(清代) 고염무(顧炎武, 1613~1682)의 『사서오경대전』 비판에 근거를 둔다.[1] 고염무의 『사서오경대전』 비판의 핵심은 "학술의 획일화"와 "기존 문헌에 대한 표절" 문제다.[2]

조선의 학계에 『사서오경대전』(1415)은 명에서 간행된 지 4년 만에 수입된다.[3] 그리고 주지하듯 주자학적 이상(理想)에 입각한 사회를 구상했던 조선의 주류 학계는 『사서오경대전』을 경전 공부의 출발점에 위치시킨다.

그러나 『사서오경대전』에 대한 조선 주자학계의 평가가 줄곧 우호적이었던 것만은 아니다. 명으로부터 유입된 지 얼마 되지 않은 15세기 초, 『사서오경대전』은 『성리대전(性理大全)』과 함께 "이학의 연원[理學之淵源]"을 확인할 수 있는 문헌이기에 먼저 읽어야 하는 책으로 평가되지만,[4] 동시에 그에 대한 비판적 시선도 함께 확인된다.[5]

---

1) 皮錫瑞, 李鴻鎭 역, 『中國經學史』, 형설출판사, 1995, 224-228쪽 참조.

2) 何耿鏞, 장영백 외 역해, 『經學概說』, 청아출판사, 1992, 168-172쪽 참조.

3) 鄭亨愚, 「《五經·四書大全》의 輸入 및 그 刊板 廣布」, 『동방학지』 63, 연세대학교 국학연구원, 1989, 12쪽 참조.

4) 『世宗實錄』 卷70, 세종 17년(1435) 10월 25일 癸亥 2번째 기사. "『性理大全』及『四書五經大全』, 中朝諸儒承命撰述之書, 採輯先儒諸說而折衷之, 實理學之淵源, 學者當先講究者也."

5) 『宣祖實錄』 卷3, 선조 2년(1569) 4월 19일 壬辰 1번째 기사. "永樂皇帝命撰集『四

특히 이황(李滉)과 유희춘(柳希春), 기대승(奇大升), 이이(李珥) 등 16세기에 활동한 적지 않은 학자들은 『사서오경대전』, 그 가운데서도 『사서대전』 소주(小註)의 문제에 대해 구체적으로 언급하기 시작한다.

사실 소주의 존재는 대전류 문헌이 갖는 두드러진 특징이다. 『사서대전』 소주는 주희(朱熹, 1130~1200)의 『사서집주(四書集註)』에 대한 보완적 성격을 갖는다. 정현(鄭玄, 127~200)과 공영달(孔穎達, 574~648)을 시작으로 총105명의 언설이 수록되어 있는 『사서대전』 소주는 주희를 기준으로 하였을 때, 주희 이전 학자, 주희, 주희 이후 학자의 발언들로 구분되지만, 분량 상 주희 이후 송원시기 학자들의 발언의 비중이 높다.[6] 그러한 측면에서 『사서대전』은 "송원 성리학자들의 학술을 집대성한 저작"이면서, 주희의 『사서집주』를 "정문(正文)으로 삼아 기타 여러 유학자의 주석과 설명을 보충하여 한눈에 가늠하고 비교하려는 시도를 한 저서"의 총결물이라고 할 수 있다.[7]

이러한 경학사적 의의를 갖고 있는 『사서대전』이 비판받는 이유 역시 소주에 의해서다. 앞서 언급한 고염무에 따르면 선별된 소주들로 구성된 『사서대전』을 제외하고는 "여러 책들이 모두 배제[諸書皆廢]"되었으며, 선별된 소주는 대부분 진력(陳櫟, 1252~1334)의 『사서발명

書』『五經』及『性理大全』, 則不知朱子之意而撰修處多有之, 『詩』·『書』·『論語』輯註與先儒之論乖戾處亦多有之. 我世宗晚年, 不見輯註, 凡四書只印大文大註而覽之, 弘文館亦有此冊." 이것은 기대승(奇大升)의 발언이다. 이 기사를 인용하면서 세종조 『重訂四書輯釋通義大成』의 간행을 『사서대전』의 한계를 극복하려는 노력이었다고 본 연구는 다음을 참조. 전재동, 「四書大全의 收容과 그 意味」, 『동양예학』 20, 동양예학회, 2008, 97-100쪽.

6) 양기석, 「『四書大全』에 인용된 학자 연구」, 경상대학교 박사학위논문, 2017, 33-40쪽 참조.

7) 唐潤熙, 「《四書大全》 판본의 변화와 程朱理學의 演變」, 『중국어문논역총간』 20, 중국어문논역학회, 2007, 268쪽 참조.

(四書發明)』과 호병문(胡炳文, 1250~1333)의 『사서통(四書通)』에 기반한 기존 예사의(倪士毅, 1303~1348)의 『사서집석(四書輯釋)』을 "습취(襲取)"한 것에 불과했다.[8] 그러나 16세기 진행된 『사서대전』에 대한 조선의 비판은 그와는 다소 결이 다르다. 예를 들어 기대승(奇大升, 1527~1572)의 경우, 『사서대전』, 특히 『논어집주대전(論語集註大全)』의 소주가 주희의 경전 해석과 모순되거나 혼란스럽게 하는 부분이 많기 때문에 문제를 야기한다는 측면에서 잡서(雜書)와 병칭하기까지 하였다.[9]

여기서 고려해야 하는 것은 조선의 유가 경전 독해의 과정이다. 조선의 경전 해석 단계는 현토(懸吐), 구결(口訣), 석의(釋義), 언해(諺解)로 시작한다.[10] 이는 분명 주자학적 유가 경전 해석에 대해 조선의

---

8) 顧炎武, 『日知錄』 卷18, 「四書五經大全」. "自永樂中, 命儒臣纂修『四書大全』, 頒之學官, 而諸書皆廢. 倪氏『輯釋』, 今見於劉用章【剡】所刻『四書通義』中者, 永樂中所纂『四書大全』, 襲取而特小有增刪, 其詳其簡或多不如倪氏. (…) 嗚呼, 經學之廢自此始, 後之君臣欲掃而更之, 亦難乎其力矣."; 朱彝尊, 『曝書亭集』 卷60, 「經書取士議」. "元人試經義, 『詩』以朱子爲主, 『書』以蔡氏爲主, 『易』以程氏·朱氏爲主, 三經兼用古注疏, 『春秋』許用三『傳』及胡氏『傳』, 『禮記』用古注疏. 迨明洪武中, 損益之, 『春秋』得兼用張洽『集注』, 『禮記』則用陳澔『集說』, 要仍不廢古注疏, 而永樂諸臣纂修『大全』, 類攘奪一家之書以爲書, 廢注疏不采, 先與取士程式不協, 何得爲之大全乎! 所當覈諸書所本, 各還著書之人, 別事纂修可也."

9) 『高峯先生論思錄』 卷上, 「二十九日」. "先生因論學要鞭辟近裡着己, 而啓曰, 儒者學問亦當近裡, 況帝王之學尤不可汎濫而見雜書. 夫聰明有限而萬幾無窮, 雜書與小註雖或時時見之, 其間衆說紛紜不當觀覽. 雖曰新書, 而如折衷聖人之書則見之, 而雜書則勿見可矣. (…) 永樂皇帝命撰集四書五經緝註及『性理大全』時, 顯有誤處甚多. 『性理大全』則不知朱子之意而撰修處多有之, 『詩』·『書』·『論語』緝註與先儒之論乖戾處亦多有之. 我世宗晚年, 不見緝註, 凡四書只印大文大註而覽之, 弘文館亦有此冊. 小臣往在去去年, 冒忝玉堂, 搜得此冊於藏書閣, 將欲啓達, 而自上一度覽遍之後, 卽以此冊進之計料而未及矣. 『論語』緝註不須見之, 一度覽遍之後, 卽以大文大註冊見之爲當矣."

10) 이영호, 「조선 논어학의 형성과 전개양상」, 『동양철학연구』 59, 동양철학연구회, 2009, 127-132쪽 참조.

학계가 "번역"의 문제부터 고민했음을 뜻한다. 이로부터 우리는 조선의 주류 학계가 주자학적 경전 해석으로 나아가는 과정 속에서 대전(大全) 소주(小註)가 주희의 본의를 파악하는 데 있어 초보적 단계에서부터 혼란을 야기하는 방해요소였음을 짐작할 수 있다.

이 글은 대전본(大全本) 사서(四書)를 15세기 초에 명으로부터 입수한 이후 16세기와 17세기를 거치는 동안 대전본에 만족하지 않고, 『사서집주』를 보다 주희의 문헌에 입각해서 정밀하게 살펴보려 했던 조선 학계의 한 흐름에 주목한다. 그리고 그 대표적 결과물 가운데 하나로 1719년 완성된 『논어상설』을 살펴보려 한다. 『주자대전(朱子大全)』 수록 주자서(朱子書)에 보이는 『논어』 관련 논의를 『논어집주(論語集註)』의 편장별로 분류하여 집성해 놓은 『논어상설』을 통해, 조선 주자학계가 『논어집주』를 이해해 간 과정을 연속적으로 확인할 수 있으며 동시에 조선에서 진행된 『주자대전』 독해의 방식을 보다 풍성하게 구성해낼 수 있을 것이다. 그리고 이를 기반으로 하여 『논어집주』와 『주자대전』을 교차시키며 읽어나갔던 조선의 주자학적 흐름에 대해 다원적 시선으로 그것의 학술적, 문화적 함의를 보아낼 수 있기를 기대한다.

2. 『논어상설』의 편찬 목적

『논어상설』은 농암(農巖) 김창협(金昌協, 1651~1708)의 문인인 기원(杞園) 어유봉(魚有鳳, 1672~1744)이 완성한다. 1719년에 작성된 그의 발문에 따르면, 이는 사실 김창협의 유지(遺旨)에 따라 진행된 작업이다.[11] 『논어집주대전』이 조선에 유입된 지 300년이 지난 시점에서 어유봉은 『논어』에 대한 표준적 해석으로 『논어집주』를 꼽는 전형적인 주자학자의 입장에 서서, 『논어집주』를 이해하는 데 『논어정의(論語精義)』와 『논어혹문(論語或問)』을 함께 살펴보는 것이 중요하다고 생각하고 있었다.[12] 어유봉의 이러한 인식을 이해하기 위해서는 『논어집주』의 형성 과정과 『논어집주』 관련 문헌의 조선으로의 유입 과정을 살펴볼 필요가 있다.

널리 알려져 있듯, 『논어집주』는 일시에 완성된 책이 아니다. 주희의 『논어』 관련 주요 집필 문헌을 살펴보면, 『논어집해(論語集解)』(1159, 失傳)와 『논어요의(論語要義)』(1163, 失傳), 『논어훈몽구의(論語訓蒙口義)』(1163, 失傳)를 시작으로 『논어정의』(1172)와 『논어혹문』(1177)을 거쳐 『논어집주』(1177/1192)는 공간된다. 『논어집주』는 적지 않은 기간 동안 진행된 주희 『논어』 연구의 결정체인 것이다.

『논어』에 대한 주희의 해석을 살펴볼 수 있는 자료는 이 외에도 몇 가지가 더 있다. 『연평답문(延平答問)』에는 주희가 스승 연평(延平) 이통(李侗, 1093~1163)과 30대 전후에 『논어』에 대해 나누었던 논의가 수록되어 있고, 『주자어류(朱子語類)』에는 『논어집주』 완성 이전 시기는 물론 그 이후 시기의 『논어』 관련 언급이 기록되어 있으며, 『주자대전』에도 주희가 30대 이후 『논어』를 주제로 주변 학자들과 주

11) 魚有鳳, 『論語詳說』, 「論語詳說跋」. "我農岩先生嘗欲裒爲一編以便考覽, 而名之以論語詳說, 既手書目錄一通, 以托門人金時佐道以甫, 繕寫數篇, 而先生已下世, 道以氏心嘗恨焉, 每勸余續成, 而余亦汩於吏役, 荏苒十年, 未下手矣. 嘗於夢中侍先生, 語及此事, 極歎其編次之遲, 余覺而瞿然曰, 此吾二三子之罪也, 遂亟加纂集, 再閱歲而訖功, 凡四卷."

12) 魚有鳳, 『論語詳說』, 「論語詳說跋」. "『論語』一書, 朱夫子訓釋備矣, 有『集註』, 有『精義』·『或問』, 所發明聖人之意, 殆无餘蘊矣." *이 글은 『杞園集』 卷21에도 "論語詳說跋"이라는 제목으로 수록되어 있다.

고받은 편지가 실려 있다. 이러한 자료들을 통해 우리는 『논어』에 대한 주희 해석의 시기별 변천에 주목해 볼 수도 있고, 해당 구절에 대한 『논어집주』의 설명 이면에 자리하고 있는 고민을 보다 상세하게 읽어낼 수도 있다.

어유봉은 『주자대전』 주자서에 담긴 『논어』 관련 언설들이 『논어』와 『논어집주』를 보다 주희의 입장에서 상세하게 읽어낼 수 있게 해주는 역할을 한다고 보았다.13) 주자서의 『논어』에 대한 논의는 『논어집주』나 『논어혹문』에 없는 것이기도 하고, 있는 내용이더라도 더 분명하며, 문인들의 기록인 『주자어류』의 여러 설에 비해 더 정확한 주희의 입장을 확인할 수 있는 자료라는 것이다.14)

사실 김창협과 어유봉의 『논어집주』 이해로의 관심이 『주자대전』에 대한 본격적인 검토로까지 이어질 수 있었던 것은 1419년 『논어집주대전』의 유입 이후 조선 학계에서 진행해온 『논어』 관련 주희 문헌 집성에 힘입은 바라고 할 수 있다. 『논어』와 『논어집주』, 『논어집주대전』에 대해 조선의 학계는 "번역"의 문제에서부터 시작하여 『논어』와 『논어집주』의 함의, 『논어집주』와 『논어집주대전』 소주 사이의 간극 등에서 기인한 이해의 어려움을 맞닥트리고 있었다. 이 어려움에 대한 대응 가운데 한 흐름이 바로 『논어집주』와 관련된 주희 문헌의 집성이었다.

---

13) 魚有鳳, 『論語詳說』, 「論語詳說跋」. "然其平日與朋友門人往復辨難, 其說尤詳, 散出於『大全』書中者甚多."

14) 魚有鳳, 『論語詳說』, 「論語詳說跋」. "竊嘗考之, 蓋其問者非一人, 疑之非一端, 故精粗淺深, 橫竪偏全, 无不曲暢而旁通之. 譬之叩鍾, 或小鳴或大鳴, 舂容以盡其聲焉. 其爲說, 固有『集註』·『或問』所未及言者, 而其所已言者, 又因此而益明, 觀其拆衷取舍, 權度不差, 同異得失, 彼此互發, 而聖人之微辭奧旨, 益躍如也. 讀『論語』者, 誠能本之以『集註』, 參之以『或問』, 又考之此, 以盡其詳, 則其於反約也, 幾矣."

흥미로운 것은 『논어집주』 형성 과정이 『논어정의』, 『논어혹문』, 『논어집주』로 이어졌던 반면, 각 문헌에 대한 조선의 수입은 『논어집주』, 『논어혹문』(중종조 이전), 『논어정의』(1689)여서 『논어집주』 형성 과정을 거슬러 올라가는 방향으로 진행된다는 것이다. 『논어혹문』과 『논어정의』가 북송(北宋) 및 동시대 『논어』에 대한 이설(異說)들을 취합해 놓고, 또 그에 대해 『논어집주』에서 취사한 이유를 주희가 직접 해명하고 있는 책이라는 것을 떠올린다면, 그리고 조선의 학계에서 이들 문헌을 입수하기 위해 보였던 노력을 감안한다면, 『논어집주』 형성 과정에 담겨 있는 주희의 고민과 의도를 역추적하고 다시 그것을 순정하게 구성해 내겠다는 지향이 조선 주자학계의 『논어』 연구에 짙게 배어 있었을 것이라고 짐작할 수 있다.

김창협과 어유봉의 『논어상설』 편찬은 『논어정의』와 『논어혹문』 그리고 『논어집주』가 완비된 가운데, 『논어』에 대한 주희의 언설을 주자서에서도 취합하겠다는 취지 아래 진행된다. 그리고 어유봉은 여기서 더 나아가 『논어상설』의 후속 연구로 "사서상설(四書詳說)"의 편찬을 제안하기도 한다.15)

여기서 한 가지 짚어보아야 하는 사실이 있다. 시간을 조금 거슬러 올라가 우암(尤庵) 송시열(宋時烈, 1607~1689)의 1678년 발언을 살펴보면, 주희의 유가 경전 해석을 완벽하게 이해해 내기 위한 그의 기획을 확인할 수 있다. 그는 사서(四書)와 『시(詩)』, 『역(易)』, 즉 사서오경 가운데 주희가 직접 주석을 남긴 여섯 경전에 대한 십삼경(十三經)의 고주(古註), 정호(程顥, 1032~1085)와 정이(程頤, 1033~1107), 장재(張載, 1020~1077)의 글 그리고 『주자대전』과 『주자어류』를 주희의

15) 魚有鳳, 『論語詳說』「論語詳說跋」. "抑『大全』, 『庸』·『學』·『孟子』諸說, 亦多有之, 又依此例采輯, 以爲四書詳說, 則尤好看, 同志者有能成之, 是亦先生之意也歟!"

주석과 함께 한데 모아 놓음으로써 각 해석의 이동(異同)과 취사의 취지를 읽어내고자 한다.16) 뿐만 아니라 그는 『사서대전』 소주와 『사서집주』 사이의 간극을 판별하고 그로부터 기인한 문제를 해소할 수 있는 방법으로, 소주에 수록된 주희 이후 학인들의 글이 담긴 원 출전에 대해서도 관심을 보인다.17) 소주에 등장하는 인물들의 기록은 분명 『사서집주』에 대한 각자의 해석서를 통해 개진된 발언이었을 것이므로 그 책들을 직접 구해볼 수 있다면 명대 『사서대전』 편수자들의 선별 기준은 물론, 해당 인물들의 본의까지 파악할 수 있을 것이라는 기대가 있었던 것이다.

김창협에서 시작하여 어유봉에게서 완성된 『논어상설』은 『논어집주』와 『논어혹문』, 『논어정의』 집성을 토대로 하여 주자서 수록 관련 자료까지 취합함으로써 주자학적 『논어』 이해를 더욱 섬세하게 만들어가려는 학문적 지향 위에서 추진된다. 그러나 『논어상설』은 『논어집주』 이해의 차원에서는 『논어혹문』, 『논어정의』를 기본으로 하면서 『연평답문』, 『주자어류』 등의 문헌과 함께 집성되어 이해되었을 때 그 빛을 발하는 문헌이다. 다른 한편으로 『논어집주』의

---

16) 『宋子大全』 卷67, 「書·答朴和叔【戊午九月十九日】」(1678). "鄙意以爲程·朱以後諸家說, 不勝其多, 而非但無甚發明, 或有反失程·朱本旨者, 則其誤却後人眼目, 有不可知. 嘗欲取十三經古註, 載於四書·『詩』·『易』見行註釋之下, 以著程·朱取舍之意, 而又取程·張全書·『朱子大全』·『語類』中諸說, 以見三先生同異及三先生初晩所見之同異, 則於學者當有大益, 而事力不逮, 未知執事能辦此事否. 昔年嘗取二程書, 略成部伍, 似有頭緖, 而未暇卒業, 常自歉歎也."

17) 『宋子大全』 권67, 「書·答朴和叔【戊午九月十九日】」(1678). "『四書大全』中諸家之說, 惟倪氏『中庸』, 少時借得於人家, 看來無甚緊要, 而徒爲纏繞, 故未卒業而還之, 至今思之, 此殆氣輕志小, 心不耐煩之致, 追悔不能已. 大抵以今見行經書小註觀之, 則如雲峯·新安·慶源·雙峯必各有成書, 故皇朝纂集時裒粹而載錄之, 未知此等書流出於東方而有藏置者否."

등장이 전체 『논어』 해석사에서 갖는 특징을 파악하기 위해서는 『십삼경주소(十三經注疏)』의 『논어주소(論語注疏)』로 대표되는 『논어집주』 성립 이전의 주석서는 물론이고 주희의 선대 학자들의 해석과의 비교 연구로 확장될 필요가 있었다. 그렇다면 『논어상설』 편찬은 그러한 비교 연구의 출발점인 주희의 『논어』 해석을 명확하게 파악해 내는 데 있어 추가되어야 하는 주자서 자료를 집성해 내는 작업이었다. 그리고 이것은 『논어집주』 해석사, 즉 『논어집주』 성립 이후 『논어집주대전』이 완성되기까지 『논어집주』의 직간접적 영향 아래 산출된 주석·해석서에 대한 검토의 기반이 되는 연구이기도 했다.

이러한 측면들을 고려하였을 때, 『논어상설』의 편찬은 조선의 주자학계에서 주희의 『논어』 해석을 총람할 수 있는 기초자료를 구축하는 데 있어 남겨져 있던 중요한 부분을 채워 넣는 작업이자, 주희의 『논어』 해석을 다각도에서 분석함에 토대가 되는 작업이었다고 할 수 있다.

3. 『논어상설』의 구성과 의의

『논어상설』은 『주자대전』 서간분에서 『논어』 관련 논의를 뽑아 『논어집주』 구성에 따라 모아 놓은 문헌으로 필사본 4권본[18]으로 전해진다. 『논어집주』는 총20편 498장이고, 『논어상설』에는 그 가운

18) 한국고전적종합목록시스템(nl.go.kr/korcis)에 따르면 『論語詳說』이 소장된 곳은 다음과 같은데, 모두 필사된 4권본이다. ① 서울대학교 규장각한국학연구원 청구기호 15187 ② Harvard-Yenching Library 청구기호 TK 935-2940 ③ 한국학중앙연구원 도서관 청구기호 K1-162. 이 글은 『한국경학자료집성』에 수록된 『論語詳說』을 대본으로 한다.

데 274장에 대한 주자서(朱子書)의 언급이 『논어집주』 편장 체제에 준하여 수록된다. 이 책은 『논어집주』 경문의 일부를 대문으로 하여 표제어로 삼고,[19] 주자서에서 발견되는 해당 경문 관련 논의를 그 아래에 실어 일종의 항목으로 설정해 놓음으로써, 『주자대전』 내 주자서를 선별해 놓는다.

『논어집주』의 구성에 따라 『논어』 관련 주자서를 간추려 수록하는 것은 단순한 작업처럼 보이지만, 실제로 주자서의 내용을 살펴보면 그렇지 않다. 예를 들어 『논어』와 관련된 주자서라고 하더라도 하나의 서간에는 『논어』 이외의 주제들도 포함되어 있으며, 그 안에 포함된 『논어』 관련 내용이 『논어』의 특정한 부분에 집중되어 있지 않은 경우가 많기 때문이다.

『논어상설』은 『논어집주』의 편장 체제에 따라 주자서를 분류하면서 『논어』와 관련된 하나의 서간에 대해서도 그것이 구체적으로 다루고 있는 내용만을 뽑아낸다. 그리고 하나의 서간에 『논어』의 여러 장에 관한 논의가 등장하는 경우에는 그것을 해당 『논어집주』 구절에 나누어 배치한다. 사실상 주자서를 해체하여 『논어집주』 편장 체제에 맞추어 재편해놓고 있는 것이다. 이러한 방식으로 『논어상설』은 총2,365통의 주자서[20] 가운데 『논어』 관련 논의를 담은 178통을 가려내고, 다시 그것을 해당 『논어』 구절에 맞게 재배치하여 766항목으로 구성한다.

---

19) 예를 들어, 『논어집주』 「학이(學而)」 1장은 "子曰學而時習之", 2장은 "有子曰其爲人也孝弟"로 표기된다.

20) 崔彩基, 「退溪 李滉의 『朱子書節要』 編纂과 그 刊行에 관한 硏究」, 성균관대학교 박사학위논문, 2013, 59쪽 참조.

篇名	『論語集註』	『論語詳說』	『論語詳說』 項目*	『論語詳說』 인용 朱子書** (중복 제외)***
1-學而	16章	16章	132	51 (51)
2-爲政	24章	19章	45	18 (6)
3-八佾	26章	16章	29	21 (6)
4-里仁	26章	18章	72	48 (30)
5-公冶長	27章	20章	45	27 (15)
6-雍也	28章	19章	52	31 (16)
7-述而	37章	26章	61	26 (9)
8-泰伯	21章	17章	53	34 (11)
9-子罕	30章	18章	40	24 (5)
10-鄕黨	17章	8章	18	11 (1)
11-先進	25章	14章	42	28 (7)
12-顔淵	24章	8章	28	19 (4)
13-子路	30章	11章	22	15 (6)
14-憲問	47章	19章	30	17 (2)
15-衛靈公	41章	13章	35	17 (5)
16-季氏	14章	3章	6	4 (0)
17-陽貨	26章	13章	23	10 (1)
18-微子	11章	5章	13	9 (0)
19-子張	25章	8章	16	11 (2)
20-堯日	3章	3章	4	4 (1)
총계	498章	274章	766	425 (178)

* 『논어상설』 해당 편에서 주자서를 인용한 항목 수
** 『논어상설』에서 해당 편에 인용하고 있는 주자서 수
*** 앞의 편들과 중복되는 것을 제외한 주자서 수

『논어집주』 해석의 차원에서 『논어상설』은 『논어집주』의 편장 체제를 준용하지만, 『주자대전』을 놓고 보게 되면 주자서 자료를 해체하여 재구성한다. 주자서 재구성의 측면에 주목하였을 때, 『논어상설』은 앞서 언급한 조선의 주자학적 『논어』 해석을 위한 자료 집성의 성격과 함께 『주자대전』 이해의 한 방식을 보여주는 문헌으로 조망된다. 요컨대 1719년 완성된 『논어상설』은 조선의 『주자대전』 독해사 위에서 그 특성이 보다 선명하게 드러난다.

『주자대전』은 1543년 처음으로 조선에서 간행된다. 이는 그 이전까지 간행을 위한 최소한의 연구가 어느 정도 진행되어 있었다는 것을 의미할 것이다. 예컨대 『주자대전』 이외 주희 문집 관련 자료들의 수입과 독서, 그리고 『주자대전』 입수에 이은 교감 등의 연구는 축적되고 있었다.[21] 그러나 한편으로는 『사서대전』의 경우와 마찬가지로 『주자대전』 역시 적지 않은 독해의 곤란함을 불러일으키고 있었다.

『주자대전』 독해의 곤란함을 해결하기 위해 조선 주자학계는 오랜 기간 다양한 방식으로 연구를 진행한다. 기존 연구에서는 조선의 『주자대전』 독해의 결과물을 크게 두 형태로 구분한다. 하나는 "선집류"이고 다른 하나는 "주석서류"이다. "선집류"는 『주자대전』의 글을 선별하는 방식으로 편찬된 문헌을 가리키며 "주석서류"는 『주자대전』의 글 자체에 대한 번역과 이해를 위해 자구(字句) 및 관련 정보의 주석을 덧붙여나가는 방식으로 완성된 결과물을 말한다.[22] 이

21) 1543년 이전 조선에서의 주희 문집 유통과 간행은 물론 1543년 김안국(金安國, 1478~1543)의 주도로 진행된 『주자대전(朱子大全)』 간행 및 1545년 유희춘(柳希春, 1513~1577)의 교감과 간행 과정은 다음의 연구에 자세하다. 최경훈, 「『朱子大全』 選集書에 관한 연구」, 경북대학교 박사학위논문, 2018, 18-40쪽 참조. 이에 따르면 1543년 이전 조선에서는 『朱文公集』, 『晦庵詩文抄』, 『紫陽文集』, 『晦庵先生朱文公詩集』 등이 유통되며, 『朱子大全』의 수입은 16세기 초의 일이다.

를 통해 예측할 수 있는 것은 조선 주자학계가 『주자대전』의 방대한 분량과 번역의 어려움이라는 문제에 맞닥트렸다는 점이다.

『주자대전』에 대한 선집류 문헌이 편찬되는 이유는 그것의 방대한 분량에서 기인하는 독해의 어려움을 해소하기 위한 것이다. 『주자대전』 선집류 문헌의 출현은 『주자대전』 전체에 대한 검토 위에서 편찬자의 기준에 따라 선별된 글들로 구성된다는 점에서 『주자대전』에 대한 진전된 독해의 결과로 해석된다.[23)]

여기에서 중요해지는 것이 바로 선별 기준이다. 사실 조선의 『주자대전』 "선집류"와 "주석서류"는 대부분 기본적으로 『주자대전』의 문체별 분류 체계를 따른다. 분명 이러한 구성은 문집 형식을 보존하면서 방대한 분량을 축소하고 번역의 어려움을 해소시켜 준다는 측면에서 『주자대전』 독해의 심화라고 할 수 있다. 다만, 특히 선집 형태일 경우 선별 기준을 명확히 제시하거나 파악하기 어렵다는 새로운 곤란처를 마주하게 한다.

이는 퇴계(退溪) 이황(李滉, 1501~1570)의 『주자서절요(朱子書節要)』가 선별과 주석의 정형(定型)을 마련하여 조선의 『주자대전』 독해의 효시라는 위상을 가짐에도 불구하고, 그것에 대한 재변용, 재해석이 매우 다양하게 시도된다는 데서도 확인된다. 실제로 조선에서는 『주자서절요』 출현 이후 『주자대전』이 아닌 『주자서절요』를 대상으로

22) 이규필, 「『주자대전』 주석서와 『주자대전차의문목표보』」, 『대동한문학』 34, 대동한문학회, 2011, 330-336쪽; 이향준, 「한국 성리학의 해석학적 발전 -『주자대전』의 주석서를 중심으로-」, 『율곡사상연구』 25, 율곡연구원, 2012, 130-132쪽 참조.

23) 최근 연구에서는 조선시대 간행된 『주자대전』 선집류 문헌이 14종 조사되었다고 밝히고 있다. 최경훈, 「『朱子大全』 選集書에 관한 연구」, 경북대학교 박사학위 논문, 2018, 68-144쪽 참조.

그에 대한 절략, 분류, 주석 등의 재가공을 가하는 문헌들이 산출되며[24], 『주자서절요』의 편찬 취지는 오늘날에도 매우 다양한 각도에서 분석된다.[25]

그와 달리 『논어상설』은 일종의 선집류 문헌이면서도 『논어』라는 단일한 주제를 기준으로 하여 『주자대전』의 주자서를 선별하여 분류한다. 『논어상설』은 『주자대전』의 주자서 수록 방식[26]에 구애되지 않고 주자서에 접근하여 『논어』에 대한 이해의 지평을 제공하는 자료로서 재구성해낸다.[27] 예를 들어 가장 많은 주자서가 인용되는

---

24) 柳鐸一, 「『朱子書節要』의 註釋書에 對하여」, 『퇴계학논총』 3, 퇴계학부산연구원, 1997, 52-62쪽 참조. 참고로 『주자서절요』는 2,365통의 주자서 가운데 1,234통을 수록하고 있다. 『주자서절요』의 편찬 의의에도 불구하고 그것이 이후 지속적으로 재가공의 대상이 되는 것은 그것이 여전히 천 통이 넘는 많은 분량의 주자서를 수록하고 있다는 점이 한 요인일 것이다.

25) 예를 들어 『주자서절요』의 편찬 취지는 인간 주희에 대한 이해(柳鐸一, 「『朱子書節要』의 編纂 刊行과 그 後響」, 『退溪學報』 23, 退溪學硏究院, 1989, 12쪽), 도덕적 수양 고양(강진석, 「퇴계 『朱子書節要』 편집의 방법적 특징과 의의」, 『퇴계학보』 113, 退溪學硏究院, 2003, 90쪽), 異端 학설 배격(이상하, 「『朱子書節要』가 조선조에 끼친 영향」, 『退溪學報』 132, 退溪學硏究院, 2012, 20쪽), 性理學 교재 마련(崔彩基, 「退溪 李滉의 『朱子書節要』 編纂과 그 刊行에 관한 硏究」, 성균관대학교 박사학위논문, 2013, 193-199쪽) 등으로 다각도에서 분석된다. 최근에는 "爲己之學"(김기현, 「『주자서절요』」를 통해서 본 퇴계의 학문정신」, 『퇴계학논집』 15, 영남퇴계학연구원, 2014)과 "眞知實踐"(최영성, 「'眞知實踐'의 교재 『朱子書節要』」, 『퇴계학논집』 15, 영남퇴계학연구원, 2014)을 『주자서절요』의 키워드로 제시하기도 한다.

26) 『朱子大全』에서 서간은 다음의 여섯 유형으로 분류된다. 時事出處·箚子, 汪張呂劉問答, 陸陳辨答, 問答論事, 問答, 知舊門人問答.

27) 이러한 특징은 사실 주석서류 문헌과의 비교를 통해 쉽게 드러난다. 일례로 金昌協과 魚有鳳이 편찬에 깊숙이 관여한 『朱子大全箚疑問目』(1716 이전)은 주석서류 문헌으로서, 『주자대전』 체계를 따라 주요 구절과 용어에 대한 『朱子大全箚疑』(1716)의 해설 및 按說을 덧붙이고 있다. 『論語詳說』이 『주자대전』

『논어』「이인(里仁)」 15장의 경우를 가지고 『주자상설』의 인용 양상을 살펴보면 다음과 같다.

〈『論語』「里仁」 15장, "子曰參乎吾道一以貫之"章〉

	『朱子大全』卷數-수록 순서	『朱子大全』 수록 제목	작성 연도
1	45-1	答虞士朋	미상
2	52-40	答都昌縣學諸生	1179
3	53-32	答許景陽	1196
4	55-32	答包詳道	1187
5	37-3	與范直閣	1158
6	37-4	與范直閣	1158
7	37-5	與范直閣	1158
8	31-21	與張敬夫論癸巳論語說	1177
9	31-9	答張敬夫	1172
10	39-9	答柯國材	1164
11	39-37	答陳齊仲	1166
12	56-51	答鄭子上	1192
13	41-15	答程允夫	1168
14	별집 3-11	程允夫	1181
15	42-28	答石子重	미상
16	43-40	答林擇之	1170
17	44-48	答江德功	1174

독해서로 조망됨으로써, 동일한 두 사람을 거쳐 산출된 『논어상설』과 『주자대전차의문목』은 『주자대전』 독해의 서로 다른 방식을 대비적으로 보여주게 된다. 『朱子大全箚疑問目』에 관한 내용은 다음의 연구를 참조. 강문식, 「金昌協의 朱子書 연구와 『朱子大全箚疑問目』」, 『한국사연구』 160, 한국사연구회, 2013, 86-100쪽.

18	47-10	答呂子約	1174
19	47-12	答呂子約	1174
20	61-15	答嚴時亨	1196
21	39-51	答王近思	1191
22	60-33	答曾擇之	1197
23	60-32	答曾擇之	1197
24	40-10	答吳耕老	1158
25	60-30	答曾無疑	1195

『논어상설』은 주자서에서 『논어』 구절과 직접적으로 관련된 논의들을 모은다. 예를 들어 『논어』 「이인(里仁)」 15장, "자왈참호오도일이관지(子曰參乎吾道一以貫之)"장(章)의 경문에는 "일이관지(一以貫之)"와 "충서(忠恕)"가 등장하는데, 이에 대한 경문의 함의와 『논어집주』 해석의 취지 등에 대해 논의하고 있는 주자서 25통을 취합하는 것이다. 이를 통해 『논어상설』은 권수나 작성 시기, 혹은 편지 수신인 등의 사항이 아닌, 『논어』 관련 여부만을 기준으로 선택된 주자서를 『논어』의 내용 전개에 따라 배치한다.28)

이는 결과적으로 『논어』 및 『논어집주』 이해를 위한 주자서 열람을 용이하게 해준다. 서간문의 특성상 주자서 내 『논어』 관련 논의들을 살펴보기 위해서는 이곳저곳을 찾아가며 보아야 하는데, 이를 『논어집주』 편장 체제에 따라 집성해 놓음으로써 그러한 수고를 덜어 주게 되는 것이다.

이러한 방식은 자연스럽게 하나의 주자서를 해체하는 데까지 나

28) 이를 통해 『논어』에 대한 주희 해석과 관련하여 『논어상설』이 그것의 시기적 변천을 규명하는 데 치력하지 않았을 가능성을 예상할 수 있다.

아가게 된다. 예를 들어 남헌(南軒) 장식(張栻, 1133~1180)의 「논어설(論語說)」(1173)에 대한 주희의 응답인 「여장경부논계사논어설(與張敬夫論癸巳論語說)」(1177)은 『논어』 전반의 개별 구절에 대한 논의가 실려 있는, 만여 자에 달하는 방대한 분량의 편지글이다. 『논어상설』은 이 서간을 93개로 나누어 각각 해당 『논어』 구절에 배속시킨다. 즉 주자서는 일종의 본격적인 활용을 기다리는 원자료로서 자리하게 된 것이다. 『논어상설』은 다양한 주제를 다루고 있는 주자서라는 원자료에 접근하는 데 있어 『논어』라는 특정 주제에 입각한 방식을 제공하고 있는 것이다.

물론 『주자대전』에 대한 "주제별 분류"[29]라는 측면에서 살펴볼 만한 앞선 시기 문헌으로 16세기 퇴계 이황의 『송계원명이학통록(宋季元明理學通錄)』과 17세기 포저(浦渚) 조익(趙翼, 1579~1655)의 『주서요

---

29) 방대한 분량의 자료에 대해 분류를 가한다는 것은 대상 자료에 대한 진일보한 분석이다. 문집 자체도 사실 그러하며, 『주자대전(朱子大全)』 역시 그러한 측면에서 주희(朱熹) 저술에 대한 해석의 시선이 이미 가미되어 있는 자료라고 할 수 있다. 참고로 『주자대전』의 체재가 서간(書簡)을 중심으로 하며, 그것을 준용하여 조선 문집의 모범이 되는 이황(李滉)의 문집이 편찬된다는 연구는 다음을 참조. 정석태, 「『퇴계집』의 체재와 그 의미」, 『동양철학』 33, 한국동양철학회, 2009, 8-10쪽. 다만 『주자대전』이 문체별 분류를 제1기준으로 하고 있으므로 해서 그로 인해 발생하는 문제, 즉 해당 글에서 다루고 있는 내용들이 다소간 파편화되는 문제를 보완하기 위해 시도되는 것이 『주자대전』에 대한 주제별 분류이다. 주자학 관련 문헌에 대한 주제별 분류는 대표적으로 『근사록(近思錄)』, 『주자어류(朱子語類)』, 『성리대전(性理大全)』, 『성리정의(性理精義)』 등을 통해 시도된다. 『성리정의』의 주희 문헌에 대한 분류와 그 분류 체계에 담긴 해석적 시야의 함의에 대해 주목한 연구로 다음을 참조. Wing-Tsit Chan, "The Hsing-Li Ching-I and the Ch'eng-Chu School of the Seventeenth Century", W. T. de Bary, ed., *The Unfolding of Neo-Confucianism*, New York and London, 1975.

류(朱書要類)』(1642)가 있다. 이황은 『송계원명이학통록』 주문제자(朱門弟子) 부분에서 주희 문인의 면모를 파악할 수 있도록 『주자대전』과 『주자어류』에서 해당 인물 관련 기록을 선별해 놓는다. 『주자대전』 내 주자서의 수신인을 기준으로 하여 주자서를 분류하고 있는 것이다. 조익은 『주서요류』에서 『근사록(近思錄)』의 분류 체제를 준용하되, "위학(爲學)"에 대한 강조의 시선을 투영하여[30) 『주자서절요』의 주자서를 재분류한다.[31)

『주자대전』에 대한 주제별 분류라는 측면에서 보았을 때, 『논어상설』은 조선에서 경전을 분류 기준으로 하여 『주자대전』 주자서를 정리한 선구적 사례라고 할 수 있다. 즉 『논어상설』은 방대한 분량의 주희 글이 문집 체제에 따라 구성되어 있기 때문에 발생하는 독해의 곤란함을 해소하는 것은 물론 당시 학술에서 가장 기초적이고 객관적이라 할 수 있는 경전 체계를 기준으로 하여 선별을 시도한 주제별 분류 작업의 결과물인 것이다.

---

30) 강문식, 「趙翼의 학문 경향과 『朱書要類』 편찬의 의의」, 『한국문화』 39, 서울대학교 규장각한국학연구원, 2007, 120-130쪽. 조익의 이러한 입장이 반영된 『朱書要類』의 목차는 다음과 같다. 卷1 論爲學之方及朋友文人相勉進學及言爲學利病 一, 卷2 論爲學之方 二, 卷3 論爲學之方 三 讀書講義格物 一, 卷4 論讀書講義格物 二, 卷5 論持守踐履 論克治及朋友門人責善規箴, 卷6 分別義理教人自立處窮達得喪之際 言進退辭受之義 言居官處事之道, 卷7 師友交際及親舊存問慶弔凡所稱許傷歎 一, 卷8 師友交際 二, 卷9 論理氣性命 論性情心術 論道理, 卷10 論禮制 與卿相論時務 一, 卷11 論時務 二 論古人行事 論宋朝前賢行事, 卷12 闢異端異論.

31) 이 외에도 우계(牛溪) 성혼(成渾, 1535~1598)의 『朱門旨訣』(1571)과 尤庵 宋時烈의 『朱文抄選』(1683)이 있다. 『朱門旨訣』은 朱子書 22통과 奏箚 1편, 雜著 3편을 수록하고 있으며, 『朱文抄選』는 朱子書 22통과 封事·箚子 11편, 雜著 1편, 序文 3편을 싣고 있다. 각각 "爲學"과 "聖學"을 자료 선정 기준으로 제시하고 있다. 최경훈, 「『朱子大全』 選集書에 관한 연구」, 경북대학교 박사학위논문, 2018, 101-110쪽; 129-132쪽 참조.

『논어상설』은 『논어』라는 주제에 따라 『주자대전』을 선별하고, 이렇게 선별된 자료를 『논어집주』의 편장 체제에 따라 재배치하고 있다. 재배치된 각 주자서는 대부분 『논어』 경문 혹은 『집주』를 직접 인용하고 있는 글이기 때문에 편자의 주관적 시선이 개입할 여지가 상당히 적으며, 채택된 각 주자서의 말미에는 해당 편지의 제목이 적혀 있어 수신인과 논의의 출처를 동시에 확인할 수 있다. 『논어상설』에 수록된 글의 『주자대전』 내 권수와 해당 서간의 작성 시기 및 수신인의 수 등을 보면, 『논어상설』은 『논어』 관련 주자서에 대한 전수 조사를 목표로 진행되었던 것으로 추정된다. 『논어상설』은 『주자대전』 주자서 내 『논어』 관련 논의가 모두 취합되어 있는, 『논어』 관련 주자서 자료의 완성형 결과물인 것이다.

이러한 방식으로 재구성됨으로써 『논어상설』은 주자서에서 각 『논어』 구절을 논의한 횟수를 확인할 수 있게 해준다. 어떻게 보면 주희의 『논어』 각 장에 대한 관심 혹은 중시의 정도를 파악하고자 할 때 참조할 수 있는 자료라고도 할 수 있다. 『논어상설』에서 주자서가 인용된 항목이 많은 순서대로 『논어』의 다섯 구절을 뽑아보면 다음과 같다.

① 「里仁」 15장, "子曰參乎吾道一以貫之" 25항목
② 「學而」 2장, "有子曰其爲人也孝弟" 23항목
③ 「顔淵」 1장, "顔淵問仁子曰克己復禮爲仁" 19항목
④ 「學而」 1장, "子曰學而時習之" 16항목
⑤ 「先進」 25장, "子路曾晳冉有公西華侍坐" 15항목

결국 『주자대전』 독해사에서 『논어상설』은 선집류 문헌이면서

동시에 당시로서는 매우 객관적이라고 할 수 있는 선별 기준과 구성 체제, 즉 유가 경전 해석이라는 층위에서 주자서를 재구성해 냄으로써 주자학적 경전 이해라는 명확한 주제 아래에서 『주자대전』을 활용해 내는 길을 열었다고 할 수 있다. 『논어상설』은 방대한 분량과 논의 맥락을 찾는 것이 용이하지 않은 주자서를 분석하는 데 효과적인 접근 방안을 보여주고 있는 것이다.

4. 나오는 말

조선의 『논어집주』 해석사에서 『논어상설』은 『논어집주』, 『논어혹문』, 『논어정의』에 더해 『주자대전』 수록 『논어』 관련 주자서를 추가로 집성한 책으로서, 이를 통해 주희의 『논어』 해석에 대한 완정한 이해로 나아가고자 하는 조선 주자학계의 지향을 확인할 수 있다. 한편 조선의 『주자대전』 독해사에서 『논어상설』은 『주자대전』을 유가 경전인 『논어』라는 특정 주제에 따라 선별하고 분류하면서 재배치한 문헌으로서, 『주자대전』에 대한 진일보한 독해 방식을 보여준다.

이 글에서는 『논어상설』의 의의를 조선의 『논어집주』 해석사와 『주자대전』 독해사가 교차하는 지점에서 발견하고자 하였다. 『논어집주대전』과 『주자대전』에 대한 이해의 어려움을 해소하는 과정 속에 산출된 『논어상설』은 『논어집주』 해석 차원에서 『주자대전』으로까지 검토 자료의 외연을 확장하며, 『주자대전』 독해 차원에서 『논어』를 위시로 한 주희의 사서 해석이라는 접근 기준을 확보한다. 『논어상설』은 조선에서 진행된 주자학적 경전 해석의 깊이와 발전 정도를 가늠해볼 수 있는 위치에 자리하고 있다.

주자학적 『논어』 해석을 위한 『논어상설』의 『주자대전』 활용법에 주목하였을 때 동시대인 18세기 초의 청, 그리고 18세기 말의 조선에서 흥미로운 두 저술을 만나게 된다. 18세기 초, 청에서는 『어찬주자전서(御纂朱子全書)』(1714)가 간행된다. 강희(康熙) 연간 성조(成祖, 1654~1722, 재위 1661~1722)와 용촌(榕村) 이광지(李光地, 1642-1718)가 주도하여 편찬한 이 책은 『주자어류』와 『주자대전』의 글을 주제별로 분류하여 선별해놓고 있다.[32] 18세기 말 조선에서는 사양재(四養齋) 강호보(姜浩溥, 1690~1778)의 『주서분류(朱書分類)』(1776)가 완성된다. 이 책은 『주자대전』, 『주자어류』, 『사서혹문』에 대한 주제별 분류[33]를 진행하고 있다.

---

32) 『御纂朱子全書』의 분류 항목은 다음과 같다. 學, 四書, 六經, 性理, 理氣, 鬼神, 道統, 諸子, 歷代, 治道, 其他. 이는 이 책의 편찬자들이 『朱子語類』와 『性理大全』에서 太極·陰陽·理氣 등을 첫머리에 두고 있는 것이 下學을 중시하는 聖學과는 다르다는 문제의식 위에서 제안된 것이다. 『御纂朱子全書』, 「凡例」. "一. (…) 惟『語類』一編係門弟子記錄, 中間不無譌誤冗複, 雜而未理, 『文集』一部, 則是其平生議論問答應酬雜著, 以至奏牘公移, 皆具焉, 精粗雜載細大兼收, 令覽者苦其煩多, 迷於指趣, 學人病焉. 今合此二書, 撮取精要, 芟削繁文, 以類相次, 裒爲全書, 以便學者, 蓋文雖不悉錄, 而微言大義庶幾具是矣, 故曰全書也."; "一. 『語類』及『性理大全』諸書篇目, 往往以太極陰陽理氣鬼神諸類爲弁首, 頗失下學上達之序. 子貢曰, 夫子之言性與天道不可得而聞也, 子路問事鬼神, 子曰, 未能事人, 焉能事鬼, 此聖學之序也. 觀朱子『四書集注』, 先『大學』, 次『論』·『孟』, 然後終以『中庸』, 則其用意可見. 朕覽其論『小學』蒙養之方, 『大學』進修之法, 精切詳明, 有裨學者, 以爲必先知此, 然後可以讀四書羣經, 而與聞乎神妙精微之奧矣. 故今篇目首以論學, 次四書, 次六經, 而性命·道德·天地·陰陽·鬼神之說繼焉." 그에 대한 분석과 의의는 다음의 연구 참조. Yung Sik Kim, "From the Chu-Tzu Yü-Lei(1270) to the Chu-Tzu Ch'üan-Shu(1714):Change and Stability of Orthodox Ch'eng-Chu Learning", *Tsing Hua Journal of Chinese Studies* 38, 2008.

33) 『朱書分類』의 분류 항목은 다음과 같다. 理氣, 性理, 學, 經籍, 尙論, 異端, 歷

이 두 문헌에서 눈에 띄는 것은 주희 문헌에 대한 주제별 분류를 진행하면서 경전 항목이 전면에 자리하고 있다는 것이다. 각 저술의 편찬 배경에 대해서는 조선과 청의 맥락을 고려한 접근이 필요하겠지만, 적어도 "주희 문헌에 대한 주제별 분류"라는 지점은 18세기 주자학 해석에 있어 조선과 청의 적지 않은 학자들이 공유하고 있던 문제의식으로 보인다.[34] 이러한 측면에서 보았을 때, 『논어상설』은 사서학의 층위에서 『논어』 해석의 흐름을 반영하고 있음은 물론, 주자학 전개상에 있어 주자서에 접근하는 효과적인 기준과 방법을 구체적으로 제시하고 있다는 점에서, 조선에서 이루어진 주희 문헌 자료 전반에 대한 체계적 재구성의 시도 속에서 산출된 중요한 성과물이라고 하겠다. 그리고 이처럼 조선에서 이루어진 주자학 연구가 동아시아 학술과 문화의 자체 맥락을 충분히 고려하며 조망될 수 있다면, "조선"과 "주자학"에 대한 접근과 해석은 보다 다양한 분야에서의 다각적인 독해와 재해석으로 이어질 수 있을 것이다. ◆

代, 君道, 臣道, 治道, 人倫, 人事. 문예원, 「姜浩溥의 『朱書分類』 편찬에 관한 서지적 연구」, 성균관대학교 석사학위논문, 2014, 22-24쪽 참조.

34) 조선의 경우, 姜浩溥의 성과를 중심에 놓고 따라가 보면 주희 문헌을 주제별로 분류하고자 하는 기획이 宋時烈에게서부터 구체화되기 시작한 것이었으며, 그러한 접근이 正祖에게로 이어짐을 확인할 수 있다. 송시열의 기획과 맞닿아 있다는 측면에서 "주희 문헌에 대한 주제별 분류" 시도는 『朱子言論同異考』(1741)의 편찬과도 함께 검토할 필요가 있다. 한편 정조의 주희 문헌에 대한 "全書" 편찬의 의지는 『朱子選統』(1781)에 관한 정조의 글, 『程書分類』와 『朱書分類』의 분류 방식에 대해 논의하고 있는 『日省錄』의 기사 등을 통해서 확인할 수 있다. 구만옥, 「18세기 正統朱子學者의 현실인식과 학문적 대응 -四養齋 姜浩溥(1690~1778)의 저술을 중심으로」, 『한국사상사학』 31, 한국사상사학회, 2008, 507-513쪽 참조.

참고문헌

사료 :

『世宗實錄』, 『宣祖實錄』
『高峯先生論思錄』, 『杞園集』, 『論語詳說』
『宋子大全』, 『朱書要類』, 『御纂朱子全書』, 『朱子大全』
『日知錄』, 『曝書亭集』

연구단행본 :

皮錫瑞, 李鴻鎭 역, 『中國經學史』, 螢雪出版社, 1995.
何耿鏞, 장영백 외 역해, 『經學槪說』, 청아출판사, 1992.

연구논문 :

강문식, 「趙翼의 학문 경향과 『朱書要類』 편찬의 의의」, 『한국문화』 39, 서울대학교 규장각한국학연구원, 2007.
______, 「金昌協의 朱子書 연구와 『朱子大全箚疑問目』」, 『한국사연구』 160, 한국사연구회, 2013.
강진석, 「퇴계 『朱子書節要』 편집의 방법적 특징과 의의」, 『退溪學報』 113, 退溪學硏究院, 2003.
구만옥, 「18세기 正統朱子學者의 현실인식과 학문적 대응-四養齋 姜浩溥(1690~1778)의 저술을 중심으로」, 『한국사상사학』 31, 한국사상사학회, 2008.
김기현, 「『주자서절요』」를 통해서 본 퇴계의 학문정신」, 『퇴계학논집』 15, 영남퇴계학연구원, 2014.
唐潤熙, 「《四書大全》 판본의 변화와 程朱理學의 演變」, 『중국어문논역총간』 20, 중국어문논역학회, 2007.
문예원, 「姜浩溥의 『朱書分類』 편찬에 관한 서지적 연구」, 성균관대학교 석사학위논문, 2014.
양기석, 「『四書大全』에 인용된 학자 연구」, 경상대학교 박사학위논문, 2017.
柳鐸一, 「『주자서절요』의 편찬 간행과 그 後響」, 『퇴계학보』 23, 퇴계학연구원, 1989.
柳鐸一, 「「朱子書節要」의 註釋書에 對하여」, 『退溪學論叢』 3, 퇴계학부산연구원,

1997.

이규필, 「『주자대전』 주석서와 『주자대전차의문목표보』」, 『大東漢文學』 34, 대동한문학회, 2011.

이상하, 「『朱子書節要』가 조선조에 끼친 영향」, 『退溪學報』 132, 退溪學硏究院, 2012.

이영호, 「조선 논어학의 형성과 전개양상」, 『東洋哲學硏究』 59, 동양철학연구회, 2009.

이향준, 「한국 성리학의 해석학적 발전 -『주자대전』의 주석서를 중심으로-」, 『율곡사상연구』 25, 율곡연구원, 2012.

전재동, 「四書大全의 收容과 그 意味」, 『東洋禮學』 20, 동양예학회, 2008.

정석태, 「『退溪集』의 體裁와 그 意味」, 『동양철학』 33, 한국동양철학회, 2009.

鄭亨愚, 「《五經·四書大全》의 輸入 및 그 刊板 廣布」, 『동방학지』 63, 연세대학교 국학연구원, 1989.

최경훈, 「『朱子大全』 選集書에 관한 연구」, 경북대학교 박사학위논문, 2018.

최영성, 「'眞知實踐'의 교재 『朱子書節要』」, 『퇴계학논집』 15, 영남퇴계학연구원, 2014.

崔彩基, 「退溪 李滉의 『朱子書節要』 編纂과 그 刊行에 관한 硏究」, 성균관대학교 박사학위논문, 2013.

Wing-Tsit Chan, "The Hsing-Li Ching-I and the Ch'eng-Chu School of the Seventeenth Century", W. T. de Bary, ed., *The Unfolding of Neo-Confucianism*, New York and London, 1975.

Yung Sik Kim, "From the Chu-Tzu Yü-Lei(1270) to the Chu-Tzu Ch'üan-Shu(1714): Change and Stability of Orthodox Ch'eng-Chu Learning", *Tsing Hua Journal of Chinese Studies* 38, 2008.

인터넷 자료 :

한국경학자료시스템(koco.skku.edu)

한국고전적종합목록시스템(nl.go.kr/korcis)

한국고전종합DB(db.itkc.or.kr)

유교적 앎의 존재 방식
-조선 전기 '격치'의 의미화를 중심으로-

이 행 훈

* 이 글은 『한국철학논집』 58집(2018.08)에 게재한 「조선 전기 '격치' 개념의 의미화」를 본 저서의 간행 취지에 맞춰 일부 수정한 것이다.

1. 학문의 본령

산업화를 지나 기술정보혁명 시대에 쏟아지는 무수한 지식은 우리가 숨 쉬는 공기와 같이 전파를 타고 언제든 인터넷 접속만 하면 꺼낼 수 있는 클라우드 속을 유영한다. 수만 리 수만 년 떨어진 시공간을 눈앞에 펼쳐놓는 가상현실은 마치 내가 그곳에 실재하는 것처럼 느끼게 한다. 딥러닝(deep learning)과 인공지능의 발달로 일컬어지는 4차 산업혁명은 머지않은 시기에 인간의 삶을 완전히 탈바꿈할 것처럼 으르렁거린다.

근대로의 전환은 자연과 인간의 유리, 학문의 분화를 촉진했고, 지식은 실용의 기준에 의해서 재단되었다. 가장 먼저 타격을 입은 것은 철학이다. 철학이란 근대 번역어로 우리 전통 지식 풍토에는 없던 개념이다. 서양의 특정 학문을 의미하던 철학이 근대 문명을 낳은 학문의 원천에서 동서를 막론하는 보편학으로 자리한 지 그리 오래지 않다는 얘기다. 그런데 근대 전환기에 만들어진 문학, 사학, 철학의 인문학 체계가 역설적으로 융합과 통섭의 기치 아래 구축되고 있다. 사회적 요구에 부응해야 한다는 대학의 사명 앞에 이제 인문학이 설 자리는 그다지 없어 보인다. 이래도 괜찮은 걸까. 시대의 필요가 학문의 방향을 이끄는 것은 자연스러운 일이나 뭔가 석연치 않다. 아무리 기술이 발달하고 기계가 삶의 많은 부분을 대체한다고 해도 사람이 해야 할 일들은 온전히 있기 때문이다. 오히려 기술의 발달로 소외된 인간의 존재 이유와 가치를 묻기 위해 인문학의 역할이 요구되는 시점이다.

단지 학문의 목적과 방향만이 아니라 앎과 삶이 근저에서부터 유리된 현재, 우리의 가치 판단과 행위 준거가 무엇인지 되물어야 한다. 곧바로 재화로 교환할 수는 없으나 어떠한 재화로도 근원적으로 대체할 수 없는 생명성을 길어내는 인문학의 가치를 재발견해야 한다. 이러한 과제에 유학이 작은 실마리를 제공할 수 있다고 생각한다. 도에 뜻을 두고 덕을 지키고 어진 것에 의지하며 예(藝)에서 노니는 유학의 가르침은[1] 윤리와 사상과 예술이 통합된 것이었다. 통합학문으로서의 유학의 특징은 사실 동서를 막론하고 근대 이전 학문의 일반적인 모습이었다고도 할 수 있다. 이 글에서는 학문의 통합적 성격보다 그 공부론에 주목하려 한다. 지행병진(知行竝進), 지행합일(知行合一)을 지향하며 앎과 삶을 따로 여기지 않았던 유학의 공부론은 『대학』의 격물치지에서 출발한다. 성의, 정심, 수신, 제가, 치국, 평천하는 실천의 영역이지만 앎과 실천은 기계적으로 분리할 수 없다. 사람으로서 걸어야 할 길을 알고 실행하는 일은 삶의 전 과정을 통해 간단없이 지속해야 할 학문의 궁극적 목표였다.

『대학』에 앎을 이루는 것은 사물에 나아가 리를 궁구하는 데에 있다고 했다.[2] 『대학』의 '격물'에 대한 해석은 중국철학사 전체를

---

1) 『論語』「述而」. "子曰, 志於道, 據於德, 依於仁, 遊於藝."

2) 중국에서 격치 개념의 의미변화는 葛榮晉, 『中國哲學範疇史』, 黑龍江人民出版社, 1987; 張立文, 『中國哲學邏輯結構論』, 中國社會科學出版社, 1989; 박성규, 『대학』, 도서출판 관악, 2004; 몽배원 지음, 홍원식·이기훈·황지원·이상호 옮김, 『성리학의 개념들』, 예문서원, 2008 등 참조. 한국유학의 격물치지 의미변화를 다룬 글로는 金道基, 「朝鮮朝 儒學에 있어서 認識理論에 對한 硏究-大學의 格物致知說을 中心으로-」(성균관대 박사논문, 1986)가 참조할 만하다. 인식 주체와 대상, 양자의 관계 그리고 인식 과정 및 결과로 장을 나누고 조선 유학자들의 대표적인 해석과 논변을 그 아래에 체계적으로 정리했으나, 조선 양명학과 실학의 사례까지 포괄하지는 않았다. 조선에서 격물치지 해석은 일정하지 않고 수많은 논변을 낳았다. 특히 정주 성리학적 관점은 양명학에 대한 비판

관통하는 핵심 주제이다. 주지하듯이 사물에 나아가 리를 궁구한다는 정주 성리학과 달리 육왕학은 모든 이치가 내 마음에 갖춰져 있고 내 마음 밖에 따로 이치가 없다고 하여 상반된 견해를 펼친다. 청대에 이르면 자연과학을 지칭하는 용어로 격치, 격치학을 사용한다. 조선전기 격치 해석이 학문과 위정의 시초라는 의미를 강화하며 불교를 비판하는 기제로 작동했다면, 조선 중기에는 양명학을 이단으로 배척하는 데에 격치 해석이 주요 쟁점으로 등장한다. 불교 비판으로 국가 사상적 기초를 공고히 한 유교가 리학의 입장에서 다시 양명학을 심학으로 규정하고, 불교와 같은 이단으로 배척하면서 사상적으로 자기동일성을 강화한다. 주자학과 양명학의 핵심 쟁점인 격물치지 해석을 둘러싼 조선 중기 유학자들의 다양한 논변은 조선 경학사상의 패러다임 전환을 보여주며, 문화다원론적 비판 연구의 시각에서 흥미로운 주제임에 틀림없다.

여기서는 조선전기 성리학 수용과정에서 이루어진 '격물치지' 개념의 의미화를 통해 앎과 실천을 통합하는 유학의 학문적 특색을 재조명함으로써 지와 행이 분리되고 주체와 유리된 현재의 지식 유통에 대해 성찰의 실마리를 제공하고자 한다. 특히 경학사상사의 해석적 지평을 확장하기 위해 문화다원론적 관점에서 다양한 사상가들의 해석과 논변을 살펴볼 것이다. 이는 사상가나 학파를 중심으로 한 기존 연구와 차별된다. 15~16세기 조선에서 진행된『대학』격물·치지 관련 논의를 중심으로, 먼저 '격물치지'가 유학의 핵심 공부 방법으로서 학문과 위정(爲政)의 출발임을 밝힌다. 이어 '격물'과 '물

과정을 통해 더욱 공고해지고, 실학의 격물치지 해석은 북학파, 성호학파, 다산, 혜강 등에서 차이를 나타낸다. 이는 후속 연구에서 다루기로 하고 여기서는 16세기까지 진행된 논의에 초점을 맞춘다.

격' 해석 논쟁이 리의 능동성을 강조하는 영남유학과 연결된다는 점을 규명한다. 끝으로 격물치지의 공부가 앎과 실천을 병진하고 통합한다는 점에서 유학의 학문적 특성을 규정하고 오늘날 주체와 유리된 지식의 구조와 존재 방식을 성찰하는 데에 이바지할 수 있음을 제언하고자 한다.

2. 제왕학과 성학의 요체

유학의 학문적 목표는 사람이 마땅히 지켜야 할 도리를 밝히고 실천하여 군자·성인이 되는 데에 있다. 유학을 도학(道學)이라고 하고 성학(聖學)이라고 하는 이유이다. 주지하듯이 『예기』의 편명이었던 「대학」이 유학의 기본 경전으로서 위상을 획득한 건 『대학장구』를 포함하여 『사서집주』를 완성한 송대 주희에 의해서다. 정주 성리학을 적극 수용한 조선의 성리학자들은 대체로 주희의 『대학장구』를 준용했으나, 가령 이언적은 『대학장구보유』와 『속대학혹문』을 지으면서, 주희의 격물치지보망장을 인정하지 않았고, 『대학장구』 경1장의 구절을 격물치지장으로 옮겨 놓기도 하였는데, 이정귀나 조호익 등이 이러한 견해를 쫓았다.[3] 이처럼 주희의 『대학』 편재에 대해서는 현재까지도 많은 이론이 있으나, '격치'를 유학의 핵심 개념으로 이끈 '격물치지보망장'은 불교와 다른 유학 공부론의 이론적 토대가 되었고 조선 성리학에도 널리 수용되었다.

3) 최석기, 「회재의 『대학장구』 개정과 후대의 논변」, 『정신문화연구』 21권 2호, 1998 참조.

『대학』 팔조목 가운데 하나인 격물과 치지는 학문과 정치의 시초이다. '수기치인(修己治人)'과 '내성외왕(內聖外王)'이 이를 압축적으로 표현한다. 여기서 격물과 치지는 수기의 조목이자 이상적인 정치를 펼치기 위한 첫걸음이 된다. 위정자의 다스리는 법을 제시한 진덕수(陳德秀, 1178~1235)의 『대학연의(大學衍義)』는 대학주석서이자 제왕학의 표본으로 경연에서 자주 읽혔다. 이 책은 사서오경 외에도 여러 서적에서 제왕학과 관련된 항목을 뽑아서 『대학』의 팔조목에 따라 나열하고 자신의 의견을 덧붙인 것이다. 제왕위치지서(帝王爲治之序), 제왕위학지본(帝王爲學之本), 격물치지지요(明道術・辨人才・審治體・察民情), 성의정심지요(誠意正心之要), 수신지요(修身之要), 제가지요(齊家之要)의 목차 구성에 알 수 있듯이 정치에 직접 참고할 만한 실제 사례들을 제시한 일종의 정치지침서라고 할 수 있다. 원나라에서부터 경연의 교재로 채택되었으며, 명대에는 이를 보완한 구준(丘濬)의 『대학연의보(大學衍義補)』가 발행될 정도로 제왕학이 표본으로 기능했다.

조선에서는 태조 즉위년부터 관련 기술이 나타나는데, 경연을 매일 열어 학문에 힘써야 한다는 상소에는 『대학연의』를 예로 들어, 제왕의 정치하는 차례와 학문의 근본이 자기의 몸과 마음을 닦는 것으로부터 시작함을 강조하고, 『대학』을 강론하여 격물치지・성의정심의 학문을 연구하여 수신제가・치국평천하의 효과를 이룰 것을 진언하였다.[4] 격치성정에서 치국평천하에 이르는 도가 모두 여기에

4) 『太祖實錄』 太祖1年(1392) 11月 14日. "先儒眞德秀作大學衍義, 以進經筵. 其書首之以帝王爲治之序, 次之以帝王爲學之本, 莫不自身心始, 此所謂綱也. 首之以明道術辨人材審治體察民情者, 格物致知之要也. 次之以崇敬畏戒逸欲者, 誠意正心之要也. 次之以謹言行正威儀者, 修身之要也. 次之以重配匹嚴內治定國本敎戚屬者, 齊家之要也, 此所謂目也. 首之以聖賢之訓典, 次之以古今之事實. 人君所當知之理所當爲之事, 備見於此. 恭惟

있으며, 고금의 선악과 치란 득실이 실려 있지 않은 것이 없으니, 이를 통해 선악을 분별하고 실천한다면 성덕(聖德)에 도움이 될 것이라는 박억년(朴億年, 1455~1496)의 진언도 『대학연의』를 정치의 기준으로 제시한 사례이다.[5] 이밖에도 『대학』의 '격치성정'이 다스리는 방법으로 강조된 사례는 적지 않은데,[6] 『대학연의』는 헌종 대에 이르기까지 400여 차례 거론될 정도로 경연에서 중시되었다. 이는 고려시대 『정관정요(貞觀政要)』를 대신하여 『대학연의』가 새로운 정치지침서로 활용되었음을 의미한다. 이처럼 조선 초기에는 『대학』보다 『대학연의』가 정치의 요체를 담고 있는 것으로 중시되었으나, 16세기 정계에 진출한 사림파 학자들이 『대학』과 『중용』을 성현의 심법을 담은 책으로 중시함으로써 중종 대에 이르러서는 『대학』이 경연에서

殿下, 自在潛邸, 好觀書史, 洎登大位, 日講孜孜, 其於窮理正心之學, 修己治人之方, 固已知之明, 講之熟矣. 臣等寡昧, 何敢有所擬議哉. 然而經筵之設, 徒有其名, 而未聞進講之時. 殿下之意, 必謂廣廈大庭, 無地非學, 何必拘於常典, 日御經筵, 然後以爲學哉. 臣等以爲人君之學, 非徒誦說, 其所以日御經筵, 迎訪採納者, 一以接賢士大夫之時多, 而薰陶其德性, 二以親宦官宮妾之時少, 而振起其怠惰. 且創業之主, 子孫之所儀刑也. 殿下若以經筵爲不急, 則後世藉以爲說, 其流必至於不學, 豈細故哉. 伏願殿下日御經筵, 進講大學, 以極格致誠正之學, 以致修齊治平之効."

5) 『燕山君日記』 燕山君1年(1495) 9月 4日. "御晝夕講. 講大學衍義. 億年曰, 爲人君者, 不可不講此書. 自格致誠正, 至於治國平天下, 其道盡在於此. 古今善惡治亂, 得失無不備載, 願殿下勿以文字句讀爲事, 而每於講讀之時, 見其善者, 則思所以齊焉, 見其惡者, 則慮己之有此, 沈潛反覆, 務研其精. 如此則有補於聖德者多矣."

6) 『定宗實錄』 定宗2年(1400) 4月 6日. "若大學一部, 格致誠正絜矩之道, 實帝王爲治之法也." 이외에도 중종 21년(1526) 7월 11일, 중종 25년(1530) 1월 23일, 명종 21년(1566) 9월 12일 등에서 격치성정을 제왕학의 시초로 강조하였다. 또한 선조 대 김우옹은 조강에서, "제왕의 학문은 精一執中과 格致誠正에서 나오는 것입니다. 그러므로 표리가 빛나고 종시가 한결같은 것입니다"라고 하여 『중용』과 『대학』을 표리와 종시의 관계로 해석하여 주목에 값한다.(『宣祖實錄』 宣祖12年(1579) 5月 22日. "帝王之學, 自精一執中格致誠正上做出來, 故表裏輝光終始如一.")

본격적으로 강연되기 시작했다.

『대학』과 관련한 연구도 활발하여 예를 들면, 유숭조(柳崇祖, 1452~1512)는 중종에게 『강목십잠(綱目十箴)』과 『성리연원촬요(性理淵源撮要)』를 지어 올리면서, "명덕 · 신민 · 지선의 강(綱)을 우두머리로 하고, 지지(知止) · 유정(有定) · 능득(能得)의 공효로 이어져, 평치(平治)와 가제(家齊)의 힘씀은 수신에 근본하고, 성정(誠正)과 지지(知至)의 근원은 격물에 있습니다. … 이는 곧 성리(性理)의 근원으로서 실로 만대에 사람을 가르치는 지침이요, 사물의 선후를 알 수 있으니, 백왕[百辟]이 백성에 군림하는 규범"이라고 하였다.[7] 박영(朴英, 1471~1540)은 「대학도(大學圖)」 · 「대학경일장연의(大學經一章演義)」를 저술하였는데, 격물과 치지는 지로, 성의 · 정심 · 수신은 행으로 구분하고 이를 묶어 추행(推行)의 근본으로 삼고, 제가로부터 평천하는 추(推)로 보아 지행의 효험으로 삼았다. 또한 정심을 기준으로 격·치·성은 심상공부로 지에 귀일시키고, 수제치평은 정심에서 나온 것으로 행으로 구분하는 등 지행을 중심으로 『대학』을 해석한 점이 특징이다. 이언적(1491~1533)은 「대학장구보유(大學章句補遺)」 · 「속대학혹문(續大學或問)」 등을 지어 『대학』을 새롭게 해석하였고, 『대학』의 격물치지와 『중용』의 구경(九經) 공부를 통한 군주의 도덕적 수양을 강조했다.

제왕학과 성학의 토대로서 『대학』은 실천적 규범으로서의 『소학』과 성현의 마음 기르는 방법을 담은 『중용』과 상호 표리를 이루는 유기적인 관계를 지닌 것으로 인식되었다. 주세붕(1495~1554)은 학문을 권하는 상소에서, 어려서 『소학』을 익혀 덕성을 기르고, 자라

---

7) 『中宗實錄』 中宗6年(1511) 3月 12日. "首明德新民至善之綱, 繼知止有定能得之效. 平治家齊之務, 本乎修身, 誠正知至之原, 在於格物. … 謂性理源委, 誠萬世敎人之蓍龜, 知事物後先, 實百辟臨民之軌範."

서는 『대학』으로 사리를 살피고 실천하여 『소학』의 마음을 붙잡고 함양하는 공을 거두는 게 학문의 차서라고 하면서, 명덕을 신민의 기본으로 삼고 격치성정을 그 방법으로 제시했다. 또한, 마음은 몸을 주재하는 동시에 그 체의 허령함으로 족히 천하의 이치를 주관하며, 이치가 비록 만물에 산재해 있으나 그 쓰임의 미묘함은 사람의 마음을 벗어나지 않고, 마음과 이치는 서로 관통하여 간격이 없으므로 물이 바로잡혀지면 지는 저절로 이른다고 했다.[8] 이황은 선조에게 올린 『성학십도』에서 제3도에 「소학도」를, 제4도에 「대학도」를 배치함으로써 『소학』과 『대학』을 성학의 중요한 소재로 삼았고, 이와 더불어 『대학』을 수신의 근본이고 덕에 들어가는 문이며, 『중용』은 도를 밝히는 책이고 마음을 전하는 법으로써 서로 표리가 된다고 보았다.[9] 무엇보다 『대학』을 여타 경서의 강령으로 삼는 동시에 『대학연의』에서 비롯한 정치서로서의 성격보다 수신서로서의 성격을 강조하여 존심출치(存心出治)의 근본이 되는 책으로 중시한 점은 주목할 만하다.[10] 그는 『소학』과 『대학』을 성학의 처음과 끝으로 보았으

8) 『明宗實錄』 明宗2年(1547) 1月 25日. “嘗觀古人爲學之序. 方其幼也, 習之於小學, 牧其放心, 養其德性, 而爲大學之基本, 及其長也, 進之於大學, 察其事理, 措諸事業, 而牧小學之成功. 故學之大小, 雖有少長所習之異宜, 而其體用之相爲終始者, 不可闕一而爲學也. … 蓋人之所以爲學, 心與理而已. 心雖主乎一身, 而其體之虛靈, 足以管乎天下之理, 理雖散在萬物, 而其用之微妙, 實不外乎人之一心. 心之與理, 相爲貫通而無間, 故物旣格則知自至矣. 此乃所以居大學之始敎, 而與論語所謂博我以文, 孟子所謂博學詳說, 中庸所謂學問思辨者, 同爲入道之門也.”

9) 『退溪集』 卷40, 「答奮姪問目 中庸」. “大學, 修身之本, 入德之門, 故曰學者事. 中庸, 明道之書, 傳心之法, 故曰敎者事也. 然非修身入德之學, 無以施明道傳心之敎, 非明道傳心之敎, 無以究修身入德之學, 此庸學之相爲表裏也.”

10) 『退溪集』 卷19, 「重答黃仲擧」. “然則愚以大學一書爲存心出治之本, 而未及乎制度文章者, 豈爲無稽之言乎.”

며, 『논어』·『맹자』·『중용』·『시경』·『서경』 등은 모두 『대학』의 규모에 채워 그 수식이나 장식으로 삼아야 한다고까지 말했다.[11] 이러한 일련의 연구는 조선에서 『대학』이 제왕학으로서의 위상을 넘어 성학(聖學)으로 확장되었음을 보여준다. 격물치지와 성의정심 공부가 제왕학의 기초이자 성학의 출발점이라 인식했기 때문이다.

『대학』의 종지에 따라 학문과 정치를 수행한다는 것은 불교에 의지해 국가를 경영해 온 시스템과 사상적 패러다임의 변환을 의미한다. 조선 성리학에서 주자의 해석이 지배적인 위상을 차지하게 된 원인 중 하나로 유교와 불교의 이론 투쟁을 들 수 있을 것이다. 유학의 '격물치지'와 불교의 '견성성불'은 공부론과 수양론에서 커다란 차이를 나타낸다. 이미 주자는 마음 수양을 우선시하는 불교의 공부 방법을 비판하면서 격물치지와 성의정심을 동시에 강조하였다. 주자가 말년까지 공을 들여 『대학』을 연구한 것은 성리학의 이론적 토대 정립과 연관하여 주목할 만한 대목이다. 중화구설에서 중화신설에 이르는 사상적 변화와 심·성·정에 대한 이해에는 불교의 수양론을 비판하면서 차별화된 유교의 공부론과 수양론을 확립하려는 시도와도 맞닿기 때문이다. 불교에서는 누구나가 마음속에 부처가 될 수 있는 본성을 지니므로 이 불성을 잘 닦아서 미혹에서 깨어나 실상을 깨우치면[正覺] 곧 부처가 된다고 한다. 이를 위해 마음을 닦는 방법은 교종과 선종이 서로 다른데, 특히 선종은 교종에서 주장하는 교리나 수행법보다는 자신의 본성을 보아서 부처를 이루는 것[見性成佛]을 종지로 삼는다. 주자는 모든 사물에는 이치가 있다는 성현의 가르침에 따라 격물치지를 통해 뭇 사물의 이치를 궁리해나가면 어느

11) 『退溪學文獻全集』 第17冊, 『退陶先生言行通錄』 卷2, 「學問 第一」. "是以小學大學爲聖學之始終 … 其他如語孟中庸及詩書諸書, 皆當塡之於大學規模而爲之修粧."

시점에서 활연관통하게 된다고 하였다.

불교의 인과설, 윤회설, 화복설과 마음과 본성에 대한 관점을 비판한 정도전의 『불씨잡변(佛氏雜辨)』은 이후 유학의 불교관으로 자리 잡았다. 세종대 윤회(尹淮, 1380~1436)는, "임금은 능히 정일집중(精一執中)의 도를 다하지 못하였고, 신하 된 자는 능히 격치성정(格致誠正)의 학문을 연구하지 못하여, 죄를 두려워하고 복을 바라서 인연과보(因緣果報)의 설에 빠지기가 쉬웠고, 무지한 백성은 그들의 좋은 것을 따라서 눈으로 보고 모방하여 본뜨게 되어, 속이고 꾀는 데 흐르기가 쉬워 온 천하에 풍미(風靡)하였습니다"[12]라고 불교의 해악에 대해 비판했다. 세종 연간에는 불당 설치를 반대하는 상소가 연이었는데, 임금이 사설(邪說)에 홀려 전일 쌓아 온 격치・성정의 성학이 없어지게 되었다는 한탄도 보인다.

여말선초 아직 성리학에 관한 연구가 진행되기 전에 이색(李穡, 1328~ 1396)은 학문에 들어서는 첫 번째 방법으로 격치를 강조하면서도 불교가 추구하는 목표와 궁극적으로 다르지 않다는 견해를 피력한 바 있다.

> 우리 유가에서 격물치지와 성의정심을 통하여 수신제가 치국평천하를 이룬다고 한다면, 불가에서는 징념(澄念)과 지관(止觀)을 통하여 우리의 본원(本源)인 자성(自性)이 천진불(天眞佛)임을 깨달아 생사(生死)의 고해(苦海)에서 사람들을 제도(濟度)하여 적멸(寂滅)에 돌아가게끔 하니, 둘 사이에 과연 무슨 차이가 있겠는가.[13]

---

12) 『世宗實錄』 世宗6年(1424) 3月 8日. "爲人君則不能盡精一執中之道, 爲人臣則未能究格致誠正之學; 畏慕罪福, 而易陷於因緣果報之說. 百姓之無知者則從厥攸好, 觀瞻倣效, 易流於誑誘, 而天下風靡矣."

13) 『牧隱文藁』 卷3, 「澄泉軒記」. "吾儒以格致誠正而致齊平, 則釋氏之澄念止觀. 以見本

반면 후대에 조익(趙翼, 1579~1655)은 불교의 견성과 유교의 지성을 대비하여 견성은 의미 없는 어구를 통해 공무(空無)를 체득하는 데 비해 지성은 궁리와 격물을 통해 진실을 체득하는 것으로 흑과 백 이상의 차이가 있다고 주장했다.

> 선생께서는 선가(禪家)의 견성(見性)에 관한 주장이 황탄(荒誕)하지 않다고 하면서 진실된 견지(見地)에서 보면 유교와 불교가 다르지 않다고 하셨습니다만, 저의 생각에는 견성의 주장이야말로 황탄한 것이요, 유교와 불교의 견지는 결코 같지 않은 것이라고 여겨집니다. 불교의 견성과 유가의 지성(知性)이 언어상으로 보면 역시 서로 비슷하긴 합니다만 사실은 결코 같지 않습니다. 그 이유는 무엇이겠습니까. 지성은 궁리(窮理)와 격물(格物)을 통해서 체득하게 되는 반면에, 견성은 아무 의미도 없는 어구(語句)에 대해서 계속 의심을 쌓아 가다가 자기도 모르는 사이에 뭔가 체득한 것이 있는 것처럼 느끼는 것입니다. 그리고 체득한 그 내용을 보아도 완전히 다릅니다. 저쪽의 경우는 공무(空無)라고 한다면 이쪽의 경우는 진실(眞實)이라고 할 것이니, 서로 다른 차이가 흑과 백 정도일 뿐만이 아닙니다.[14]

유학을 성학으로 정립하려는 시도와 함께 불교에 대한 비판은 조선조 내내 지속하였다. 이황은 불교를 멀리할 것을 명종에게 진언하면서 격치의 학문에 밝으면 불교의 가르침이 거짓임을 훤히 알 수

源, 自性天眞佛, 度人於生死波浪而歸之寂滅, 豈有異哉."

14) 『浦渚集』 卷15, 「答洪生員翼文」. "下諭以禪家見性之說非荒誕也. 眞見則儒釋不異也. 愚則竊意見性之說實荒誕也. 儒釋見處決不同也. 蓋釋氏見性與儒家知性, 以言語觀之, 則亦相似也. 然其實決不同也. 何者. 知性則由窮格而得之, 見性則畜疑於無意義語句, 慌惚之間, 若有所得也. 且其所得亦絶不同, 彼則以爲空無, 此則以爲眞實, 同異之下, 不啻如白黑也."

있다고 하였다.[15] 특히 기대승은 나흠순(羅欽順)의 『곤지기(困知記)』를 논하면서, 그의 학문은 본래 선학에서 나왔는데 얼굴만 바꾸어 성현의 말씀으로 꾸몄을 뿐이라고 비판했다. 논점은 '심성론', '인심도심', '양지양능'에 대한 나흠순의 견해를 정주 성리학의 관점에서 바로잡는 데 있었다. 특히 불씨는 성을 작용이라고 했으니 이는 기를 리로 인식하고 심을 성이라고 잘못 논한 것인데, 나흠순이 이를 이어 리기를 하나의 물건으로 보고, 도심을 성으로 인심을 정으로 여기는 오류를 범했다고 비판했다.[16]

그렇다면 격물치지의 구체적인 실행과정은 어떻게 이루어지는가. 주자는 인의예지 사단, 군신, 부자, 형제, 부부, 붕우의 오품 등을 격치의 대상으로 강조했다.[17] 이를 위해 성경현전과 사서의 역대 치란성쇠를 살펴 교훈으로 삼을 것이 강조되었다. 경연에서 독서와 궁리가 강조된 것도 이런 연유에서이다. 가령 조익은 독서를 격물의 필수 요소로 보고, 선유의 독서 방법을 참고하여 경서 가운데 『소학』, 『대학』, 『중용』, 『논어』, 『맹자』, 『시경』, 『서경』, 『역경』, 『춘추』, 『예기』를 들고, 『춘추좌씨전』, 『사기』, 『자치통감』, 『동국통감』 등을 사서로 뽑았고, 앞선 유자의 책으로는 『근사록』, 『이락연원론』, 『이정

15) 『世宗實錄』 世宗30年(1448) 7月 23日. "今殿下之心, 已惑於邪說, 崇奉之勤, 至於此極, 前日格致誠正之聖學, 一朝掃地, 我國之事, 誠可寒心. 伏望殿下思其所不可者而還收是命, 永絶邪妄之說, 以正出治之本."; 『明宗實錄』 明宗7年(1552) 5月 8日. "侍讀官李滉曰, 人君之急務, 在於擇術, 尊王道, 抑覇功而已, 小雜則流於覇矣. 今者勵精圖治之時, 方行王道, 而小雜於佛教, 則雖盡心於王道, 而終流於佛矣. 今聖學雖高, 恐於格物致知之道, 有所未盡也. 其說曰, '生民之困瘁, 國祚之延長, 可因教而得也.' 苟能明格致之學, 昭然知其僞, 則雖勸之不爲也."

16) 『高峯集』 卷2, 「論困知記」.

17) 『朱子語類』 卷15, 「大學二」, "君臣父子兄弟夫婦朋友, 皆人所不能無者." "格物, 莫先於五品" "人之所以爲人, 只是這四件(仁義禮智), 須自認取意思是如何."

전서』, 『주자서절요』, 『주자대전』, 『주자어류』, 『성리대전』 등을 필독서로 제시하였다.[18] 그런데 독서궁리만 하고 정작 실천하지 않는다면 진정한 도학이라고 할 수 없다. 정자도 독서뿐만 아니라, 고금의 인물을 논평하거나, 사무를 마땅하게 처리하는 것이 다 격물이라고 하였다.[19] 이황의 다음 언급도 이를 뒷받침한다. 제자 이기익(李箕翊, 1654~1739)은 『대학』 격물장을 읽다가 "자기가 아는 바를 인하여 더욱 탐구해서 그 지극한 데에 이르기를 구한다"는 구절에서 깨우침을 얻어 '더욱 탐구함(益窮)'을 학문의 길로 삼았는데, 이황은 앎에서 그쳐서는 안 되고 행동하는 데에도 더욱 힘써야 학문에 막힘이 없다고 하였다.[20] 이이는 『동호문답』에서, 도학이란 격치(格致)로써 선(善)을 밝히고, 성정(誠正)으로써 몸을 닦아 그 학문이 몸에 쌓이면 천덕(天德)이 되고 그것을 정사(政事)에 베풀면 왕도가 되니, 독서는 격치 중의 한 가지에 지나지 않는다. 독서만 하고 실천이 없으면 앵무새가 말 잘하는 것과 다르지 않다고 주장하였다.[21] 이렇게 보면, 격물치지는 앎과 실천이 매 순간 간단없이 진행되는 것으로 배움에만 국한된 것이 아니다.

---

18) 『浦渚集』 卷20, 「致知」.

19) 『高峯集』 上卷, 12월 6일조 참조.

20) 『退溪先生言行錄』 卷1, 「論格致」. "問讀大學至格物章, 因其已知而益窮之, 以求至乎其極, 似有得焉, 益窮二字是小子平生門路也. 先生曰, 以因其已知而益窮之, 爲平生門路甚善, 然不獨於知爲然, 其於行也, 亦當因其已行而益窮之. 二者竝進, 其門路漸可通達而無塞矣."

21) 『栗谷全書』 卷15, 「東湖問答·論君臣相得之難」. "客曰, 自漢以後, 非無讀書之人也. 所謂道學者, 何學耶. 主人曰, 陋哉, 子言. 夫道學者, 格致以明乎善, 誠正以修其身, 蘊諸躬則爲天德, 施之政則爲王道. 彼讀書者, 格致中一事耳. 讀書而無實踐者, 何異於鸚鵡之能言耶. 如梁元帝讀書萬卷, 竟爲魏俘, 此亦可謂道學乎."

3. '격물'과 '물격' 논변

조선 전기 격치지학이 제왕학과 성학의 시초로 부상한 것은 정치·사회적 국가체제 전반의 변화와 더불어 성리학의 조선적 전개를 예비하는 것이었다. 위정자의 도덕적 수양과 정치행위의 준거로 불교를 대신해 유교가 국가 운영의 기본원리로 자리매김하게 되고, 『대학』과 관련한 다양한 해석과 논변은 주자 성리학에 대한 체계적인 이해와 함께 한국 성리학의 특색을 드러내는 발단이 된다는 점에서 사상사적으로도 중요한 의미를 지닌다. 『대학』은 『중용』과 함께 성리학의 기본적인 이론구조를 담은 경전으로 인식되었고, 『소학』에 이어 덕에 들어가는 문으로 중시되었다. 이언적은 『중용구경연의』를 지으면서, 『대학』과 『중용』을 상호 보완적인 관계로 보았다. 『대학』은 자신을 수양하고 사람을 다스리는 도리를 가르치는 것이기 때문에 진덕수업(進德修業)의 공부는 상세하여도 정치를 하는 조목은 간략하며, 『중용』의 구경(九經)은 군주에게 정치하는 도리를 알려 준 것이기 때문에 세상을 경영하는 조목은 상세해도 자신을 수양하는 공부는 간략하니 『대학』의 도로 치국평천하의 공을 거두려면 『중용』의 구경을 취하여 조목으로 삼아야 하고, 『중용』의 구경으로 자신을 수양하는 도를 다하려면 『대학』의 격물·치지·성의·정심으로 진덕수업의 단계로 삼아야 한다고 강조했다.[22]

22) 『晦齋集』 卷11, 「九經衍義序」, "竊謂大學之書, 教學者以脩己治人之道. 故詳於進修之功而略於爲治之目. 中庸之九經, 告人君以爲政之道, 故詳於經世之目而略於脩己之功. 二書之義, 蓋互相發也. 由大學之道而欲收治平之功, 不可不取中庸之九經, 以爲設施之條目, 由中庸之九經而欲盡脩身之道, 不可不取大學之格致誠正, 以爲進修之階級, 其序有不可亂而功不可闕也."

선을 실천하기 위해서는 선을 분별하는 능력이 우선해야 하는데 『대학』의 격물은 그 능력을 함양하는 공부로써 조선 유학자들의 다양한 해석과 논쟁을 낳았다. 특히 격물과 물격에 관한 논변은 여타 조목과 달리 그 해석 여하에 따라 성리학과 양명학으로 나뉘고 퇴계학과 율곡학을 비롯한 학파의 분기와 관련된다는 점에서 주목을 요한다. 격물과 물격은 인식 주체와 대상 문제인데, 성의, 정심, 수신, 제가, 치국, 평천하 등의 조목처럼 문장 구조상 공부와 공효의 관계로 우선 이해할 수 있다.

1426년에 명대 완성된 사서오경대전본이 조선에 들어오고 1468년 사서오경의 구결이 완성되었지만, 정치적 혼란과 학문적 역량이 축적되지 못한 까닭에 언해 작업은 뒤늦게 이루어졌다. 학자들은 난해한 자구에 대해 언해하거나 한문으로 해설하는 이른바 석의를 생산하였는데, 퇴계는 당시 여러 석의를 모아 정설을 확정하려는 의도로 사서삼경석의를 만들었다.[23] 퇴계의 서간 가운데 격물과 물격에 대한 세간의 논의를 변론한 사례가 보인다. 정유일(鄭惟一, 1533~1576)에게 보낸 서간에서 퇴계는, "'격물 물을 격호매[物乙格乎麻是]'의 주석에 '그 극처(極處)에 이르지 않음이 없게 하고자 한다'고 하였고, '물격 물에 격한[物厓格爲隱]'의 주석에 '물리(物理)의 극처에 이르지 않음이 없다'고 하였다"[24]고 하였습니다. 격(格)자는 끝까지 캐어 이른다는 뜻을 가졌는데, 격물은 중점이 궁(窮) 자에 있으므로 "물을 격호매"라 하고, 물격은 중점이 지(至) 자에 있으므로 "물에 격한"이라고 한 것입

23) 최석기, 「퇴계의 『대학』 해석과 그 의미」, 『퇴계학과 유교문화』 36, 2005, 102-103쪽 참조.

24) 『退溪集』 卷26, 「格物物格俗說辯疑」 「答鄭子中」, "格物, 物乙格乎麻是 註. 欲其極處厓 無不到也. 物格, 物厓格爲隱 註. 物理之極處 厓是 無不到也."

니다"라고 하여, 주체의 인식에 초점을 두어 격물을 해석하고, 인식의 결과로써 물격을 해석하였다. 또 보망장에 "모든 사물의 표리와 정조가 이르지 않음이 없다"는 구절에 대해서 정자와 주자, 연평, 서산의 해석이 모두 리가 사물에 있으므로 사물에 나아가서 그 리를 깊이 연구하여 극한 곳에 이른다는 것으로 보았다. 리의 측면에서 말하자면 원래 물과 나와의 간격이나 내외와 정조의 구분이 없지만, 사물의 측면에서 말한다면 천하 사물이 실제로 모두 내 밖에 있는 것이니 리가 하나라고 해서 천하의 사물이 모두 나의 도내(度內)라고 할 수는 없음을 분명히 했다. 다만 모든 사물의 이치가 곧 내 마음에 갖추어 있는 리이니, 물이 밖에 있다고 해서 리 또한 밖이라고 할 수는 없다. 퇴계는 지(知)는 내 마음의 지이고 리는 사물의 리이므로 자연 주객의 분별이 있다는 주자의 말을 인용하여 인식 주체와 대상을 구별하고, 리는 그 자체 그대로 사물에 있되 내가 궁구하는 것은 하나도 이르지 않는 곳이 없다는 의미로 해석하였다.[25]

이처럼 인식 주체와 대상을 구분했던 퇴계의 입장은 기대승(奇大升, 1527~1572)과 주고받은 시에서도 확인된다.

致巧在雕物　공교를 이룸은 물건을 아로새김에 있으니
物雕巧乃宣　물건이 아로새겨져야 공교가 나타난다
物之雕詣極　물건의 아로새김이 극에 나아가면
我巧亦隨全　나의 공교도 따라서 온전하리라.[26]

이는 『대학장구』 경 1장에 "지식을 지극히 함은 사물의 이치를

25) 『退溪集』 卷26, 「格物物格俗說辯疑 答鄭子中」.

26) 『高峯續集』 卷1, 「存齋謾錄 · 釋物格」.

궁구하는 데 있다[致知在格物]” 하고, 그 다음 대문에 “사물의 이치가 궁구된 후에 지식이 지극해진다[物格而後知至]”는 구절에 대해 풀이한 것이다. 이에 대해 퇴계는 물건을 아로새기는 주체는 어디까지나 사람이라는 관점에서 사물의 이치가 연구되는 것도 사람이 주체이므로 마치 사물을 주체가 되는 듯한 기대승의 견해를 반박했다.

人巧能雕物　사람이 솜씨 좋아 물건을 조각하지
雕寧巧得人　조각함이 사람을 솜씨 좋게 하겠는가
謂知能格物　하나의 앎으로써 격물한다 이른다면
取譬恐非倫　아마도 비유가 적당하지 못하리

雕而能詣極　조각하여 그 극치에 이를 수 있었다면
詣者豈非人　극치에 이른 것이 어찌 사람 아니겠나
謂物雕能詣　조각이 사물 극치에 나아갔다 한다면
言何太不倫　그 말이 그 얼마나 이치와 동떨어지나[27]

기대승은 물격과 격물의 동시성을 강조한 것으로 볼 수 있으나 이황은 ‘물리를 다 궁구하면 이르지 않는 곳이 없다’는 구절에서 주체와 대상을 분명히 하고자 했던 것으로 판단된다. 그런데 이황은 1570년 기대승에게 보낸 편지에서 ‘리도’에 관한 주희 언급을 보고 자신의 견해에 오류가 있음을 뒤늦게 깨달았다고 고백했다.[28] 이황은 단지 주자(朱子)의 “리는 정의(情意)도 없고 계탁(計度)도 없고 조작(造作)도 없다”는 설에 따라, 내가 물리의 지극한 곳을 궁구하여 이를 수 있는 것이지, 리가 어찌 스스로 지극한 곳에 이르는 것이겠는가

27) 『退溪集』 卷5, 「辨存齋辨物理之極處無不到詩 二首」.

28) 『高峯全書』 「兩先生往復書」.

라고 생각했다. 그러므로 물격의 격(格)과 무부도(無不到)의 도(到)를 모두 내가 격하고 내가 도하는 것으로 보았다. 그런데 이미 주희는 『대학혹문(大學或問)』에서 '리가 비록 만물에 산재하지만 그 용의 미묘함은 한 사람의 마음에서 벗어나지 않는다'고 하고, 용의 미묘함이 바로 심의 용이냐는 질문에 '리에는 반드시 용이 있으니 따로 심의 용을 말할 필요가 없다'고도 하였다. 전자에 따르면 리가 스스로 작용하지 못해서 반드시 사람의 마음을 기다려야 하니 리가 스스로 이른다고 할 수 없다. 그러나 후자에 의하면 용이 되는 묘함은 리의 발현이 사람 마음이 이르는 바에 따라 이르지 않는 곳이 없고 극진하지 않은 곳이 없다는 것이다. 그러므로 다만 나의 격물이 지극하지 못함을 두려워할 뿐, 리가 스스로 이르지 않는 것을 걱정할 이유가 없게 된다. 종합하면 격물은 내가 주체로서 사물의 지극한 이치를 궁구하는 것이지만 물격은 물리의 지극함이 내가 궁구한 바에 따라 이르지 않음이 없음을 의미한다. 정의도 조작도 없는 리의 본연의 체가 깃들인 곳에 따라 발현하여 이르지 않음이 없으니 이것이 바로 리의 지극히 신묘한 용이다. 이는 리가 발하는 리의 능동성을 승인하는 이론적 근거이며, 영남유학과 기호유학을 가르는 중요한 기준으로 작동한다는 점에서도 주목할 만하다.[29] 율곡은 리와 기가 모두 발한다는 호발설을 부정하고 발하는 것은 오직 기이며 기가 발할 때에 그 원인자로서 리를 위상 지었다. 이러한 관점에서 격물과 물격을 보아 리가 내도한다는 해석에 반대하고 격을 이른다의 의미로만

29) 이황의 '이동'을 심학적 경향으로 비판하기보다는 오히려 주자 성리학의 충실한 계승으로 보는 게 타당해 보인다. 이런 관점에서 한주학파가 이황의 이동을 계승하면서 리의 능동성과 주재성을 확장한 것은 리학의 심학화 경향으로 볼 수도 있으나 오히려 리의 절대성을 강조하는 관점에서 리학을 강화한 것으로 해석할 수 있다.

풀이하였다.

> 율곡 선생이 일찍이 격치(格致)의 뜻을 논하기를, "정자와 주자 모두 격(格)은 지(至)라고 설명하였다. 여기에 의거하여 논한다면, 격물(格物)이라고 하는 것은 사람이 사물의 이치를 연구하여 그 극진한 곳에 이르게 하는 것이요, 물격(物格)이라는 것은, 사물의 이치가 이미 극진한 곳에 이르러서 다시 더 연구할 여지가 없는 것이다" 하였다. 이 설명이 훤하게 꿰뚫고 깨끗하여 십분 명백하다. 그런데 후에 분분한 설이 매우 많아 "사물의 이치가 와서 내 마음에 이르는 것이다"는 설까지 있게 되었으니, 도무지 알 수 없는 일이다.[30]

물격은 사물이 이치의 극진한 곳에 이르지 않음이 없는 것이고, 지지는 나의 마음의 아는 바가 다하지 않음이 없다는 것이고, 사물의 이치로써 말하면 물격이고 나의 마음으로써 말하면 지지라는 주자의 해석을 좇았다.[31] 『대학』의 격물치지를 성학과 도학의 근간으로 인식한 율곡은 『성학집요』를 대학 3강령과 팔조목에 따라 체계지었으며, 2편 수기의 4장 궁리에서 『대학』의 격물치지를, 8장 정심에서 성의·정심을 특별히 다루었다.[32] 율곡이 『성학집요』를 저술한 배경 가운데 하나는 진덕수의 『대학연의』가 간결하지 못하다는 문제의식 때문이다. 따라서 『대학』의 뜻을 본떠 차례를 나누고 사서와 육경, 선유의 학설과 역대 사서에서 핵심만을 간추렸다고 한다. 이는 『대학연의』가 중심이 된 제왕학이 『대학』 중심의 성리학으로 재

---

30) 『栗谷全書』 卷32, 「語錄」下. "栗谷先生嘗論格致之義曰, 程朱皆說格, 至也. 據此論之, 格物云者, 人窮物之理, 而使之至於盡處也. 物格云者, 物之理已至於盡處, 更無可窮之餘地也. 此說通透灑落, 十分明白, 而後之紛紛之說甚多, 至有物理來至吾心之說, 殊不可曉."

31) 『栗谷全書』 卷19, 「聖學輯要 · 統說」.

32) 『栗谷全書』 卷19, 「聖學輯要 · 序」.

편되는 과정으로 읽을 만한 사례이다.

박지계(朴知誡, 1573~1635), 권득기(權得己, 1570~1622)의 '물격' 논의에 대해 문리(文理), 문사(文辭), 문의(文義) 세 측면에서 조목조목 문제점을 지적한 조익의 논변도 눈여겨볼 만하다. 조익이 박지계에 보낸 서신에는 격물과 물격에 관한 논변이 잘 정리되어 있어, 이들 주장의 요지가 무엇인지 살펴보기 수월하다. 요약하자면 권득기는 물격을 물의 이치가 사람의 마음에 이르는 것으로 보았고, 박지계는 물의 이치가 극처에 이르는 것이 물격이며, 격물과 물격이 하나의 일이므로 물격을 공효로 보는 것에도 반대했다. 이에 대해 조익은 『장구』의 해설을 들어, 사물의 이치를 궁구해 나아가는 것은 격물이고, 물리의 극처에 이르지 않음이 없다는 것을 물격으로 보아 물의 이치가 사람의 마음에 내도(來到)한다는 해석을 부정했다. 이는 격물과 물격의 '격' 자를 모두 이르다로 해석함으로써 격물과 물격이 문자를 도치하여 공부와 공효의 차이만 있을 뿐 똑같은 의미로 풀어야 한다는 주장에 기반한다. 또한 치지(致知)와 지지(知至)의 경우는 글자가 다르긴 하지만 치는 '완전무결한 곳까지 이르도록 구한다[求至於盡]'는 뜻이고, 지(至)는 '이미 완전무결한 곳에 이르렀다[已至於盡]'는 뜻으로 보아 공부와 공효의 관계를 동일하게 적용했다. 즉 물리 자신이 그 극처에 이를 수 없으므로 사물의 이치가 나에게 내도한다는 해석을 부정하고 내가 사물의 이치의 극처에 이른다는 해석이 타당하다고 본 것이다. 또한, 치지는 아는 것이 극처에 이르도록 밀고 나아가는 것이고 지지는 알아서 이미 극처에 이른 것으로 공부와 효험의 관계라는 점을 들어 격물과 물격을 하나의 일로 보는 박지계의 주장도 반박하였다. 아울러 '사물의 이치의 극처[物理極處]'라는 것이 본래 자체적으로 있는 것이지 사람이 격(格)한 다음에야 있게 되는 것은 아니므로 다만 사람이 물에 격하느냐 격하지 못하느냐가 문제라고 주장하였다.33) 이러한 일련의 '격물'과 '물격'의 해석상의 미묘한 차이를 둘러싼 논변은 정주 성리학을 넘어 조선 성리학을 더욱 심화하는 기제였다고 할 수 있다.

4. 앎과 실천의 병진

『대학』 팔조목의 하나인 격물치지는 유학의 공부론이자 정치의 출발점이다. 유학의 목표는 수기안민, 내성외왕으로 집약된다. 조선 전기에는 학문과 위정의 시초로서 '격치' 개념의 의미화가 이루어졌다. 유학이 국가 운영의 핵심적인 가치 체계로 자리하게 되면서, 불교에 의지해 국가를 운영하던 시스템의 일대 변환과 사상적 패러다임의 전환을 예비하는 것이었다. 인륜 규범을 정하고 사회를 질서 짓는 근거로 유학이 부상하면서 유학의 경세론적 특성이 두드러진 것도 이 시기였다. 조선조 내내 『대학연의』는 제왕의 학문과 정치의 모범으로 경연에서 강론되었고, 그 출발점으로 '격치'가 논의되었다. 한편 '격치'와 관련한 다양한 해석과 논변은 경학사상사적으로 정주 성리학이 조선 성리학으로 심화되는 과정을 여실히 보여준다. '격물'과 '물격' 해석을 둘러싼 논변은 인식 주체와 대상의 문제를 넘어 리의 본질을 궁구하는 문제와 맞닿았고, 기호와 영남 유학을 가르는 분수령이 되었다. 다양한 해석과 논변에도 불구하고 앎과 실천을 통

33) 趙翼, 『浦渚集』 卷16, 「答朴仁之論物格」.

합하는 유학의 공부론은 인문학의 역할과 위상에 대한 우려의 목소리가 높은 현시대에 실마리를 제공할 수 있을 것이다. 시장 논리에 내맡겨진 과학기술의 방향과 속도를 조절하는 데에 대학과 인문학의 역할은 오히려 강화되어야 하고, 학문의 궁극적인 목표를 재성찰함으로써 이러한 문제에 조금 더 다가갈 수 있기 때문이다.

4차산업혁명으로 일컬어지는 과학기술 패러다임의 변화가 인간 삶의 양태를 머지않아 뒤바꿀 것이라고 한다. 사물인터넷, 정보기술과 로봇공학의 발달, 바이오 기술이 가져올 미래 사회의 변화는 편익 이면에 또 다른 과제를 제기할지도 모른다. 이러한 시대변화에 부응하는 창의인재 양성과 융복합 학문이 화두가 된 지 오래다. 과학기술 패러다임 변화와 시장 논리에 대학이 대응해야 한다는 점을 부인하긴 어렵다. 그러나 앎과 실천이 괴리되고 체화되지 않은 지식에 기대어 변화를 좇는 데 급급했던 전철을 반복할 수는 없다. 인문정신을 함양하는 대학의 역할마저 시장 논리에 내맡겨서는 곤란하다. 창의성은 역사와 문화, 사상과 예술 등 인류가 축적한 인문자산에 관한 탐구와 소양 없이 갑작스럽게 생겨나는 게 아니다. 온고지신(溫故知新), 법고창신(法古創新)의 지혜가 필요하다. 무엇보다 인간의 본질과 공동체에 대한 이해가 선행되지 않는 기술은 약이 아니라 독이 될 수 있음을 경계해야 한다. 인문학은 과학기술이 인간과 자연이 함께 하는 생명 세계에 부응하도록 방향과 속도를 조절하는 역할에 적극적으로 나서야 한다.

삶의 양태가 달라진 현대 사회에서 유학의 공부를 재론해야 하는 이유는 무엇인가. 유학이 추구하는 앎은 오늘날의 지식과 달랐다. 격치를 학문과 수양의 첫걸음으로 이해한 지점에서 그 의미를 되새겨 봐야 한다. 주희는 격치성정 공부를 꿈에서 깨어나 사람 구실을 하는 관건으로 삼았다. 즉 치지와 성의는 배우는 자들이 통과해야 할 두 개의 관문인데, 격물치지 공부는 꿈을 꾸느냐 잠에서 깨어나느냐의 관문[夢覺關]이며, 성의 공부는 선한 사람이 되느냐 악한 사람이 되느냐의 관문[善惡觀]으로 인귀관(人鬼關)이라고도 했다.[34] 『대학』 공부 여하에 따라 산 자와 죽은 자를 나누었으니 그 경계가 얼마나 엄중한가. 유학은 사람다움의 실현을 목표로 했고 격치는 그 가운데 첫 번째 방법으로 요청되었다. 사물의 이치를 깨닫는 공부는 옳고 그름을 판단하여 도덕적 행위를 하는 데에 목적이 있었다. 그래서 '격치'는 흔히 '성정'과 한 쌍을 이루어 앎과 실천의 통합을 지향했다. 그러나 서학의 유입과 근대 전환기 '격치'는 서양 과학의 번역어로 쓰이다가 일상 언어에서 점차 사라지고 그 개념이 지닌 의미도 잊혔다. 학문의 통섭과 융합을 논하기에 앞서 지와 행을 통합하는 학문의 근본 문제부터 성찰해야 할 것이다.

이 글에서는 조선 전기 '격치' 개념의 의미를 유학 및 성리학의 이론적 관점에서 분석하고 나아가 이르러 문명사적 시각에서 격치의 인문학적 의미를 재조명하고자 하였다. 여기에서는 현대의 인문학과 과학기술이 분리된 현대적 상황에 대비하여 조선 전기의 격치 개념은 지식과 실천을 결합하는 의미를 가진다는 점에서 조선전기의 학술적 경향과 정치문화의 특수성을 강조하였다. 이 점에서 이 글은 격치 개념에 대한 해명을 통하여 현대 사회와 조선 전기의 정치문화가 지니는 상대적 문화다원론적 의미를 드러내 주고 있다. ◆

34) 『朱子語類』 卷15, 「大學二」. "格物是夢覺關, 格得來是覺, 格不得只是夢. 誠意是善惡關. 誠得來是善, 誠不得只是惡. 過得此二關, 上面工夫卻一節易如一節了."

참고문헌

사료 :
『大學』
『退溪集』
『高峯集』
『栗谷全書』
『浦渚集』
『朝鮮王朝實錄』

연구단행본 :
한국사상연구회, 『조선유학의 개념들』, 예문서원, 2002.
미조구치 유조 외 엮음, 김석근・김용천・박규태 옮김, 『중국사상문화사전』, 책과함께, 2011.
몽배원 지음, 홍원식・이기훈・황지원・이상호 옮김, 『성리학의 개념들』, 예문서원, 2008.
박성규, 『대학』, 도서출판 관악, 2004.

연구논문 :
김도기, 「조선조 유학에 있어서 인식이론에 대한 연구 -대학의 격물치지설을 중심으로-」, 성균관대 박사논문, 1986.
최석기, 「회재의 『대학장구』 개정과 후대의 논변」, 『정신문화연구』 21-2, 1998.
최석기, 「퇴계의 『대학』 해석과 그 의미」, 『퇴계학과 유교문화』 36, 2005.
황의동, 「栗谷의 格物致知論」, 『정신문화연구』 15, 1992.
정재훈, 「朝鮮前期 『大學』의 이해와 聖學論」, 『진단학보』 86, 1998.

인터넷 자료 :
한국고전종합DB: http://db.itkc.or.kr/

조익의 중용관에 대한 문화다원론적 평가와 조선경학사의 재인식

황 병 기

* 이 논문은 『대동철학』 83호(대동철학회, 2018.06)에 게재한 「경학사적 관점에서 본 포저 조익의 중용관」을 본 저서의 간행 취지에 맞춰 일부 수정한 것이다.

1. 머리말

이 글은 조선 중기 주자학이 대세를 이루던 시대에 살았던 현실 정치가이자 사상가인 포저(浦渚) 조익(趙翼)의 『중용(中庸)』 해석을, 성리학적 성격을 포함하면서도 그와는 구별되는 독자적 특성을 지닌 것으로 파악하면서 문화다원론적 관점에서 살펴본 논문이다.

조익의 시대는 이미 퇴계(退溪) 이황(李滉)과 율곡(栗谷) 이이(李珥_에 의해 주자학이 조선에 일정 정도 일반화된 시대라고 볼 수 있다. 형이상학적 입장에서나 현실 정치학적 입장에서도 조선의 국시(國是)인 성리학이 자리를 공고하게 잡아가던 시기였다. 그러나 동시에 임진왜란과 병자호란이라는 두 차례의 세계대전을 거치면서 주자 성리학 일변도의 풍토가 다변화하는 조짐을 보이면서 학술문화가 다원적 가치를 포용하는 방향으로 진일보하고 있었다. 경세제도의 개선에 대한 관심이 늘어가고, 도덕적 통치규범으로서의 예(禮)의 강조 현상이 심화되었으며, 정치경제적 실천을 강조하는 경향들이 나타났다. 이런 점에서 조익의 중용관을 문화다원론적으로 재조명하는 것은 유의미한 작업이 될 것이다.

포저 조익(1579~1655)[1)]의 저작은 『포저집(浦渚集)』[2)]에 대체로 실

1) 趙翼은 字가 飛卿이고, 자호가 存齋이다. 학자들이 浦渚선생이라 불렀다. 시호는 文孝이다. 아버지는 僉樞公(贈 領議政) 瑩中이고, 할아버지는 儀賓 都事公(贈 左贊成) 俔이다. 1579년(선조12) 서울 昌善坊에서 출생하여 1655년(효종6)에 廣州 鷗浦에서 사망하였다.(『浦渚全集』 해제) 1602년 別試文科에 병과로 급제한 뒤, 여러 벼슬을 거친 뒤 1611년(광해군 3) 修撰으로 있을 때 李滉 등의 文廟從祀를 반대한 鄭仁弘을 탄핵하다 高山道察訪으로 좌천되고, 이듬해 사직하였다. 1623년 인조반정으로 재기용되고, 이후 副護軍, 형조참의, 이조·예조의 판서, 대사헌, 左參贊을 지냈으며, 1649년 효종이 즉위한 후 우의정과 좌의정을 지

려 있다. 조익은 20세 때 「지경도(持敬圖)」, 「성의설(誠意說)」 등을 시작으로 76세(1654) 때 「심법요어(心法要語)」를 저작할 때까지 저술작업을 끊임없이 계속하였다. 조익의 저작은 사서오경 중 『춘추(春秋)』를 제외한 모든 분야에 걸쳐 이루어졌다. 특히 35세(1613) 때, 광해군의 폭정을 빌미로 관직을 버리고 낙향한 뒤 45세(1623) 때까지 10여 년은 그의 경학의 황금기로서 커다란 성취를 이루었다.

조익의 중용관(中庸觀)은 24세(1602) 때 지은 「중용설(中庸說)」과 29세(1607) 때의 『중용사람(中庸私覽)』, 37세(1615) 때의 『중용곤득(中庸困得)』, 69세(1647) 때의 「중용곤득후설상하(中庸困得後說上下)」 등의 논설과 저작에 주로 담겨 있다. 그는 24세 때 「중용설」을 시작으로 69세 때 「중용곤득후설상하」를 지을 때까지 지속적으로 『중용』에 대한 견해를 수정하고 보완하였다. 다른 경전과 마찬가지로 『중용』에 대해서도 오랜 기간 공을 들였음을 알 수 있다.

『중용』 관련한 최초의 논설인 「중용설」은 이후 『중용사람』과 『중용곤득』 저작의 대체적 방향과 내용을 논한 것으로 그 두 책의 기본 사상노선을 예고한 것이었다. 「중용곤득후설상하」는 중용 관련한 마지막 논설로서 「중용설」로부터 시작된 자신의 『중용』관을 종합적으로 재천명하면서 정리한 글이다. 따라서 청년기부터 노년기까지의 『중용』

냈다. 李珥와 成渾의 문묘종사를 상소하였으나, 허락되지 않자 사직하였다. 金堉의 大同法 시행을 적극 주장하였고, 禮學에 밝았다. 開城의 崧陽書院, 廣州의 明皐書院, 新昌(현 충남 예산)의 道山書院에 祭享되었다.

2) 『浦渚集』은 韓國文集叢刊 제85책(民族文化推進會, 1988)으로 영인되었고, 또 『浦渚全集』 上·下(보경문화사)로 이듬해인 1989년에 재간되었다. 여기에는 그의 대표작인 『중용사람』이 빠져 있었는데, 2007년 경기문화재단에서 『포저 조익 선생의 삶과 사상 /소장 고문서』 속에 『中庸私覽』을 싣고 장병한의 번역본을 실었다.

에 대한 조익의 일관된 관점을 읽을 수 있다.

이러한 저작들의 비교분석을 통해 조익 평생 일관했던 중용관을 문화다원론적으로 파악하면서 조선경학사 속에서 재평가해 보고자 한다.

2. 주자학의 대세와 비판적 경학

조익은 이황(李滉, 1501~1570)과 이이(李珥, 1536~1584) 직후 세대로서 이황과 이이가 조선의 주자학을 경학적 단계로 일정 정도 궤도를 잡아 놓은 시기에 그들과는 다른 방식으로 경학적 견해를 제출한 인물이다. 이황과 이이가 주로 리기심성(理氣心性) 등의 형이상학적 방면에서 주자학을 정립하고자 하였다면, 반면에 조익은 현실정치와 실천적 방면에 조금 더 초점을 맞추었다. 조선의 주자학자들이 이황과 이이의 경학적 노선에 경도되기 시작하던 그 즈음에 그들의 영향권과는 다른 노선에서 경학적 저술 작업을 진행하였다.

그의 경학은 리기론(理氣論), 사단칠정론(四端七情論) 같은 주자학적 형이상학이 대세를 이루고 있던 시대적 분위기와는 일정한 틈이 존재하였다. 그는 어느 계열에도 속하지 않은 채 비교적 자유로운 학문을 하였다. 따라서 조익의 경학은 조선 유학의 거대 조류에 편입되지 못하고 그 방대한 저술의 양과 내용에도 불구하고 주목받지 못하고 소외되었다. 조익은 그가 이룬 정치적 성과와 경학적 성취에 비해 조선의 유학자들과 이후의 연구자들에게서 관심을 받지 못했다. 그러나 그가 평생 심혈을 기울인 유교 경학에 대한 연구와 저술은 조선의 그 어떤 유학자들과 비교해도 결코 부족하거나 손색이 없다.

주자의 성리학이 형이상학적으로 사변화하던 학술적 경향 속에서도, 조익은 중용을 현실적이고 실천적인 관점에서 해석했다. 그의 이러한 관점은 당시 퇴계학파와 율곡학파의 중용 해석과 비교할 때 학술문화의 다원성을 여실히 드러내주기에 충분하다.

이상현의 연구[3]에 따르면, 조익에 대한 현대의 연구는 1980년대에 와서 몇 편의 논문이 발표되었고 90년대 중반이 지나서야 비로소 활발해지기 시작했다. 1979년 유승국(柳承國)이 조익을 조선의 초기 양명학파(陽明學派) 인물의 한 사람으로 처음 소개한 뒤, 1980년대에 들어와서 송석준(宋錫準)이 조익의 양명학 관련성에 대한 글 등을 발표하기 시작하였다. 1994년에는 정신문화연구원에서 '한국사상가의 새로운 발견'이라는 주제 하에 조익에 대한 연구를 진행하였는데, 지교헌·황의동·안재순 등에 의해 그의 경학(經學)과 성리학(性理學)과 심학(心學) 등의 논문이 만들어졌다. 또한 한서대학교 부설 동양고전연구원은 1998년부터 2년에 걸쳐 『동방학(東方學)』 잡지에 조익 특집을 게재하였다. 이러한 성과들에 힘입어 조익 연구가 탄력을 받게 되었고, 한국고전번역원은 2000년대에 들어서서 『포저집(浦渚集)』의 국역에 착수하였다.

조익은 청장년기에 임진왜란과 병자호란의 국난을 경험하면서 이에 대한 처절한 반성과 함께 대비책을 세우고 철저한 개혁을 주장한 선각자였다. 잘 알려져 있지 않지만 김육(金堉)이 대동법을 시행하는 데 있어 조익의 실천방안들이 중요한 역할을 하였다. 구체적인 제도상의 문제와 연관한 이론들을 제기한 것은 실학사상과 연관된

3) 李相鉉, 「포저(浦渚) 조익(趙翼: 1579~1655)의 생애와 사상」, 민족문화추진회, 2005.

다는 점에서 조익의 이론이 실천적 특징을 가지고 있음을 반증한다.

조익은 1637년(인조 15) 2월에 양사(兩司)의 탄핵을 받고 신창(新昌: 현 충남 예산)으로 낙향하여 1645년(인조23) 11월까지 은거하는 동안에 그간의 저술들을 정리했던 것으로 보인다.[4] 그의 사후 이때 그가 직접 정리한 원고본을 가지고 그의 셋째아들 조복양(趙復陽)이 문집 발간을 시도했다가 완성을 보지 못한 채 사망하고, 다섯째아들 조현양(趙顯陽)의 아들인 조지항(趙持恒)과 지정(持正)이 1688년(숙종14)에 문집으로 간행하였다. 이것이 『포저집(浦渚集)』 초간 목판본이다. 그리고 4년 뒤인 1692년(숙종18)에 『중용곤득(中庸困得)』, 『대학곤득(大學困得)』 각 1권, 『논어천설(論語淺說)』, 『맹자천설(孟子淺說)』 각 3권, 『서경천설(書經淺說)』, 『역상개략(易象概略)』 각 2권 등 10책의 『포저유서(浦渚遺書)』가 간행된다. 윤증(尹拯)이 작성한 『포저유서』의 발문(跋文)[5]에 따르면, 조지항이 선산부사(善山府使)로 있고 조지정이 대구부통판(大邱府通判)으로 재직할 때 함께 조익의 문집과 유서를 간행하였다고 한다.

원래 조복양이 송준길(宋浚吉)에게 의뢰해 작성된 시장(諡狀)과 윤선거(尹宣擧)가 작성한 묘지명(墓誌銘), 윤증(尹拯)이 지은 연보(年譜), 그리고 송시열(宋時烈)이 쓴 신도비명(神道碑銘) 등도 함께 준비되어 있었으나, 문집과 유서에 넣지 못했고, 이것들은 한참 뒤에 제문(祭文), 만사(挽詞) 등과 함께 『포저연보(浦渚年譜)』로 묶여 간행되었다. 이 「연보」는 대략 1740년(영조16) 이후의 것으로 추정된다. 이들의 글들이 한참 뒤에야 「연보」 속에 묶여 간행된 것은 당쟁과 연루되어 있었을 뿐만 아니라 조익의 학문에 대한 비판적 평가가 함께 담겨 있었기

---

4) 『浦渚全集』 上(보경문화사 영인본, 1989), 卷22 「雜著」, 388쪽의 '讀栗谷與牛溪論心性情理氣書' 및 406쪽의 '武夷櫂歌十首解' 참조.

5) 『浦渚全集』 下(보경문화사 영인본, 1989), 卷11 「易象概略跋」, 389-391쪽 참조.

때문이다.

송시열의 「신도비명(神道碑銘)」에 따르면, 주자학의 절대적 신봉자인 송시열에게 있어 조익의 학문이 어떻게 비쳐졌는지를 짐작할 수 있다.

> 동춘 송준길이 늦게야 공의 문하에 들어가서 진심으로 기뻐하며 따르면서 늘 칭송해 마지않았다. 세상 사람들이 혹 공의 저술이 주자와 다르다고 의심하면 동춘은 공의 말을 외워서 들려주기를, '주자는 공자 이후의 일인자이다. 만약 내가 『대학』 성의장을 논할 때 주자의 『장구』와 약간 다른 점이 있겠지만, 실제로는 『어류』의 설을 채용한 것이니, 역시 주자의 뜻이다'라고 하였다. 아! 공의 학술을 알고자 하면 이 점을 살펴야 할 것이다.[6]

이 신도비명에 따르면, 송시열 당시에 조익의 학문에 대한 비판이 엄연하였음을 짐작할 수 있다. 송준길의 말을 빌려 조익을 변호하는 듯이 보이지만, 실제로는 조익이 아무리 '성의(誠意)'에 대해 『대학장구』와 차이가 있는 것을 『주자어류』에서 빌려온 것이기 때문에 주자의 말이라고 우긴다 해도 엄연히 다르다는 점을 말하고 싶어 했다.

조익은 스스로 어느 학파에 연연해하지 않고 자신만의 견해를 밝혔다. 그의 이러한 경학적 태도는 평생을 일관하였다. 장유(張維), 최명길(崔鳴吉), 이시백(李時白) 등과 사우(四友)로 불릴 정도로 친했지만

---

6) 『浦渚全集』 上(보경문화사 영인본, 1989), 「浦渚先生年譜」 卷2 「附錄 · 神道碑銘」, 677-678쪽 및 『宋子大全』 卷162, 「浦渚趙公神道碑銘」. "同春宋公浚吉, 晚登公門, 心悅誠服, 常稱頌不衰矣. 世或疑公所述作或異於朱子, 則同春嘗誦公語, 曰朱子是孔子後一人, 如論『大學』誠意, 雖與『章句』略有差互, 而實用『語類』說, 亦朱子意也. 噫! 欲知公學術者, 盍於此觀之哉."

의견이 다를 때는 단호하게 비판하면서 논쟁하였다. 주희(朱熹)의 경전 해석상의 오류를 지적하며 주희의 사숙 제자로서 주희와 견해를 달리한 요로(饒魯)의 설을 일부 지지하기도 하였다. 조익이 『중용사람(中庸私覽)』과 『중용곤득(中庸困得)』에서 행한 『중용장구(中庸章句)』의 분절에 대한 비판과 재편은 대부분 요로의 견해를 취한 것이다. 조익의 이러한 자유분방함은 송시열에 의해 제출된 '사문난적(斯文亂賊)'의 희생양이 될 수도 있는 사안이었다. 이황과 이이에 대해서도 비판과 옹호를 사안별로 달리하였다. 그는 퇴계학파와 율곡학파라는 조선 중기 이후의 양대 주류 학맥과는 다른 맥락을 지니고 있었다. 주자학의 도덕적 형이상학에 경도되었던 퇴계학파와 율곡학파와는 달리 실천적이고 제도적인 입장에서 『중용』을 새롭게 해석하였다. 이 점에서 문화다원론의 차원에서 조익의 중용관을 평가할 수 있다.

이을호는 조선조 반주자학적 사상의 유형을 아래의 4가지로 분류한 바 있다.7)

1) 양명학적 입장
2) 주자학을 벗어나지 않으면서 부분적으로 이의를 제기하는 입장
3) 주자학을 정면에서 비판하는 입장
4) 철저한 독창적 입장

이을호의 분류방식을 조익의 경학에 적용하자면, 조익의 경학을 양명학으로 간주하는 이들이 있다. 송석준, 장병한 등이 대표적이다.

송석준은 주자학에 전적으로 반대하지는 않더라도 경학의 해석

7) 李乙浩, 「反朱子學的 사상의 擡頭」, 『한국철학연구』 중권, 한국철학회, 서울: 동명사, 1978.

에 있어 주자의 해석에 이의를 제기하고 있는 포저 조익, 백호(白湖) 윤휴(尹鑴, 1617~1680), 서계(西溪) 박세당(朴世堂, 1629~1703) 등의 학자들을 주자학 비판론자로 분류하였고 특히 조익을 양명학자로 분류하였다.[8] 그는 조익이 양지양능(良知良能)을 인간의 본성으로 파악하였고, 심(心)의 지각현상(知覺現象)까지도 본연지선(本然之善)으로 설명하고 있기 때문에, 성즉리(性卽理)로서 인간의 본성을 이해하는 성리학과는 다른 양명학적 성격을 지녔다고 보았다. 또한 조익이 말하는 양지양능은 양명학의 기본개념으로서, 양지(良知)를 심(心)의 본체이자 천리(天理)의 영각처(靈覺處)로서 모든 이치가 그 속에 구비되어 있는 것으로 보았다고 평가하였다.[9]

장병한도 조익 경학의 양명학적 성격을 강조하였다. 그에 따르면, 주자학과 양명학의 특징은 성즉리(性卽理)와 심즉리(心卽理)로 대별되는데, 주자학은 천리가 인성으로 내재하고 있음을 인정하지만 인성을 발현하는 마음의 순수성은 인정하지 않는 반면에, 양명학은 인간의 본심(本心)을 천리로 간주하므로 본심을 통해 천리를 발현하는 지각능력을 가지며, 본심을 도덕실천의 근원으로 삼아서 지행합일(知行合一)이라는 도덕적 삶의 실현을 이루고자 한다. 그런데 조익은『대학』성의장(誠意章) 해석을 볼 때 첫째 인간 본심을 순선한 것으로 파악한다. 둘째 지각(知覺)은 본래 선한 것이라고 주장한다. 셋째 성의(誠意)를 중시한다. 넷째 현실문제에 있어 인간의 주체적 판단을 중시한다. 다섯째 만물일체사상을 주장한다. 이 다섯 가지는 주자학이

8) 宋錫準, 「朱子學 批判論者들의 經典解釋 -『대학』의 해석을 중심으로-」, 『동양철학연구』 22, 2000, 112쪽.

9) 宋錫準, 「浦渚 趙翼 經學思想의 哲學的 基礎 -性理說과 陽明學的 性格을 中心으로-」, 『東洋哲學硏究』 6, 동양철학연구회, 1985, 32-37쪽 참조.

아니라 양명학적 성격이다. 따라서 조익의 경학은 양명학적 성격을 강하게 띠고 있다는 것이 장병한의 생각이다.[10)]

두 번째의 주자학을 벗어나지 않으면서 부분적으로 이의를 제기하는 입장으로 보는 이들이 있다. 강지은, 이상현, 이신경, 한정길 등이 대표적이다.

강지은[11)]은 조익의 초기 저작인 『중용사람』을 경학적으로 고찰한 바 있는데, 주로 중국 북송시대 쌍봉(雙峯) 요로(饒魯, 1193~1264)[12)]의 설을 수용하여 주자학과는 다른 견해를 제출한 점을 언급하였다. 그는 "『중용사람』은 경문의 주제 및 구조에 대한 분석을 경학방법론으로 하고 있다. 따라서 구조 분석에 강점을 보이는 요로설을 대폭 수용한 것이다. 『경서변의(經書辨疑)』[13)]가 요로설을 비판하거나 『중용사람』이 이를 수용한 것은, 주자학 비판에 대한 부정과 긍정의 입장 때문이 아니다. 경문을 세밀하게 분석하는 것의 단점 및 장점을 각기 비판하거나 수용한 것이며, 주자학 개념에 대한 異見을 수용한 부분은 보이지 않는다. … 『중용사람』은 주희 저술에 대한 풍부한 지식을 바

10) 『포저 조익선생의 삶과 사상 /소장 고문서』, 경기문화재단, 2007, 24-30쪽 참조.

11) 강지은, 「浦渚 趙翼의 『中庸私覽』의 經學的 고찰」, 『한국한문학연구』 48, 한국한문학회, 2011.

12) 요로(饒魯) : 1193~1264. 중국 북송시대 학자로, 黃幹과 李燔을 사사했으며, 주희의 理學을 계승하였다. 饒州 餘幹사람으로 자는 伯輿 또는 仲元이고, 호는 雙峯이다. 저서로 『五經講義』, 『語孟紀聞』 등이 있다.

13) 『經書辨疑』는 金長生이 경서 가운데 의문 나는 조목에 대해 정정하고 변론한 책으로, 1618년(광해군 10)에 완성되고, 1666년(현종 7)에 간행되었다. 중국 송나라의 주석을 포함하여, 스승인 宋翼弼과 李珥, 그리고 李滉, 權近, 鄭經世, 鄭澈, 鄭弘溟, 申欽, 趙穆 등 조선 중기 성리학자들의 토론내용이 대부분을 차지하고 있으며, 이황과 이이의 四七論辨 등이 폭넓게 논의되고 있어, 한국경학사상사 연구에 중요한 자료이다.

탕으로 그 경서 해석에 있어서의 문제점을 철저히 인식하고 경문을 더욱 명확히 해석해 내고 있으며, 경문의 구조에 대한 세밀한 분석이라는 경학방법론을 사용하고 있다"14)고 정리하였다. 결국 그에 따르면 조익의 경학은 주자학을 좀 더 명확히 하고자 하는 목적을 지닌 것으로 주자학 계열에서 벗어나는 것이 아니라는 것이다.

이상현은 조익의 교유관계, 대동법 시행 등의 현실정치적인 실천 방안들, 주자학 비판 등이 조익을 양명학자로 오인하게 하는 요인이긴 하지만, 조익이 결코 양명학자일 수 없다는 점을 강력하게 어필한다. 또한 조익이 양명학을 수용했다는 설에 일부 학자들이 동조하면서 대세로 굳어지는 것 같은 현상을 우려하였다. 그는 1998년 국사편찬위원회의 한국사 시리즈 가운데 제31권『조선 중기의 사회와 문화』에서「초기 양명학 수용자들의 현실 인식」이라는 제하의 글에 "임진왜란과 병자호란을 전후로 하여 제기되는 현실적 문제를 해결하기 위한 방안의 하나로 포저 조익, 계곡 장유, 지천 최명길 등 몇몇 학자들에 의해 수용되었다"라고 하여 조익을 장유와 최명길의 앞에 놓은 것이 대단히 잘못된 규정임을 비난하면서, 조익이 초기 양명학자라는 주장이 정설로 굳어지는 것을 경계하였다.15)

한정길은 조익의 경학을 양명학과 연관짓는 연구는 새롭고 독창적인 것이긴 하지만, 실제로 조익 당시의 정통 주자학자들에게서 조익의 학문이 양명학의 영향을 받았다는 평가를 받은 적이 없다는 점을 논증하였다. 그는 기존 연구들이 대부분 조익의 말을 임의대로 해석하거나 확대해석한 데서 그런 오류를 빚었다고 판단하였다. 또한 조익을 양명학자로 규정하는 연구자들이 그 근거로 제시하는 자

---

14) 강지은, 앞의 글, 113-114쪽.

15) 李相鉉, 앞의 글.

료들 가운데는 오히려 주자학을 따르는 내용이 많았다고 한다. 한정길은 기존 연구 및 조익 원전의 내용을 정밀하게 분석 평가한 결과 다음과 같이 "포저는 맹목적으로 주자의 가르침을 신봉하는 묵수 주자학자가 아니라, 주자와 견해를 달리하는 독자적인 학설을 제출할 만큼 주체적이고 비판적으로 주자학을 연구한 인물이다. … 포저는 도덕본체의 능동성 문제를 진지하게 고민하고, 그 문제를 주자학 체계 내에서 해결하고자 했던 인물로 보인다"[16]라고 결론내렸다.

이신경은 『중용곤득(中庸困得)』을 분석한 논문[17]에서 기본적으로 강지은의 『중용사람』 분석의 맥락을 잇고 있는데, 『중용곤득』을 조익의 분절에 따라 상세히 분석하였고, 특히 권근(權近)으로부터 시작된 『중용』 분절의 조선사적 특이점을 정리하였다.[18] 그는 "『중용』

16) 한정길, 「浦渚 趙翼과 양명학의 關聯性 주장에 대한 타당성 검토」, 『韓國實學研究』 14, 韓國實學學會, 2007, 128-130쪽 참조.

17) 이신경, 「浦渚 趙翼의 『중용』 분절 -『中庸困得』을 중심으로-」, 『한문학보』 32, 우리한문학회, 2015.

18) 『중용사람』에서 시작된 『중용』 分節의 양상은 조익이 이단으로 비난받는 상황에서도 끝내 포기하지 않은 조익만의 특징이다. 이신경이 정리한 조선사에서의 『중용』 분절의 역사를 대략 정리해 보면 다음과 같다.

조선에서 처음으로 『중용』을 독자적으로 분절한 權近(1352~1409)은 朱熹의 四大節과 饒魯의 六大節의 장점을 취한 '大旨三節, 細分五節'을 주장했다. 크게 3절로 나눈 것은 주희를 따른 것이고, 작게 5절을 세분한 것은 요로의 주장을 수용한 것이다.

조선 후기의 韓元震(1682~1751)은 주희의 4대절설을 더욱 심화시키면서 요로의 6분절설을 비난하였다. 주희설에 기반하여 요로설의 폐기를 주장하는 이러한 견해는 그의 후학들에게 그대로 전수된다. 한원진의 학맥을 계승한 金謹行(1712~?)은 4대절에 근거하여 총 네 장의 「中庸圖」를 작성하였다. 崔象龍(1786~1849)은 주희의 4대절을 4계절과 元亨利貞의 4덕에 비유하는 독특한 견해를 제시하기도 하였다.

반면에 이진상은 한원진이 주희의 정설을 4대절로 본 것을 비판하면서, 『中

전편을 몇 개의 분절로 나누는가에 대한 문제가 다수의 학자들 사이에서 끊임없이 논의되었고, 포저 역시 『중용곤득』에서 독자적인 분절론을 제시하였다. 포저는 주자와 요로의 분절론을 절충한 것을 바탕으로 『중용』을 크게 6개의 대절로 분류하였다. 이는 여타의 조선 경학가들과 비교했을 때 매우 독창적이면서도 그 주장과 근거가 객관성과 타당성을 갖고 있다고 여겨진다. 포저의 『중용』 해석 양상은 주자학에 대한 명확한 이해를 바탕으로 하고, 이에 더하여 주자설을 분석, 비판하는 과정을 통해 경전을 명확히 해석하고자 했던 노력으로 볼 수 있다. 포저 경학은 '주자학적 사상체계를 기반으로 한 자득적(自得的) 경학의 표출'이며 이러한 학문자세는 『중용곤득』에 반영되어 있다"[19]고 평가하였다. 이신경은 조익의 경학을 '주자학적 사상체계를 기반으로 한 자득적 경학의 표출'이라고 규정하였다.

이러한 견해들을 통해 볼 때, 조익의 중용관은 상당 부분 주자학의 기본학설을 수용하면서도 양란 이후의 시대문화적 특성을 반영하여 실천적이고 제도적인 측면에서 『중용』을 해석하고 있다는 점에서 문화다원적 특징을 지니고 있다고 재평가할 수 있다.

庸章句』의 서문에서 언급한 '支分節解, 脈絡貫通'을 근거로 '四支六分說'을 주장했다. 그의 문인인 許愈(1833~1904)는 스승의 견해를 좇아 『중용』을 四支六節로 나누었다. 郭鍾錫(1846~1919)은 허유의 「中庸圖」를 참고하여 「中庸支節圖」를 작성했으며, 주희의 6대절설이 분명한 의의가 있다고 주장하였다.

사실 『중용』의 분절 연구는 최석기에 의해 집중적으로 연구된 바 있다. 최석기의 『중용』 분절 연구로는 다음과 같은 것들이 있다. 「양촌 권근의 중용해석과 그 의미」, 『한문학보』 17, 우리한문학회, 2004; 「『중용』의 분절문제와 최상룡의 해석」, 『한문학보』 19, 우리한문학회, 2008; 「한주 이진상의 『중용』 분절설」, 『동양한문학연구』 34, 동양한문학회, 2012; 『조선시대 中庸圖說』, 보고사, 2013. 이신경의 논문은 이에 근거한 것이다.

19) 이신경, 위의 글, 172쪽.

세 번째의 주자학을 정면에서 비판하는 입장은 조익의 경학에는 결코 해당되지 않는다. 주희의 사서(四書)를 절대적으로 중시하고, 주희를 맹자 이후의 유학의 일인자로 여기는 사람의 주장을 반주자학으로 몰 수는 없는 일이다.

네 번째 철저한 독창적 입장도 아니다. 사서오경의 주석에 주희(朱熹) 후학의 여러 이견들을 수용하는 차원에서 주자학의 절대적 신봉자들과 다른 것일 뿐 결코 독창적이라고 할 수는 없다.

3. 『중용곤득』의 저술 취지와 시대정신

1) 조익(趙翼)의 『중용』 관련 저작의 경학관

『대학사람(大學私覽)』, 『대학곤득(大學困得)』, 『논어천설(論語淺說)』, 『맹자천설(孟子淺說)』, 『중용사람(中庸私覽)』, 『중용곤득(中庸困得)』 등의 사서 주석은 조익이 평생 집중해 온 필생의 역작들이다. 그는 20대 초반부터 사서의 주석을 시작하여 60대 후반에 이르기까지 약간의 수정된 의견을 제출하긴 하였지만 비교적 일관된 관점에서 저술하였다. 조익의 경학 관점은 이 사서의 저작들에 모두 녹아있다. 사서에 대한 그의 주석은 주희(朱熹)의 장구(章句)와 집주(集註) 체제를 그대로 따랐다. 그러나 그 속에 자신의 독특한 견해를 제출하였다.

조익은 「중용곤득후설(中庸困得後說)」에서 사서야말로 성인의 책이며, 더없이 바르고 순수한 책임을 천명하였다.

> 글이 생긴 이래로 세상에 나온 서적이 수없이 많지만, 그 가운데 더없이 바르고 순수한 것을 추구하여 사람들로 하여금 선하게 할 수 있는 책은 사서만한 것이 없다. 그러므로 나는 사서야말로 책 중의 책이라고 생각한다. 이것은 성인의 책이다. 성인은 사람 중에서 가장 훌륭한 분이니, 그의 책 또한 마땅히 책 중의 책인 것이다. 성인이 사람 중에서 가장 훌륭하다면 사람으로서 성인을 아니 배울 수 있겠는가? 성인을 배운다면, 성인의 책을 말미암지 않을 수 있겠는가? 따라서 이 책은 사람들이 힘써야 마땅한 책이다.[20)]

『중용』에 한정하자면, 『중용』은 본래 『예기(禮記)』의 일부였다. 당말에 한유(韓愈)와 이고(李翶) 등이 별도의 책으로 제자 교육에 활용하기 시작하다가, 송대에 와서 이정(二程)이 독립된 책으로 현창하였고, 이를 계승하여 주희가 33장으로 분장하여 주석을 달고 '중용장구집주(中庸章句集註)'라고 명명하면서 오늘날의 모습을 갖추었다. 이후 주희의 후학들 사이에서 여러 이견이 출현하였는데, 조익은 이정과 주희의 공적을 수용한 상태에서 이러한 이견들에 주목하였다. 조익의 새로운 견해라는 것은 실제로 조익만의 창조적 발상이 아니라 이들 이견의 한 단면을 보여주는 것들이다. 대표적으로 요씨(饒氏 : 雙峯 饒魯), 진씨(陳氏)[21)], 이씨(李氏)[22)] 등이 『중용장구』의 일부에 대해 이견

20) 『浦渚集』 上, 「中庸困得後說上」. "自有書以來, 天下之書至衆也, 其中求其至正至粹而能使人善, 未有如四書者也. 故愚竊以爲四書書之至者也. 此聖人之書也. 聖人, 人之至者也, 其書宜爲書之至者也. 聖人, 人之至, 則人而可不學聖人乎? 學聖人, 則可不由乎聖人之書乎? 然則此書尤人之所宜務也."

21) 陳氏: 北溪 陳淳(1159~1223)을 가리키는 것 같다. 陳淳은 주희의 후학 중 영향력 있는 인물로 주희의 학문을 옹호, 발전시키는 가운데 자신만의 체계를 발명하였다. 특히 知行의 문제에 있어 주희가 두 가지 일로 보는 데 반해 하나의 일로 보고 있으며, 주희의 설과 다른 점들이 있다.

을 제출하였는데, 주자의 신봉자들에게 거센 비판을 받기도 하였지만, 조익은 그러한 비판에 아랑곳 않고 자신만의 견해를 『중용사람』과 『중용곤득』에 반영하였다.

장병한은 "17세기 전후로 하여 중국 명나라에는 양명학설과 일면 관련이 있는 신기설(新奇說)이 유행하고 있었다. 포저는 이에 대해, 비록 천착되고 어긋난 면이 없지 않지만 그 사이에도 분명하고 명확하게 경전의 뜻을 밝혀낸 부분이 있다고 하여, 이들의 설도 많이 인용하여 수용하고 있다. 그런데 이들의 신설은 주자 『중용장구』의 해석과 다른 것이 많이 있었다. 하지만 포저는 그러한 이유로만 이들의 설을 모두 버릴 수만은 없다고 하였다. 그래서 포저가 인용하고 있는 학자로는 초씨(焦氏 : 焦竑)를 비롯하여 호씨(胡氏 : 胡炳文), 원씨(袁氏), 손씨(孫氏), 소씨(蘇氏), 숙씨(肅氏), 요씨(饒氏) 등이다. 포저는 『중용』을 해석함에 있어 주자의 『중용장구』 해석 체계를 중심에 두고, 이를 비판하는 가운데 이들 설을 취하여 그 득실을 살피고 자신의 견해를 적고 있다. 특히 분장법에 있어서는 요씨설(饒氏說)을 일면 따르기도 한다"[23]고 지적하였는데, 조익의 『중용』 주석의 체제와 내용에 대해 적실하게 표현한 것이다.

조익의 「중용곤득후설(中庸困得後說)」은 매우 짧은 발문(跋文)이므로, 『중용』 전체의 관점과 주석에 대해서는 「중용설(中庸說)」과 『중용사람(中庸私覽)』, 『중용곤득(中庸困得)』 세 편을 중심으로 말할 수 있다. 「중용설」은 『중용사람』의 저술 이전에 조익의 중용관의 대체를 세운 논설로서 『중용』 전체의 구성을 분석적으로 해설한 것이다. 강지은은

22) 李氏: 미상이나, 東窓 李氏로 추정된다.

23) 장병한, 「『中庸私覽』 해제」, 『포저 조익선생의 삶과 사상 /소장 고문서』, 경기문화재단, 2007, 38쪽.

「중용설」에 대해 "특히 「중용설」은 전적으로 이러한 분석을 행하여, 주제별로 각 장을 분석하고 동일 주제의 장을 연계하여 해설하고 있다"[24]고 파악하면서 「중용설」의 기본 입장이 그대로 『중용사람』에서 기술되었다고 평가하였다. 아울러 『중용사람』에 대해서는 "『중용사람』은 주희 저술에 대한 풍부한 지식을 바탕으로 그 경서 해석에 있어서의 문제점을 철저히 인식하고 경문을 더욱 명확히 해석해 내고 있으며, 경문의 구조에 대한 세밀한 분석이라는 경학방법론을 사용하고 있다. 조익 경학은, 경문의 맥락에서 볼 때 주희의 주석이 반드시 정답일 수는 없다는 인식을 바탕으로 하고 있지만, 이 점을 지나치게 강조하거나 확대 해석하지 않더라도 그 경학사적 의의는 여전히 유효하다"[25]고 평가하였다.

그렇다면 『중용사람』과 『중용곤득』 사이의 차별성은 무엇인가? 그 각각의 서문에서 두 저작 사이의 간격을 살펴볼 수 있다. 『중용사람』의 서문에 따르면 지극한 겸사로서 '사람(私覽)'이라고 명명한 이유를 설명하고 있다.

> 내 어찌 감히 스스로를 옳다고 하겠는가. 이 책은 뭇 경전의 심오한 뜻이 모여 있는 것으로 세상의 노련한 유학 선생들이 모두 말하기 어려워하였고, 게다가 천 수백 년간 뭇 현인들의 해석이 이미 극진하여 거의 남긴 뜻이 없다. 변방의 후학으로서 식견도 없고 공로도 없지만 감히 이전 학자들의 잘잘못을 논단하고 게다가 이전 학자들이 아직 말하지 못한 것을 말했으니, 그 참람됨이 이루 말할 수 없을 지경이다. 이것이 내가 '사람(私覽: 개인적인 의견)'이라고 하여 감히 남들에게 전하지 않은 까닭이다.[26]

---

24) 강지은, 앞의 글, 131쪽.

25) 강지은, 앞의 글, 114쪽.

『중용사람』은 『중용장구』의 분장(分章)에 따라 장절(章節)을 나누고, 여기에 조익 자신의 사견인 '금안(今按)'을 달아 편집한 책이다. 서명을 '사람(私覽)'이라 명명하면서 조익은 자신의 '개인적인 의견'이 주희의 뜻과 달라서 감히 옳다고 할 수 없다는 겸양을 표하였지만, 주자학이 공고해져 가던 즈음에 주자와는 다른 의견을 제출했다는 것은 가볍게 볼 말이 아니다. 주자학의 압도적 학풍 속에서 조선의 경학사를 풍부하게 한 의미 있는 저작이라고 할 수 있기 때문이다. 도덕적 근원으로서의 형이상학적 실체를 언급하던 풍토를 넘어서 양란 이후 당면한 현실의 정치문화적 요구에 '개인적인 의견'으로 실천적 측면을 강조하는 것은 유가적 가치를 다양한 방식으로 표현한다는 점에서 조선사 내적인 문화적 상대성을 표출하고 있는 것이다.

고려 말 수입된 이후 16세기 이황과 이이의 시대에 와서 조선의 보편적 학문으로 확립된 주자학은 조익의 시대에 이미 압도적 지배력을 행사하고 있었다. 양명학은 이단으로 배척되고 주자학에 대한 작은 이견도 용납되지 않았다. 이러한 학문적 경직성 속에서 조익은 마치 주자학에 반기를 드는 것처럼 보였다. 그래서 양명학자라거나 반주자학자로 인식되는 경향이 있었다.

그러나 조익은 성현의 진리를 우선한 것이 아니라 진리 그 자체를 우선하였다. 성현의 권위나 주류 학문의 압도적 세력에 좌우되는 진리가 아니라, 자신의 신념에 의해 결정되는 다양하면서 상대적인 진리를 겸양 속에서도 일생 유지해간 것이다.

---

26) 장병한, 「中庸私覽序」, 『포저 조익선생의 삶과 사상 /소장 고문서』, 경기문화재단, 2007, 41쪽. "翼何敢自是也. 此書乃群經之蘊奧, 自世之老儒先生, 咸難言之, 且更千數百年諸賢解釋, 已盡殆無遺義. 偏荒末學, 識昧功淺, 而乃敢論斷前人得失, 且發前人所未言者, 其狂僭極矣. 此余所以私覽, 而不敢傳於人者也."

> 의리는 한계가 없어서 비록 성인의 지혜로도 미치지 못하는 것이 있을 수 있다. 그러나 사람이면 누구나 동등하게 얻는 것이기 때문에 비록 어리석은 미치광이라도 천 번의 생각 끝에 한 번이라도 체득한다면 혹 성인보다 인정받을 만한 것이 있다. 어리석은 나는 참으로 감히 스스로 옳다고 하지는 못하지만, 미치광이가 한 번 체득한 것으로도 인정받을 만한 것이 있다면 또한 어찌 그런 것이 결코 없음을 알겠는가?[27]

진리는 무궁하기 때문에 성인조차도 미치지 못하는 경계가 있고, 일반사람이라도 자득한 것이 있다면 충분히 가치 있는 진리라는 점을 주지하였다. 그 자신이 '사람(私覽)'이라고 했던 자득의 경험을 가치 있는 진리의 단계로 승화한 것이다. 성현의 권위에 앞서 진리 자체를 강조한 조익의 견해는 주자학적 진리를 절대적인 것으로 간주하던 당시 학문적 풍토에서 자신의 상대적 진리를 강조한 것으로, 진리 그 자체의 상대성을 믿는 것이다. 이러한 견해는 시대를 초월하여 상황에 적절하게 적용할 수 있는 진리의 상대적이고 다원적인 적용의 필요성을 주장하는 것이라는 점에서 문화다원론의 이념을 포함하고 있다.

2) 『중용사람』에서 『중용곤득』으로의 경학적 진전

저작을 기준으로 볼 때 『중용사람(中庸私覽)』은 29세(1607) 때의 작품이고 『중용곤득(中庸困得)』은 37세(1615) 때의 작품이다. 약 8년의 차를 두고 '사람(私覽)'은 '곤득(困得)'으로 수정 보완되었다. '사람'은

27) 장병한, 위의 글, 41쪽. "義理無窮, 雖聖人之知, 或有所不遍. 而以人所同得, 故雖狂夫之愚, 其千慮之一得, 或有見擇於聖人者. 若翼之愚, 固不敢自是. 然其狂夫之一得, 或有可擇, 則亦安知其必無也."

개인적 견해를 제출했다는 의미를 지니지만, '곤득'은 어쨌든 힘들게라도 자득한 것이 있음을 천명한 제목이다.

'사람'에서 '곤득'으로 서명은 바뀌었지만 기본적으로 조익의 관점은 「중용사람서(中庸私覽序)」의 정신과 일치한다. 진리는 성인의 진리가 아니라 진리 그 자체여야 한다는 것이다. 진리는 한계가 없이 무궁한 것이기 때문에 성인이라도 미치지 못하는 경계가 있고, 성인이 아니라도 누구나 자득할 수 있는 경계가 있다는 것이다. 이러한 관점은 교조적 진리를 반대하고 자득적 진리를 옹호하는 관점이다. 이 관점이 최종적으로 실현된 것이 바로 그의 『중용곤득』이다.

『중용』에서 말하는 도(道)는 천하 모든 사람들의 진리이므로, 비록 성인이라고 하더라도 다 고찰하지 못한 것이 있을 수 있다. 따라서 조익은 누구라도 진리를 찾을 수 있다는 견해를 고수하였다. 이런 견해를 가지고서 집필한 것이 『중용곤득』이다.

> 나는 전에 이 책을 읽고 오래도록 생각에 빠져 있다가 갑자기 자득한 것이 있는 것 같았다. 여러 유학자의 설들을 보고도 취할 만한 것이 있는 것 같았고, 여러 설들 외에서도 경문의 취지를 얻은 것이 있어 보였기에 문득문득 기록하여 잊지 않도록 대비하였다. 근래에 다시 옛것(『중용사람』)을 살펴보니 나의 견해가 요행히 조금은 나아진 점이 있는 것 같고, 전에 주장했던 것들을 보니 잘된 것도 있고 잘못된 것도 있었다. 그러나 한두 가지의 대의에 있어서는 여러 학자의 설들 외에서 얻은 것이지만 끝내 불합리한 점을 발견하지 못했다. 거듭 다시 원고를 수정하였지만, 오직 선현의 설과 차이가 있음을 피하지 못한 것은, 실로 두렵고 참람하여 죄를 사양할 생각이 없다. 그러나 스스로를 감히 옳다고 주장하는 것이 아니라 우선 기록하여 뒷날 도를 아는 사람을 기다릴 따름이다.[28]

28) 『浦渚全集』 下, 卷2 「中庸困得序」, 39쪽. "翼舊嘗讀此, 沈潛之久, 忽若有得. 見諸

『중용곤득』은 『중용사람』을 재검토하면서 잘잘못을 바로잡고, 진전된 생각은 반영하여 완성하였다. 위 서문에서 밝혔듯이 그럼에도 바꿀 수 없는 기본적인 대의(大義)가 있었고, 그 점에 대해서는 선현과 생각이 다르다고 비난받는다 하여도 사양할 마음이 없다는 점을 분명히 천명하였다. 조익은 자신이 터득한 대의가 선현 곧 주희의 견해와 차이가 있다는 점을 언급하였고, 또한 자신의 설이 반드시 옳다는 생각도 갖지 않았다. 다만 도를 아는 사람을 기다리기 위해 기록해두는 것임을 밝혔다. 이것은 겸사이지만 경(經)의 본지(本旨)를 추구하는 그의 신념이자 학문관이다.

『중용사람』과 『중용곤득』 두 책에서 일관된 것 중의 하나는 『중용』에 대한 분절(分節) 방식이다. 원래 『중용』의 분절은 주희의 『중용장구』의 4대절설과 「독중용법(讀中庸法)」의 6대절설, 그리고 요로(饒魯)의 6대절설이 혼재하여 전래되었다.[29] 조익의 분절 방식은 쌍봉 요로(1193~1264)의 설을 수용한 것이다. 당시 조선에서 간행된 『중용』 판본은 요로의 설을 산삭(刪削)하였는데, 조익이 참조한 『중용집석(中庸輯釋)』에는 포함되어 있었다.

> 나는 예전에 중국본 『중용』 고판본을 얻은 적이 있다. 그 소주(小註)는 신안(新安) 예씨(倪氏)가 편집한 것인데, 그 가운데 요씨(饒氏)와 이씨(李氏)의 설을 보니 『중용장구』와 다른 것이 있었지만 그런대로 통할 만한 것이 있어 『중용곤득』에서 인용하였다. 지금 통행되는 조선본은 『중용장

儒之說, 亦或似可取, 而諸說之外, 又有似得乎經旨者, 輒敢錄之以備忘也. 近復溫故, 區區所見, 幸稍似有進, 見前所爲說, 或得或失. 而至其一二大義, 得乎諸說之外者, 終亦未見其不合也. 輒復就加修改, 唯於先賢之說, 不免異同, 則實懼僭妄, 罪無可辭. 然非敢自是也, 姑錄之以俟後之知道者."

29) 이신경, 앞의 글, 176쪽.

구』와 다른 제설(諸說)은 산삭하여 싣지 않았다. 우리나라에서 간행된 책은 모두 이 책이고 예씨의 책은 다시 보지 못하였다.[30)]

조익이 요로의 설을 인용한 부분에 대해서는 강지은과 이신경의 논문에 자세하다.[31)] 조익은 『중용』을 크게 여섯 개의 대절로 분류하였으며, 각 대절의 첫 장이나 마지막 장에서 분절의 내용을 언급했다. 그리고 33장의 끝에서 분절 내용을 다시 간략히 소개하였다.

이 편은 모두 33장이다. 수장(首章)은 『중용』 한 편의 강령이니, 편 안에서 수도 없이 말한 도(道)는 솔성(率性)의 도이고, 덕(德)은 중화(中和)의 덕이며, 지덕(至德)은 곧 치중화(致中和)이고, 공효의 성대함은 곧 위육(位育)의 공일 뿐이다. 대개 한 편의 큰 요점이 이미 여기에 갖추어져 있다. 마지막 장은 첫 징에 나아가 그 용공(用功)의 요체를 포괄하여 갖추어 말한 것이니, 곧 한 편의 공부가 지극히 요약된 부분이다. 이 두 장을 제외하고 2장부터 32장을 말한 의미를 가지고 나누어 보면, 2장 이하로 열 장은 지인용(智仁勇)의 덕을 말했고, 12장 이하로 여덟 장은 도의 소재(所在)를 말했고, 20장은 도와 덕을 겸언하여 자세함을 지극히 했고, 21장 이하로 32장까지는 천도, 인도, 지덕, 지도를 말했다.[32)]

---

30) 『浦渚全集』 下, 卷2 「中庸困得」, 70쪽. "翼舊嘗得唐板中庸古冊. 其小註乃新安倪氏所集, 而其中見饒氏·李氏之說, 或有異於章句, 而或似可通, 卽困得所引是也. 今通行鄕板, 則諸說異於章句者刪去不載. 國中所行皆此本, 而倪氏本不復見矣."

31) 강지은, 「浦渚 趙翼의 『中庸私覽』의 經學的 고찰」, 『한국한문학연구』 48, 2011; 이신경, 「浦渚 趙翼의 『중용』 분절 -『中庸困得』을 중심으로-」, 『한문학보』 32, 2015.

32) 『浦渚全集』 下, 卷2 「中庸困得」, 69쪽. "此篇凡三十三章. 首章一篇之綱領也, 凡篇乃許多所言之道, 只是率性之道也, 所言之至德, 只是致中和也, 所言功效之盛, 只是位育之功也. 蓋一篇大要, 已具於此矣. 末章就首章, 括其用功之要而備言之也, 乃一篇工夫之約處也. 除此兩章之外, 自第二章, 至三十二章, 以其所言之意分之, 則自第二章以下十章, 言智仁勇之德, 十二章以下八章, 言道之所在, 二十章兼言道與德, 極其詳備, 二十一

이에 따라 『중용장구』의 장절과 비교해 보면 아래와 같다.

『중용곤득』 제1대절 - 『중용장구』의 제1장
『중용곤득』 제2대절 - 『중용장구』의 제2~11장
『중용곤득』 제3대절 - 『중용장구』의 제12~19장
『중용곤득』 제4대절 - 『중용장구』의 제20장
『중용곤득』 제5대절 - 『중용장구』의 제21~32장
『중용곤득』 제6대절 - 『중용장구』의 제33장

강지은은 그의 논문에서 "『경서변의』가 요로설을 비판하거나 『중용사람』이 이를 수용한 것은, 주자학비판에 대한 부정과 긍정의 입장 때문이 아니다. 경문을 세밀하게 분석하는 것의 단점 및 장점을 각기 비판하거나 수용한 것이며, 주자학 개념에 대한 이견을 수용한 부분은 보이지 않는다. 이러한 사실을 도외시하고, 주자학사상 비판에만 연관지어, 『경서변의』와 『중용사람』을, 주자학과 주자학 비판의 입장으로 대립시켜서는 안 될 것이다"[33]라고 하였는데, 이는 나무만 보고 숲을 보지 못한 것이며, 분류가 곧 철학이라는 명제를 놓친 결과이다. 마치 공룡을 조류로 분류하느냐 파충류로 분류하느냐에 따라 지구생물의 역사가 달라진다는 점을 간과한 측면이 있다. 그러나 과연 내용적으로 다른 것은 무엇인가라는 질문은 또 다른 차원의 문제이므로 여기서는 다루지 않는다.

조익의 분절 방식은 주희의 『중용장구』와 다르고, 또 주희의 「독중용법」에서 나눈 6대절과도 약간 차이가 있다. 주자학으로 경도된

章以下至三十二章, 言天道人道至德至道."

33) 강지은, 앞의 글, 114쪽.

시대적 환경 아래에서 주자와 다른 생각을 주장하는 것은 쉽지 않은 상황이었을 것이다. 그러나 조익은 진리 그 자체의 다양성을 확보하면서 교조성을 벗어났다. 당시로서는 독창적이라고 평가받을 만한 일이다. 그것은 진리에 대한 조익의 철저한 신념에 따른 결과였다.

> 천지 사이에 있는 이 도(道)는 본래 지극히 공정하여 사람마다 본래부터 갖고 있는 것이지만, 성인이 이를 경전에 붙여 천하 후세에 전하였으니, 천지 사이에 있는 경(經)은 또한 지극히 공정할 뿐이다. 비록 그 말이 간략하면서도 오묘하여 반드시 전주(傳註)를 기다린 뒤에야 분명해지지만, 도와 경은 본래 천하의 공물(公物)일 뿐이니, 어찌 전하는 자가 얻어 사사로이 할 수 있겠는가? 그러므로 이전 현인이 경전을 해석할 때 다만 도를 밝히고자 했을 뿐이니, 그 마음에 어찌 일찍이 다른 사람이 자기를 따르기를 기필했겠는가?[34]

진리[道]는 천하의 공물(公物)이다. 인간이면 누구나 이 진리를 고유하게 지니고 있는데, 단지 성인이라는 사람이 그것을 책[經]으로 전했을 뿐이다. 성인의 책은 진리를 담은 것이므로 공물인 것이니 어찌 이것을 사사로이 할 수 있겠는가? 책은 진리를 밝히고자 할 뿐이지, 남을 복종시키기 위해 쓰는 것이 아니다. 이것이 바로 조익이 책을 쓴 이유이니, 그의 경학은 나름의 경지를 지니고 있는 것이다. 단순한 차원에서 분절에 대한 이견을 제시한 정도로 간주할 수 없는 경지가 있다고 보아야 할 것이다.

---

34) 「中庸私覽序」, 『포저 조익선생의 삶과 사상 /소장 고문서』, 경기문화재단, 2007, 41쪽. “且念此道在天地間, 本至公, 人人所固有, 而聖人寓之於經, 以貽天下後世, 經之在天地間, 亦至公而已. 雖其言簡奧, 必待傳註而後明. 然道與經, 本天下之公物耳, 其傳者所得而私哉? 故前賢釋經, 只求明道而已, 其心何嘗必人之從己哉?”

이러한 관점에서 보면, 조익은 『중용』을 진리[道]를 전하는 책[經]으로 간주한 것이며 그 진리는 바로 공자가 전한 심법(心法)이다. 그 진리를 행하는 것은 인간의 덕성[德]이며, 그 덕성을 달성하는 것은 성실함[誠]이다. 곧 '중용(中庸)'의 정신은 성(誠)을 유지하여 도를 행하는 것이다. 이것이 바로 「중용곤득서(中庸困得序)」 전체의 요지라고 할 수 있다.

『중용사람(中庸私覽)』은 '사람(私覽)'이라는 명명을 통해서 개인적인 의견을 제출한 것이지만, 주자학이 공고해져 가던 그 압도적 학풍 속에서 독자적 사유를 제출한 것이며, 이러한 독자성을 조익은 『중용곤득(中庸困得)』을 저술할 때나 그 이후의 저작에서도 크게 변화 없이 유지하였다. 이것은 조익이 꿋꿋하게 자신의 독자성을 유지하고자 했던 의지의 표현이자 그가 지녔던 시대정신이라고 해야 할 것이다. 성현조차도 보지 못한 진리가 있을 수 있다는 것은 새로운 성인이 출현할 수 있다는 것을 예비하는 것이며, 성현의 진리를 우선한 것이 아니라 진리 그 자체를 우선한 것이라고 말할 수 있다. 이것이 바로 어느 한편으로 경도되어 가던 사유의 교조화에 맞서 사상적 자유를 추구했던 한 지식인의 시대정신이라고 표현할 수 있지 않나 싶다.

4. 조익 경학의 조선경학사적 위상

조익의 경학에 대한 초기 연구가 양명학과의 관련성을 밝히는 작업에서 시작되어 마치 양명학자인 것처럼 오인되어 왔으나, 이는 한정길의 연구[35]에서 전혀 관련성이 없는 것으로 규명되었다.

조익의 경학을 가정의 방식으로 양명학으로 치부하는 것은 잘못된 결론을 도출하게 된다. 양명학으로 보기에는 주자학적 색채가 너무나 강하다. 조익 스스로 주희를 높인 언설이 많을 뿐만 아니라 당시의 주변인들도 조익의 경학을 주자학 외의 것으로 규정한 바가 없다.

앞에서 언급했던 송시열(宋時烈)의 「신도비명(神道碑銘)」을 보면 조익 경학의 색채가 분명해진다.[36] 이뿐만 아니라 조익 자신의 언급 속에서도 주자를 높인 곳이 한두 군데가 아니다. 「대학곤득후설중(大學困得後說中)」에 따르면, 조익은 주자의 신봉자였음이 분명해진다.

> 나는 일찍부터 주자야말로 공자 뒤의 일인자라고 여겼으며 나름대로 존경하고 심복해 왔다. 주자는 실로 공자에 버금가고 맹자와 대등한 분으로서, 후학에게 공을 있는 것으로 말하자면 맹자보다도 훨씬 많다. 멀리는 공자와 맹자를 조술(祖述)하고 가까이로는 주자(周子)와 정자(程子)를 법도로 삼아, 천하의 의리와 성현의 취지를 끝까지 추구하지 않은 것이 없었으며, 실천한 것 역시 세대(細大)와 은현(隱見)을 막론하고 지극하지 않은 것이 없었다. 의리의 지극함과 그 학문의 위대함은 실로 공자 이후 없었던 것이니, 후학이 모범으로 삼아야 할 분으로 어찌 주자 같은 분이 있겠는가? 나는 비록 말할 가치도 없지만, 진실로 주자를 배우다가 생을 마치기를 원하며, 또 자공이 스승인 공자에 미칠 수 없다고 말한 것처럼 여기고 있다. 세상사람 중에 나처럼 성심으로 주자를 공경하고 심복하는 자도 아마 많지 않을 것이다."[37]

---

35) 한정길, 「浦渚 趙翼과 양명학의 關聯性 주장에 대한 타당성 검토」, 『韓國實學研究』 14, 韓國實學學會, 2007.

36) 앞의 주6번 참조.

37) 『浦渚全集』 上(보경문화사 영인본, 1989), 卷21 「大學困得後說中」, 385쪽. "嘗竊謂朱子, 孔子後一人, 區區敬服, 實亞於孔子而齊於孟子. 而其有功於後學, 則又多於孟

또 『중용』의 분절 방식을 가지고도 조익의 경학을 반주자학으로 판단하는 경향이 있지만, 주희가 이미 「독중용법(讀中庸法)」에서 6대절로 분류한 바 있으니, 『중용장구』의 4대절 방식과 다르다고 하여 단순히 요로의 6대절에 따라 주자의 분류에 반기를 든 것으로 판단할 필요가 없다. 또한 요로가 주자학에 반기를 들기 위해 분류를 달리한 것이 아니라, 그 스스로 주자의 분류를 좀 더 세밀하게 하고자 했다는 점도 반드시 고려해야 한다.

또 다른 차원에서 조익의 교유관계로 양명학자로 간주하는 경향이 있다. 조익이 장유(張維, 1587~1683)와 최명길(崔鳴吉, 1583~1647)의 절친한 벗이었기 때문에, 그들에게서 양명학의 영향을 받았을 것이라고 가정하는 것이다. 그러나 이 또한 송시열의 「신도비명」에서 "네 친구의 우정은 매우 두터웠지만 언론(言論)과 심사(心事)는 꼭 다 같지는 않았다"[38]는 언급에서 그들과의 연관성을 배제할 수 있는 단서를 찾을 수 있다. 이때 네 친구는 조익(趙翼)과 장유(張維), 최명길(崔鳴吉), 이시백(李時白)을 가리킨다. 조익이 양명학을 하는 친구들과 절친하긴 하였지만 학술에 있어서는 다르다는 당대의 평가에 주목할 필요가 있다.

이하 이상현의 선 연구[39]를 빌려 요약의 형식으로 세 가지 방면

子遠矣. 夫遠述孔孟, 近法周程. 凡天下之義理, 聖賢之微旨, 無不究極之, 而其所踐履, 細大隱見, 無不極乎義理之至, 其學之大, 實孔子後未有也. 後學所當師法者, 豈有如朱子者乎? 區區雖不足道, 乃其心誠竊願學焉以終身, 而又竊以爲如孔子之不可及也. 世之人其誠心敬服, 如翼者或不多也."

38) 『浦渚全集』 上(보경문화사 영인본, 1989), 「浦渚先生年譜」 卷2 「附錄 · 神道碑銘」, 677쪽 및 『宋子大全』 卷162, 「浦渚趙公神道碑銘」. "四友情分甚厚, 而至於言論心事, 未必盡同."

39) 이상현, 「포저(浦渚) 조익(趙翼 : 1579~1655)의 생애와 사상」, 민족문화추진

에서 조익의 강한 주자학적 성격을 강조하고자 한다. 첫째, 조익이 왕양명의 이른바 지각본선설(知覺本善說)과 만물일체사상(萬物一體思想)을 제창했다는 주장에 대한 반론이다. '지각본선(知覺本善)'의 경우, 조익은 『중용장구(中庸章句)』 서문의 '심지허령지각(心之虛靈知覺)'을 설명하는 곳에서 언급하였을 뿐 양지양능(良知良能)과 같은 선천성으로 규정한 것이 아니다. 또 만물일체사상의 경우, 왕양명(王陽明)의 『전습록(傳習錄)』 전에 이미 『근사록(近思錄)』 13권 「변이단류(辨異端類)」에 정호(程顥)의 말로 등장하는 것이다. 정호의 학설이 육상산(陸象山)과 왕양명에게로 이어지기 때문에 양명학의 계보 상에서 언급할 수는 있지만, 조익에게 한정할 경우에는 양명학을 수용한 것이라기보다는, 송유(宋儒)인 정자(程子)를 선양한 정도의 의미를 지니는 것으로 보는 것이 적절하다. 둘째, 대동법(大同法) 시행이나 호패법(號牌法)의 시정 등 민폐를 없애기 위한 조익의 여러 시책들이 성리학의 명분론과 규범적 형식성을 비판하고 양명학적 현실 인식에서 나온 것이라는 주장에 대한 반론이다. 그러나 현실정치에 대한 관심과 실천적 정책 기안 등이 그가 양명학자라는 충분한 조건은 되지 못한다. 셋째, 겉으로는 정주학을 신봉하는 척하면서 속으로는 육왕학(陸王學)을 수용했다는 이른바 양주음왕설(陽朱陰王說)에 대한 반론이다. 그러나 조익의 성현을 목표로 한 구도자적 삶의 태도와 당당하고도 주체적인 학설에 비추어 볼 때 이것은 조익을 모독하는 것이다. 게다가 조익의 저술에 양명학적 주장을 담은 내용이 전혀 발견되지 않는다.

대표적으로 조익의 경학을 양명학으로 간주한 장병한도 『중용곤득』에 대해서는 주자학적인 것으로 인정한 바 있다. 그는 "포저의 『중

회, 2005.

용사람』과 『중용곤득』에는 그 경학의 입각점과 사상의 전이가 많은 부분 전이되고 있음을 볼 수 있다. 전자에서는 주자의 장구 내용과는 다른 사견(私見)을 많이 제시하는 가운데, 심학과 양명학적 사유체계와 근접한 부분도 일정 정도 있는 반면에, 후자에서는 이러한 부분들이 많이 자제되고 삭제되면서 주자학적 경학 중심으로 전반적으로 자리를 옮겨가고 있음을 볼 수 있었다"[40]고 하여, 『중용사람』의 양명학적 성격이 『중용곤득』에서 삭제되고 주자학적 색채를 띠게 되었음을 자인하였다. 그러나 애초에 『중용사람』을 양명학적 저술로 간주한 데서부터 두 책 사이의 전이를 논할 수밖에 없었음을 인정해야 할 것이다.

5. 맺음말

조익의 대표적인 『중용』 관련 저작들을 통해 압도적인 주류 학문에 매몰되지 않고 평생 자신만의 상대적 진리관을 유지했던 조익의 문화다원론적 성격을 살펴보았다. 특히 29세 때 지은 『중용사람』과 37세 때의 『중용곤득』을 중심으로 경학적 전이와 일관성을 검토하였다.

조익은 이황과 이이 이후 세대로서 조선에 주자학이 공고하게 자리잡고 이황과 이이가 주자학을 경학적 단계로 일정 정도 궤도를 잡아 놓은 시기에 그들과는 다른 방식으로 경학적 견해를 제출한 인물이다. 이황과 이이가 주로 리기심성(理氣心性) 등의 형이상학적 방

40) 장병한, 「浦渚 趙翼의 『中庸』 이해」, 『한국실학연구』 14, 2007, 86쪽 참조.

면에서 주자학을 정립하였다면, 조익은 현실정치와 실천적 방면에 조금 더 초점을 맞추었다. 그는 조선의 주자학자들이 이황과 이이의 경학적 노선에 경도되기 시작하던 그 즈음에 그들의 영향권과는 다른 노선에서 경학적 저술 작업을 진행하였다.

그의 경학은 리기론, 사단칠정론 같은 주자학적 형이상학이 대세를 이루고 있던 시대적 분위기와는 일정한 틈이 존재하였다. 그는 어느 계열에도 속하지 않은 채 비교적 자유로운 학문을 하였다. 그가 이룬 정치적 성과와 경학적 성취에 비해 조선의 유학자들과 이후의 연구자들에게서 소외되었지만, 그가 평생 심혈을 기울인 유교 경학에 대한 연구와 저술은 조선의 그 어떤 유학자들과 비교해도 결코 부족하거나 손색이 없다.

조익의 경학에 대한 초기 연구가 양명학과의 관련성을 밝히는 작업에서 시작되어 마치 양명학자인 것처럼 오인되어 왔으나, 전혀 관련성이 없는 것으로 판명되었다. 조익의 경학을 가정의 방식으로 양명학으로 치부하는 것은 잘못된 결론을 도출하게 된다. 양명학으로 보기에는 주자학적 색채가 너무나 강하다. 조익 스스로 주희를 높인 언설이 많을 뿐만 아니라 당시의 주변인들도 조익의 경학을 주자학 외의 것으로 규정한 바가 없다.

『중용』의 분절 방식에서 요로의 설을 채택한 부분이 많은 것을 가지고 반주자학으로 매도하는 것도 이미 주희의 설 가운데에 요로의 분절 방식이 먼저 존재했기 때문에 근거가 없다. 또한 그의 교유관계를 가지고 양명학자로 간주하는 것도 당대 사람들의 평가와 조익 자신의 글에 있는 자료들을 놓고 보면 전혀 근거가 없는 것들이다.

지각본선설이나 만물일체사상 같은 경우도 이미 주희의 저서에 내포되어 있다. 현실정치적인 실천성을 가지고 양명학적 양지양능의 실현으로 본다거나, 양주음왕설(陽朱陰王說)도 전혀 근거가 없는 것들이다.

조익은 주희를 공자 이후 가장 훌륭한 일인자로 평가하였고, 그를 존숭하고 심복하였다. 그가 주희와는 다른 견해들을 제출한 것은 주자학을 보다 더 공고히 하는 데에 세심함을 더했을 뿐이다.

경학사적으로 볼 때, 조익의 경학은 주자학의 테두리 안에서 퇴계학과 율곡학의 계열과는 다른 계열의 학문을 전개한 것으로 평가된다. 이 점은 한국의 경학사를 풍부하게 하는 일면으로 연구하고 개발할 가치가 있다. 그것은 조선의 유학사를 이기론과 심성론과 같은 도덕적 형이상학 위주의 서술에 더하여 경전에 대한 분류론, 구성론 등의 문법학으로 확장하는 하나의 전기가 될 수 있으며, 경도된 성인론에서 탈피하여 진리론 그 자체에 대한 탐구로 진전시킬 수 있는 큰 계기가 될 것이다.

결론적으로 조익의 『중용』에 관한 주장은 주희의 이론을 기본으로 하면서도 당시의 시대적 요청에 부응한 실천적 제도적 연역과 적용이라는 측면이 있으며, 이것은 당시의 정치문화적 특수성에 대한 대응의 하나였다는 점에서 문화다원론적 관점을 반영하고 있다고 하겠다. ◆

참고문헌

사료 :

趙翼, 『浦渚全集(上下)』, 보경문화사 영인본, 1989.

趙翼, 『中庸私覽』(『포저 조익선생의 삶과 사상 /소장 고문서』), 경기문화재단, 2007.

趙翼, 『浦渚集』(韓國文集叢刊 85), 民族文化推進會, 1988.

朱熹, 『四書章句集註』, 北京: 中華書局, 1983.

倪士毅, 『四書輯釋』(續修四庫全書經部160), 上海古籍出版社 影印本, 1995.

연구단행본 :

柳承國, 『東洋哲學硏究』, 槿域書齋, 1977.

朱彝尊, 『經義考』, 林慶彰 外編, 點校補正經義考, 臺北: 中央硏究院 中國文哲硏究所, 1997.

연구논문 :

姜文植, 「趙翼의 『大學』연구와 『大學困得』의 특징」, 『조선시대사학보』 49, 조선시대사학회, 2009.

강지은, 「浦渚 趙翼의 『中庸私覽』의 經學的 고찰」, 『한국한문학연구』 48, 한국한문학회, 2011.

宋錫準, 「朱子學 批判論者들의 經典解釋 -『대학』의 해석을 중심으로-」, 『동양철학연구』 22, 2000.

______, 「浦渚 趙翼 經學思想의 哲學的 基礎 -性理說과 陽明學的 性格을 中心으로-」, 『東洋哲學硏究』 6, 동양철학연구회, 1985.

李相鉉, 「포저(浦渚) 조익(趙翼 : 1579~1655)의 생애와 사상」, 민족문화추진회, 2005.

이신경, 「浦渚 趙翼의 『중용』 분절 -『中庸困得』을 중심으로-」, 『한문학보』 32, 우리한문학회, 2015.

李乙浩, 「反朱子學的 사상의 擡頭」, 『한국철학연구』 중권, 한국철학회, 서울: 동명사, 1978.

張炳漢, 「浦渚 趙翼의 『中庸私覽』에 대한 연구 (1) -'中庸'과 '費隱'의 해석을 중심

으로-」, 『漢文教育研究』 19, 한국한문교육학회, 2002.

______, 「浦渚 趙翼의 『中庸私覽』에 대한 연구 (2) -17세기初 性理學的 經學思惟의 극복성향과 관련하여-, 『동양학』 33, 단국대학교 동양학연구소, 2003.

______, 「浦渚 趙翼의 『中庸』 이해」, 『한국실학연구』 14, 2007.

전재동, 「退溪學派와 栗谷學派의 『四書釋義』 刊行과 그 의의」, 『퇴계학논집』 20, 영남퇴계학연구원, 2017.

조남권, 「浦渚 조익선생의 생애와 경륜 (1)」, 『동방학』 4, 한서대학교 동양고전연구소, 1998.

______, 「浦渚 조익선생의 생애와 경륜 (2)」, 『동방학』 5, 한서대학교 동양고전연구소, 1999.

최석기, 「양촌 권근의 중용해석과 그 의미」, 『남명학연구』 17, 경상대 경남문화연구원, 2004.

______, 「『중용』의 분절문제와 최상룡의 해석」, 『한문학보』 19, 우리한문학회, 2008.

______, 「한주 이진상의 『중용』 분절설」, 『동양한문학연구』 34, 동양한문학회, 2012.

______, 『조선시대 中庸圖說』, 보고사, 2013.

한정길, 「浦渚 趙翼과 양명학의 關聯性 주장에 대한 타당성 검토」, 『韓國實學研究』 14, 韓國實學學會, 2007.

咸泳大, 「浦渚 趙翼의 학문관과 경학 -'持敬'과 『孟子淺說』을 중심으로-」, 『東方漢文學』 34, 동방한문학회, 2008.

黃義東, 「조익의 성리사상」, 『한국사상가의 새로운 발견(2)』, 한국정신문화연구원, 1994.

周予同, 「朱熹」, 『周予同經學史論著選集』(朱維錚 編), 上海人民出版社, 1996.(초판 1983)

『맹자』 호연지기장(浩然之氣章) 주석사의 전개 양상 연구

이 해 임

* 이 글은 『철학탐구』 54집(2019.05)에 게재한 『맹자(孟子)』 「호연지기(浩然之氣)」장(章) 주석사의 전개 양상 연구 : 조기(趙岐)와 주희(朱熹)를 중심으로」를 본 저서의 간행 취지에 맞춰 일부 수정한 것이다.

1. 서론

대한 해석에는 각 시대의 문제의식과 함께 해석자의 관점이 반영되기 때문이다. 그리고 그 관점에는 해석자의 학문적 성향이 잠재되어 있다. 또 이 성향은 마치 원류로부터 강줄기가 흘러나오는 것처럼 학문적 연원을 갖고 있다. 이는 경전 해석 문화의 다양성과 함께 공통성을 보여주는 지표라고 할 수 있다. 예컨대 호연지기장(浩然之氣章)[1] 주석은 이 지표를 잘 보여주는 텍스트라고 할 수 있다. 조기와 주희의 주석이 원류와 같다면, 이로부터 파생된 다양한 주석들이 그 지류라고 할 수 있다. 따라서 본고는 호연지기장 주석을 중심으로 경전

1) 주희의 호연지기에 대한 다양한 연구가 존재한다. 그리고 이보다 좀 더 입체적인 연구로 이철승의 「孟子의 '浩然之氣' 사상에 대한 朱熹와 王夫之의 관섬 비교」가 있다. 이 연구는 호연지기에 대한 상이한 양상을 살펴볼 수 있는 자료이다. 다만 호연지기장 주석사의 흐름을 조망해볼 만한 연구는 거의 찾아보기 힘들다. 그간의 호연지기에 대한 주요한 선행연구는 다음과 같다. '금경수의 「養浩然之氣 硏究」(『퇴계학과 유교문화』 19, 경북대 퇴계연구소, 1991)는 용기의 함양과 지언을 중심으로 호연지기를 다루고 있다. 이석규의 「맹자 호연지기장의 텍스트언어학적 접근」(『인문언어』(국제언어인문학회) 5, 한국과학기술정보연구원(KISTI), 2003)는 보그란데의 텍스트성, 반다이크의 거시구조, 김혜정의 구성주의적 의미구성 과정의 인지모형 등을 활용하여 호연지기를 분석하고 있다. 이상호의 「맹자의 호연지기 함양에 관한 소고」(『동양철학연구』 41, 2005)는 도덕성의 약화로부터 발생하는 현대 사회 문제에 대한 대안으로서 '호연지기' 함양과 효과를 다루고 있다. 이상선의 「맹자의 신체개념과 浩然之氣」(『동서철학연구』 64, 2012)는 마음과 기가 유기적으로 결합된 몸의 관점에서 호연지기의 논리적 구조를 분석하고 있다. 박영진의 「朱子的"浩然之氣"詮釋」(『동서철학연구』 56, 2010)은 맹자의 호연지기에 대해서 선험적인 리의 현실화라는 시각으로 주희의 관점을 분석하고 있다.' 이철승, 「孟子의 '浩然之氣' 사상에 대한 朱熹와 王夫之의 관점 비교」, 『유교사상문화연구』 57, 2014, 115쪽 참고.

해석의 문화적 다원성과 함께 그 공통성을 비판적으로 살펴보고자 한다. 이것은 다시 말하면 경전에 대한 해석이 시대적 문제를 해결하고자 하는 요청에 부응하고자 하는 것으로서 문화적 다원성을 지향하는 측면에서 해석되고 있음을 해명하고자 하는 것이다.

맹자는 호연지기장에서 부동심(不動心)의 문제로부터 호연지기의 의미를 설명해나간다. 다만 호연지기장에는 난해한 구절이 많다. 그 가운데서도 가장 쟁점이 되는 문구는 "①其爲氣也, 至大至剛, 以直養而無害. ②其爲氣也, 配義與道, 無是, 餒也. ③必有事焉而勿正, 心勿忘, 勿助長也"이다. 세 구절 가운데 "其爲氣也至大至剛以直養而無害"의 구두 방식은 호연지기장 주석사의 두 축과 그 전개 양상을 엿볼 수 있는 단서를 제공하는 것이다. 통상 "①其爲氣也, 至大至剛, 以直養而無害"라는 구두점은 정호(程顥, 1032~1085)와 주희(朱熹, 1130~1200)의 방식으로 알려져 있다.[2] 이 같은 구두점 방식은 조선성리학자 이이(李珥, 1536~1584)에게 큰 영향을 미친다.[3] 이에 반해, 조기는 첫 번째 구절의 구두점을 "其爲氣也, 至大至剛以直, 養而無害"라는 방식으로 끊는다. 조기의 구두점은 송대 정이(程頤, 1033~1107)로부터 당대 노사광(1927~2012)에 이르기까지 광범위하게 영향을 미치고 있다.[4] 이로

---

2) 『朱子語類』, 「52:90」, "遺書以李端伯所錄最精, 故冠之篇首. 然端伯載明道所言, 以'至大至剛'爲句, 以'直養'二字屬下句. 及楊遵道錄伊川之言, 則曰: '先生無此說, 斷然以"至大至剛以直"爲一句.' 二說正相抵牾." 曰: "'至大至剛以直', 趙臺卿如此解. '直養'之說, 伊川嫌其以一物養一物, 故從趙注. 舊嘗用之, 後來反覆推究, 卻是'至大至剛'作一句, '以直養而無害'作一句, 爲得孟子之意. 蓋聖賢立言, 首尾必相應. 如云'自反而縮', 便有直養意思. 集義之說亦然. 端伯所記明道語未必不親切, 但恐伊川又自主張得別, 故有此議論. 今欲只從明道之說也."

3) 채희도, 「율곡 공부론 이해의 단초로서 호연지기론 연구」, 『율곡학연구』 32, 2006, 25-56쪽.

4) 황준걸 지음, 함영대 옮김, 『이천년 맹자를 읽다 -중국맹자학사』, 성균관대학

써 미루어 보면, 호연지기장의 구두 방식은 조기와 정호로부터 연원하는 것이다.

그런데 정호는 여러 가지 정황상 호연지기장 주석사에서 주희보다 오히려 조기·정이와 한 지류로 묶여야 한다.[5] 선행연구 가운데 '정호의 구두점은 이런 방식(其爲氣也, 至大至剛, 以直養而無害)을 취했다'라는 주장이 있다.[6] 정종모는 이 주장의 근거로 『주역』 곤괘 육이 효사와 곤괘 「문언전」을 다룬 『이정집』의 구절을 제시한다. 그런데 『이정집』을 검토해 보면, 『주역』 곤괘 육이 효사와 곤괘 「문언전」을 다룬 구절은 "其爲氣也, 至大至剛以直, 養而無害"라고 구두점을 찍는다. 더욱이 해당 구절은 대부분 정이의 말이다.[7] 정호의 말 가운데 정종모의 주장에 대한 근거로 제시할 만한 가장 유력한 구절은 『유서』, 「11-7」이다.[8] 하지만 이 구절은 『맹자』 원문을 직접 인용한 것이고,

교출판부, 2016, 265-337쪽.

5) 주희는 『주자어류』, 「52:90」에서 자신이 정호의 구두점을 따른다고 밝혔다. 그리고 『주자어류』, 「52:90」에 의거해 보면, 이 주장의 근거는 『유서』, 「1-59」로 추정된다. 그런데 이 구절(『유서』, 「1-59」)의 소주("楊遵道所錄伊川語中, 辨此一段非明道語.")에 의하면, 해당 구절은 명도의 말이 아니다. 또 『유서』, 「19-31」에 의거해 보면, 명도는 "至大至剛, 以直養而無害"라고 구두점을 찍지 않은 것이다. 이 때문에 『유서』, 「1-59」를 통해서, 정호가 주희와 동일한 구두 방식을 취했다는 점을 입증하기 어렵다.

6) 정종모, 「정명도의 『주역』해석과 그 경학사적 의의」, 『양명학』 45, 2016.12, 285-287쪽.

7) "其爲氣也, 至大至剛以直, 養而無害."의 구두점과 관련된 『이정집』의 구절은 총8개이다. 『유서』: 7개, 『문집』: 1개이다. 『유서』의 해당구절은 아래와 같다. 1. 두 선생의 말(1개) : 『유서』, 「9-23」. 2. 명도의 말(1개) : 『유서』, 「11-7」. 3. 이천의 말(6개) : 『유서』, 「15-153, 181」, 「19-31」, 「22(상)-59」, 「25-36」. 『문집』, 「9-29」.

8) "孟子曰: 我善養吾浩然之氣. 其爲氣也, 至大至剛, 以直養而無害, 則塞乎天地之間. 其爲

구두점 또한 당대에 이루어진 것으로 재검토를 해 보아야 한다. 예컨대 원문의 전체적인 맥락상, 『유서』, 「25-36」의 현행 구두점[9]은 "孟子曰: '其爲氣也, 至大至剛以直, 養而無害'"라고 고쳐야 하는 것을 하나의 예증으로 제시할 수 있다. 이로써 보건대, "其爲氣也, 至大至剛, 以直養而無害"라는 구두 방식은 정호보다 주희로부터 연원한다고 할 수 있다.

그렇다면 조기와 주희는 호연지기장 주석사의 두 축을 담당한 인물이라고 추정해 볼 수 있다. 또한 두 사람은 동시대를 살지 않았지만, 그들이 제시한 호연지기장에 대한 주석은 과거로부터 현재까지, 그리고 중국과 조선에 이르기까지 엄청난 영향을 미쳤다고 할 수 있다. 그리고 이는 각 시대, 각 학자별로 조기와 주희의 호연지기장 주석을 어떻게 계승하고 발전시켰는지를 추론해볼 수 있는 계기를 마련해 준다. 마치 하나의 연원으로부터 다양한 지류가 형성되는 물줄기처럼, 조기와 주희의 호연지기장 주석은 『맹자』 경학사의 다양성과 함께 각 학자의 고유성을 탐구하는 데 출발점 역할을 하는 것이다.

조기와 주희로부터 이이, 노사광에 이르기까지 호연지기장의 쟁점은 다음과 같이 정리할 수 있다. 첫 번째 구절(①其爲氣也, 至大至剛, 以直養而無害)의 쟁점은 "호연지기 자체가 온전한 것이냐? 그렇지 않은 것이냐?"이다. 두 번째 구절(②其爲氣也, 配義與道, 無是, 餒也)의 쟁점은 세 가지이다. 1. "其爲氣也"를 두 번 강조한 까닭은 무엇인가? 2. "無是"의 "是"는 기를 가리키는 것인가? 아니면 의와 도를 가리키는 것인가? 3. "配義與道"에서 "道"의 함의는 무엇인가? 세 번째 구절

氣也, 配義與道, 無是餒也. 是集義所生者, 非義襲而取之也."

9) 현행본의 구두점은 아래와 같다. 『유서』, 「25-36」. "孟子曰: 「其爲氣也, 至大至剛, 以直養而無害.」 此蓋言浩然之氣至大至剛且直也, 能養之則無害矣."

(③必有事焉而勿正, 心勿忘, 勿助長也)의 쟁점은 "'有事'의 의미가 무엇인가?"이다. 본고는 이상의 쟁점을 분석함으로써, 호연지기장에 대한 주석의 두 축이 어떤 양상으로 전개되었는지를 살펴볼 것이다.

2. 호연지기장(浩然之氣章)의 쟁점 구절 분석 : 구두점 방식과 해석의 차이

1) '其爲氣也至大至剛以直養而無害'의 구두점 방식과 의미

호연지기장에서 가장 논란이 되는 부분 가운데 하나가 "①'其爲氣也至大至剛以直養而無害'의 구두를 어떻게 끊느냐?"라는 문제이다.

> "감히 묻겠습니다. 무엇을 호연지기라 합니까?" 맹자가 말했다. "말하기 어렵다." **①그 기 됨이 지극히 크고 지극히 강하고 정직하여서 잘 기르고 해침이 없으면,** (이 호연지기가) 하늘과 땅 사이에 꽉 차게 된다.[10]

조기는 ①구절에 대해서 "지극히 크고 지극히 강하고 정직한 기이다. 그러나 가늘고 미세한 것을 관통하고 신명으로 다스리므로 말하기 어렵다. 의로써 기르고 삿된 일로 그것을 해치지 않는다면 점점 자라나서 천지를 가득 채우고 덕교를 베풀어 끝이 없게 할 수 있

10) 『孟子』 「3-2」. "敢問: 何謂浩然之氣? 曰: 難言也. 其爲氣也, 至大至剛以直, 養而無害, 則塞于天地之間."

다"[11]라고 해석한다. 조기의 주장에 의거해 보면, ①구절은 "其爲氣也, 至大至剛以直, 養而無害"라고 구두점을 찍어야 한다.

정이 또한 '至大, 至剛, 以直'을 병렬로 놓고 있다. 그 근거는 다음과 같다. "지극히 크고, 지극히 강하고, 곧은 것 이 세 가지는 하나라도 빠트려서는 안 된다. 하나라도 빠트리면 호연지기가 아니다. 곤괘에서 '곧고 방정하고 크다'라고 말한 것이 이에 해당한다."[12] 이 말에 의거해 보면, 정이는 호연지기를 그 자체로 곧고 방정하고 큰 것으로 규정한다.

조기와 정이의 구두 방식은 후학들에게 영향을 크게 미친다. 여조검(呂祖儉, ?~1196)[13]은 이 구절의 구두 방식에 대해서 주희와 논쟁을 펼친다. 여조검은 "'직(直)'이라는 한 글자는 마땅히 대강(大剛)으로 인해 삼덕(三德)이 되어야 하니, 곤괘의 직방(直方)과 같은 것은 바로 호기(浩氣)가 강직한 것이니, 이지러지거나 모자랄 수 있겠습니까?"[14]라고 주장한다. 이는 여조검도 정이와 같이 직(直)을 지대(至大), 지강(至剛)과 같이 하나의 덕으로서 동일한 의미를 부여하는 것이다. 그리고 호연지기는 그 자체로 완전한 것이다. 따라서 조기, 정이, 그리고 여조검은 모두 동일한 구두점("其爲氣也, 至大至剛以直, 養而無害")을 찍고 있을 뿐 아니라 호연지기의 완전성을 전제하고 있는 것이다.

---

11) 『十三經注疏 · 孟子註疏』. "至大至剛正直之氣也, 然而貫洞纖微, 治於神明, 故言之難也. 養之以義, 不以邪事幹害之, 則可使滋漫塞滿天地之間, 布施德教, 無窮極也."

12) 『遺書』「19-31」. "「至大」, 「至剛」, 「以直」, 此三者不可闕一, 闕一便不是浩然之氣. 如坤所謂「直方大」是也."

13) 남송 무주(婺州) 금화(金華) 사람으로 여조겸의 동생이다. 여조검은 절동사공학파로 육구연에 대해서 만큼이나 주희로부터 경계를 받은 인물이다.

14) 『朱熹集』「48-11」. "直之一字當因大剛而爲三德, 若坤之直方, 卽浩氣之剛直, 其可虧欠乎."

이들과 달리, 주희는 “其爲氣也, 至大至剛, 以直養而無害”라고 구두를 끊는다. 주희가 구두를 이와 같이한 까닭은 다음의 원문을 통해서 짐작할 수 있다.

> 문맥상 이와 같이 말해야 한다. 만약 ‘직’ 자로 구절을 삼으면 마땅히 “지극히 크고 지극히 강하고 지극히 곧다[至大至剛至直]”라고 말해야 한다. 또 이 장의 앞과 뒤가 상응한 것이 모두 이 뜻이다. 먼저 “스스로 돌이켜서 곧음”을 말했고, 나중에 “의와 도가 짝함”을 말했다. “정직으로써 길러 해침이 없다”라고 한 것은 “스스로 돌이켜서 곧음”의 뜻이다. 대저 내가 경을 풀이하는 것은 단지 성현의 말뜻을 따라서 그 혈맥이 관통하는 부분을 보고 해석한 것이지, 감히 스스로 내 뜻대로 도리를 말한 것이 아니다.[15]

> 이천은 ‘이직’에서 구두점을 찍었는데, 선생께서는 오히려 ‘강’ 자 아래에 구두점을 찍었다. 만약 ‘직’ 자에서 구를 끝낸다면, ‘양’ 자는 전혀 핵심이 없다. 오로지 “스스로 돌이켜 곧음[自反而縮]”은 “곧음으로써 길러 해침이 없는 것[以直養而無害]”일 뿐이다.[16]

여기서 주희가 제기한 문제는 다음과 같다. 『맹자』의 원문이 “至大至剛至直”으로 되어 있다면 정이의 방식으로 구두점을 찍는 것이 타당하다. 그런데 정이의 방식으로 구두를 찍으면, 호연지기는 그 자체로 지극히 크고 지극히 강하고 지극히 곧은 것으로, 양기의 과

---

15) 『朱子語類』 「52-83」. “問: “程子以‘直’字爲句, 先生以‘以直’字屬下句.” 曰: “文勢當如此說. 若以‘直’字爲句, 當言‘至大至剛至直’. 又此章前後相應, 皆是此意. 先言‘自反而縮’, 後言‘配義與道’. 所謂‘以直養而無害’, 乃‘自反而縮’之意. 大抵某之解經, 只是順聖賢語意, 看其血脈通貫處爲之解釋, 不敢自以己意說道理也.””

16) 『朱子語類』 「52-86」. “黎季成問: “伊川於‘以直’處點句, 先生卻於‘剛’字下點句.” 曰: “若於‘直’字斷句, 則‘養’字全無骨肋. 只是‘自反而縮’, 是‘以直養而無害’也.””

정이 생략된다. 또한 이는 호연지기장의 앞뒤 문맥과 맞지 않는 것이다. 예컨대 앞 구절의 "스스로 돌이켜 곧음[自反而縮]"은 양기의 방법으로 "곧음으로써 길러 해침이 없는 것[以直養而無害]"과 호응한다. 이 때문에 주희는 '강' 자 아래에 구두를 찍어야 한다고 주장한다.

이이는 진원지기(眞元之氣)와 호연지기의 관계를 설명함으로써 호연지기가 그 자체로 지극히 크고 강하고 곧은 것이 아니라고 주장한다.

> 진원지기와 호연지기는 무엇입니까? 진원지기와 호연지기는 본래 두 가지 기가 아니다. 도의를 가지고 기르면 호연지기가 된다. 단지 혈기를 보양하기만 하면 진원지기가 되므로 「성학집요」의 양기장에서는 오로지 인의의 마음을 잘 기르는 것을 논하면서 호연지기를 기르는 것으로 결론을 내렸다. 대개 도의를 가지고 인의의 마음을 잘 기르면 호연지기는 자연히 생겨나고 진원지기를 기름은 또한 그 가운데 있다. 그러므로 인의의 마음을 잘 기르는 자는 진원지기를 겸하여 기르게 되지만, 단지 진원지기를 기르는 자는 결코 인의의 마음을 잘 기르지 못하게 된다.[17)]

여기서 진원지기는 혈기와, 호연지기는 인의의 마음과 관련되어 있지만, 누군가 도의를 가지고 인의의 마음을 기르면 호연지기는 그로부터 저절로 생겨나고, 진원지기 또한 호연지기와 함께 선을 실현하게 되는 것이다.

그런데 만약 이이가 호연지기는 그 자체로 선한 것으로, 진원지기는 혈기와 관련된 것으로 분리한다면 호연지기는 도의를 가지고

---

17) 『栗谷全書』 卷32, 「語錄」. "問: 眞元之氣, 浩然之氣. 曰: 眞元浩然, 本非二氣. 而以道義養之則爲浩然之氣. 只保養血氣則爲眞元之氣也, 故輯要養氣章, 專論善養仁義之心, 而終之以養浩然之氣矣. 蓋以道義善養仁義之心, 則浩然之氣自生, 而眞元之保養, 亦在其中矣. 故善養仁義之心者, 兼養眞元之氣, 只養眞元之氣者, 未必善養仁義之心也."

기르지 않더라도 선한 것이 되고, 양기의 과정은 진원지기[혈기]를 다루는 문제로 귀결될 것이다. 이이의 논의에서 이 같은 점은 전혀 찾아볼 수 없다. 따라서 이이 또한 주희와 같이 "其爲氣也, 至大至剛, 以直養而無害"라고 구두점을 찍었을 것이라고 추정할 수 있다.

2) '其爲氣也, 配義與道, 無是, 餒也'의 의미

주희는 "②其爲氣也, 配義與道, 無是, 餒也"의 의미를 풀이함으로써 자신의 구두점이 정당함을 재차 강조한다. 여기서 논란이 될 만한 문제는 세 가지이다. 첫째, 맹자가 "其爲氣也"를 두 번 강조한 까닭은 무엇인가? 둘째, "無是"의 "是"는 기를 가리키는 것인가? 아니면 의와 도를 가리키는 것인가? 셋째, "配義與道"에서 "道"의 함의는 무엇인가?[18]

> **②그 기 됨이 의와 도에 배합되니, 이것이 없으면 굶주리게 된다.** 이 호연지기는 의리를 많이 축적하여 생겨나는 것이다. 의가 하루아침에 갑자기 엄습하여 취해지는 것은 아니니, 행하고서 마음에 부족하게 여기는 바가 있으면 굶주리게 된다. 내가 그러므로 '고자가 의를 알지 못했다.'라고 말한 것이니, 이는 의를 밖이라고 여기기 때문이다.[19]

첫 번째 문제부터 살펴보자. 주희는 맹자가 "其爲氣也"를 두 번 강조한 까닭에 대해서 "두 군데의 '그 기 됨'이라는 구절에서, 앞의 것은 기의 모습이 이와 같음을 말하고, 뒤의 것은 이 기가 이와 같

---

18) 둘째, 셋째 문제에 대한 논의는 "황준걸 지음, 함영대 옮김, 『이천년 맹자를 읽다 -중국맹자학사』, 성균관대학교출판부, 2016, 280-285쪽"을 참조.

19) 『孟子』 「3-2」. "其爲氣也, 配義與道, 無是, 餒也. 是集義所生者, 非義襲而取之也, 行有不慊於心, 則餒矣. 我故曰: 告子未嘗知義, 以其外之也."

이 쓰일 수 있을 것임을 말한다"[20]라고 주장한다. 이 말에 의거해 보면, 앞의 것은 기의 본래 모습이 그렇다는 것이고, 뒤의 것은 의와 도에 배합해야 비로소 본연의 쓰임을 이룰 수 있다는 것이다. 그리고 본연의 쓰임은 지언으로부터 양기까지 일련의 과정을 거쳐야만 이루어지는 것이다.

조기는 "②其爲氣也, 配義與道, 無是, 餒也"의 의미를 주희만큼 치밀하게 분석하고 있지 않은 것 같다.

> '그 기 됨은 의 · 도와 짝을 이루어 함께 작용하니, 이것이 없으면 굶주린다.' 이 기를 거듭 설명했다. 여기서 기는 도 · 의와 서로 짝을 이루어 함께 작용하는 것이고, 의는 인의로 덕을 세우는 근본이고, 도는 음양의 큰 도로 형체가 없으면서 형체가 있는 것을 낳고, 펴면 육합에 이르고 말면 손아귀에 있으며, 하늘과 땅을 둘러싸고 생물에 품수된 것이다. (이 구절은) 도기를 길러서 의리를 행하면 항상 오장을 충만하게 할 수 있음을 말하니, 만약 이것이 없다면 배와 장은 주리고 허기져 사람이 주린 것과 같다.[21]

여기서 조기는 의를 인의의 차원에서 다루고 있다. 그리고 그는 도를 만물의 근원이자 현상 그 자체로 묘사한다. 조기는 의를 인간의 영역에 배속시키고, 도를 만물의 영역에 배치시킨다. 표면적으로 볼 때, 이는 주희가 인간과 자연에 대한 도덕형이상학을 구축하려고

---

20) 『朱子語類』「52-81」. "兩箇"其爲氣也", 前箇是說氣之體段如此, 後箇是說這氣可將如此用."

21) 『孟子註疏』 卷3上. "'其為氣也, 配義與道, 無是餒也', 重說是氣, 言此氣與道義相配偶俱行, 義謂仁義, 可以立德之本也. 道謂陰陽大道, 無形而生有形, 舒之彌六合, 卷之不盈握, 包絡天地, 稟授羣生者也, 言能養道氣而行義理常以充滿五臟, 若其無此, 則腹腸飢虛, 若人之餒餓也."

했던 구조와 유사하다. 그런데 조기는 주희와 달리 욕구의 차원에서 도와 의를 다루고 있다. 조기는 "도기를 길러서 의리를 행하는" 목적을 오장을 충만하게 하는 데 두었다. 이로써 보건대, 조기의 호연지기는 욕구를 충족한 상태에서 행위덕목을 실천하거나 사회질서를 유지하는 것이라고 할 수 있다. 이는 도를 형이상학적 차원에서 다루려는 것이 아니라 형이하, 즉 현상의 차원으로 설정하려는 것이다. 이 같은 구도는 여조겸의 논의 속에서 좀 더 정밀하게 나타난다.

여조겸은 맹자가 "其爲氣也"를 두 번 강조한 까닭에 대해서 기의 발현이 바로 도의가 됨을 강조하는 데 있다고 주장한다.

> 아래에서는 이 기가 의와 도가 합하여 이루어짐을 말한 것이니, 혈기는 궤도를 따라 도는 것인데, 여기에 이르면 혈기는 곧 의와 도인 것입니다. 기를 기른 후에 또 이것을 기다려 도움이 된다는 것이 아닙니다. '그 기 됨은 의, 도와 더불어 짝한다'라고 거듭 말한 까닭은 대개 이 기의 발현은 본래가 의와 도임을 깊이 밝힌 것이니, 만약 이 기의 본연을 안다면 기를 바를 알아 그 움직임은 혈기가 아닌 것입니다.[22)]

여조겸은 기를 혈기로 풀이하고 있다. 그렇다면 호연지기 또한 본질적으로 혈기이다. 호연지기가 혈기라면 이는 욕구의 차원에 머물 수 있다. 또한 욕구가 그 자체로 선한 것이라고 단정할 수 없다는 측면에서 보면, 여조겸의 논의도 주희와 같이 지언으로부터 양기로 이어질 수 있다.

그런데 여조겸은 '혈기가 궤철을 따르기만 하면 도의가 된다.'라

22) 『朱熹集』 「48-19」. "下言此氣合義與道而成, 而血氣循乎軌轍, 到此則血氣便是義道矣. 非是養氣之後, 又待此而爲助也. 所以再言「其爲氣也, 配義與道」, 蓋深明夫此氣之發見本是義道, 若識得此氣之本然, 則知所養而其動非血氣矣."

고 주장한다. 그리고 '이 기, 즉 혈기의 발현이 본래 의와 도이다'라고 말한다. 이 같은 논의에 의거해 보면, 여조겸의 요지는 도의를 따로 상정하지 않더라도 기의 본연이 잘 드러나기만 하면 도의가 되는 데 있다.[23] 따라서 "자반이축"이나 "집의"와 같은 양기의 과정을 필요로 하지 않는다.

두 번째 문제는 "'無是'의 '是'가 기이냐? 아니면 의와 도이냐?"이다. 주희는 '이것이 없으면'에서 '이것'을 '기'라고 주장한다. 주희는 『어류』에서 분명하게 자신의 입장을 밝힌다.

> "이것이 없으면 굶주린다."라는 것은 의를 가리키는 것입니까? 기를 가리키는 것입니까? 이것은 기를 말한다. 아래에서는 왜 "의를 모아 생기는 것"이라고 말했습니까? 위에서는 반드시 이 기를 길러야 한다고 말했고, 아래에서는 다시 이 기를 생기게 하는 까닭을 말했다. 매일 하나의 일을 의에 합치되게 해나가야, 곧 이 기를 만들 수 있다. 이 기를 만들면 저절로 도의를 행할 수 있다. 이천이 말했다. "이미 이 기를 얻으면, 그 본체는 도와 더불어 합치되고, 그 작용은 의가 아님이 없다. 쇠로 그릇을 만드는 것에 비유해 보면, 그 그릇이 완성되면 이것을 쇠그릇이라고 명명하는 것과 같다." '생'자는 '취'자와 상대되는 말이니, '생'이라는 것은 안에서부터 나오는 것이고 '취'는 밖에서부터 취득하는 것이다. 또 예컨대 지금 사람이 기백이 있다면 마땅히 해야 할 일을 해나가지만, 만약 기백이 없다면 마땅히 해야 할 일을 보더라도 오히려 하지 못한다. 기는 몸속의 기일 뿐이고, 도의는 일반 사람들의 공공의 것이다. 하늘과 땅의 호연지기를 사람이 얻음에 이르면 본래 완전하지 못함이 있으므로 반드시 도리를 따라서 길러야 호연한 경지에 이르게 된다.[24]

---

23) 채희도, 「율곡 공부론 이해의 단초로서 호연지기론 연구」, 『율곡학연구』 32, 2006, 33-36쪽.

24) 『朱子語類』 「52-124」. "李問: "'無是, 餒也', 是指義, 是指氣?" 曰: "這是說氣."

주희는 “이 기가 없다면 몸에 충만하지 않아 주리게 된다”[25]라고 주장한다. 여기서 기는 바로 호연지기이다. 이는 『맹자집주』에서 “만일 이 호연지기가 없으면 그 한때의 하는 바가 비록 반드시 도의에서 나오지 않는 것은 아니나, 그 몸이 충만하지 못한 바가 있으면 또한 의구심을 면치 못해서 훌륭한 일을 할 수 없음을 말씀한 것이다”[26]라고 말한 데서 확인할 수 있다. 주희는 분명 호연지기가 사람의 내면에서 자연히 생겨나는 것임을 주장한다.

다만 그 기는 도의와 본질적으로 동일한 것은 아니다. 주희는, 호연지기가 일시적으로 도의에서 나올 수 있지만 그 항구성(恒久性)에 대해서 의문을 가지고 있다. 이는 주희의 이기관(理氣觀)을 보여주는 것으로, 리는 선이고 기는 선악의 가능성이다. 기가 선한 방향으로 드러나지 못하는 것은 아니다. 그렇지만 이는 일시적인 것으로, 기는 리에 의거해서 끊임없이 선을 지향해야 하는 것이다. 그리고 리는 기로 인해서 본연의 모습을 드러내는 것이다. 따라서 주희는 '호연지기는 선의 가능성으로서 부여받은 것이지만 완전하지 못하므로 도의에 따라서 길러야만 완전하게 된다'라고 주장한다.

이이는 주희와 같이 '無是'의 '是'를 호연지기로 풀고 있다. 이이

曰: “下面如何便說'集義所生'?” 曰: “上截說須養這氣, 下再起說所以生此氣. 每一件事做得合義, 便會生這氣; 生得這氣, 便自會行這義. 伊川云: '旣生得此氣, 語其體, 則與道合; 語其用, 則莫不是義. 譬之以金爲器, 及其器成, 方命得此是金器.' '生'字與'取'字相對說, 生是自裏面生出, 取是自外面取來. 且如今人有氣魄, 合做事, 便做得去. 若無氣魄, 雖自見得合做事, 卻做不去. 氣只是身中底氣, 道義是衆人公共底. 天地浩然之氣, 到人得之, 便自有不全了, 所以須著將道理養到浩然處.” 賀孫.”

25) 『朱熹集』「48-11」. “且其上旣言“其爲氣也”以發語, 而其下復言“無是餒也”以承之, 則所謂'是'者, 固指此氣而言. 若無此氣, 則體有不充而餒然矣.”

26) 『孟子』「3-2」, 集註. “若無此氣, 則其一時所爲, 雖未必不出於道義, 然其體有所不充, 則亦不免於疑懼, 而不足以有爲矣.”

는 호연지기와 도의를 명확하게 구별함으로써 도의가 호연지기를 기르는 데 기준이 된다는 것을 명확하게 밝히고 있다.

> '이것이 없으면 주리다'를 물었다. '이것이 없다'의 '이것'은 호연지기를 가리킨다. 뇌는 한 몸의 기가 몸속에 가득하지 않다는 것이다. 만약 호연지기가 없다면 비록 도의를 행하려고 하더라도 한 몸의 기가 없어서 주리고 곤핍함과 같다고 말하는 것이다. 만약 도의라고 한다면 본래 갖고 있는 것이니 어찌 주리고 곤핍한 때가 있겠는가?[27)]

이 부분은 이이가 주희의 주석을 따르는지 여부를 가리는 데 중요한 단서가 된다. 왜냐하면 정약용은 '이이의 호연지기장 주석이 여조겸을 따르고 있다'[28)]고 주장하기 때문이다. 여조겸은 주희와 호연지기장을 토론하면서 '無是'의 '是'를 도의로 규정한다. 이는 비단 정약용의 오판을 지적하는 것에 그치는 것이 아니라 이이가 확실히 주희의 주석과 입장을 같이 한다는 사실을 입증하는 중요한 대목이다. 이어지는 논의를 통해서, 이 같은 사실이 좀 더 분명하게 밝혀질 것이다.

여조겸은 주희, 이이와 입장을 달리한다. 그는 '이것이 없으면'에서 '이것'을 '도의'라고 주장한다.

> '(여조겸)도의는 본래 혈기에 있다. 다만 도의가 없으면 이 기는 주리

27) 『栗谷全書』 卷32, 「語錄」. "問無是餒也. 曰: 無是之是, 指浩然之氣也. 餒, 一身之氣不充體也. 如云若無浩然之氣, 則雖欲行道義, 一身無氣如飢乏然也. 若道義則是本有之物, 豈有飢乏之時乎."

28) 『與猶堂全書』 卷16, 「自撰墓誌銘」. "曰是氣也, 配義與道, 無義與道, 則氣餒焉, 此呂子約, 李叔獻之遺義也."

> 고 단지 혈기의 사사로움이 된다. 그러므로 반드시 도의와 짝한 연후에야 호연하고 주리지 않을 수 있다'라고 말했는가?[29]

여기서 여조검은 '도의는 본래 혈기에 존재한다'라고 주장한다. 그렇다면 그는 주희와 같이 도의로써 호연지기의 선을 확보하려고 하는 것이다. 이는 특별한 주장은 아니다. 왜냐하면 도의가 선임을 부정하는 유학자는 없기 때문이다. 다만 여조검은 '도의가 없으면 이 기는 주리고 단지 혈기의 사사로움이 된다'라고 말한다. 이 주장에 따르면, 혈기에 존재하는 도의[理]가 잘 드러나도록 해야만 비로소 호연지기를 완성하게 되는 것이다. 그리고 외부에 존재하는 도의 혹은 혈기 외에 다른 것으로부터 호연지기를 기를 수 없다. 오히려 자신의 혈기가 적절하게 작용할 수 있도록 하면 호연지기가 저절로 길러지는 것이다. 이로써 미루어 보면, 여조검은 기와 도의[理]를 명확하게 구별하는 것 같지 않다.

세 번째 문제는 "'配義與道'에서 '道'의 함의는 무엇인가?"이다. 주희는 『맹자집주』에서 "배는 배합되어서 도움이 있다는 뜻이다. 의는 인심의 재제이고, 도는 천리의 자연이다"[30]라고 하였다. 주희는 의와 도에 대해서 "의는 인심의 재제이고, 도는 천리의 자연이다"라고 정의한다. 여기서 도는 천리, 즉 사물과 사람이 공히 부여받은 이치를 뜻하는 것이다. 도에 비해서 의는 인심, 즉 사람의 마음속에 존재하는 덕목을 나타내는 것이다. 『어류』를 통해서, 주희가 도와 의를 어떻게 규정하는지에 대해서 좀 더 면밀하게 살펴보자.

---

29) 『朱熹集』 「48-11」. "曰: 道義本存乎血氣, 但無道義, 則此氣便餒而止爲血氣之私, 故必配義與道, 然後能浩然而無餒' 乎?"

30) 『孟子』 「3-2」, 集註. "配者, 合而有助之意. 義者, 人心之裁制. 道者, 天理之自然. 餒, 飢乏而氣不充體也."

기의 배합된 바는 넓은데, 무슨 까닭으로 의와 도만을 말하십니까? 도는 본체이고 의는 작용이다. 정자가 말했다. "사물에 있는 것은 이치이고, 사물에 따라 대처하는 것은 의다." 도는 사물과 나에게 있는 공공의 자연스러운 이치이다. 의는 내 마음이 판단하고 제재하는 것으로, 작용한 바로써 이 이치를 처리하는 것이다.31)

여기서 질문자가 "기의 배합된 바는 넓은데"라고 묻는다. 이는 기가 꼭 의·도와 같이 도덕적인 것뿐 아니라 가치중립적인 것까지도 포함한다는 뜻을 함축한다. 예컨대 말이 달리고, 새가 날고, 먼지가 날리는 것 등도 모두 기의 배합이라고 할 수 있다. 다만 주희는 모든 자연현상에 대해서 도라는 본체와 의라는 작용으로 설명하려고 한다. 만물이 질서를 갖고 움직이는 것은 사물과 사람에게 모두 리가 존재하기 때문이다. 그리고 그 리는 만물이 어떻게 대처하느냐에 따라서 의의 형태로 드러나는 것이다. 예를 들어서 말의 달림은 달림의 리가 존재하기 때문이다. 다른 사물도 모두 동일한 원리가 적용된다. 그리고 사람이 판단하고 제재하는 것 또한 이 같은 리가 존재하기 때문이다. 따라서 주희의 관점에서 보면 도는 기라는 현상 속에서 각각의 이치로 존재하는 것이다.

그렇다면 주희는 기와 도·의의 관계 속에서 호연지기를 어떻게 기르는가? 그는 '호연지기는 의와 도에 배합한다'고 주장한다. 그리고 그는 '의는 인심을 절제하는 데 쓰고, 도는 인사의 당연한 이치이다'라고 말한다. 이로써 보건대, 호연지기는 마음과 도·의의 관계 속에서 다루어져야 한다.

---

31)『朱子語類』「52-113」. "問: "氣之所配者廣矣, 何故只說義與道?" 曰: "道是體, 義是用. 程子曰: '在物爲理, 處物爲義. '道則是物我公共自然之理; 義則吾心之能斷制者, 所用以處此理者也." 廣."

> "그 기 됨이 의와 도에 배합하니, 이것이 없으면 굶주린다"라는 구절에서 '배(配)'는 합하는 것이다. 의는 인심을 절제하는 쓰임이고, 도는 인사의 당연한 이치다. '뇌(餒)'는 배부르지 않은 것이다. 기는 도의에서 연유하고, 도의는 다시 기를 타고서 행하니, 근본이 다르지 않다. 그 기른다면 기와 도의는 애초에 서로 분리되어 있지 않기 때문에, 도의를 실행함이 확연하여 의심하고 꺼릴 것이 사라진다. 만약 기가 없다면 먹어도 배부르지 않은 것과 같으니, 비록 도의에 힘쓴다 하더라도 역시 행할 방도가 없다. 기는 도의가 바탕을 이룬 것이므로, 반드시 의를 모아야 생길 수 있다. 의를 모음은 "선을 쌓는다"라고 말하는 것과 같다.[32]

주희는 '기는 도의에서 연유하고, 도의는 기를 타고 행한다'라고 주장한다. 이는 기와 도의의 관계에 대해 논한 것으로, 기와 도의는 애초에 분리된 적이 없었던 것이다. '도의가 기를 탄다'라고 설정하면 도의는 아무런 작용을 하지 않는 것으로 어떤 기를 만나느냐에 따라서 자신의 모습이 드러날 수도 있고 그렇지 않을 수도 있다. 그렇다고 해서 도의가 기에 종속되어 있음을 뜻하는 것은 아니다. 기는 도의에 연유해야만 올바른 방향으로 나아갈 수 있는 것이다. 주희는 기가 올바른 방향으로 나아가는 방법에 대해서 집의라고 말한다. 집의해야만 선을 쌓을 수 있는 것이다. 이로써 미루어 보자면, 집의는 바로 선을 쌓는 일이라고 할 수 있다. 그리고 집의의 의미는 "必有事焉"의 해석 문제와 밀접한 관련이 있다.

---

32) 『朱子語類』 「52-121」. ""其爲氣也, 配義與道, 無是, 餒也." 配, 合也. 義者, 人心節制之用; 道者, 人事當然之理. 餒, 不飽也. 氣由道義而有, 而道義復乘氣以行, 無異體也. 得其所養, 則氣與道義初不相離, 而道義之行, 得以沛然無所疑憚者. 若其無此, 則如食之不飽, 雖欲勉於道義, 而亦無以行矣. 氣者, 道義之成質, 故必集義乃能生之. 集義, 猶言"積善". 端蒙."

3) '必有事焉而勿正, 心勿忘, 勿助長也'의 의미

앞선 구절만큼 ③'必有事焉而勿正, 心勿忘, 勿助長也'는 굉장히 난해한 문구이다. 이로 인해서 이 구절에 대한 다양한 해석이 존재한다.

조기는 "有事"에서 "事"를 '福'으로 풀이한다. 이 해석은 꽤 큰 영향력을 행사한다. 청대 적호(翟灝, 1736~1788), 유월(俞樾, 1821~1906)로부터 당대 노사광(勞思光)에 이르기까지 이 해석을 지지한다.[33] 조기는 ③"必有事焉而勿正, 心勿忘, 勿助長也"에 대해서 다음과 같이 풀이한다.

> "반드시 일삼음이 있되 기필하지 말고, 마음에 잊지 말고, 조장하지 말라." 이 구절은 '사람이 인의의 일을 행하면 반드시 복이 그 가운데 있다. 그런데 그것을 복이라고 여기지 않으므로 인의를 행하는 것이다. 그것이 복됨을 잊지 말되, 또한 급급하게 그 복을 조장하지 말라. 급급하면 송나라 사람과 같다'라고 말한 것이다.[34]

조기는 '인의를 행하면 반드시 복이 있을 것이다'라고 말한다. 인의의 실천과 복 가운데 근본이 되는 것은 인의의 실천이다. 그리고 복은 인의를 실천하는 가운데 자연히 따르는 결과이다. 조기는 인의의 실천과 복의 인과관계를 전복시키는 것에 대해서 조장이라고 규정한다. 가령 어떤 사람이 복을 바라고 인의를 행한다면 그 사

---

33) 황준걸 지음, 함영대 옮김, 『이천년 맹자를 읽다 -중국맹자학사』, 성균관대학교출판부, 2016, 285-289쪽.

34) 『孟子註疏』 卷3上. ""必有事焉而勿正, 心勿忘, 勿助長也." 言人行仁義之事, 必有福在其中, 而勿正但以為福, 故為仁義也, 但心勿忘其為福, 而亦勿汲汲助長其福也, 汲汲則似宋人也."

람에게는 복이 따르지 않는다는 것이다. 이로써 보자면, 조기의 호연지기는 사심을 버리고 겸허히 인의를 실천하는 것이다. 그리고 이는 지(知)보다 행(行)을 앞세우는 구조라고 할 수 있다. 조기는 호연지기의 의미를 현상의 차원에서 일관되게 다루고 있다.

정호와 정이는 호연지기를 실천의 차원에만 국한시키지 않는다. 사람의 내면에 인(仁)이 존재하고 있기 때문에, 공경하여서 내면을 곧게 하는 데 중점을 두고 있다. 이어지는 논의를 통해서, 두 사람의 논의가 공통적으로 지향하는 점과 차이를 살펴보겠다.

> (明道)맹자가 "인(仁)이란 사람다움(人)이다. 합해서 말하면 도(道)이다"라고 말했는데, 『중용』에서 말한 '솔성지위도(率性之謂道)'가 이에 해당한다. 인(仁)이란 사람다움인 것이다. "공경하여 내면을 곧게 하고 의로워서 외면을 방정하게 한다"가 인(仁)이다. 만약 공경으로 내면을 곧게 한다면 곧은 것이 아니다. 인의를 실천하는 데 어찌 곧음이 있겠는가? "반드시 일삼음이 있되 의도하지 말라"는 곧음이다. "무릇 공경하여서 내면을 곧게 하고 의로워서 외면을 방정하게 할 수 있다면" 외물과 하나가 될 것이다. 그러므로 "공경과 의로움이 확립되면 덕은 외롭지 않다"라고 말했으니, 이는 인이란 대대함이 없기 때문에 동해에 두어도 표준이 되고 서해에 두어도 표준이 되고 남해에 두어도 표준이 되고 북해에 두어도 표준이 된다는 것이다. 의가(醫家)가 말한 '사체(四體)가 인하지 않다'는 인을 가장 잘 체인한 명칭이다.[35]

> (明道)맹자가 말한 "반드시 일삼음이 있되 집착하지 말고 잊지 말고 조

35) 『遺書』「11-41」. "孟子曰: 「仁也者, 人也, 合而言之道也.」 中庸所謂「率性之謂道」是也. 仁者, 人此者也. 「敬以直內, 義以方外」, 仁也. 若以敬直內, 則便不直矣. 行仁義豈有直乎? 「必有事焉而勿正」則直也. 「夫能敬以直內, 義以方外」則與物同矣. 故曰: 「敬義立而德不孤.」是以仁者無對, 放之東海而準, 放之西海而準, 放之南海而準, 放之北海而準. 醫家言四體不仁, 最能體仁之名也. 〈一本醫字下, 別爲一章.〉"

장하지 말라"에서 정(正)은 의도를 갖는 것이다. 잊으면 아무것도 없다.[36)]

여기서 명도는 "必有事焉而勿正"의 '정(正)'을 의도를 갖는 것으로 풀이하고, 또 의도를 갖지 않음이 곧음이라고 한다. 곧음은 내면에 존재하는 덕목으로 인을 상징하는 것이다. 그리고 사람의 내면에 이미 인이 존재하기 때문에, 공경과 의로움으로 내면과 외면을 곧고 방정하게 할 수 있다. 그리고 인은 모든 만물이 갖고 있는 것으로, 내가 인하면 만물과 하나가 된다. 하나가 됨은 어디로 가든 표준이 될 수 있음을 함축한다. 사람의 경우를 생각해 보면, 모든 언행의 표준이 되는 성인의 경지라고 할 수 있다. 명도는 분명 사람의 내심, 즉 경(敬)에 방점을 두고 실천으로 나아간다. 이에 반해 이천은 내심의 경과 함께, 덕목의 소이연을 인식하는 데까지 나아간다.

정이는 '경(敬)을 쓸 줄만 알고 집의(集義)를 모른다면 도리어 모두 일삼음이 없는 것이다'라고 말한다. 이는 "必有事焉而勿正"을 경, 즉 함양(涵養)에서 '집의'의 차원으로 확장해 나간 것이다. 이어지는 논의를 통해서, 이천이 말한 집의는 무엇이고, 정호와 어떤 차이가 있는지에 대해서 알아보겠다.

물었다. "'반드시 일삼음이 있다'는 마땅히 경을 써야 합니까?" (伊川) 대답했다. "경은 다만 함양의 일이다. '반드시 일삼음이 있다'는 반드시 집의해야 하는 것이다. 단지 경을 쓸 줄만 알고 집의를 모른다면 도리어 모두 일삼음이 없는 것이다." 또 물었다. "의는 이치에 들어맞음입니까?" (이천)대답했다. "이치에 들어맞음은 일에 있고, 의는 마음속에 있다. 만

---

36) 『遺書』「11-168」. "孟子謂「必有事焉, 而勿正, 心勿忘, 勿助長」, 正是著意, 忘則無物."

약 의를 주인으로 삼지 않는다면 호연지기는 어디로부터 생겨나겠는가? 이치는 다만 드러나서 밖에 나타나는 것이다. 공경을 예로 들어보자면, 폐물이 아직 가지 않았을 때의 공경은 비록 폐물과 예식으로 인하여 밖으로 드러나지만, 이 공경이 마음에 있은 연후에만 드러나게 된다. 만약 마음속에 공경이 없다면 어찌 드러날 수 있겠는가? 이른바 덕은 얻음[得]으로 반드시 자기가 얻은 연후에야 덕이라고 한다."(폐물이 아직 오지 않았을 때 이미 공경이 있는 것이지 폐물로 인한 연후에 공경이 있는 것은 아니다.) 물었다. "공경과 의로움은 어떻게 구별됩니까?" (이천)대답했다. "공경은 단지 자기를 지키는 방법이고, 의로움은 옳음과 그름을 아는 것이다. 이치를 따라서 행함은 의로움이 없음이다. 만약 단지 경 하나만 지킬 줄 알고 집의를 알지 못한다면, 이는 도리어 아무 일도 없는 것이다. 만약 효를 행하고자 한다면 단지 효라는 한 글자만 지켜서야 되겠는가? 반드시 효가 도인 까닭을 알고 봉양은 마땅히 어떻게 해야 하고, 춥고 더울 때 마땅히 어떻게 해야 할지를 안 연후에야 효의 도리를 다할 수 있다. 또 물었다. "의는 단지 일에 있다고 하는데 어떻게 생각하십니까?" (이천)말했다. "안과 밖의 이치는 하나이니, 어찌 단지 일의 차원에서 의에 합하길 구하겠는가?"[37]

정이는 집의(集義)의 의(義)를 일의 차원에서 논하지 않고 마음속에 있는 것으로 규정한다. 그러면서 일에 있는 것은 이치[理]라고 말

37) 『遺書』「18-101」. "問: 「必有事焉, 當用敬否?」 曰: 「敬只是涵養一事. 必有事焉, 須當集義. 只知用敬, 不知集義, 却是都無事也. 又問: 「義莫是中理否?」 曰: 「中理在事, 義在心內. 苟不主義, 浩然之氣, 從何而生? 理只是發而見於外者. 且如恭敬, 幣之未將也恭敬, 雖因幣帛威儀而後發見於外, 然須心有此恭敬, 然後著見. 若心無恭敬, 何以能爾? 所謂德者得也, 須是得於己, 然後謂之德也.」〈幣之未將之時, 已有恭敬, 非因幣帛而後有恭敬也.〉 問: 「敬義何別?」 曰: 「敬只是持己之道, 義便知有是有非. 順理而行, 是無義也. 若只守一箇敬, 不知集義, 却是都無事也. 且如欲爲孝, 不成只守著一箇孝字? 須是知所以爲孝之道, 所以侍奉當如何? 溫凊當如何, 然後能盡孝道也.」 又問: 「義只在事上, 如何?」 曰: 「內外一理, 豈特事上求合義也?」"

한다. 이는, 의가 단순히 예법을 나타내는 것이 아니라 예법을 실천하는 사람의 마음속에 존재하는 덕목이라고 주장하는 것이다. 또 의가 마음속에 존재해야만, 예법의 실천이 단순한 매뉴얼 이행이 아니라 덕의 실현이 될 수 있음을 나타내려는 것이다. 이 같은 점은, 정이가 공경과 폐물의 예법을 선후관계로 설명한 데서 잘 드러난다. 공경과 의가 모두 마음속에 존재하고 있기 때문에, 집의는 외부사태와 관련된 것이 아니라 내면의 문제로 귀결되는 것이다. 다시 말해서 집의는 내가 마땅히 해야만 하는 일의 소이연을 인식하는 문제로 치환되는 것이다.

이 같은 논의에 의거해 보면, 정호는 경의 차원에서 집의를 논의한 것이다. 마음이 공경하기만 하면 도덕 실천은 자연스럽게 이루어지는 것이다. 도덕 실천이 안 되는 까닭은 경 공부가 제대로 되지 못한 것이다. 이에 반해 정이는 경의 차원에서 머무는 것이 아니라 내가 왜 경해야만 하는지를 인식해야만 하는 것이다. 이천은 집의에 대해서 실천보다 인식에 방점을 두고 있다.

주희는 ③'必有事焉而勿正, 心勿忘, 勿助長也.'에 대해서 다음과 같이 말한다. 그는 정이의 논의처럼 "유사(有事)"의 '사(事)'를 '집의(集義)'로 풀이한다. 여기서 '집의'는 의로운 일을 축적하는 것이다.[38] 언뜻 보기에 의로운 일의 축적은 행위에 좀 더 가까울 것 같다.

그렇다면 주희는 조기와 같이 실천의 맥락에서 호연지기를 논하는 것인가? 『어류』에서 주희는 집의에 대한 논의를 좀 더 자세하게 다루고 있다.

---

38) 『孟子』 「3-2」, 集註. "此言養氣者必以集義爲事, 而勿預期其效, 其或未充, 則但當勿忘其所有事, 而不可作爲以助其長, 乃集義養氣之節度也."

집의는 단지 사사건건 마땅함에 합치되도록 하는 것이니 자연히 많이 쌓을 수 있다.[39]

혹자가 집의를 물었다. 일마다 도리에 합치되도록 하는 것이니 조금이라도 도리에 합치되지 않는 것이 있으면 마음 씀이 옳지 못하게 된다. 일마다 도리에 합치되면 우러러보아 부끄럽지 않고, 내려 보아도 부끄럽지 않다.[40]

주희는 '집의를 일마다 마땅함에 합치하도록 하는 것이다.'라고 주장한다. 주지하듯이, 주희는 도와 의를 본체와 작용의 관계로 풀었다. 공공의 이치가 도이고, 사물마다 갖고 있는 이치가 의이다. 이 때문에 일마다의 마땅함은 사물마다 갖고 있는 이치이다. 그리고 사람의 마음은 사물마다 갖고 있는 이치를 찾아서 합당하게 처리해야 한다. 그렇게 해야만 사람은 마음을 제대로 써서 도의를 실천하고, 이로부터 부끄럽지 않은 당당함을 느끼게 되는 것이다.

이로써 미루어 볼 때, 정이의 집의가 내면의 의를 인식하는 데 방점을 두었다면, 주희의 집의는 일의 차원에서 지식을 습득하거나 도덕 판단을 함으로써 실천을 하는 데까지 나아간다. 그리고 주희의 논의에 의거해 보면, 지식이나 판단은 단박에 이루어지는 것도 아니고 또한 내면의 의에 대한 인식보다 오히려 선행되어야 하는 것이다. 그렇지 않으면 호연지기를 기르는 일은 제대로 이루어지기 어렵다. 정이와 주희는 공히 행위보다 앎을 우선하고 있다. 여기서 행위는 도덕적 실천과 함께 호연지기를 기르는 일까지 함축하는 것이다.

---

39) 『朱子語類』「52-129」. "或問"集義". 曰: "集義, 只是件件事要合宜, 自然積得多.""

40) 『朱子語類』「52-130」. "或問"集義". 曰: "事事都要合道理, 才有些子不合道理, 心下便不足. 才事事合道理, 便仰不愧, 俯不怍.""

따라서 정이든 주희든 호연지기장에서 지언과 양기의 관계를 따져 보는 것은 매우 중요한 주제라고 할 수 있다.

3. 지언(知言)과 양기(養氣)의 관계

앞서 살펴보았듯이, 조기는 "必有事焉"의 '사(事)'를 '복(福)'으로 풀이하고 있다. 그리고 복은 도덕적 실천을 하면 자연스럽게 따라오는 결과이다. 이로써 보건대, 조기는 정이나 주희와 같이 '사(事)'를 '집의(集義)', 즉 지(知)의 측면으로 해석하지 않는다. 이로 인해서 조기는 양기를 욕망, 즉 마음의 급급함을 다스리는 문제로 규정하지 타인의 말속에 담긴 맹점을 파악하는 지언과 결부시키지 않는다.[41)]

정이는 지언과 양기의 관계를 설명하기에 앞서, 호연지기의 모습이 지극히 크고 지극히 강하고 지극히 곧다고 말한다. 또한 그는 이 모습을 길러서 완성해야 하는 것으로 설정하고 있다. 정이는 이 기를 기르는 방법으로 지언을 언급함으로써 지언과 양기의 관계를 설명해 나간다.

> 주백온이 물었다. "지극히 크고, 지극히 강하고, 지극히 곧음" 이 세 가지로 호연지기를 기를 수 있습니까? 이천이 대답했다. 그렇지 않다. 기의 모습이 이와 같은 것이다. 물었다. 기를 길러서 의롭게 됩니까? 이천이 대답했다. 그렇다. 또 물었다. "의와 도에 배합된다"는 무슨 뜻입니까?

---

41) 『孟子註疏』 卷3上. ""必有事焉而勿正, 心勿忘, 勿助長也." 言人行仁義之事, 必有福在其中, 而勿正但以為福, 故為仁義也, 但心勿忘其為福, 而亦勿汲汲助長其福也, 汲汲則似宋人也."

이천이 대답했다. 도에 배합함은 본체를 말하고, 의에 배합함은 작용을 말한다. 또 물었다. "나는 말을 알고, 나는 호연지기를 잘 기른다"는 무슨 뜻입니까? 이천이 대답했다. "말을 알아야, 연후에 호연지기를 기를 수 있다. 말을 알지 못하면 도를 앎이 없다. 이는 공손추가 '선생님의 장점은 어디에 있습니까?'라고 물어서 답한 것이니, 나는 도를 안다고 말하지 않으려고 했으므로 말을 안다와 기를 기르는 것으로 대답했다."[42]

정이는 '말을 알아야 호연지기를 기를 수 있다'라고 주장한다. 이는 지언과 양기의 선후 관계를 보여주는 것이다. 또 그는 '말을 알지 못하면 도를 앎이 없다'라고 말한다. 여기서 말을 앎은 다른 사람의 말속에 담긴 윤리적이지 못하거나 논리적이지 못한 요소를 파악하는 것이다. 그렇다면 도는 윤리나 논리의 법도라고 규정할 수 있다. 그리고 의는 이 법도로부터 파생된 구체적인 윤리나 논리 법칙이라고 정리할 수 있다. 이 같은 논의에 의거해볼 때, 사람은 다른 사람의 말속에 담긴 비윤리성과 비논리성을 파악함으로써 자신의 호연지기를 기를 수 있다.

그런데 정이는 지언의 근거를 다른 사람에게서 찾지 않고 자신에게서 찾는다.

말의 선악(善惡)과 시비(是非)를 알면 비로소 사람됨을 알 수 있으니, 맹자가 말한 '지언(知言)'이 이에 해당한다. 반드시 자기에게 있은 연후에야 말(의 선악과 시비)을 알게 된다. (나에게 말의 선악과 시비에 대한 판단 근거가 있음을)알면 사물에 나아가 이치를 궁구할 수 있다.[43]

42) 『遺書』 「22上-59」. "周伯溫問: 「至大」「至剛」「以直」, 以此三者養氣否? 曰: 不然. 是氣之體如此. 又問: 養氣以義否? 曰: 然. 又問: 「配義與道」如何? 曰: 配道言其體, 配義言其用. 又問: 「我知言, 我善養吾浩然之氣」, 如何? 曰: 知言然後可以養氣. 蓋不知言, 無以知道也. 此是答公孫丑「夫子烏乎長」之問, 不欲言我知道, 故以知言養氣答之."

사람됨은 그 사람의 언행의 선악과 시비로부터 말미암는다. 이 때문에 우리는 그 사람의 언행을 통해서 누가 좋은 사람이고 그렇지 않은 사람인지를 알 수 있다. 여기서 판단 대상은 다른 사람에게 있지만, 그 판단이 어떻게 가능한 것인지를 묻는다면 우리 안에 그 말의 선악과 시비에 대한 판단 근거가 있어야만 하는 것이다. 그리고 이 판단 근거는 나와 타자에게 동일하게 주어져 있어야만, 나는 사물에 나아가 그 이치를 궁구할 수 있게 되는 것이다. 그리고 사람은 끊임없는 자기반성을 통해서 호연지기를 길러나갈 수 있게 된다. 이로써 보건대, 정이의 지언과 양기는 선후 관계를 형성하고 있지만, 결국 자신의 문제로 환원되는 것이다. 이 같은 도식은 정이가 정호로부터 영향을 받은 것이라고 추정해볼 수 있다.

정호 또한 지언과 궁리의 상호 연관성을 다음과 같이 설명하고 있다.

> '그 행실을 살핀다'는 하는 것이고, '그 이유를 관찰한다'는 따르는 것이고, '그 평안히 하는 바를 살핀다'는 처신하는 것이다. 그 처신하는 바를 살피면 그 마음이 보존하는 것을 알게 된다. 자신에게 있는 것으로 다른 사람의 말을 살피고 이치를 궁리할 수 있다면 이로써 다른 사람 살피길 성인과 같이 할 수 있다.[44]

여기서 지언은 행실, 이유, 그리고 처신과 같은 그 사람의 됨됨이를 살피는 것이다. 이는 단순히 다른 사람을 평가하는 데 목적이

43) 『외서』 「6-132」. "知言之善惡是非, 乃可以知人, 孟子所謂「知言」, 是也. 必有諸己, 然後知言. 知之則能格物而窮理.〈伊川〉"

44) 『외서』 「6-25」, 「視其所以」. "所爲也, 「觀其所由」, 所從也, 「察其所安」, 所處也. 察其所處則見其心之所存. 在己者, 能知言窮理, 則能以此察人, 如聖人也. 〈明道〉"

있는 것이 아니다. 오히려 타인의 판단 기준이 나와 다르지 않음을 인정하고, 판단의 주체인 나 자신을 먼저 돌아볼 것을 강조하고 있다. 정호는, 자신의 내면에 존재하는 기준에 입각해야만 모든 언행이 성인과 같아질 수 있다고 주장한다. 이 같은 논의에 의거해 보면, 정호와 정이는 지언과 양기의 관계를 선후로 파악하고 있을 뿐 아니라 격물궁리 또한 내면의 판단 기준을 인식하는 논리를 갖고 있다.

주희 또한 지언과 양기를 선후관계로 파악하고 있다. 이는 분명 이정으로부터 영향을 받은 것이라고 할 수 있다. 다만 여기서 주목할 점은, 주희가 이정을 계승했다는 점보다 그들과 어떤 차이점을 갖고 있는지에 있다.

주희는 '지언이 근본이고 양기는 보조적이다'라고 주장한다. 또한 그는, 지언의 주체는 마음으로 장수와 같고 기는 졸병이라고 말한다.

> 대개 지언이 근본이고 양기는 보조적이다. 삼자가 행군을 할 것 같으면 지언이 그 선봉이 되니 허실을 알기 때문이다. 마음은 장수와 같고 기는 졸병이다. … 집의 공부는 바로 지언의 다음이다. 지언을 할 수 없다면 집의를 할 수 없다.[45]

마음이 장수이고 기가 졸병이라면, 마음은 호연지기를 기르는 데 중요한 역할을 하는 것이다. 여기서 마음의 주요한 기능은 지언을 하는 것이다. 지언이 제대로 이루어져야만 비로소 집의를 할 수 있

---

45) 『朱子語類』「52-24」. "蓋知言本也, 養氣助也. 三者恰如行軍, 知言則其先鋒, 知虛識實者; 心恰如主帥, 氣則卒徒也. 孟子則前有引導, 後有推助, 自然無恐懼紛擾, 而有以自勝. 告子則前後無引助, 只恁孤立硬做去, 所以與孟子不動心異也. "不得於言"以下, 但作如此看, 則此一章血脈貫通, 而於知言養氣, 詖·淫·邪·遁之辭, 方爲有下落也. 至於集義工夫, 乃在知言之後. 不能知言, 則亦不能集義."

게 된다. 그리고 집의가 잘 쌓여야만 호연지기가 온전하게 이루어지는 것이다. 따라서 호연지기장에서 가장 중요한 개념 가운데 하나는 분명 지언일 것이다.

그런데 호연지기장의 지언에 대한 문답만으로 그 의미를 알기에는 부족한 점이 있다. 맹자는 '지언'에 대해서 다음과 같이 정의한다.

> 무엇을 지언(知言)이라 합니까? 맹자가 말했다. 편벽된 말에 그 가리운 바를 알며, 방탕한 말에 빠져 있는 바를 알며, 부정한 말에 괴리된 바를 알며, 도피하는 말에 (논리가) 궁함을 알 수 있다.[46)]

여기서 지언은 말 그대로 상대방의 말 가운데 비윤리적이거나 비논리적인 부분을 찾아내는 것이다. 그렇다면 지언은 일종의 도덕적 판단내지는 비판적 사고 정도로 정의할 수 있다. 그러나 일상의 차원에서 따져보면, 도덕적 판단이든 비판적 사고이든 모든 사람들은 동일한 능력을 갖고 있지 않다. 그리고 사람의 마음은 어떤 상황에 직면해야만 그에 대한 판단을 내리게 된다. 따라서 마음은 상황 속에 존재하는 이치와 별개의 것으로 존재하는 것이다.

그렇다면 마음은 상황 혹은 대상에 나아가 이치를 궁구해야 한다. 주희는 이 같은 맥락에서 지언의 의미를 규정한다.

> 지언은 이치를 아는 것이다.[47)]

> 지언은 바로 격물과 치지이다. 만약 지언을 하지 않는다면 천하의 수

---

46) 『孟子』「3-2」. "何謂知言? 曰: 詖辭, 知其所蔽, 淫辭, 知其所蔽, 邪辭, 知其所離, 遁辭, 知其所窮."

47) 『朱子語類』「52-47」. "知言, 知理也."

많은 음란하고, 사특하고, 방탕하고, 도망가는 말들을 분별할 수 없을 것이다. 장차 인을 하는 것으로 그 인이 아니라는 것을 알지 못하고, 의를 하면서도 의가 아니라는 것을 알지 못한다면 장차 어떻게 집의해서 호연지기를 생기게 할 수 있겠는가?[48]

여기서 주희는 지언을 격물치지로 규정하고 있다. 격물치지는 사물에 나아가 그 속에 존재하는 이치를 온전하게 파악하는 것이다. 가령 어떤 상황에 직면했을 때, 무엇이 인이고 의인지를 알아야만 집의해서 호연지기를 기를 수 있는 것이다.

지언이 앎의 문제라면 이치는 마음 밖에 지식의 형태로 존재하는 것인가? 그리고 지언은 외부지식에 대한 학습을 가리키는 것인가? 다음의 구절은 이 물음에 대해서 어느 정도 해답을 제시한다.

지언이란, 마음을 다하고 성을 알아서 모든 천하의 말에 그 이치를 궁구하고 지극히 하여, 그 시비득실의 소이연을 알지 못함이 없는 것이다.[49]

주희는 지언의 대상이 밖에 존재하고 그 이치를 궁구해야 한다고 주장한다. 그렇지만 지언은 누구든 자신의 마음을 다하고 성을 아는 것으로부터 출발한다. 이는 모든 판단의 기준이 나에게 갖추어져 있음을 의미하는 것이다. 이 때문에 이치는 단순히 지식만을 나타내는 것이 아니며, 또한 지언은 학습의 차원에 머무는 것이 아니라 시비득실의 소이연까지 파악할 수 있는 마음의 인식능력까지 함

48) 『朱子語類』 「52-140」. "知言正是格物·致知. 苟不知言, 則不能辨天下許多淫·邪·詖·遁. 將以爲仁, 不知其非仁; 將以爲義, 不知其非義, 則將何以集義而生此浩然之氣."

49) 『孟子』 「3-2」, 集註. "知言者, 盡心知性, 於凡天下之言, 無不有以究極其理而識其是非得失之所以然也."

축하고 있는 것이다.

주희는 지언과 양기를 선후의 문제로 파악하고 있을 뿐 아니라 궁리와 집의로써 지언과 양기를 관통하고 있다. 다음의 인용문은 이를 명확하게 보여주는 근거라고 할 수 있다.

> 나는 맹자의 학문은 대개 궁리와 집의로 시작하여 부동심의 효과를 보았다고 생각합니다. 대개 오직 궁리가 지언을 가능하게 하고, 오직 집의가 호연지기를 잘 기르게 합니다. 이치가 밝아지면 의심할 것이 없고, 기가 충만하면 두려울 것이 없습니다. 그러므로 능히 중대한 업무를 맡아도 부동심할 수 있습니다. 본장을 살펴보면 그 차례를 볼 수 있습니다.[50)]

여기서 주희는 호연지기장을 해석하는 기본입장을 잘 보여준다. 주희는 궁리와 집의하는 인식주체로서 마음을 규정한다. 그리고 마음은 외부대상의 이치를 파악함으로써 의심을 제거한다. 의심은 타자가 어떤 존재인지 혹은 타인의 언행이 진실한 것인지에 대해서 확신하지 못하는 것이다. 그리고 이 의심이 나와 타자의 (이해든 윤리든)관계형성과 관련이 되면 대상에 대한 두려움으로 전환된다. 두려움은 사람을 끊임없이 움츠려들게 한다. 이런 상황에서는 호연지기를 기를 수 없다. 이 때문에 급선무는 외부대상에 대해서 정확하게 파악하는 것이다. 그리고 이를 위해서는 정확한 정보 습득이든 판단능력 향상이든 일종의 부단한 노력이 필요하다. 무엇보다도 이 부단한 노력이 점점 쌓여서 어느 순간 외부대상의 이치에 대한 정확한 인식이 가능해지면 자기 확신과 함께 외부대상에 대한 두려움까지

---

50) 『朱熹集』「37-28」. "熹竊謂孟子之學, 蓋以窮理集義爲始, 不動心爲效. 蓋唯窮理爲能知言, 唯集義爲能養其浩然之氣. 理明而無所疑, 氣充而無所懼, 故能當大任而不動心. 考於本章, 次第可見矣."

도 사라지게 될 것이다. 그리고 그 사람은 어떤 것에도 마음이 흔들리지 않을 뿐만 아니라 자신감 또한 충만한 상태에 도달하게 될 것이다. 이 경지가 바로 주희의 호연지기가 천지에 충만한 상태이다.

이이는 호연지기장에 대해서 궁리와 집의로써 지언과 양기를 관통하는 논의를 전개하지 않는다. 다만 주희가 호연지기에 대해서 궁리와 집의의 과정, 즉 정확한 인식으로부터 자신감을 충만하게 하는 것으로 해석하듯이, 이이는 같은 맥락에서 호연지기를 경세의 측면으로 확장해 나간다.

> "기강이 국가에 있는 것은 마치 호연지기(浩然之氣)가 몸에 있는 것과 같습니다. 호연지기는 곧 의로운 행동을 한 결과로 생기는 것으로서 한 가지 일이 우연히 의리에 합치된다 하여 갑자기 갖게 되는 것은 아닙니다. 반드시 오늘 하나의 의리를 행하고 내일 또 하나의 의리를 행하여 하늘을 쳐다보아도 부끄러움이 없고, 땅을 굽어보아도 부끄러움이 없게 된 다음에야 호연지기가 온 몸에 충만하여 유행하는 것입니다. 기강도 그와 마찬가지여서 하루아침에 갑자기 발분한다고 하여 세워지는 것이 아닙니다. 반드시 공평 정대한 마음을 가지고 정사에 시행하여 오늘 하나의 선정을 행하고 내일 또 하나의 선정을 행하여, 곧은 자는 반드시 들어서 쓰고 부정한 자는 반드시 폐기하며, 공이 있으면 반드시 상을 주고 죄가 있으면 반드시 벌을 준다면 기강이 저절로 수립될 것입니다."[51]

여기서 이이는 호연지기장 해석을 개인의 수양에만 국한하지 않고 국가기강 확립의 차원으로 확장해 나간다. 이는 주희의 궁리와

---

51) 『栗谷全書』 卷35, 「附錄」. "紀綱在國家, 若浩然之氣在一身. 浩然之氣, 是集義所生, 非一事偶合於義而可襲取之也. 須是今日行一義, 明日行一義, 義積于身, 仰不愧俯不怍, 然後浩然之氣, 充滿流行矣. 紀綱亦然, 非一朝發憤而可立也. 須以公平正大之心, 施之政事, 今日行一善政, 明日行一善政, 直必擧枉必錯, 功必賞罪必刑, 紀綱立矣."

집의를 통한 자신감 획득을 국가적 안정의 차원으로 넓혀나간 것이다. 그리고 국가적 안정은 군주 일인의 감정에 머무는 것이 아니라 정확한 신상필벌로 윤리적 시시비비를 정확히 가려내고 적재적소에 인재를 배치하는 것까지 함축하고 있는 것이다. 이로써 보건대, 이이는 주희의 호연지기장 주석을 개인의 수양으로부터 경세적 차원으로까지 확장했다고 할 수 있다. 이 같은 양상이 주희와 차별화된 이이 호연지기장 주석의 고유성을 보여주는 것이라고 하겠다.

4. 결론

호연지기장은 상당히 난해하고 복잡하다. 호연지기장에는 구두방식부터 글자의 의미, 그리고 각 개념들의 관계 등 쉽지 않은 문제들이 장애물처럼 늘어져 있다. 그럼에도 많은 학자들이 호연지기장을 명쾌하게 풀어내려고 시도했다.

본고에서는 주로 조기와 주희의 해석을 중심으로 호연지기장을 살펴보았다. 이들은 호연지기장 주석사의 두 축을 형성함으로써 현재까지 상당한 영향을 끼치고 있다. 조기가 한 축이고, 주희가 다른 한 축이다. 그리고 이 두 축은 각각 중국과 조선의 주석 문화에 큰 영향을 미쳤다. 조기의 주석이 당대 중국학자 노사광에게 이어졌다. 이에 반해 주희의 주석은, 조선의 이이가 계승하여 율곡학파 학자들 사이에 주요한 토론주제로 자리잡게 되었다. 이는 조기와 주희의 주석이 후대 학자들에게 큰 영향을 미친 점이기도 하지만, 호연지기장이 『맹자』 주석 연구사에서 차지하는 위상을 보여주는 것이라고 할 수 있다. 이 때문에 이들의 호연지기장 주석에 대한 연구는 상당한 가치가 있다.

나는 이들의 의의를 아래와 같이 정리하는 것으로 본고를 마무리 짓고자 한다.

1. 조기의 구두점과 해석은 송대 정호, 정이뿐만 아니라 당대 노사광에 이르기까지 큰 영향을 미치고 있다. 조기는 도덕실천과 복의 인과관계를 설정함으로써 지식인뿐만 아니라 일반 대중까지도 호연지기를 쉽게 이해할 수 있는 계기를 마련해 주었다. 그는 아주 대중적인 원리를 만들었다. 이는 '아무런 의도를 갖지 않고 하루하루 성실하게 살아가면 누구든 반드시 복을 받게 되어 있다'라는 행위 원리로 정리할 수 있다. 왜냐하면 우리는 원래 지극히 크고 지극히 강하고 정직한 기를 받아서 태어난 존재이기 때문이다. 조기는 맹자의 성선을 대중적인 언어로 소화하는 데 성공한 것이다.[52]

2. 정호와 정이는 기본적으로 조기의 구두점을 따르고 있다. 그렇지만 호연지기장에 대한 해석은 대중성보다 전문성을 택한 것이다. 조기와 같은 구두 방식에 입각해서, 이정은 호연지기에 대해서 지극히 크고 지극히 강하고 정직한 모습으로 규정한다. 다만 이는 성인의 경우에만 해당하는 것이다. 더욱이 이정은 조기처럼 복이라는 대중적 언어로 도덕을 설명하지 않는다. 이들은 『주역』 곤괘의 육이 효사와 「문언전」을 가지고 호연지기를 풀어낸다. 그리고 이정

52) 심사자가 '본론에서 충분히 논의되지 않은 부분을 다루었다.'라고 지적한 것도 일견 타당하다. 다만 결론은 본론의 내용을 정리하기보다 전체 논문의 의의를 서술하는 데 방점을 두었다. 그리고 조기나 노사광의 주장에 의거해 보면, 호연지기는 욕심을 갖지 않고 실천을 한다는 측면에서 고도의 수양이나 지적탐구를 요구하는 것은 아니다. 이 때문에 조기나 노사광의 호연지기에 대한 논의가 이정에 비해 대중적이라고 한 것이다.

은 성인과 현인을 대비시킴으로써 호연지기 실현 가능성을 대중이 아닌 지식인 계층으로 한정한다. 그리고 이들은 호연지기 실현의 책임을 철저히 개인의 자기성찰에 돌리고 있다.

3. 주희는 세 사람의 구두점을 따르지 않는다. 정호의 구두점이 논란거리이지만, 나는 이 문제에 대해서 앞서 충분히 논증했다고 생각한다. 주희는 호연지기장에 대한 이정의 논의를 자기 나름대로 계승해서 발전시켰다. 이정은 개인과 타자의 관계를 중심으로 호연지기장의 의미를 풀어내었다. 주희는 이정의 이 같은 설정을 따른다. 그리고 주희는, 정이가 호연지기를 개인의 내면 문제로 설정하는 것에 동의한다. 다만 주희는 호연지기 실현을 이정처럼 자기 완전성을 확인하는 작업으로 생각하지 않는다. 그는 호연지기 실현을 외부대상에 존재하는 이치를 파악함으로써 자기 내면의 불확실성을 제거하고 자신감을 충만하게 만드는 과정으로 풀어낸다. 이는 격물치지를 단순히 자신의 도덕적 완전성 확인과 같은 윤리적 차원으로 해석하는 데 머무는 것이 아니라 불완전한 판단 기준이나 체제를 완전하게 만들어 나가는 것이다. 주희는 호연지기장 주석을 통해서 도덕형이상학의 이론체계를 확립하고, 이에 입각해서 살아가려고 한 것이다.

4. 이이는 기본적으로 주희의 구두 방식과 해석을 따르고 있다. 다만 주희의 주석에 비해서 쟁점이 되었던 각 구절에 대한 세밀한 논의를 찾아보기 어렵다. 이에 대한 여러 가지 이유가 있을 것이다. 송대 성리학자들과 비교해볼 때, 조선중기 성리학자들 특히 이황은 호연지기장에 대해서 그다지 관심을 보이지 않고 있다. 그의 문집에서 호연지기장을 다루는 문장을 찾아보기 어렵다. 이로 인해서 조선중기 성리학자들 사이에 호연지기장에 대한 논쟁이 거의 없었던 것

같다. 그렇다고 하더라도 이이는 주희의 주석을 계승하고 발전시켜 나갔다. 무엇보다도 이이는 호연지기장을 개인의 수양 차원을 넘어서 국가 기강의 확립으로까지 확장해나갔다. 주희의 호연지기장 주석에서는 궁리를 통한 올바른 인식주체가 되는 것을 지향했다면, 이이의 호연지기장 주석에서는 신상필벌과 같은 제도를 엄정하게 시행함으로써 군주는 누구에게도 부끄럽지 않은 존재가 되는 데 궁극적 의미를 부여하였다.

이 글에서는 한대 조기(趙岐)로부터 여조겸, 정이와 주희, 그리고 이이에 이르기까지 『맹자』호연지기 장에 대한 주석이 내포하고 있는 의미론적 차이를 중심으로 그 주석사적 특수성을 해명하고자 하였다. 이런 논의를 통하여 호연지기는 개인의 내면적 수양의 차원으로부터 사물에 대한 인식으로서 격물치지와 궁리, 실천적 행위, 그리고 국가기강을 학립하는 경세론의 차원에까지 그 의미가 확장되고 있음을 논의하였다. 이글은 호연지기장에 대한 중국과 조선의 주석들이 각각 개인의 내적 수양, 사물에 대한 형이상학적 원리에 대한 인식, 그리고 경세론적 방안 등과 같은 특수한 의미를 강조하고 있음을 해명함으로써 이들 주석들을 문화다원론적 관점에서 해석할 수 있다. ◈

참고문헌

사료 :
『孟子注疏』(四庫全書 전자파일)
『四書集注』, 台北: 學海出版社, 民國63, 1984.
『呂氏春秋』, 上海: 上海書店出版社, 1986.
『二程集』, 北京: 中華書局, 2004.
『朱子語類』, 北京: 中華書局, 1994.
『朱熹集』, 四川: 上海古籍出版社, 1996.
『율곡전서』(韓國文集叢刊. 44-45), 서울: 民族文化推進會, 1989.
『여유당전서』, 서울: 다산학술문화재단, 2004.

연구단행본 :
황준걸 지음, 함영대 옮김, 『이천년 맹자를 읽다 -중국맹자학사』, 성균관대학교출판부, 2016.

연구논문 :
이철승, 「孟子의 '浩然之氣' 사상에 대한 朱熹와 王夫之의 관점 비교」, 『유교사상문화연구』 57, 2014.
정종모, 「정명도의 『주역』해석과 그 경학사적 의의」, 『양명학』 45, 2016.12.
채희도, 「율곡 공부론 이해의 단초로서 호연지기론 연구」, 『율곡학연구』 32, 2006.

『대학』의 주요 개념에 대한 이언적(李彦迪)과 이이(李珥)의 해석 비교
-'격물치지'와 '인'에 대한 해석을 중심으로-

이 원 석

* 이 글은 『유교사상문화연구』 75집(2019.03)에 게재한 「『대학』의 주요 개념에 대한 이언적(李彦迪)과 이이(李珥)의 해석 비교 -'격물치지'와 '인'에 대한 해석을 중심으로-」를 본 저서의 간행 취지에 맞춰 일부 수정한 것이다.

1. 서문

한국의 전근대 사상 중 조선의 주류 학문 체계와 핵심 사상으로 자리 잡았던 성리학을 이해하려 할 때, 사서(四書) 및 그에 대한 주희의 주석은 반드시 검토되어야 할 자료이며 그 가운데에서도 『대학』은 고대 성인(聖人)이 제시했던 배움[學]의 강령을 제시한 통일적·체계적 저술[1])로서 수많은 조선 성리학자들의 검토 대상이 되었다. 율곡학파 학자들도 지대한 관심을 갖고 여러 가지 주석서를 남겼는데, 율곡학파 전반의 『대학』관을 파악하려면 역시 학파의 시조격 인물인 이이(李珥, 1537~1584)가 『대학』을 어떻게 이해했는지 살펴보는 일이 순서일 것이다.

하지만 아쉽게도 이이는 『대학』에 대한 전문적 주석서를 남기지 않았다. 물론 『사서석의(四書釋義)』, 『대학소주권평(大學小註圈評)』, 『기대학소주의의(記大學小註疑義)』 같은 저술을 남겼지만, 『사서석의』는 사서의 언해본(諺解本)이었고, 『대학소주권평』은 원·명대 성리학자들의 소주(小註)에 대해 어느 것이 주희의 설에 부합하거나 어긋나는지 일정한 방식으로 표기하는 저서였으며, 『기대학소주의의』도 『대학장구』 일분 구절의 소주를 분석하는 데 머물렀다.[2])

필자는 이이의 「회재대학보유후의(晦齋大學補遺後議)」[3])가 비록 길지

---

1) 『大學章句大全』(사고전서 전자판) 「讀大學法」. “朱子曰, 語孟隨事問答, 難見要領, 惟大學是曾子述孔子, 說古人爲學之大方, 而門人又傳述, 以明其旨, 前後相因, 體統都具, 玩味此書, 知得古人爲學所向, 却讀語孟, 便易入, 後面工夫雖多, 而大體已立矣.”

2) 전재동, 「17세기 율곡학파의 『대학』 해석 연구 -대전본 소주 분석을 중심으로」, 한국국학연구원, 『국학연구』 16, 2010, 782-783쪽.

3) 李珥, 『栗谷全書』 卷14에 수록되어 있다. 이 논문은 한국정신문화연구원에서

않은 글이지만, 이이의 『대학』관이 지닌 특색과 그의 근본 문제의식을 분석해내려 할 때 매우 중요한 문장이라고 판단했다. 이이의 이 글은 이언적(李彦迪, 1491~1553)의 『대학장구보유』(1549년)[4]와 『속대학혹문』을 비판하기 위해 저술된 것이다. 이언적의 이 두 저술은 주희의 『대학』 재편정을 비판하고 『대학』의 경문과 격물치지(格物致知) 장을 새롭게 구성하여 주희와는 다른 『대학』 해석을 보여 준 획기적 저작이었으나, 성리학의 정통적 『대학』 해석과 어긋난다는 이유로 논란의 대상이 되었다. 이언적의 『대학장구』 재개정 및 그 의도에 대해 이미 많은 연구가 이루어졌고[5], 이언적의 재개정에 대한 이이의 비판 역시 최석기에 의해 간략하게나마 다뤄진 바 있다.[6]

이이는 「회재대학보유후의」를 1581년인 그의 나이 마흔다섯 살

간행한 『국역 율곡전서』와 거기에 수록된 원문으로부터 이이의 글을 인용하였다.

4) 『晦齋集』 「晦齋集年譜 · 文元公晦齋先生年譜」.

5) 이언적의 『대학』 주석에 대한 주요 연구성과는 다음과 같다. 김교빈, 「회재철학의 특성에 관하여 -『대학장구』의 개정을 중심으로」, 『晦齋 李彦迪의 哲學과 政治思想』, 默民記念事業會, 박영사, 2000; 이지형, 「회재의 경학사상 -『대학장구보유』·『중용구경연의』를 중심으로」, 『이회재의 사상과 그 세계』, 성균관대학교 대동문화연구원, 1992; 이동희, 「회재 이언적의 經學思想 -『大學章句補遺』의 분석」, 『한국학논집』 11, 계명대학교 한국학연구원, 1985; 이동희, 「李彦迪의 朱子 『大學章句』에 대한 비판적 연구」, 『유교사상문화연구』 34, 한국유교학회, 2008; 이원석, 「이언적(李彦迪)의 『대학(大學)』 이해 -『대학』 편장 개정과 격물치지(格物致知) 개념을 중심으로」, 『대동철학』 83, 2018. 특히 최석기의 책은 주희 이전 중국에서 벌어졌던 『대학』 장절 개정의 역사와 그 이후의 개정사를 상세히 조사하였고, 이언적의 『대학』 편장 재개정은 물론이거니와 그에 관한 조선 유학자들의 제 논변을 광범위하게 연구하였다.

6) 최석기, 『조선시대 『대학장구』 개정과 그에 관한 논변』, 서울: 보고사 2011, 417-425쪽.

때 지었는데, 『어록』을 보면 "선생이 회재의 『대학혹문보유(大學或問補遺)』을 보게 허락하면서 말하기를 '옛글을 널리 인용하였으나 그다지 경서의 뜻을 바르게 해석하지 않았다'고 하였다"7)고 전한다. 『어록』의 기록자는 김진강(金振綱)과 박여룡(朴汝龍)이며 이 두 사람은 해주 석담(石潭)서원에서 이이가 가르쳤던 제자들이므로, 적어도 이이가 관직에서 물러나서 해주의 석담으로 간 1577년부터 1581년 사이에는 이언적의 『대학』 관련 저서를 읽었음을 알 수 있다.

다시 관직 생활을 시작한 1581년에 어째서 「회재대학보유후의」를 지었는지 구체적 동기는 알 수 없으나, 이이의 『경연일기(經筵日記)』 1581년분을 보면 이이는 노수신(盧守愼, 1515~1590)에 대해 비판적 태도를 취했는데8), 그런 노수신은 1584년 이언적의 『대학장구보유』에 발문을 쓰게 되는 등 이언적에게 호의적 태도를 보였기 때문에 이이가 그에 대립하여 「회재대학보유후의」를 짓지 않았는지, 혹은 이황이 이언적은 높이고 조광조는 다소 비판하였던 것9)에 문제의식을 갖고서 자신은 이언적을 비판하려고 했는지 추측할 수 있을 따름이다.

이 장은 크게 두 부분으로 나뉜다. 첫째, 이언적의 격물치지관에 대한 이이의 비판과 그 철학적 함축이다. 둘째, 『대학장구』 전(傳) 10

7) 李珥, 『栗谷全書』 卷31, 『語錄 上』. "先生以晦齋大學或問補遺一卷許覽曰, 博引古書, 殊無正釋經文之意."(이이 저/ 성락훈·조규철 역, 『국역 율곡전서(VI)』, 1988, 383쪽.)

8) 李珥, 『栗谷全書』 卷30, 『經筵日記』, 「萬曆九年」(1581), 〈1월〉. "守愼則日飮無何, 而賄賂狼藉, 反不如士尙之以淸儉自守, 士林鄙之."; 「萬曆九年」(1581), 〈9월〉. "守愼遇災害, 別無建白之策, 日與雜客飮酒, 不念國事, 士類多非笑者."(이이 저/ 성낙훈·조규철 역, 『국역 율곡전서(VI)』, 1988, 268쪽.)

9) 李瀷, 『星湖僿說』 卷9, 「人事門」, 〈靜庵聽松〉. "退溪又嘗見晦齋與忘機堂書云, 李優於趙, 其意謂雖有眞積之功, 在大賢論, 則不害爲一間之未達也."(한국고전번역원, 한국고전종합DB, DCI: ITKC_GO_1368A_0100_010_0310_2015_004_XML)

장인 이른바 치국평천하장(治國平天下章)에 대한 이언적의 이해와 이이의 비판, 그리고 그 비판에 내재된 의미이다. 우리는 이언적의 『대학장구보유』, 『속대학혹문』 및 이이의 「회재대학보유후의」를 주요 비교·분석 대상으로 삼되, 이이의 여타 저술 중 관련 논의를 참조함으로써 당시 사상적 상황 속에서 이이의 이언적 비판이 어떠한 의미를 지니는지 규명하려고 한다.

2. 이언적의 격물치지관에 대한 이이의 비판

1) 이언적의 격물치지관

이언적은 '청송(聽訟: 송사를 처리하다)'절이 본래 경문(經文) 가장 마지막 부분에 있다가 착간(錯簡) 때문에 경문으로부터 분리되었다고 생각한다. 따라서 그의 생각대로라면 청송절을 경문 마지막 부분에 다시 갖다 놓고 경문을 재해독해야 한다. 이때 이언적은 이정(二程)의 견해를 따랐던 것인데[10], 이정은 고본(古本) 대학 경문 마지막 부분과 청송절 마지막에 공통으로 "이를 근본을 안다고 한다[此謂知本]"라는 문구가 나오므로 청송절이 경문 후반부에서 떨어져 나왔다고 여긴 바 있다.

이언적의 재배치에 따르면 경문 후반부는 다음과 같이 재구성된다.

10) 李彦迪, 『大學章句補遺』. "此一節, 舊本誤在止於信下, 程子進而置之於此, 今從之." (李春熙 編, 『晦齋全書』, 성균관대학교 대동문화연구원, 1973, 555쪽.)

> 천자로부터 서인(庶人)에 이르기까지 모두 수신(修身)을 근본으로 삼는다. 근본이 어지러운데 말단을 다스린 자는 아직 없었다. 두텁게 해야 할 대상에게 박하게 대했으면서, 박하게 해야 할 대상에게 두텁게 대했던 자는 없었다. <u>공자는 말한다. "송사 처리에서 나는 다른 사람과 같게 하지만 나는 반드시 송사를 없게끔 하리라!" [백성 중] 실제 증거가 없는 자가 감히 말을 다 할 수 없었던 까닭은 [다스리는 사람이 도덕적 권위로] 백성을 두렵게 하여 감복시켰기 때문이다. 이를 "근본을 안다"고 한다.</u>(인용자 주: 밑줄 친 구절이 경문으로 옮겨진 '청송'절임.)[11]

이언적은 경문을 이렇게 재구성한 후 "근본[本]" 개념에 방점을 찍어서 주석을 달았다.

> 생각건대 천하의 근본은 나라에 있고, 나라의 근본은 가문에 있으며, 가문의 근본은 제 몸에 있기 때문에, 수신하여 가문을 바로 잡음으로써 정치에 적용할 수 있다면 백성의 덕이 저절로 새루워져 쟁송이 사라질 것이다. 예를 들어, 우(虞)의 임금과 예(芮)의 임금이 다투다가 [문왕에게] 판정을 구하러 갔다가 [문왕의 백성이 서로 양보하는 모습을 보자, 그들은] 문왕의 법정에 들어가지 않았는데도 저절로 오묘한 감화를 받았다. 이것은 성인이 덕을 밝혀 백성을 새롭게 한 효과이고 천하가 평정되는 원인이다.[12]

11) 李彦迪, 위의 책. "自天子以至於庶人, 壹是皆以脩身爲本. 其本亂而末治者否矣, 其所厚者薄, 而其所薄者厚, 未之有也. 子曰, 聽訟, 吾猶人也, 必也使無訟乎. 無情者不得盡其辭. 大畏民志, 此謂知本."(李春熙 編, 『晦齋全書』, 성균관대학교 대동문화연구원, 1973, 554-555쪽.)

12) 李彦迪, 위의 책. "謹按天下之本在國, 國之本在家, 家之本在身, 故有能修身正家, 以施于政, 則民德自新, 而爭訟息矣. 如虞芮質成, 不敢履文王之庭, 感化之妙, 自有不期然而然者. 此乃聖人明德新民之效, 而天下之所有平也."(李春熙 編, 『晦齋全書』, 성균관대학교 대동문화연구원, 1973, 555쪽.)

주희가 재편정한 『대학장구』대로라면, 경문 후반부에서는 "천자로부터 서인에 이르기까지 모두 수신을 근본으로 삼는다"가 핵심 내용이 된다. 그런데 바로 그 앞부분에는 "수신하려는 사람은 …먼저 앎을 지극히 해야 하고, 앎을 지극히 함은 외물 이치 궁구에 달렸다"는 구절이 있으므로, 수신의 근본은 다시 격물치지가 된다. 따라서 주희에 따르면 경문 최후반부 구절이 말하고자 하는 취지는 격물치지로 귀결될 것이다.

하지만 청송절이 경문 마지막에 놓이게 되면 경문 후반부 의미가 달라진다. 청송절은 통치자가 스스로 명덕(明德)을 회복하여 도덕적 권위를 확보함으로써 백성 사이에서 쟁송이 그치게끔 교화력을 발휘해야 한다고 말한다. 여기서 명덕을 회복하는 것은 수신과 동일한 의미를 갖고, 백성을 감화시켜 쟁송이 발생하지 않게끔 하는 것은 나라를 다스리는 일[治國]에 해당된다. 따라서 청송절은 수신이 나라 다스림의 근본이라는 점을 말하고, 더 나아가 천하 평정의 근본이 될 가능성을 보여준다. 그런데 이처럼 청송절을 경문 후반부에 붙이면 격물치지의 함축은 약화되어 버리고 만다.

경문의 주요 내용이, 나라 다스림과 천하 평정을 달성하려면 수신이라는 "근본을 알아야[知本]" 하는 것이라고 확정된 만큼, 이언적은 격물치지의 의미도 새롭게 규정되어야 한다고 생각한다. 그는 '근본을 아는 것'이 격물치지의 주요 의미라고 여기고, 현행본 『대학장구』 내에서 본말(本末) 개념이 들어 있는 부분인 "知止…能得矣", "物有本末…近道矣"가 원래 격물치지장이었다고 판단한다. 그래서 그는 이 두 구절을 경문으로부터 빼서 전(傳)의 자리에 갖다 놓아야 한다고 주장했다. 이언적은 그 두 구절을 취하고, 또 전후 순서를 바꾸어 격물치지장으로 비정했다. 새롭게 구성된 '격물치지'장은 다음과 같다.

> 만물에는 근본과 말단이 있고, 만사에는 끝과 시작이 있으니, 먼저 할 것과 나중에 할 것을 알면 도에 가깝다. 멈출 곳을 안 다음에 정해지고, 정해진 다음에 고요해질 수 있으며, 고요해진 다음에 편안할 수 있고, 편안한 다음에 헤아릴 수 있으며, 헤아린 다음에 체득할 수 있다.[13]

이언적은 이에 대해, 격물치지는 만물과 만사에는 근본과 말단, 끝과 시작이 있다는 이치[理]를 알고서 먼저 해야 할 일과 나중에 해야 할 일, 급하게 해야 할 일과 천천히 해야 할 일을 분별할 줄 아는 것이라고 주석을 달았다.[14] 과연 격물치지가 그런 뜻을 갖는다면, 그것은 도덕과 관련 없는 가치중립의 개념으로 여겨질 수 있다. 하지만 이언적이 재구성한 경문 최후반부 청송 구절에서 보았다시피, 만물과 만사의 근본과 말단을 분별하고 또 먼저 해야 할 일과 나중에 해야 할 일을 분별한다는 말은, 단지 만물의 구조를 파악하거나 일의 절차를 앎이 아니라, 모든 일의 근본이 수신임을 앎, 다시 말해 명덕을 밝히는 것[明明德]이 모든 일의 근본이라는 점을 앎이다. 예를 들어, 송사 판결의 근본은 공정하고 효율 있게 송사를 처리함이 아니라, 통치자의 도덕성 회복으로써 백성을 감화시켜 그들

---

13) "物有本末, 事有終始, 知所先後, 則近道矣. 知止而后有定, 定而后能靜, 靜而后能安, 安而后能慮, 慮而后能得."

14) 李彦迪, 위의 책, 『大學章句補遺』. "謹按大學之教, 始於格物致知, 而凡天下萬物庶事, 莫不有本末終始, 能窮其本末終始之理, 而知所先後緩急, 則進德修業, 循循有序, 而其至於道也, 不遠矣."(李春熙 編, 『晦齋全書』, 성균관대학교 대동문화연구원, 1973, 557쪽.)

사이에서 송사가 일어나지 않게끔 함이다. 그러므로 송사 판결의 근본은 수신이다. 이 원리를 아는 것이 바로 격물치지라고 이언적은 생각한 것이다.

그는 『속대학혹문(續大學或問)』에서 이를 좀 더 자세히 설명한다. 이언적은 "만물과 만사"의 중요 사례로 예악, 상례·제례, 통치, 교육을 들고 있다. 예악의 근본은 중화(中和)이고 말단은 의례와 음률이며, 상례·제례의 근본은 슬픔과 진실함이고 그 절차와 형식은 그 말단이며, 통치의 근본은 명덕이고 형정과 법도는 말단이며, 배움의 시작은 쇄소응대(灑掃應對)이고 끝은 격물치지이며, 다시 격물치지에서 시작하여 '나라 다스림'과 '천하 평정'으로 끝이 난다는 점을 말한다. 그러므로 이언적이 생각하는 격물치지란, 예(例)를 들어 예악이 중화라는 근본과, 의례·음률이라는 말단으로 구성되어 있음을 알고서, 중화를 앞세우고 의례·음률을 뒤에 둘 줄 앎이다. 또한 상제에는 슬픔이라는 근본과 절차·형식이라는 말단이 있음을 알고, 슬픔을 앞세우고 의례·절차는 뒤에 둘 줄 앎이다.[15] 그래서 격물치지는 유교적 정치·사회를 구성하는 제반 절차와 형식 속에 매몰되지 않고 본질 내용을 파악할 줄 아는 것이다.

하지만 어떤 이로 하여금 만물과 만사의 근본을 파악하도록 했

15) 李彦迪, 『續大學或問』. "曰, 天下之事物, 莫不有本末始終, 今且以其最近而大者言之, 禮樂之本, 在於中和, 而其威儀音律, 則末也. 喪祭之本, 在於哀誠, 而其節文度數, 則末也. 爲治之本, 在於明德, 而刑政法度, 則末也. 爲學之道, 始於灑掃應對, 而終於窮理盡性, 始於格物致知, 而終於治國平天下, 推類而言, 自天地之大, 以至萬物萬事之繁, 莫不皆然. 故大學始教, 必使學者, 卽凡天下之事物, 莫不窮其本末始終之理, 無所不至, 而其窮之也, 亦必先其重, 而後其輕, 先其所急, 而後其所緩, 則進德修業, 循循有序, 而其至於道也, 不遠矣."(李春熙 編, 『晦齋全書』, 성균관대학교 대동문화연구원, 1973, 570쪽.)

다고 해서 그이가 그대로 도덕성을 회복할 수 있을까? 왜냐하면 근본을 파악한 후 완전히 체득하지[得] 않으면 그 사람은 그대로 예전과 같은 상태로 남을 것이기 때문이다. 이언적은 이 체득 과정을 설명해 주는 구절이 바로 "知止而后有定" 이하라고 보았다. 그는 이에 대해 설명할 때 주희의 『대학혹문』을 많이 참고했으나, 그것을 그대로 인용하지 않고 독특한 해석을 덧붙였다. 그는 『대학』 경문의 "고요해진 다음 편안할 수 있다(靜而後能安)"에 대해, "마음이 고요하게 될 수 있다면 '거처하는 곳을 편안히 여겨' 일상에서 조용하고 한가하다"고 말한다. 이언적은 『맹자』 「이루(離婁) 하」편의 "거처하는 곳이 편안하다[居之安]" 구절을 인용하여 풀이한 것이다. 그런데 『맹자』에서 "거처하는 곳이 편안하다"는 군자가 체득[得]을 한 이후 겪게 되는 최고의 경지를 가리킨다.[16] 주희는 『맹자장구』에서 "언어를 넘어 마음으로 통달하여 자연스럽게 스스로 체득한" 이후 경험하는 상태가 바로 "거처하는 곳이 편안함"이라고 설명한 바 있다.[17]

이언적이 '편안함'을 이렇게 해석한 이유는, 그가 참조했던 주희의 『대학혹문』에 그 연원이 있는 걸로 보인다. 그곳에서 주희는 "고요하면 편안할 수 있다"에 대해, "편안할 수 있다면 일상에서 조용하고 한가하여[從容閑暇], 일이 닥치고 외물이 다가오면 살피고서 헤아릴[慮] 수 있을 것이다"[18]라고 하였다. "조용하고 한가함"에서 '조

16) 『孟子集注』, 「離婁章句 下」. "孟子曰, 君子深造之以道, 欲其自得之也. 自得之, 則居之安. …"

17) 上同. "言君子務於深造而必以其道者, 欲其有所持循, 以俟夫默識心通, 自然而得之於己也. 自得於己, 則所以處之者安固而不搖."

18) 朱熹, 『大學或問 上』, 第4條. "知止云者, 物格知至, 而於天下之事, 皆有以知其至善之所在, 是則吾所當止之地也. 能知所止, 則方寸之間, 事事物物, 皆有定理矣. 理既有定, 則無以動其心而能靜矣. 心既能靜, 則無所擇於地而能安矣. 能安, 則日用之間, 從容

용함[從容]'은 『중용장구』 제20장의 "진실한 자[誠]는 노력하지 않아도 들어맞고 생각하지 않아도 체득하여, 조용하게[從容] 도에 맞는다"[19]에 나온다. 여기서 '조용함'은 체득의 단계에 도달한 사람이 체험하는 심리적 상태이다. 그런데 주희가 그 표현에 특별한 의미를 부여하지 않았던 것과 달리, 이언적은 『대학혹문』의 "조용하고 한가하다(從容閑暇)"는 표현에 깊은 의미가 담겨 있다고 보아 그 의미를 더욱 발양하고자, 『맹자』의 "거처하는 곳이 편안하다"는 구절을 갖고 와서 그 앞에 덧붙인 듯하다.

이언적이 경문의 '편안함'을 중시했던 까닭은, 헤아림[慮]에 대한 그의 주석에서 엿볼 수 있다. 이언적은 헤아림을 사유[思]로 재해석하며, 이 사유가 체득[得]의 필수조건이라고 본다.

> '헤아림'은 사유[思]이다. 정자(程子)는 "앎을 지극하게 할 수 있다면 사유가 날마다 더욱 밝아진다"고 하였는데 이것이다. 왜냐하면 만사와 만물에 이르러 멈출 곳을 안다면 만사와 만물이 마땅히 그래야 할 바[所當然]에 대해 정해진[定] 견해가 생길 것이므로, 마음에는 망령됨이 없고 행동에는 위태로움이 없어서 사유[思]와 헤아림[慮]은 더욱 밝아지기 때문이다. 사유가 밝아지면 또한 만물의 이치[物理]가 그러한 까닭[所以然]을 정밀하게 연구할 수 있어 마음에 체득이 있을 것이다. 맹자가 말했던 "사유하면 체득한다"는 말과 정자가 말했던 "사유와 헤아림으로 체득을 하면 마음속으로 기쁘다"는 말이 바로 이 말이다.[20]

閒暇, 事至物來, 有以揆之而能慮矣. 能慮, 則隨事觀理, 極深研幾, 無不各得其所止之地而止之矣."(朱熹, 『四書或問』, 上海: 上海古籍出版社, 2001, 6쪽)

19) 朱熹, 『中庸章句』, 第20章. "誠者, 不勉而中, 不思而得, 從容中道."

20) 李彦迪, 『大學章句補遺』. "慮, 思也. 程子所謂能致其知, 則思日益明者是也. 蓋格物而知止, 則於事物當然之則, 皆有定見而心無妄動危殆之累, 其思慮益明矣. 思之明, 則又有以精研物理之所以然, 而有得於心矣. 孟子所謂思則得之, 程子所謂思慮有得, 中心悅豫者, 正謂

이언적은 치지(致知)를 달성한 이후 사유가 밝아진다는 정자의 말을 근거로 하여, 정자가 헤아림[慮]을 사유로 바라보았음이 틀림없다고 생각한다. 이는 "사유와 헤아림으로 체득한다[思慮有得]"는 정자의 말로도 뒷받침된다고 한다. 왜냐하면 『대학』 경문은 "헤아린 이후에 체득할 수 있다"고 하는데, 정자는 이를 "사유[思]와 헤아림[慮]으로 체득한다."고 말하여 사유와 헤아림을 등치시키므로 헤아림은 사유로 치환된다고 여겨질 수 있기 때문이다. 또한 『맹자』에는 "사유하면 체득한다[思則得之]"는 구절이 나온다. 여기서도 사유가 체득으로 이어지는데, 이를 『대학』의 "헤아린 이후에 체득할 수 있다[慮而後能得]"와 비교해 보면, 『대학』의 헤아림은 '사유'로 바꾸어 쓸 수 있을 것이다.[21]

이언적이 '헤아림'을 '사유'로 해석함에 따라 "知止而后有定" 이하 구절에 대한 그의 이해는 주희의 『대학혹문』과 달라진다. 주희는 『대학혹문』에서 "멈출 곳을 알면" 자연스럽게 '정해짐', '고요함', '편안함', '헤아림'의 단계를 거쳐 '체득'에 도달하리라는 낙관적 전망을 제시했다. 그런데 우리가 보기에 정신 활동의 측면에서 '헤아림'은 '정해짐', '고요함', '편안함'과는 다른 층위에 있다. 뒤의 세 가지는 "멈출 곳을 안" 이후 겪게 되는 심리적 효과인 반면, '헤아림'은 능동적 지성 활동을 가리키기 때문이다.

是也."(李春熙 編, 『晦齋全書』, 성균관대학교 대동문화연구원, 1973, 557-558쪽.)

21) 반대로, 『중용』 제20장의 "사유하지 않아도 체득한다[不思而得]"는 구절은 사유와 체득을 분리시키고 있다. 『중용』은 체득의 필요조건으로 '사유'를 들지 않고 있는 것이다. 이에 비해 『맹자』와 이정은 체득의 필요조건으로서 '사유'를 강조하여 차이를 보인다. '사유'에 대한 관점을 중심으로 『중용』 제20장과 『맹자』·이정의 견해가 갈리고 있는 것이다. 그런데 '사유'가 오히려 체득에 방해가 된다는 입장을 갖고 있었던 것은 『주역』과 『장자』였다.

이언적도 이 점에 주목했던 것일까? 그는 '헤아림'을 '사유'로 재해석하면서 특별한 지위를 '사유'에 부여했다. 이에 따라 이언적은 "멈출 곳을 앎" 곧 '격물치지'를 초기 인식 단계로 설정하고, 사유를 심화 인식 단계로 설정했다. 다른 한 편으로 그는 "멈출 곳을 앎"과 사유의 두 가지 인식 전체가 격물치지를 구성한다고 말하기도 하여 비일관성을 보이기도 한다. 하지만 "멈출 곳을 앎"은 '만물이 마땅히 그래야 할 원칙을 아는 것'이라 하고, '사유'는 '만물의 이치가 그런 까닭'을 아는 것이라고 설정한 것을 보면, 이언적은 '사유'를 '격물치지'보다 심화된 지성 활동으로 생각했음을 알 수 있다. 그리고 사유는 체득에 도달하기 직전의 특별한 지성 활동이므로, 사유 직전 단계인 편안함도 그에 수반하여 특별한 의미를 갖게 된 듯하다. 필자는 이언적이 『맹자』의 "거처함이 편안하다" 구절을 통해 '편안함'을 이해했던 까닭이 여기에 있다고 생각한다.

그렇다면 사유 대상인 '만물의 이치가 그러한 까닭[物理之所以然]'이 무엇인지 규명해 보자. 사실 그런 표현은 다른 전적에서 보기 드물다. 이치 자체가 이미 '그러한 까닭'인데, 다시 그 존재 원리를 물음은 논리 상 어색하기 때문이다. 이언적이 말하는 "만물의 이치"는, 만물과 만사에는 근본과 말단, 끝과 시작이 있기 마련이라는 것이었다. 그렇다면 만물의 이치의 "그러한 까닭"은 만물·만사에 근본과 말단, 끝과 시작이 있는 까닭이 된다. 이언적의 여러 발언을 종합해 볼 때 "그러한 까닭"은 도(道)임을 추론할 수 있다. 왜냐하면 그가 재구성한 격물치지장에는 "먼저 할 것과 나중에 할 것을 알면 도(道)에 가까울 것이다."라는 언급이 있는데, 이언적에 따르면 "먼저 할 것과 나중에 할 것을 앎"은 만물 이치를 앎이며, 이를 통해 도에 가까이

갈 수 있다고 말하므로, 이언적에게서 만물 이치의 궁극적 근거는 도가 될 수 있기 때문이다.[22] 그러므로 이언적에 따르면 만물과 만사 각각에는 근본과 말단, 끝과 시작의 이치가 있고, 그 모든 이치는 '도'로 귀착한다. 이언적은 만물과 만사 하나하나에서 근본과 말단, 끝과 시작의 이치를 확인하는 점진적 과정을 거쳐 그 궁극의 근원에 사유를 통해 도달하려고 했던 것이다.

2) 이이의 비판

앞서 보았다시피 이언적은 "고요한 이후 편안할 수 있다[靜而後能安]"의 '편안함'을 '체득'과 연관시켜 설명하였다. 그러나 주희는 그곳을 주석하면서, "'편안함'은 '처한 곳이 편안하다'는 뜻이다[謂所處而安]"라고 말한다.[23] 비록 주희는 고요함[靜]과 편안함[安]을 대별하여, 고요함은 지극한 선[至善]을 알게 된 이후의 마음 상태를 가리키고, 편안함은 그 때 몸[身]의 상태를 가리킨다고 일단 구분하였지만[24], 편안함과 고요함 사이에는 질의 차이가 있지 않고 다만 정도의 차이만 있을 뿐이라고 보았다.[25] 그러므로 고요함에서 편안함으로 넘어갈 때 질적 도약이 일어나지 않는다고 주희는 생각했다.

이이(李珥)는 주희의 해석에 근거하여 이언적의 주석에 대해 의문을 제기한다.[26]

---

22) 이는 리(理)는 조리(條理)이고 '도'는 리의 총명(總名)이라는 주희의 주장과도 부합하는 면이 있다.

23) 朱熹, 『大學章句』, 經1章.

24) 『朱子語類』 卷14, 135條. "但靜是就心上說, 安是就身上說."

25) 『朱子語類』 卷14, 139條. "定而後能靜, 靜而後能安, 亦相去不遠, 但有深淺耳."

[경문의 "고요한 이후 편안할 수 있다"에 대한 『대학장구』의 주석인] "'편안함'은 '처한 곳이 편안하다'는 뜻이다"라는 말은, 몸을 가리키는 듯하지만 실은 앎이 편안하다는 말일 뿐, 행위까지 도달하지 않았다. [이언적이 해당 구절을 주석하면서 인용했던] 『맹자』의 "거처하는 곳이 편안하다"는 구절은, '아주 깊은 단계까지 나아가 스스로 체득한 이후의 효과'를 말하므로 '앎과 행위를 합하여' 말했지 앎 한 쪽에만 그치지 않는다. 그러므로 『대학』의 고요함[靜], 안정됨[定], 편안함[安]에서 편안함은 『맹자』의 "거처하는 곳이 편안하다"의 "편안함"과 비슷한 듯해도 경중은 다르다. 그런데도 회재가 두 가지를 같다고 간주하였으니 타당하지 않다.[27]

이이는 '지'와 '행'의 범주를 이용하여 이언적의 주석에 비평을 가한다. 『대학장구』의 경문(經文)에는 지와 행의 개념 쌍이 글자 그대로 사용되지 않았으나, 지와 행으로 분류될 수 있는 내용은 들어 있다. 『대학장구』는 "멈출 곳을 아는 것[知止]"과 체득[得]을 대비시키는

---

26) 이이는 스물두 살 때 이황에게 보낸 편지에서 바로 이 문제에 대해 묻고 있다. 그가 인용한 주희의 말에 따르면, '멈출 곳을 앎' 이후 '정해짐'과 '고요함'을 거쳐 '편안함'의 단계까지 도달하는 것은 어렵지 않으나 '편안한 다음에 사유하는 것'과 '사유한 다음에 체득하는 것'이 어렵다고 한다. 심지어 '편안한 다음에 사유하는 것'은 안연 정도 되는 인물이 아니면 할 수 없는 일이라고까지 했다(『朱熹集』 卷32, 「答張敬夫問目」). 요컨대 '사유' 그 자체와, '사유'를 통한 '체득'이 어렵다는 것이다. 이 질문에 대해 이황은, 중간 등급 이하의 인간들도 '편안한 이후 사유'할 수 있다는 입장을 취했다. 다만 그들은 '정밀한 것[精]'이 아니라, '거친 것[粗]' 즉 구체적 형체를 지닌 것을 사유 대상으로 삼을 수 있을 뿐이라고 이황은 말한다.(『栗谷全書(III)』 卷9, 1쪽, 「퇴계(退溪) 선생에게 올리는 별지(別紙)-무오(1558)」, 한국정신문화연구원, 1996.)

27) 李珥, 『栗谷全書』 卷14, 「晦齋大學補遺後議」. "安謂所處而安, 雖似指身, 而實是所知之安耳, 未及於行也. 若孟子所謂居之安, 則乃深造自得之效, 合知行而言, 不止於知一邊也. 然則大學定靜安之安, 與孟子居之安之安, 雖似相近, 而輕重不同. 晦齋合而一之, 恐是未安."

데, "멈출 곳을 아는 것"은 지로 분류되고 "체득"은 행으로 분류될 수 있다. "멈출 곳을 아는 것"이 지로 여겨지는 것에는 별다른 의문이 들지 않겠지만, "체득"이 어째서 행으로 분류되는지에 대해서는 의문이 있을 수 있으므로 약간 설명이 필요하다. 그 설명은 다음과 같다. 곧, 어떤 도덕적 가치를 온전하게 체득한 사람은 매우 자연스럽게 그런 가치에 따른 행위를 해낼 터이므로 그의 체득은 행과 직결되는 것이다.

이런 사전 이해를 바탕으로 위 인용문을 분석해 보자. 위에서 이이는, 이언적이 경문의 "고요한 이후 편안할 수 있다"를 『맹자』의 "거처하는 곳이 편안하다"로 풀이한 것[28]에 대해 의문을 제기하였다. 왜냐하면 『맹자』의 "거처하는 곳이 편안하다"는 이이의 이해에 따르면 "아주 깊은 단계까지 나아가 스스로 체득한 이후의 효과"를 가리키므로, 아직 체득 단계에 도달하지 않은 심리적·육체적 상태에 대해 그런 표현을 사용하는 것은 적절하지 않기 때문이다.

그다음, 헤아림을 사유로 해석했던 이언적을 이이가 어떻게 비판하는지 살펴보자.

> 헤아림[慮]을 사유[思]으로 여김은 매우 어긋나지는 않지만, 사유는 외물을 궁구하기[格物] 위한 길이므로, 최초 단계에서 사유하지 않으면 멈출 곳을 알아서[知止] 정해질[定] 수 없다. 따라서 외물을 궁구하여 앎이 지극해진 다음에 또다시 사유하는 공부를 하면 안 된다. 선현께서 헤아림[慮]을 지(知)와 행(行) 사이에 두고서 "일에 임하여 다시 더 정밀하고 상세하게 한다."고 말한 것은 아마도 바꿀 수 없는 의론인 것 같다.[29]

---

28) 李彦迪, 『大學章句補遺』. "謹按, 安, 謂安於所止, 卽所謂居之安也."(李春熙 編, 『晦齋全書』, 성균관대학교 대동문화연구원, 1973, 557쪽.)

이언적에게서 헤아림은 체득이라는 최종 단계와 곧바로 이어지는 지성 활동이었다. 그만큼 헤아림의 지위는 상승하게 되었고, 그는 바로 그 점을 강조하기 위해 『맹자』와 정자(程子)의 발언을 인용하려 헤아림을 사유로 간주한 것이다. 이이는 이런 이언적의 독해에 대해 분명한 반대 입장을 표명한다.[30] 이이가 보기에 사유는 격물치지 곧 "멈출 곳을 알기" 위한 예비적 단계에 해당될 뿐이므로 그는 예비 단계에 불과한 사유가 곧 체득을 가능케 한다는 이언적의 이해에 동의할 수 없었다. 한편, 헤아림 역시 체득, 곧 행(行)에 도달한 것이 아니라 후자와는 구별되어야 하는 정신적 작용이라고 이이는 보고 있다.

앞 절에서 보았던 내용처럼, 이언적은 사유의 특수성을 강조하기 위하여, "멈출 곳을 아는 것"은 "마땅히 그러해야 할 바[所當然]"를 아는 것에 불과한 반면, 사유는 만물의 이치가 "그러한 까닭[所以然]"을 아는 것이라고 말했다. 주희도 "마땅히 그래야 할 원칙"과 "그러한

29) 李珥, 『栗谷全書』 卷14, 「晦齋大學補遺後議」. "以慮爲思, 雖不大悖, 但思是格物之路, 當初不思, 則無以知止而有定矣. 不應於物格知至之後, 乃更有思底功夫也. 先賢以慮處於知行之間, 而謂之臨事更精詳云云, 恐是不易之論也."

30) 동일한 논점이 이이와 성혼 사이의 왕복 서신 가운데에서 발견된다. 이이는 "저는 사유하지[思] 않아도 체득하는[得] 것을 앎[知]의 극치라고 하고 노력하지[勉] 않아도 들어맞는 것[中]을 행위의 극치라고 여기는데, 귀하는 '사유하여 체득하는 것을 앎의 극치라고 하고 노력하여 들어맞는 것을 행위의 극치'라고 했습니다."라고 성혼에게 말하고 있다. 이이의 말에 따르면 성혼은 사유를 통해 직접 체득으로 나아갈 수 있다는 입장을 취하여 사유에 중요한 지위를 부여하는데, 이는 이언적의 입장과 상통할 것이다. 반면 이이는 '사유하지 않아도 체득하는 것'을 앎의 극치로 간주함으로써, 사유에 그와 같은 지위를 부여하지 않는다. (李珥, 『栗谷先生全書』 卷9, 「答成浩原」 네 번째 편지. "大抵珥則以不思而得, 爲知之極, 不勉而中, 爲行之極. 足下則以爲思得爲知之極, 勉中爲行之極.")

까닭"을 구분하고 후자에 대한 앎이 전자에 대한 앎에 비해 심층적이라는 점을 인정하지만[31], 격물치지의 대상을 "마땅히 그래야 할 원칙"으로 상정하고 사유 대상을 "그러한 까닭"으로 설정하지는 않았다. 이이는 이러한 주희의 설명에 따른다.

> '마땅히 그러해야 할 바[所當然]'와 '그러한 까닭[所以然]'을 앎이 격물치지이다. 만약 '그러한 까닭'을 모른다면 "멈출 곳을 안다"고 말할 수 없다. 정해짐[定]과 고요함[靜]의 다음 단계는 앎[知]의 효과로서 의미가 점점 깊어진 것일 뿐이다. 불혹(不惑)과 지천명(知天命) 사이에 실제로 분명한 등급이 있는 것과 같지는 않다.[32]

정해짐과 고요함의 다음 단계는 편안함과 헤아림인데, 이언적은 후자에 특별한 의미를 부여하였다. 하지만 이이는 편안함과 헤아림이 단지 선 그 자체[至善]에 대한 앎의 부수적 효과에 불과하다고 보았다. 이언적처럼 앎 이후에 다시 사유를 더 진전된 단계로서 상정할 필요는 없다는 것이다. 이언적은 마치 "지지(知止)"는 『논어』의 "불혹(不惑)"에 배당시키고 "려(慮; 思)"는 "지천명(知天命)"에 배당시켜서, "지지"로부터 "려"를 향하여 인식의 깊이가 질적으로 심화되는 것처럼 말했지만 이이는 여기에 동의하지 않았다.

그다음, 이언적의 격물장 재편정에 대한 이이의 견해를 보자. 앞 절에서 보았다시피 이언적은 "物有本末, 事有終始, 知所先後, 則近道矣.

---

31) 『朱子語類』 卷17, 43條. "郭兄問, 莫不有以知夫所以然之故, 與其所當然之則. 曰, 所以然之故, 卽是更上面一層."

32) 李珥, 『栗谷全書』 卷14, 「晦齋大學補遺後議」. "知其所當然與其所以然, 乃是格物致知也. 若不知所以然, 則恐不可謂之知止也. 定靜以下, 乃是知底功效, 意味漸深耳, 恐不如不惑知天命之實有等級分明也."

知止而后有定, 定而后能靜, 靜而后能安, 安而后能慮, 慮而后能得"이 착간(錯簡) 되기 이전 격물치지장의 본래 형태였다고 판단했다. 그런데 이렇게 격물치지장을 재구성한다면 격물치지의 내용이 주희의 그것과 달라질 수 있다. 왜냐하면 이언적이 생각하는 격물치지란 만물의 본질과 말단을 변별하고, 모든 사태의 시작과 끝을 판별하는 앎이 될 것인데, 이는 격물치지를 리의 궁구[窮理]로 여겼던 주희의 견해에 비해 너무 평범하기 때문이다.

이이는 바로 그 점을 우려했다.

> 경문의 두 절을 격물장에 배치한다면 글 뜻이 순조로운 듯하지만 꼭 그래야 할지 모르겠다. 다만 "리를 궁구함"은 '마땅히 그래야 할 바'와 '그렇게 된 까닭'을 궁구하고, 겉과 속, 정밀함과 거칢을 끝까지 파악함이니, 그렇다면 "본말"과 "선후"도 그 가운데 포함될 터이다. 만약 본말과 시종(始終)만 궁구한다면 오히려 리를 궁구하는 공부에서 빠지는 부분이 생기지 않을까? 한편 "멈출 곳을 안다" 이하는 효과만 말했을 뿐이다. [인용자 주: 그러므로 "멈출 곳을 안다" 이하에서 리를 궁구하는 공부를 보완할 수는 없다.] 이로부터 보건대 비록 경문에 의거해 격물치지 공부를 하더라도 실제로 착수처를 얻을 수 없을 것이다.[33]

이이는 "리를 궁구하는 것"이 '마땅히 그래야 할 바'와 '그렇게 된 까닭'을 궁구함이라고 규정하는데, 이는 앞서 이언적이 그 두 가지 사이를 구별하여 전자에 비해 후자를 아는 것이 더 중요하다고 말했던 곳을 겨냥한 말이다. 이이에 따르면 '마땅히 그러해야 할 바'

---

33) 李珥, 『栗谷全書』 卷14, 「晦齋大學補遺後議」. "經文二節, 置之格物之章, 文義似順, 第未知必然否也. 但窮理者, 窮其所當然與其所以然, 而表裏精粗無所不盡, 則本末先後在其中矣. 若只窮其本末始終而已, 則無乃窮理功夫有所遺漏乎. 知止云云一節, 只言其效而已. 由是觀之, 雖欲由經文而下格物致知功夫, 實不得其下手處矣."

와 '그렇게 된 까닭'을 아는 것은 행위의 근본과 말단, 끝과 시작을 아는 것을 포괄한다. 그런데 이언적은 어떤 행위의 본질과 말단이나 시작과 끝을 아는 것 자체를 격물치지로 간주했다. 따라서 이언적의 격물치지 이해에는 리를 궁구한다는 내용이 결여될 가능성이 있다. 이이는 리를 궁구함이 "착수처"이고 그 이하 "정해짐" "고요함" 등은 효과라고 보았다. 하지만 이언적에게는 리를 궁구함이 결여되어 있어 착수처가 없다고 한다.

1581년, 이이는 바쁜 관직 생활 가운데에서도 「회재대학보유후의」, 「『격몽편』 발문[擊蒙編跋]」, 「『학부통변』의 발문[學蔀通辨跋]」을 짓는다. 『학부통변』은 명나라의 진건(陳建, 1522~1566)이 지은 저술로 주자학을 옹호하고 도가·불교와 육구연·왕수인의 학문을 비판한 저서인데, 이이는 발문에서 저자 진건의 학문적 위상과 주자학 이해 수준에 대해 유보적 태도를 취하긴 하지만 그 책이 "육구연과 왕수인의 사술(邪術)을 알게끔 하는 데에 공적이 크다"고 인정해 마지않았다.34)

『격몽편』은 박운(朴雲, 1493~1562)이 지은 성리학(性理學) 연구서로서 박운은 그 내용을 갖고서 이황과 질의·응답을 나누기도 하였다. 이이는 당시 개성(開城) 유수(留守)였던 최응룡(崔應龍)의 부탁으로 발문을 써주게 되었는데, 이 편에는 이미 김취문(金就文)의 발문이 수록되어 있었다. 이이는 이 발문에 인용된 박영(朴英)의 발언을 문제 삼았다. 박영은 박운의 스승이었다. 이이에 따르면 박영은 "학문하는 방법은 자득(自得)한 것이 있은 뒤에야 조존(操存)하고 수양할 수 있다"고 하였다. 그런데 이이는 '자득'이라는 것은 "깊이 나아간[深

---

34) 李珥, 『栗谷先生全書』 卷13, 「學蔀通辨跋」. "第未知陳氏平日學行德業, 可以取信重於天下後世否也. 其論性理肯緊之說, 亦未能盡其妙, 而無少出入也. 但因其言, 深知陸王之邪術, 則其功已偉矣."

造]" 뒤에 도달할 수 있는 수양의 목표점이라는 것을 『맹자』 및 그에 관한 주희의 주석을 들어서 설명하고 있다. 이이에 따르면, 배우는 이들로 하여금 먼저 자득을 추구하도록 하는 수양법은 이단의 학문, 즉 불학(佛學)의 그것에 접근할 수 있다고 하며, 박영에게 선불교의 영향이 느껴진다고 했던 이황의 발언에도 공감을 표하였다.[35] 이를 통해 보건대 「격몽편 발문」과 「학부통변 발문」은 선불교와 이른바 육왕학(陸王學)의 유심론적 사유에 대한 비판의식과 경계심을 담고 있음을 알 수 있다.

그렇다면 이들 두 글과 「회재대학보유후의」 사이에는 연관성이 없을까? 우리는 이이가 「격몽편 발문」에서 박영을 비판하며 『맹자』의 자득 개념과 그에 대한 주희의 주석을 인용했음을 보았다. 그런데 본문에서 살펴보았다시피, 이이는 그와 같은 취지에서 『맹자』의 바로 그 개념과 동일한 주희의 주석을 사용하여 이언적의 '편안함' 개념을 비판하였다. 그렇다면 이이가 어째서 이언적의 『대학』관을 비판적으로 바라보았는지 그 이유를 알 수 있는 바, 그것은 '사유를 통한 체득'의 정신 활동 단계가 격물치지보다 더 고차적이라고 간주하는 사상이 선불교 또는 육왕학에 가까울 수 있다고 이이는 우려했기 때문일 것이다. 특히 양명학적 문제의식을 일부 수용한 노수신이 『대학장구보유』에 발문을 썼고, 노수신에 대해 이이가 비판적 태도를 취해 왔던 사실을 상기한다면[36] 이이가 「회재대학보유후의」를 저술한 동기 및 취지도 미루어 짐작할 수 있을 것이다.

---

35) 이건형 외 역, 『국역 율곡전서(III)』, 한국정신문화연구원, 1996, 278-289쪽.
36) 정호훈은, 노수신이 양명의 사상과 이언적의 학문을 '심학'의 차원에서 하나로 파악하고 있었다고 한다. 정호훈, 「소재(蘇齋) 노수신(盧守愼)의 『대학집록(大學集錄)』의 지식 세계와 그 영향」, 『한국사상사학』 51, 2015, 213-214쪽.

3. 이언적의 인(仁) 개념에 대한 이이의 비판

이언적은 『대학장구』의 전(傳) 10장인 치국평천하장(治國平天下章)에 다음과 같이 주석을 달았다.

> 생각건대 이 장이 말하는 내용은, 다스리는 길은 '인'(저자 주: 효도, 공경, 자애가 '인'을 실천하는 시작이다)에서 시작한다는 점과 '인'을 베푸는 핵심은 또한 혈구(絜矩)에 있다는 점이다.[37]

한편, 『대학장구』 전10장의 첫 번째 구절은 이렇다.

> 이른바 "천하를 평정함이 나라를 다스림에 달려 있다."는 말은, 왕이 노인들을 노인대접 해주면, [백성이 왕을 자기 부모처럼 여겨] 효를 행하는 기풍이 백성 사이에서 일어나고, 왕이 연장자를 연장자로 대해 주면 왕에게 공경하는 기풍이 백성 사이에서 일어나며, 왕이 고아를 구휼하면 백성이 왕을 배신하지 않는다는 뜻이니, 군자에게는 혈구의 길(絜矩之道)이 있다.[38]

왕이 자기 부모에게 효도하는 마음을 미루어[推] 백성의 늙은 부모들을 잘 예우해 주면, 백성은 그 보답으로 왕을 자기 부모처럼 여겨 효를 다하려 하며, 또한 왕이 자기 형만 공경하지 않고 백성의

37) 李彦迪, 『大學章句補遺』. "謹按此章, 言爲治之道, 本於仁(孝悌慈爲行仁之本), 而施仁之要, 又在於絜矩."(李春熙 編, 『晦齋全書』, 성균관대학교 대동문화연구원, 1973, 564쪽.)

38) 朱熹, 『大學章句』. "所謂平天下在治其國者: 上老老而民興孝, 上長長而民興弟, 上恤孤而民不倍, 是以君子有絜矩之道也."

형들에게 공경하는 태도를 취하면, 백성은 왕을 마치 자기 형처럼 생각하여 공경하려 할 터이다. 마지막으로 왕이 자기 자식만 사랑하지 않고 부모 없는 고아를 사랑으로 돌보아 주면, 백성은 그런 왕을 결코 배신하는 일이 없을 것이다. 왜냐하면 설령 내가 죽어 내 자식이 고아가 된다 하더라도 왕이 내 자식을 사랑으로 돌보아 줄 것이므로 나는 기꺼이 왕을 위해 헌신할 수 있기 때문이다. 이처럼 왕이 제 직계 가족을 사랑하는 마음을 미루어 백성의 가족을 사랑해 줌이 "혈구의 길"이다.

이언적은 『대학장구』 전10장의 첫 구절이 전체 취지를 요약한다고 생각하였다. 그는 왕이 효도, 공경, 자애를 행하고, 이를 백성의 부모, 형, 자녀에게 미루어 베푸는 혈구의 길을 걸어야 함이 10장 전체 취지라고 생각한 것이다. 그런데 효도, 공경, 자애는 모두 '인'과 관련이 깊다. 예를 들어 『논어』 「학이」편에 "효도는 '인'을 행하는 시작이다"라는 구절이 나온다. 그래서 이언적은 "다스리는 길이 '인'에서 시작한다"고 말한다. 그리고 '인'을 행하는 방법은 혈구의 길이라고 그는 보았다.

전 10장의 내용을 놓고 보았을 때 이언적의 해석이 전혀 틀린 것은 아니다. 그렇지만 『대학장구』 전체 구절을 염두에 두고 보면, "나라를 다스리고 천하를 평정함"의 시작점은 '격물치지' 또는 '명덕을 밝힘[明明德]'이어야 한다. 이언적도 이런 반론이 제기될 줄 알았기 때문인지 『속(續)대학혹문』에서 다음과 같은 논지를 펼쳐 자기 견해를 변호하였다.

> 대학(大學)의 법도는 이치를 궁구하고 마음을 바르게 함으로써 자신을

> 수양하여, 가문, 나라, 천하로 미루어 가는 데 달려 있다. 이치를 궁구함은 인(仁)을 구하는 방법이요 '인'은 인심(人心)이니, 마음이 바르게 되면 그 마음이 곧 '인'이다. 제 몸으로부터 가문으로 미루어 가고, 가문으로부터 나라와 천하로 미루어 감에 어찌 다른 방법이 있을까? 참으로 이 마음뿐이다. 그러므로 주자가 격물치지는 '인'을 구하는 방법이라고 했으니… "이 마음을 보존한다" 함은 '인'을 말한다.[39)]

전(傳) 10장에는 나라를 다스림과 천하를 평정함을 가능하게 하는 근본 덕목으로서 '인'을 드는 구절들이 분명 있지만, 『대학』 전체 맥락을 놓고 보았을 때 '밝은 덕을 다시 밝힘' 또는 '격물치지'가 근본이 되어야 한다. 이언적은 불일치를 제거하기 위해, 위 인용문 두 번째 구절에서 "이치를 궁구함은 '인'을 구하는 방법"이라는 점을 명시하였다. 하지만 이렇게 되면 '이치를 궁구함'은 '인을 구함'에 비해 부차적 지위를 차지할 수밖에 없다. 그러므로 이언적은 '인'이 나라를 다스리고 천하를 평정하는 근본 덕목이라는 자신의 주장을 그대로 유지하면서도, '인'을 구하기 위한 방법으로서 '이치를 궁구함'을 설정했던 것이다.[40)]

---

39) 李彦迪, 『續大學或問』. "蓋大學之法, 在於窮理正心, 以修其身, 以及於家國天下. 窮理, 所以求仁也. 仁, 人心也. 心得其正, 是乃仁也. 由身而及於家, 由家而及於國天下者, 豈有他哉. 亦此心而已矣. 故朱子曰, 格物致知, 所以求仁也. …孟子曰强恕而行, 求仁莫近焉. 有志於仁者, 當知穹壤之間, 與吾並生者, 莫非同體. 體同則性同, 性同則情同. 公其心平其地, 必均齊而無偏吝, 方正而無頗邪. 帥是以往, 將無一物不獲者, 此所謂絜矩之道也."(李春熙 編, 『晦齋全書』, 성균관대학교 대동문화연구원, 1973, 575쪽.)

40) 그렇지만 과연 격물치지가 '인'을 구하는 방법일까? 이언적은 주희가 그런 말을 했다고 하는데, 실제로 『주자어류』 제6권 제83조에는 "『대학』의 '치지' '격물'은 '인'을 구하는 방법"이라는 기록이 분명 있기는 하나 그런 사례는 단 한 차례에 그치고 있다.(『朱子語類』 卷6, 83條. "問求仁. 曰, 看來仁字只是箇渾淪底道理. 如大學致知·格物, 所以求仁也. 中庸博學審問慎思明辨力行, 亦所以求仁也.")

이언적의 이러한 태도는 『속대학혹문』의 다음 두 구절에서 분명히 엿볼 수 있다.

> [전(傳) 3장의] "군주는 '인'에서 멈춘다"는, 통치의 길이 '인'에서 시작한다는 것을 말한다. '인'은 군주가 멈춰야 하는 곳이다. 임금이 '인'에 멈춘다면 교화가 행해지고 은택이 베풀어져 천하가 다스려질 것이다. 요 임금, 순 임금, 그리고 세 왕(王)의 다스림이 모두 여기서부터 시작한다. 예악(禮樂)과 형정(刑政)은 [어질게 다스림의] 파생물일 뿐이다.[41)]

> 이미 [『대학』은 전9장에서] 어질거나 어질지 않음이 [나라를] 일으키거나 망하게 하는 징조임을 말했고, 요 임금이나 순 임금과 걸 임금이나 순 임금의 정사를 말하여 후대에 경계를 하였으니 성현의 뜻을 분명히 알 수 있다.[42)]

이언적은 『대학장구』 전(傳) 3장의 "군주는 '인'에서 멈춘다"와 전9장의 "요 임금과 순 임금이 천하를 '인'으로써 이끌었으니 백성이 그들을 따랐고, 걸 임금과 주 임금이 천하를 포악함으로 이끌었으니 백성이 그들을 따랐다"를 근거로 삼아, 전10장, 즉 '치국평천하'장의 취지는 '군주가 어진 덕을 회복해야만 천하가 다스려지는 것'이라고 보고 있다.

이이는 이에 대해 다음과 같이 비판했다.

---

41) 李彦迪, 『續大學或問』. "其曰, 爲人君止於仁者, 言治道本於仁, 此人君之所當止也. 人君而止於仁, 則化行澤洽而天下平矣. 堯舜三王之治, 皆本於此. 禮樂刑政, 特其緖餘耳." (李春熙 編, 『晦齋全書』, 성균관대학교 대동문화연구원, 1973, 574쪽.)

42) 李彦迪, 『續大學或問』. "旣言仁與不仁, 興喪之幾, 又言堯舜桀紂之事, 以垂戒萬世, 聖賢之意, 斷可知矣."(李春熙 編, 『晦齋全書』, 성균관대학교 대동문화연구원, 1973, 574쪽.)

[『대학장구』에서] 요(堯) 임금과 순(舜) 임금, 걸(桀) 임금과 주(紂) 임금을 언급한 곳의 의도는 어진지 그렇지 않은지를 분별함이 아니다. 그 의도는 스스로 [선을] 체득한 다음에야 남에게 선을 요구할 수 있고, 자신에게 악덕이 없게끔 한 이후에야 남을 비판할 수 있다는 것이다. 그러므로 "요 임금과 순 임금이 '인'을 좋아하여 백성을 '인'으로써 이끌자 백성이 따랐고, 걸 임금과 주 임금이 포악함을 좋아하여 백성을 포학함으로 거느리자 백성이 따랐다"는 구절은, 만약 자신이 포악함을 좋아하는데도 백성을 '인'으로써 거느리려 한다면 백성은 따르지 않으리라는 것을 말한다. 따라서 그 구절의 주된 의도는 어진지 그렇지 않은지를 분변하는 것이 아니다.[43)]

이이가 문제로 삼고 있는 것은 『대학장구』 전9장 내의 한 구절이다. 그런데 그 구절은 서(恕)를 핵심 내용으로 갖는다.

요 임금과 순 임금이 '인'으로써 천하를 이끌자 백성이 그들을 따랐다. 걸 임금과 주 임금이 포악함으로써 천하를 이끌자 백성이 그들을 따랐다. 명령 내용이 백성이 좋아하는 것에 반했다면 백성은 따르지 않았을 것이다. 그러므로 군자는 자기에게 덕이 있고 나서야 타인에게 덕을 요구하고, 자기에게 악덕이 없고 나서야 [덕이 없다고] 타인을 비판한다. 제 몸의 호오(好惡)를 바탕으로 삼아 타인을 헤아려 보지 못한 상태에서 타인을 깨우칠 수 있는 사람은 아직 없었다.[44)]

---

43) 李珥, 『栗谷全書』 卷14, 「晦齋大學補遺後議」. "況堯舜桀紂云云, 其意不在於分辨仁與不仁也. 其意只言其有諸己而後求諸人, 無諸己而後非諸人. 故堯舜好仁而帥民以仁, 則民從之, 桀紂好暴而帥民以暴, 則民亦從之, 若己好暴而帥民以仁, 則民不從云爾. 此其主意, 豈在於仁與不仁之辨乎."

44) 朱熹 編, 『大學章句』 傳9章. "堯舜帥天下以仁, 而民從之, 桀紂帥天下以暴, 而民從之. 其所令反其所好, 而民不從. 是故君子有諸己而后求諸人, 無諸己而后非諸人. 所藏乎身不恕, 而能喩諸人者, 未之有也."

위 인용문의 첫 구절만 보면 주제가 군주의 어진 덕인 것처럼 여겨질 수도 있겠으나 끝까지 읽어보면 주제는 '인'이 아니라 '서'라는 점이 분명히 드러난다. 어진 요 임금, 순 임금이든, 아니면 어질지 않은 걸 임금, 주 임금이든 모두 백성이 좋아하는 것이 무엇인지 헤아리고서 백성을 이끌었기 때문에 백성이 임금을 따랐다는 것이다. 이들이 갖고 있던 공통적 태도는 '서'였다. 그리고 "군자는 자기에게 덕이 있고 나서야 타인에게 덕을 요구하고, 자기에게 악덕이 없고 나서야 [덕이 없다고] 타인을 비판할 수 있다"에서 알 수 있다시피, '서'를 행하기 위한 전제는 '덕을 밝힘'이다. 경문에 나왔다시피 '덕을 밝히기'는 격물치지와 깊은 관련을 맺는다. 따라서 나라 다스림과 천하 평정의 시작[本]은 '인'이 아니라 덕을 다시 밝히기 또는 격물치지가 되어야 한다.

그럼에도 불구하고 이이의 비판은 충분치 않아 보인다. 왜냐하면 그는 이언적이 제시한 여러 근거 중 하나만 취해서 그것에 대한 이언적의 이해가 바르지 않다고 지적하는 데 그치는 것처럼 보이기 때문이다. 하지만 필자는 여기에 학파적 대립 의식이 작용하고 있지 않나 추측해 볼 근거가 있다고 생각한다. 그 근거란 상기 구절에 대한 경연(經筵)의 강의록인데, 이황의 해석은 이언적의 그것에 부합한 반면 이이는 그에 따르지 않았기 때문이다. 『선조실록』 11년(1567년) 7월 기사를 보면, 이황은 선조를 위해 『대학』의 "요 임금과 순 임금은 '인'으로써 천하를 이끌었다[堯舜帥天下以仁]" 구절을 강의하면서 "임금 된 자는 '인'에 머물러야 한다[爲人君, 止於仁]"는 『대학』 전3장 내 한 구절을 인용하였고, "'인'은 임금에게 실로 중요하니… '인'을 마음으로 삼아야 한다"고 충고한다.45) 이는, 전9장의 "요 임금과 순 임금은 '인'으로써 천하를 이끌었다"를 설명하면서, 전3장의 "임금 된 자는 '인'에 머물러야 한다"를 근거로 들었던 이언적의 해설[46]과 궤를 같이하는 것이다.

또한 "'인'을 마음으로 삼아야 한다"는 이황의 말 역시, '인'이 사람의 본심이라고 하면서, 마음이 바르게 되어야지, 곧 현실적 마음이 어진 마음으로 변해야지 통치가 이루어진다고 했던 이언적의 해석과 일치한다.[47] 마지막으로, 전9장의 설명에서 요 임금, 순 임금과 걸 임금, 주 임금을 대조시키는 점 역시 이황과 이언적이 유사하다. 이상의 여러 가지 사항을 고려해 보았을 때 전9장에 대한 이황의 이해는 이언적의 그것과 거의 일치한다.

반면 이이는 「회재대학보유후의」를 지었던 해인 1581년 2월의 경연에서 "요 임금, 순 임금이 '인'으로써 천하를 이끈다"를 해설하면서, 그것은 성왕(聖王)들이 자신이 선(善)을 좋아한다는 것을 분명히 밝히면서 백성에게 도덕성을 요구하니 백성이 순종하여 악을 버리고 선을 좋게 되었다는 것을 말한다고 봄으로써 '혈구(絜矩)의 도' 즉 서(恕)의 관점에서 그 구절을 해석하였다.[48] 이는 주희의 주석 및 「회재대학보유후의」의 해설과 동일한 취지이다. 특히 눈여겨 볼 점은, 이황은 "자연(自然)"의 측면에서 '서'가 '인'에 비해 약간 미진하다고

45) 『宣祖實錄』 宣祖卽位年 丁卯(1567), 11月 17日.

46) 李彦迪, 『續大學或問』. "仁之說, 發端於三章, 而推廣於卒章, 其曰爲人君止於仁者, 言治道本於仁, 此人君之所當止也. 人君而止於仁, 則化行澤洽而天下平矣."(李春熙 編, 『晦齋全書』, 성균관대학교 대동문화연구원, 1973, 574쪽.)

47) 李彦迪, 『續大學或問』. "仁, 人心也. 心得其正, 是乃仁也. 由身而及於家, 由家而及於國天下者, 豈有他哉, 亦此心而已矣.… 朱子…又曰,…所謂存此心者, 仁之謂也."(李春熙 編, 『晦齋全書』, 성균관대학교 대동문화연구원, 1973, 575쪽.)

48) 이이 저/성낙훈·조규철 역, 『국역 율곡전서(VI)』, 한국정신문화연구원, 1988, 269-270쪽.

하면서 전9장을 오로지 '인'의 측면에서 해설하는 데 비해[49], 바로 위에서 보았다시피 율곡은 그렇지 않았다는 사실이다. 그러므로 이이가 『대학』 전9장의 그 구절에 대한 이언적의 해설을 문제 삼았던 것은 중요한 의미를 함축한 것으로 보아야 한다.

마지막으로 이이는, 이언적이 '인' 자의 규정에 천착한 나머지 『대학』 전체의 취지를 잘 이해하지 못하였다고 비판한다. 이언적에 따르면, 주(周)나라 이래 수천 년 동안 수많은 군주가 역사의 무대 위에 등장하였고 『대학』을 읽지 않은 군주가 없었지만, 그 가운데 『대학』의 본래 취지[本旨]를 정확히 파악한 사람은 거의 없었다고 한다.[50] 앞서 분석했다시피, 이언적이 생각하는 『대학』의 본래 의도란, 군주가 격물치지를 통해 '인'을 추구하여 그것을 체득함으로써 나라를 다스리고 천하를 봉건제의 이념에 따라 운영하는 것이었다.[51] 그런데 그 가운데에서도 가장 중요한 것은 '인'으로 귀결된다는 것이 이언적의 생각이었다. 그래서 그는 "성인의 경문과 현인의 전(傳) 가운데에 있는 한 글자의 의미를 밝히지 못하면 그 해독이 백성에게 미치고 화(禍)가 후대에까지 미친다"[52]고 말하는데, 여기서 "한 글자"는 바로 '인'을 가리키는 것이었다.

이이는 이와 같은 이언적의 경전 해석 태도에 대해 이의를 제기

---

49) 『宣祖實錄』, 宣祖 卽位年 丁卯(1567) 11月 17日.

50) 李彦迪, 『續大學或問』. "嗚呼, 自周以來, 數千載間, 有家國天下者, 蓋未有不讀此書, 而鮮有深明此章之本旨者."(李春熙 編, 『晦齋全書』, 성균관대학교 대동문화연구원, 1973, 575쪽.)

51) 李彦迪, 『續大學或問』. "蓋大學之法, 在於窮理正心, 以修其身, 以及於家國天下, 窮理, 所以求仁也."(李春熙 編, 『晦齋全書』, 성균관대학교 대동문화연구원, 1973, 575쪽.)

52) 李彦迪, 『續大學或問』. "聖經賢傳之中, 一字之義不明, 害流於生民, 禍及於後世, 其可忽哉."(李春熙 編, 『晦齋全書』, 성균관대학교 대동문화연구원, 1973, 575쪽.)

한다. 그가 보기에 이언적은 '인'의 의미를 객관적으로 규정하는 것에 치중하고 있었다. 그것보다 더 중요한 것은 명덕(明德)의 회복과 그로 인한 백성의 갱생이라고 이이는 말한다.

> '인'의 뜻이 규명되지 않아서 백성에게 해악을 끼치고 후세에게 재앙을 내린다는 [이언적의 말은] 더 옳지 않다. 군주는 다만 명덕을 밝히지 못하여 백성을 새롭게 하지 못하니, ['덕을 밝힘'과 '백성을 새롭게 함'이] 지극한 선에 도달하지 못할까 걱정할 뿐이다. 만약 진실로 명덕을 밝혀서 백성을 새롭게 하고 지극한 선에 도달하는 사람이 있다면 그가 바로 어진 사람[仁人]이다. 이런 마음을 베푼다면 천하를 다스리는 일은 마치 손바닥 위에 물건을 놓고 움직이는 것처럼 쉬울 것인데, 어찌 또다시 '인'의 뜻을 밝혀야 하겠는가? 만약 명덕을 밝혀서 백성을 새롭게 하는 것이 지극한 선에 도달하지 못한다면, 비록 '인'자를 만 번 외운다 한들 어찌 백성에게 해가 가지 않게 하고 후대에 재앙이 끼쳐지지 않게 할 수 있겠는가?[53]

이언적은 『대학』의 본래 취지가 결국 군주로 하여금 격물치지를 통해 '인'을 회복하게 하는 것이라고 보고, '인'의 정확한 의미를 밝히는 데에 역점을 두었다. 『속대학혹문』에서 그가 '치국평천하장'에 가장 긴 지면을 할애했던 것도 그런 생각에 연유를 둘 것이다. 이이가 보기에 이언적의 그러한 시도는 '인'만 잘 규명하면 나머지 문제는 저절로 해결될 수 있으리라는 그릇된 믿음을 갖게 할 수 있다. 이이는 『대학』 경문(經文)의 삼강령에 따라, 명덕을 철저히 밝히고 백성을 완전히 새롭게 하는 것을 우선시해야 하고, 이 두 과제를 잘

53) 李珥, 『栗谷全書』 卷14, 「晦齋大學補遺後議」. "且仁字之義不明, 而害流生民, 禍及後世者, 尤不然. 人君只患夫不能明明德, 不能新民, 不能止於至善耳. 苟能明明德新民止於至善, 則是乃仁人也. 擧斯心, 措之天下, 如運之掌矣, 何必更明一字之義乎. 若不能明明德新民止於至善, 則雖誦仁字萬遍, 何救於生民之害, 後世之禍哉."

수행한 사람이야말로 어진 사람[仁人]이 된다고 말한다. 곧, 군주로 하여금 '인'에 대한 개념적 이해를 추구하도록 할 것이 아니라, 명덕(明德)을 밝히게 하고 이를 근거로 백성의 명덕도 밝게 하는 "신민(新民)"의 실천을 하게 해야 한다고 말한다. 한편으로 이이는 그런 실천을 하는 사람이 곧 어진 사람이라고 하여, 군주만 아니라 사대부도 어진 사람이 되어 주도적으로 국정에 참여할 수 있다는 것을 암시하고 있다.

4. 결론

이언적은 『대학』의 재편정을 통해, 정치·사회적 규범 및 그 제도적 형식으로부터 핵심 원리 또는 덕목을 구별해 낼 줄 아는 것이 격물치지의 원의라고 규정하였고, 한 발 더 나가 그런 앎보다 더 중요한 것은 '사유'를 통해 제반 핵심 원리 또는 덕목을 관통하는 단일하고 포괄적인 원리, 즉 도를 체득하는 것이라고 주장했다.

이이는 사유를 통하여 단일하고 포괄적인 원리를 체득한다는 구도가 선불교 또는 육왕학의 실천론에 접근할 수 있다고 우려했다. 그는 주희의 『대학장구』에 바탕을 두고서, 격물치지 자체가 이치의 철저한 궁구이자 체득임을 주장함으로써, 격물치지 이외에 사유와 같은 별도의 지적 숙성 과정이 필요한 것은 아니며, 또한 별도의 체득[得] 단계를 깨달음의 완성 단계로 상정하면 안 됨을 말하였다.

한편 이언적은 『대학』 전체의 핵심 종지가, 왕으로 하여금 격물치지의 실천을 통해 어진 덕성을 회복하도록 함으로써 어진 정치를 펴게 하는 것이라고 보았다. 그는 격물치지보다 임금의 어진 덕성 회복과 어진 정치의 실시를 더욱 중시했던 것이다. 이언적의 이런 주장은 이황과 노수신에게 영향을 끼쳤을 가능성을 우리는 본문에서 살펴보았다.

이이에 따르면, 왕으로 하여금 격물치지를 통해 어진 덕을 갖게 함을 『대학』의 핵심 종지로 보는 견해는 『대학』 전9장과 10장을 잘못 해석한 결과, 그 핵심 내용이 사실 '혈구(絜矩)의 도'라는 점을 명확히 인식하지 못한 결과 성립한 오해였다. 이이는 『대학』의 핵심은 혈구의 도를 존재론적·인식론적으로 뒷받침하는 격물치지라고 보았다. 이이는 격물치지를 통해서 명덕(明德)을 밝힌 사람이야말로 어진 사람이라고 하여, 왕의 어진 덕성 회복을 위주로 사유했던 이언적과는 다른 정치철학적 관점을 보여주었다.

종합하자면, 이언적은 군주로 하여금 국가·사회의 제반 제도와 그것을 관통하는 인륜적 원리를 숙지하게 하고 그 원리의 인간적 근거인 도덕적 심성을 회복하게 하는 경서(經書)로서 『대학』을 자리매김했다고 할 수 있다. 이때 격물치지보다 더욱 중요하게 여겨지는 실천은 사(思)였다. 이이는 격물치지 개념에 대한 주희의 규정을 수용하여 격물치지의 실천이 곧 덕성을 함양하는 길이라는 점을 분명히 하였고, 군주는 사대부와 더불어 이 길을 나란히 걸어야 한다고 생각했을 것이다. 다만 이이가 『대학』의 격물치지 및 '인' 개념 해석에서 주희와 어떤 차별성을 갖는지 여부는 후속 연구를 통해 규명되어야 하리라고 생각한다. ◆

참고문헌

사료 :

『大學章句大全』(사고전서 전자판)

『선조실록』(한국고전번역원, 한국고전종합DB)

李彦迪, 『晦齋全書』, 성균관대학교 대동문화연구원, 1973.

李彦迪, 『國譯 晦齋全書』, 默民回甲記念事業會, 서울 1974.

이이 저, 성락훈·조규철 역, 『국역 율곡전서(VI)』, 한국정신문화연구원, 1996.

李瀷, 『星湖僿說』(한국고전번역원, 한국고전종합DB)

朱熹, 『四書或問』, 上海: 上海古籍出版社, 2001.

朱熹, 『四書集註』, 臺北: 藝文印書館, 1973.

연구단행본 :

최석기, 『조선시대 『대학장구』 개정과 그에 관한 논변』, 서울: 보고사 2011.

연구논문 :

김교빈, 「회재철학의 특성에 관하여 -『대학장구』의 개정을 중심으로」, 『晦齋 李彦迪의 哲學과 政治思想』, 默民記念事業會, 박영사, 2000.

이동희, 「회재 이언적의 經學思想 -『大學章句補遺』의 분석」, 『한국학논집』 11, 계명대학교 한국학연구원, 1985.

이동희, 「李彦迪의 朱子 『大學章句』에 대한 비판적 연구」, 『유교사상문화연구』 34, 한국유교학회, 2008.

이원석, 「이언적(李彦迪)의 『대학(大學)』 이해 -『대학』 편장 개정과 격물치지(格物致知) 개념을 중심으로」, 『대동철학』 83, 2018.

이지형, 「회재의 경학사상 -『대학장구보유』·『중용구경연의』를 중심으로」, 『이회재의 사상과 그 세계』, 성균관대학교 대동문화연구원, 1992.

전재동, 「17세기 율곡학파의 『대학』 해석 연구 -대전본 소주 분석을 중심으로」, 한국국학연구원, 『국학연구』 16, 2010.

정호훈, 「소재(蘇齋) 노수신(盧守愼)의 『대학집록(大學集錄)』의 지식 세계와 그 영향」, 『한국사상사학』 51, 2015.

문화다원론적 관점에서 본 한원진 중용관의 경학적 특징

엄 연 석

1. 머리말
2. 비은론과 인물성동이론에 따른 『중용』 해석의 특징
   1) 비은장(費隱章)에 대한 형이상학적 이해
   2) 인물성이론(人物性異論)과 일원분수론(一原分殊論)에 따른 『중용』 해석
3. 미발(未發)에 대한 해석과 그 문화다원론적 함의
4. 『주자언론동이고』에서 『중용』의 공부론 체계와 경(敬)의 지위
5. 예(禮)에 대한 문화다원론적 이해
6. 맺음말

* 이 글은 『한국학논집』 75집(2019.06)에 게재한 「문화다원론적 관점에서 본 한원진 중용관의 경학적 특징」을 본 저서의 간행 취지에 맞춰 일부 수정한 것이다.

1. 머리말

이 글은 한원진(韓元震, 1682~1751)이 『중용경의(中庸經義)』와 『주자언론동이고(朱子言論同異攷)』[1)]에서 『중용(中庸)』을 해석한 특징을 다음 몇 가지 관점에서 해명하고자 한다. 첫째, 남당이 기호학파의 성리학적 관점을 어떤 점에서 계승 발전시키고 있는가를 해명하고자 한다. 둘째, 남당이 인물성동이론 중 인물성 이론(異論)의 관점에서의 『중용』에 대한 해석이 문화다원론적 함의를 가진다는 점을 해명하고자 한다. 셋째, 경(敬)에 대한 이해와 함께 조선후기 사회를 질서지우는 구체적 규범으로서 예(禮)에 대한 남당의 견해를 문화다원론적 관점에서 살펴보고자 한다. 다시 말하면 본고에서는 조선 후기의 시대적 학문적 상황에 따라 남당의 철학적 대응이 내포하고 있는 문화다원론적 의미[2)]를 해명하는 데 집중하고자 한다.

---

1) 곽신환은 『주자언론동이고(朱子言論同異攷)』 역주와 함께 붙인 해설에서 남당이 외암(巍巖) 이간(李柬)과 오랜 기간 미발 오상을 중심으로 하는 호락논쟁을 전개하면서 주자의 이론적 논거를 세울 필요에 따라 『주자언론동이고』를 저술하게 되었다고 하였다. 곽신환 역, 『주자언론동이고』, 소명출판사, 2002.

2) 문화다원론은 기본적으로 중심 문화와 주변 문화가 각각 고유한 가치를 가지고 있다고 주장하며 이들 각각 문화의 고유성과 다양성으로서의 가치를 인정한다. 모든 문화는 아무런 수직적 위계를 가지지 않으며 수평적 차원에서 특수성과 고유성을 가지는 것으로 이해된다. 문화다원론자들은 세계 어느 지역 어떤 계층이나 민족이든 고유의 문화가 모두 나름의 가치를 가지는 것으로 생각한다. 문화다원론은 기본적으로 문화상대주의와 연속된 의미를 갖는다. 문화상대주의는 수많은 인류 종족의 문화적 다양성을 인정하고 각각의 문화는 독특한 역사적 환경의 측면에서 이해해야 한다는 주장이다. 특정한 사회의 역사적 맥락을 헤아려서 그 문화를 평가해야 하며, 어떤 문화 요소도 그 나름의 분명한 존립 근거가 있다는 것이다. 루스 베네딕트(Ruth F. Benedict)

그러면 이 글에서 문화다원론적 관점에서 남당의 철학과 중용관을 재조명하고자 하는 이유는 어디에 있는가? 기존의 남당 철학에 대한 연구는 인물성이론(人物性異論)을 중심으로 하는 이기심성론을 주로 신분적 차별을 긍정하는 보수적 관점에서 논의하는 것이 대세였다. 본고에서는 『중용(中庸)』에 대한 남당의 해석과 인물성이론이 이러한 차별성을 강조하는 보수적 측면으로만 해석하는 것은 한쪽으로 치우친 견해라는 점을 반성해 보고자 한다. 다시 말하면 남당이 제시한 인물성이론과 일원분수론 속에 개별적인 사물이 지니는 고유성과 특수성이 조화롭게 실현될 수 있다는 관점이 내포되어 있음을 문화다원론적 관점에서 재조명할 때 남당의 철학의 적극적 의미를 분명히 할 수 있다는 것이다. 바로 여기에서 문화다원론적 관점에서 남당의 중용관을 해명하고자 하는 이유를 찾을 수 있다.

이 글에서 제시하고자 하는 문화다원론적 연구의 초점과 방향은 다음 몇 가지로 설정할 수 있다. 첫째, 남당이 『중용』을 해석하면서 제시한 철학적 개념과 이론 속에 내포되어 있는 문화다원론적 이념의 요소를 추출하는 일이다. 둘째, 조선 후기라는 정치 사회문화적 풍토 속에서 남당의 학설이 내포하고 있는 현실적 요청에 대한 대응이론으로서의 특수성에 대한 해명이다. 셋째, 남당이 율곡학파 성리학을 계승하면서도 이론 가운데 특정한 학설을 강조함으로써 학파

는 『문화의 유형』에서 특정 문화권에서의 인간 행위가 그 사회의 관습에 따라 얼마나 다양한가를 보여주었다. 그에 따르면 각각의 문화는 서로 상대적인 측면들을 가지고 있으며, 문화적 가치는 그 사회적 환경과 조건에 따라 고유한 의미를 내포하고 있어서, 각기 다른 규범체계를 구성한다. 이 또한 문화 사이의 가치론적 비교가 불가능하며, 평등한 시각에서 문화마다 그 요소들은 고유한 상대적 가치를 가지는 것으로 이해하는 입장이다. 엄연석, 「『주역』상징체계에 내포된 문화다원론적 함의와 도덕적 표준」, 『인문연구』 86, 158쪽.

의 중심이론에서 변이(變異)와 동요(動搖)를 일으키는 부분에 대한 탐색이다.

한원진은 율곡으로부터 송시열(宋時烈)을 거쳐 권상하(權尙夏)로 계승되는 율곡학파의 학통을 이어 주자의 성리학을 정론으로 충실하게 계승하고자 하였다. 또한 그는 실학의 기운이 싹트던 시대적 변화에 대하여 실학자들과 달리 주자학의 입장에서 보수적 자세를 견지하였다. 영조 때(1725년) 경연관에 선임되었으나, 소론을 배척함으로써 탕평책을 거스르는 결과를 빚어 관직에서 파면된 후에는 성리학에 대한 연구에 집중하였다. 그는 권상하의 문하에 들어가 율곡학파의 성리학설을 계승하는 과정에서 당시 철학적 논변의 중심 주제였던 인물성론에서 인물성이론을 주장하는 중심인물이 되었다. 그는 인물성의 차이를 도덕적 관점에서 해석하여 인간과 인간 사이의 상하관계, 인간과 사물의 차이를 당연한 것으로 여겼다. 이러한 세계관의 보수적 입장에 따라 중화론적 세계관과 신분질서 유지를 강조하였다. 그러나 경세론에 있어서는 호포론(戶布論) 등의 개혁과 자영농육성 등 진취적 자세를 가지기도 하였는데, 이는 리(理)와 함께 기(氣)를 중시하는 율곡학의 함의를 경세론으로 연역하는 것을 의미한다.

이 글에서는 한원진의 이러한 개혁적 입장이 『중용』에 관한 주석서로서 『중용경의』와 『주자언론동이고』에 어떻게 내포되어 있는가를 규명하고자 한다. 특히 본고에서는 이기심성론과 형이상학, 공부론, 그리고 실천론 등을 연속적인 전체 속에서 상호간에 어떤 의미연관성을 가지는가를 해명하고자 한다. 또한 도덕적 실천과 공부의 과정에 초점을 맞추어 남당의 철학적 관점에 대한 미시적 분석을 행함으로써 그가 제시한 『중용』에 대한 인식이 문화다원론적 관점에서 어떠한 특징을 가지는가를 분석하고자 한다.

그러면 기존의 남당의 『중용』관과 관련한 연구 성과를 개관함으로써 본 연구의 상대적 특징과 의미를 제시해 보기로 한다. 먼저 최석기는 남당이 『중용』을 해석한 특징에 관한 논문에서 본문 및 장구에 대한 해석, 주자의 제설에 대한 변증, 후대 제유의 설에 대한 논변 중심으로 해명하면서 그 의의를 제시하고자 하였다.[3] 그는 또한 지분절해(支分節解)의 구조분석(構造分析), 맥락관통(脈絡貫通)의 논리접속(論理接續) 파악, 강령(綱領) 파악(把握) 등 세 가지를 남당이 『중용』을 해석하는 핵심적인 방법으로 보았다.[4]

김명년은 남당의 비은론(費隱論)에 대한 검토를 통하여 그의 형이상학적 관점을 해명하고, 인물성동이론과 이일분수설(理一分殊說)의 비은(費隱) 관계 구조를 분석하고자 하였다.[5] 정연수는 『중용』과 『맹자』의 순서로 이루어져 있는 『주자언론동이고』의 구조적인 문제를 한원진의 공부론에 의거하여 살펴보았다. 그는 『주자언론동이고』에서

3) 주자의 정설에 대한 변정(辨正)은 주자의 정설을 확정해 혼란을 방지하기 위한 것이었다. 후대 제유(諸儒)의 설에 대한 논변으로 요로(饒魯)와 왕백(王伯)의 설에 대한 비판은 주자의 『장구』의 설을 기준으로 비판한 것이며, 대전본 소주에 대한 논변은 '의리에 합치되느냐 그렇지 않느냐'와 '주자의 정설과 같은가 다른가'를 기준으로 삼았고, 우리나라 선유의 설에 대한 논변은 사계의 『경서변의』를 저본으로 하여 율곡과 사계의 설을 지지하면서 퇴계의 설을 배척한 것이 대부분이지만, 때론 율곡, 사계, 우암의 설에 대해서도 비판하였으며, 퇴계의 설을 지지한 경우도 있는데, 이 역시 의리와 주자의 정설을 준거로 하고 있다.

4) 최석기, 「남당(南塘) 한원진(韓元震)의 『중용(中庸)』 해석 방법과 그 성과」, 『한문학보』 16, 2007.

5) 김명년, 「南塘 韓元震의 『中庸』 해석에 관한 연구 -『經義記聞錄』 「中庸」〈費隱章〉을 중심으로」, 성균관대 석사논문, 2012, 73-75쪽. 김명년의 이 연구는 남당의 중용관을 문화다원론적 관점에서 해석하는 데 연구의 기초를 제공해 준다.

『중용』 다음에 『맹자』로 순서를 구성한 것은 미발심을 존양하는 공부 이후에, 기질변화의 역행 공부를 전개하는 한원진의 공부론에 근거한 것이라고 주장하였다.6)

단윤진은 인물성이론에 근거하여 『경의기문록』 『중용』에서 제시한 남당의 도론에 관한 연구에서 인성(人性)과 물성(物性)에 대한 남당의 인식이 어떻게 인도(人道)와 물도(物道)의 관계에 대한 인식으로 전개되고 있는지에 대하여 분석하였다. 그는 남당이 인간과 사물의 '기질을 이은 본연지성'은 다르기 때문에 인도와 물도가 다르게 된다고 주장하는 것으로 보았다.7)

이천승은 한원진의 『중용』 주석에 대한 분석을 통하여 그가 천명(天命)의 성을 기질적 차이가 존재하는 리로 간주하고, 미발에도 기질이 존재하며, 성(誠)과 신(神)의 긴밀한 연관을 통하여 기질에 따른 각각의 실리 구현을 강조한 것으로 보았다. 그에 따르면 한원진은 기질의 의미에 주목하고 이 속에 부여된 리를 성으로 규정하는 견해가 『중용』 주석 전반에 반영되어 있는 것으로 보았다.8)

이창규는 인심도심설(人心道心說)에서 주희와 한원진의 문제의식이 지니는 문화적 맥락의 차이를 중점적으로 검토하였다. 그에 따르면,

---

6) 정연수, 「『중용(中庸)』편과 『맹자(孟子)』편의 순차로 구성된 『주자언론동이고』 체계에 관한 일고찰 -한원진의 공부론을 중심으로-」, 『유학연구』 43, 2018.

7) 단윤진, 「남당 한원진의 도론(道論) 연구 -『경의기문록(經義記聞錄)』 「중용」을 중심으로-」, 『율곡학연구』 37, 2017. 단윤진은 조선 후기 성리학자인 남당 한원진과 실학자로 알려진 다산 정약용의 『중용』 주석을 『중용』의 구성에 대한 분절 편장 체제와 天에 대한 인식, 性과 道에 대한 인식의 측면에서 상호 비교 고찰하였다.(단윤진, 「南塘 韓元震과 茶山 丁若鏞의 『中庸』 註釋 比較 研究 -性과 道를 중심으로」, 성균관대 박사논문, 2013.)

8) 이천승, 「남당 한원진의 『중용』 주석에 관한 연구」, 『한국사상사학』 13, 1999.

주희가 송대 사상적 맥락에서 인심(人心)을 인욕(人欲)으로 풀이한 정이의 견해와의 충돌을 피하기 위하여 형기(形氣)에 '사(私)'를 붙여서 인심을 이해하였는 데 비하여, 조선후기 남당은 '사(私)' 자가 형기의 의미를 명료하게 해 주는 역할을 하는 것으로 보았다[9]는 것이다. 형려국은 미발의 심체는 순선하다는 입장의 외암 이간과 마음은 선악이 있다고 주장하는 남당의 미발론을 비교하면서도 이들 사이의 차이를 미발 개념, 미발심체의 선악, 마음의 일원성 등 관점에서 해명하였다. 여기에서 그는 남당에서 '사려미맹 지각불매(思慮未萌 知覺不昧)', '적연부동(寂然不動)'한 상태로서의 미발은 시간적으로 선재하는 것이며, 미발의 심체는 순선한 것으로 드러나지 않는다[10]고 하였다.

이처럼 남당의 『중용』과 관련한 기존의 연구에서는 주희의 『중용』에 관한 이해를 계승하여 해석한 특징과 내용, 그리고 해석 방법론에 대한 연구가 이루어졌다. 이어서 남당의 『중용』에 대한 이해를 도론의 관점에서 비은론을 중심으로 하여 분석한 연구 또한 이루어졌다. 이어서 『중용』 해석과 연관하여 인심도심론, 그리고 미발심체를 중심으로 하는 외암과의 비교론 등에 관한 연구가 작성되었다. 이제 이러한 연구 성과에 기초하여 본 논문에서는 문화다원론적 관점에서 남당의 『중용경의』에 나타난 『중용』에 대한 해석상의 특징이 어떻게 설명될 수 있는가 하는 점을 중점적으로 해명하고자 한다.

9) 이창규, 「人心道心說에서 朱熹와 韓元震의 문제의식 비교」, 『유교사상문화연구』 72, 2018.

10) 형려국, 「關于朝鲜儒者巍岩与南塘的未發論辨之考察」, 『유교사상문화연구』 45, 2011.

2. 비은론과 인물성동이론에 따른 『중용』 해석의 특징

1) 비은장(費隱章)에 대한 형이상학적 이해

이 장에서는 남당이 『중용』 「비은장」에서의 비은(費隱) 개념을 퇴계의 견해에 연원을 두면서도 현상의 다양성을 강조하는 관점에서 인물성이론 및 일원분수론과 연관하여 해석하고 있음을 해명하고자 한다. 이를 통하여 남당이 비은 개념에 대한 해석에 문화다원론적 관점이 반영되어 있음을 논증할 예정이다.

남당의 비은에 대한 해석은 퇴계의 비은에 대한 형이상학적 해석에 연원을 두고 있으나, 철학적 함의에서 구별된다고 할 수 있다. 따라서 남당의 비은에 관한 입장을 검토하기 전에 퇴계가 비은에 대하여 어떻게 설명하고 있는지를 살펴보기로 한다. 퇴계는 비은에 대하여 다음과 같이 형이상학적 해석을 제시하였다.

> 비(費)와 은(隱)은 도(道)로 말한 것으로 곧 형이상의 리(理)이다. 그 드러난 것으로 말할 때 비(費)라고 하고, 은미한 것으로 말할 때 은(隱)이라고 하지만, 두 가지가 있는 것이 아니다. 그래서 '본체와 작용은 근원이 같고, 드러난 것과 은미한 것은 틈이 없다'고 말하였다. 만약 형이하의 것을 비(費)라고 한다면 어찌 근원이 같고 틈이 없다고 말하겠는가?[11]

---

11) 『退溪全書』 26-28a, 「答鄭子中」. "費隱, 以道言, 乃形而上之理也. 以其顯而言, 則謂之費, 以其微而言, 則謂之隱, 非有二也. 故曰'體用一源, 顯微無間'. 若以形而下者謂費, 則其一源無間之謂乎?"

퇴계는 비와 은을 모두 형이상의 리로서 도로 말한 것이라고 보았다. 이렇게 보아야만 체용이 동일하고 현저하고 은미한 것이 간극이 없게 된다는 것이다. 비은을 이렇게 모두 형이상의 도와 리로 보는 것은 주희의 학설을 부분적으로 계승한 것이다. 그는 주희가 『어류』에서 말한 것은 대부분 비은을 도(道) 자와 리(理) 자로 말하고 있다[12]고 하였다.

남당이 비은을 모두 형이상으로 본 것은 퇴계의 학설에 연원을 두면서도 철학적 함의에서 상당한 수정을 거치고 있는데, 이것을 구체적으로 어떻게 제시하고 있는가? 그는 비와 은이 모두 형이상자(形而上者)로 체용(體用) 관계에 있음을 다음과 같이 설명하였다.

> 비은은 모두 형이상의 도이다. 비는 곧 은으로 다른 두 가지 사물이 아니다. 그 작용이 광대하여 없는 곳이 없는 것을 비라고 말하고, 그 체가 은미하여 보고 들을 수 없는 것을 은이라고 한다. 보고 들을 수 없는 것은 바로 그 있지 않는 곳이 없는 것일 뿐이다. 혹자가 은을 도로 비를 기로 간주한 것은 전혀 그렇지 않다. 만약 솔개와 물고기의 도약과 나는 것으로 말하면, 솔개와 물고기는 사물이고, 날고 도약하는 것은 기(氣)인데, 리(理)가 날고뛰는 데 있는 것이, 비가 되고, 리의 소이연으로 보고 들을 수 없는 것을 은이라고 한다.[13]

---

12) 위의 책, 26-29a. "語類中朱子諸說費隱, 皆以道字理字言之." 주희는 『語類』 63-18에서 "費는 도의 작용이고, 隱은 도의 본체이다. 작용은 理가 일상의 쓰임으로 드러난 것으로 볼 수 없는 것이 없다. 반면 본체는 리가 그 안에 숨어 있어서 형이상의 일로서 실로 보고 듣는 감각으로 미칠 수 있는 것이 아니다.[費, 道之用也, 隱, 道之體也. 用則理之見於日用, 無不可見也. 體則理之隱於其內, 形而上者之事, 固有非視聽之所及者.]"라고 하였다.

13) 『中庸經義』 12章 註. "費隱, 皆形而上之道. 費底卽是隱底, 非有二物也. 以其用之廣, 無所不在, 則謂之費. 以其體之微, 不可見聞, 則謂之隱. 不可見聞者, 卽其無所不在者

남당에 따르면 비와 은은 체용의 관계를 가지는 반면, 도(道)와 기(器)의 관점으로 볼 수 없다고 하였다. 또한 그는 비와 은을 리와 기의 관점에서 해석하여, 연비어약의 사례를 통해 볼 때, 솔개와 물고기가 사물이고, 날고 도약하는 것은 기인데, 리가 비약 가운데 있는 것이 비(費)라면 보고 들을 수 없는 리의 소이연이 바로 은(隱)이라고 하였다. 그는 비은을 체용 관계로 설명함으로써 비와 은 사이의 유기적 연속성을 강조하고 있다.

그러나 남당은 비의 소이연을 은으로 간주한 주희의 『장구』 설을 사람들이 오해하여 비를 기(器)로 보고, 은을 도로 보았다고 하였다. 그는 소이연을 '소이'와 '연'으로 구별하여 비은의 체용이라는 관점에서 보면서 다음과 같이 언급하였다.

> 『장구』는 비(費)의 소이연을 은으로 간주하였으나, 독자가 소이연의 뜻을 살피지 못하여 마침내 비를 기(器)로 은을 도로 인식하였다. 정자는 '쇄소응대가 그 '연(然)'인데, 여기에는 반드시 소이연이 있다'고 하였다. 이 '소이연'에서 '연' 자는 사물을 가리키고, '소이'는 리(理)를 말한다. 『장구』에서 이른바 '소이연' 세 글자는 모두 리를 말하지만, '연' 자는 용(用)으로서 비를 가리키고, '소이' 자는 체(體)로서 은을 가리킨다. 리의 소이(所以)가 이와 같다고 말하는 것과 같아서 정자가 말한 '소이연'의 '연' 자의 뜻과 같지 않아서 같은 의미로 보아서는 안 된다.[14)]

耳. 或以隱爲道費爲器, 甚不然. 若以鳶魚言, 則鳶魚, 物也, 飛躍, 氣也. 理之在飛躍上者, 費也. 其理之所以然不可見聞者, 隱也."

14) 『中庸經義』 12章 註. "章句以費之所以然者爲隱. 讀者不察所以然之意, 遂以費爲器隱爲道. 程子曰灑掃應對是其然, 必有所以然者. 這所以然. '然'字指事物, '所以'字是說理. 此章句所謂所以然三字, 皆說理. 然字指用之費, 所以字指體之隱. 猶言'理之所以如此'云爾. 與程子所謂所以然然字意不同, 不可作一般看."

곧 주희는 정자가 쇄소응대(灑掃應對)를 언급하면서 말한 '소이연(所以然)'을 사물과 리로 구분한 것과 달리 모두 리라고 보면서 '연'과 '소이'를 각각 비은의 체용으로 이해하였다. 그는 비은을 이일분수(理一分殊)의 관점에서 다음과 같이 설명하였다.

> 합하여 그 하나됨을 말하면 『중용』 33장은 중용 아닌 것이 없고, 또한 비은 아닌 것이 없다. 나누어서 그 특수함을 찾으면, 『중용』이 하나의 뜻이고 비은도 하나의 뜻이다. 중용(中庸)은 치우치거나 기욺이 없는 것이며 지나치고 미치지 못함도 없는 것으로 평상이라는 뜻이다. 비은은 그 작용이 지극히 광대하고 그 체가 지극히 은미하다는 뜻이다. 도의 본체는 본래 두 가지가 없으니, 그 가운데 포괄하는 것은 지극히 광대하여 한마디 한 글자로 다할 수 있는 것이 아니다. 그래서 혹자는 중용으로 말하고, 혹자는 비은으로 말하여 그 오묘함을 다하면서도 그 실체가 하나임을 해치지 않는다.[15]

남당은 『중용』이 하나로부터 특수한 것을 포괄하는 것처럼 비은 또한 하나인 것과 특수한 것을 포괄하여 은미한 체와 광대한 용을 아우르는 것으로 해석하고 있다. 그는 『중용』의 도와 비은을 일본만수(一本萬殊)의 관점에서 설명함으로써 연속적인 의미를 가지는 것으로 이해하였다. 그의 주장에 따르면, 중용(中庸)이 구체적인 상황에서 시의에 맞는 실천을 의미하는 것이라면, 비은은 형이상학적 존재의 관점에서 중용을 행하는 근거로서의 의미를 가지는 것으로 추론할

15) 『中庸經義』12章 註. "合而究其爲一則三十三章無非中庸也亦無非費隱也. 分而索其爲殊, 則中庸是一般意費隱又是一般意也. 中庸者, 不偏不倚無過不及而平常之意也. 費隱者, 其用至廣而其體至微之意也. 道體雖本無二, 其中所該括則至爲廣大, 有非一言一字所可盡者, 故或以中庸言之或以費隱言之, 以盡其妙而不害其實體之爲一也."

수 있다.

남당은 『중용』 20장의 '구경(九經)'에 대하여 비은의 관점에서 설명하였다. 곧 "이 20장은 다시 달도(達道)와 달덕(達德)을 상세히 설명하였다. 구경의 조목은 정치를 행하는 일을 말하여 윗 장의 설을 이었으니 이 장에 이르러 도의 비가 여기에 이르러 지극해졌다"[16]고 하였다. 남당의 이러한 해석은 구경을 통한 구체적 정치문화적 상황에 대한 해결책을 제시하는 의미를 비 개념에 포함시킴으로써 비은을 문화다원론적으로 해석할 수 있는 근거를 제시하고 있다.[17] 요컨대, 남당의 비은론은 존재론적 의미를 가지면서도, 다른 한편 정치론의 실제에까지 연속하여 설명하였다. 나아가 비와 은이 미발과 이발을 뜻한다고 보고 있는데, 이것은 비은의 의미가 그의 공부론에 이르기까지 연역되는 것이다.

2) 인물성이론(人物性異論)과 일원분수론(一原分殊論)에 따른 『중용』 해석

이 절에서는 남당이 일원분수론(一元分殊論)과 인물성이론의 관점에서 『중용』을 어떻게 해석하고 있는가 하는 것을 살펴보고자 한다. 남당의 인물성이론은 일반적으로 성인과 범인, 인간과 동물 사이의

16) 『中庸經義』 20章 註. "此章復詳說達道達德, 九經之目極言爲政之事, 以承上章之說, 而道之費者, 至此而極矣."

17) 비(費)에 구경(九經)과 연관하여 달도와 달덕을 실천하는 구체적 방법을 포함하는 것으로 해석하여 특수한 정치문화적 상황에 대한 각기 다른 제도적 시행이 '만수(萬殊)'로 실현되는 것을 포함하는 것이라는 점에서 문화다원론적 의미를 가지는 것으로 볼 수 있다.

등급상의 차별을 강조하는 것으로 인식되지만, 반대로 이러한 차이를 수평적인 차원에서 다양성의 실현이라는 목표에서 문화다원론적 관점에서 해석할 수 있다. 이 절에서는 남당이 제시한 인물성이론과 일원분수론을 문화다원론적으로 해석할 수 있는 가능성이 어디에 있는가를 해명할 예정이다.

남당은 『중용』의 체제를 해명하는 기준으로서 일원분수 또는 이일분수를 채용하고 있다. 이일분수(理一分殊)는 정이와 주희가 세운 성리학의 근본명제이다. 다시 말하면 이(理)는 개별 사물을 초월하는 보편적 실재로서의 성격과 개별 사물에 내재하여 개별 사물의 존재·운동을 규정하는 원리로서의 성격을 지니고 있다.[18] 이때 이(理)는 총체적인 의미로서의 리(理)와 구체적 사물에 내재해 있는 이(理)가 있는데, 이러한 보편성과 특수성을 아우르는 명제가 '이일분수(理一分殊)'이다.

남당은 『중용』 1장에 대한 주희의 해설에 나오는 음양오행의 기와 건순오상의 덕, 그리고 「태극도설」에서 말한 태극을 이일분수설로 해석하였다. 그에 따르면, "태극과 오상은 비록 두 가지 다른 이(理)가 아니지만, 태극은 형기를 초월하여 일컫는 것이기 때문에 이(理)가 일(一)이 되고, 만물은 모두 이 리를 갖추고 있으나 오상은 기질로 인하여 일컫는 것이기 때문에 나뉘어져[分] 달라진다." 또 「태

18) 문석윤, 『호락논쟁 형성과 전개』, 동과서, 2006, 53쪽. 이일분수의 관점에서는 현실세계는 다양하지만 합리성과 필연성을 깨뜨리지 않고 근원적 동일성으로서의 理一에 통합되어 있는 것으로 가상된다. 현실 세계 속에서 분화된 리가 분수 곧 분수리이다. 이일이 리의 본래적 단일성을 의미한다면, 분수는 리의 현실적 다양성을 의미한다. 리일(理一)과 분수리(分殊理) 사이는 체용의 관계로 통일된다. 즉 분수리란 리일 곧 '본체-리'가 현실세계 속에서 자신을 드러내는 다양한 모습이지만, 이일과 전적으로 동일하다.

극도설해』에서 '오성이 특수하게 흩어져 만사가 된다'는 것 또한 바로 이일분수설이다[19]고 하였다.

그는 『중용』 수장(首章)에 나오는 핵심 용어로서 천·성·도·교 사이를 연쇄적으로 일원과 분수의 관계로 연관되어 있다고 주장하였다. 나아가 그는 이들 개념들 사이의 연쇄적인 결합관계로부터 분수 속에 일원이 내재해 있는 것으로 추론하였다.

> 천(天)이 일원(一原)이라면 성은 분수가 되고, 성이 일원이라면 도는 분수가 되고, 도가 일원이라면 교가 분수가 된다. 만물의 리가 똑같이 천에서 나오므로 천이 일원이 되는 것이고, 성이 품부된 사물이 각각 같지 않으므로 성(性)이 분수가 되는 것이다. 성이 미발의 혼연한 전체에 갖추어져 있기 때문에 성이 일원이 되는 것이고, 도가 만사에 조목마다 나뉘어 분포되어 있기 때문에 도가 분수가 되는 것이다. 도가 당연하여 그렇지 않은 곳이 없는 것이 도가 일원이 되는 까닭이고, 가르침을 닦아 행하는 것이 일에 따라 각각 이루어지므로 교가 분수가 되는 것이다. 그러나 성과 도, 교는 천리(天理)의 자연이 아님이 없기 때문에, 이른바 '분수'에는 다시 일원이 있지 않음이 없는 것이다.[20]

천명지위성에서 수도지위교의 천·성·도·교는 차례로 이어서 상대적으로 일원과 분수 사이로 연결된다. 여기에서 성은 천에 대해서

---

19) 『中庸經義』1章 註. "蓋太極五常雖非二理而太極超形氣而稱之, 故理之所以一也, 而萬物皆具是理五常因氣質而名之, 故分之所以□也. 而五行各專其一, 太極圖解以渾然一體, 莫非□極之妙, 又曰五性之殊散爲萬事卽理一分殊之說也."

20) 『中庸經義』1章 註. "天爲一原而性爲分殊, 性爲一原而道爲分殊, 道爲一原而敎爲分殊. 萬物之理同出於天, 則天之所以爲一原, 而性之所賦物各不同, 則性之所以爲分殊也. 性之具於未發者渾然全體, 則性之所以爲一原, 道散於萬事者條分派別, 則道之所以爲分殊也. 道之當然者無處不然, 則道之所以爲一原, 而敎之修爲者隨事各致, 則敎之所以爲分殊也. 然性也道也敎也莫非天理之自然, 則所謂分殊又莫非其一原之所在矣."

는 분수이지만, 도에 대해서는 일원이 되고, 도는 성과의 관계에서는 분수이지만, 교와 비교해서는 상대적으로 일원이 된다. 그러나 전체적으로 볼 때, 천이 일원이라면 성·도·교는 분수가 되지만, 이들 분수에는 어느 것에나 일원이 모두 내재해 있다는 것이다. 특히 남당은 이들 사이의 일원과 분수 관계를 설명하면서 일원에 대하여 분수가 되는 과정은 특수성으로부터 구체성과 다양성으로 분화되는 과정이라고 설명하였다. 천(天)에 대하여 성(性)은 다양하게 인물에 품부되는 것이고, 성에 대해 도는 만사에 조목으로 나뉘어 분포되며, 도에 대하여 교(教)는 구체적인 일에 따라 다양한 방법의 교가 이루어진다는 것이다.

남당은 이어서 『중용』 1장에 대한 주석에서 주희가 "천은 음양오행으로 만물을 조화생성하고, 기로 형체를 이루면서 리 또한 거기에 부여된다"[21]고 한 구절을 일원과 분수의 관점에서 해석하였다.

> 음양오행의 앞에 천을 말하고 형체가 이루어지고 리가 부여된다는 아래 명을 말한 것에서 천이 일원이 되고, 명 이하가 모두 분수가 됨을 볼 수 있다. 형체를 이루는 기가 같지 않고 부여되는 리 또한 다르다면, 사람과 사물의 성은 같지 않다. 기로 형체를 이루고 나서 리가 막 그 가운데 부여된다면, 성과 기질은 또 분리될 수 있는 때가 없다. 그러나 명이 다시 일원(一原)이 되고 성이 분수가 된다. 선을 잇는 것으로 말하면 명(命)이 유행하는 것은 같지만, 성을 이루는 것으로부터 말하면 받은 성이 같지 않기 때문이다. 비록 일원과 분수의 구분이 있지만, 부여받은 것이 유행하는 것이니, 같은 사물이 되는 데 지장이 없다.[22]

---

21) 『中庸』 1章, 朱注. "天以陰陽五行, 化生萬物, 氣以成形, 而理亦賦焉."

22) 『中庸經義』 1章 註. "言天於陰陽五行之先而言命於成形理賦之下, 則可見天爲一原而自命以下皆其分殊也. 成形之氣不同, 所賦之理亦異, 則人物之性不同矣. 氣以成形而後理方

남당은 천을 다양하게 분화를 가능케 하는 음양보다 먼저 말한 것에 근거하여 천을 일원으로 간주하고, 기가 형체를 이루고 리가 부여된 뒤에 명을 말함으로써 이 이하를 모두 분수라고 보았다. 또한 형체를 이루는 기 속에 리가 부여되어 있다는 것과 형체를 이루는 기가 서로 다름에 따라 거기에 부여된 리 또한 다르다는 것에 근거하여 인간과 동물의 성이 다름을 논증하였다. 사람과 동물이 얻은 리가 같지 않으므로 따르는 성도 같지 않고, 따르는 성이 같지 않아 행하는 도리도 같지 않다 여기에서 사람과 동물의 성과 도가 같지 않음을 볼 수 있다.[23] 그에 따르면, 사람과 동물이 태어날 때, 기질과 분리되는 않는 리가 성이 되기 때문에 이 성이 차이를 가져오는 기질의 제한을 받는 것이 필연적이며, 여기에서 인간과 동물의 성이 달라진다. 이러한 관점은 리기불상리(理氣不相離)를 강조하는 기호학파 성리학의 입장을 계승하고 연역한 입장이라고 평가할 수 있다.

남당은 도가 같지 않음에 근거하여 성의 차이를 말하고, 이로부터 인간과 동물의 성이 다르다는 것을 말하면서 다음과 같이 해설하였다.

> 성과 도는 같습니까, 다릅니까? 다르다고 하신다면 감히 모르겠으나, 같다고 하신다면 인간과 동물의 도가 다른데, 성이 어찌 같을 수 있겠습니까? (하늘에서) 얻은 성과 따르는 성은 같습니까, 다릅니까? 다르다고 하시면 감히 모르겠으나, 같다고 하신다면 따르는 것이 다른데 어찌 얻은 것이 같을 수 있겠습니까?[24]

賦於其中, 則性之與氣質, 又無時而可離矣. 然命又爲一原而性爲分殊. 自繼善而言, 則命之流行一般, 自成性而言, 則性之所受不同故也. 雖有一原分殊之辨, 所受底卽是流行底, 則不害爲一物也."

23) 『中庸經義』 1章 註. "人物所得之理不同, 故所循之性不同. 所循之性不同, 故所行之道不同. 人物性道之不同, 此可見矣."

남당은 인물성의 차이를 말하면서 일원(一原)도 이체(異體)도 아닌 유행의 관점과 현상과 분리되지 않는 다양성의 맥락에서 자신을 실현하는 관점에서 만물의 본성에 따른 개별성을 강조하였다. 문석윤은 "개체는 기(氣)이며 개체는 자신을 이루는 기와 내재적으로 연관되어 있는 성이라는 유적 본질을 매개로 하여 전체로 나아간다. 이때 전체는 유적 본질인 성(性)들의 통합이다"[25]라고 보았다. 이렇게 볼 때, 남당이 말한 인성과 물성의 다름은 개별 인물의 고유한 본성의 차이를 전제하면서도 그 다양한 실현을 지향한다는 점에서 문화다원론적 시각에서 해석할 수 있다. 이러한 관점은 그의 경(敬)과 연관하여 미발이발(未發已發)의 공부론에서도 일관되게 관철된다고 할 수 있다.

3. 미발(未發)에 대한 해석과 그 문화다원론적 함의

윗 장에서는 남당이 일원분수론과 인물성이론의 관점에서 『중용』을 해석한 것을 문화다원론적 관점에서 살펴보았다. 이 장에서는 남당의 미발(未發)과 이발(已發)에 대한 이해를 이기심성론 및 공부론을 염두에 두고서 동시에 문화다원론적 관점에서 살펴보고자 한다.

남당은 인물성을 달리 보고 일원과 만수가 서로 함축한다고 하

---

24) 『南塘集』23a~b. "性與道同乎異乎? 以爲異, 則非敢知, 以爲同, 則人物之道異矣, 性安得同乎. 所得之性, 所循之性, 同耶異耶? 以爲異則非敢知, 以爲同, 則所循者異矣, 所得者安得同乎?"

25) 문석윤, 앞의 책, 288쪽.

는 측면에서 『중용』을 이해하였는데, 이러한 논의는 본성의 체용(體用)에 대한 문제로 미발론에도 연장되고 있다. 그는 미발을 희로애락의 정(情)과 성(性)의 상관관계를 중심으로 말하였다.

> 희로애락은 정(情)이고, 그 미발은 성(性)이다. 이것은 칠정이 성에서 발하는 것을 말한다. 맹자는 사단(四端)을 심(心)으로 간주하였으니 사단은 또한 심에서 발한 것이다. 대개 심은 기이고, 성은 리이다. 그 발하는 것은 기가 발하여 리가 타기 때문에 사단칠정을 막론하고 성에 따르는 것으로 말하면 성의 작용이 되고, 심에 따르는 것으로 말하면 심의 작용이 된다. 일곱 가지를 요약하면 네 가지가 되고, 네 가지를 부연하면 일곱 가지가 되어 실상은 같으나 이름이 다르다. 대개 사단과 칠정을 이기(理氣)가 번갈아 발하는 것으로 보는 것은 아마도 정론이 될 수 없을 것 같다.[26]

남당은 희로애락으로 발한 정(情)은 성(性)에서 발하는 것이며 이때 발하지 않은 상태의 성이 그대로 미발이 된다고 보았다. 그는 사단과 칠정은 모두 심에서 발한 것이지만, 심을 기로, 성을 리로 말하면서 기가 발할 때 리가 타고 있기 때문에 사단칠정 모두가 성의 작용이 되기도 하고 심의 작용이 되기도 하여 사단과 칠정을 구별할 수 없다고 보아, 이들이 각각 이와 기가 번갈아 따로 발하는 것으로 보는 것은 정론이 될 수 없다고 보았다. 남당의 이러한 관점은 퇴계의 호발론을 부정하는 것으로 심성정과 사단칠정 미발론을 이기불상리의 관점에서 해석하는 것이다.

---

26) 韓元震, 『中庸經義』首章注. “喜怒哀樂情也, 其未發則性也. 此言七情發於性也. 孟子以四端爲心, 則四端亦發於心矣. 蓋心卽氣也, 性卽理也. 其發也, 氣發而理乘, 故無論四七, 從性而言, 則爲性之用. 從心而言, 則爲心之用. 七者約之爲四, 四者衍之爲七, 同實而異名者也. 夫以四端七情爲理氣互發者, 恐不得爲定論矣.”

그러면 남당이 심성정의(心性情意)의 상관관계, 중(中) 개념과 기질지성론, 『주역』의 곤괘(坤卦) 및 복괘(復卦) 등과 관련하여 미발론을 어떻게 제시하고 있는지를 좀 더 살펴보기로 한다.

> 사실 심성이 발한 것이 정이 되고 정으로 인하여 생각하고 계산하는 것이 의가 된다. 성으로부터 정이 되고, 정으로부터 의가 되지만 심은 없는 곳이 없다. 어찌 심성이 각각 발용하는 것이 있고 정의가 각각 묘맥이 있겠는가? 정과 의를 심과 성이 나누어 소속시켜서 사실 그 원류와 흐름의 구별이 있다고 말하는 것은 대개 『장구』 본문의 뜻을 살피지 못하기 때문이다.[27]

그에 따르면, 심성에서 발한 것이 정으로 정으로부터 의가 발하지만, 이때 심은 성정의로 발현될 때 없는 곳이 없다고 하여 심성이 달리 발하거나 정의(情意)가 맥락이 다른 것이 아니라고 보았다. 다시 말하면 성과 정, 심과 의가 별개로 맥락을 달리하여 발하는 것이 아니라, 불상리의 연속성을 가지고 발하는 것임을 강조하였다.

남당은 또한 '중(中)'을 미발의 상태를 뜻하는 것으로 언급하고 있다. 그는 "미발을 중이라고 말한다. 중(中)은 천명지성으로 오로지 리를 가리켜 말한 것이다. 오로지 그 리를 가리킨다면 그 중이 되는 것이 그렇지 않은 곳이 없는데 반드시 미발 상에서 말한 것은 무슨 이유인가?"라고 의문을 제기하면서 그 대답을 다음과 같이 제시하고 있다.

---

27) 韓元震, 『中庸經義』首章注. "其實心性之發者爲情, 因情而商量計較者爲意, 自性而爲情, 自情而爲意, 而心無所不在矣. 豈心性各有發用而情意各有苗脉哉. 其以情意分屬心性而謂其實有源派之別者, 蓋亦不察乎章句本文之意也."

> 발하자마자 리는 이미 희로애락의 정에 치우치게 되어 중이라고 말할 수 없다. 비록 희로애락이 발함이 없다고 해도 이 마음에 조금이라도 어둡고 우매함이 있으면 어둡고 우매한 것 또한 기가 작용하는 것으로서 미발이 될 수 없다. 이 기를 타는 리는 혼매한 기에 가리우고 덮여서 또한 그 중이 되는 것을 보지 못한다. 이것이 반드시 미발이 되고 나서 그 중을 볼 수 있는 것이다.[28]

여기에서 남당은 '중(中)'의 의미를 미발 상태에 제한하여 말하는 것은 중이 리를 가리켜 말하는 것이기는 하지만, 리가 발하게 되면 그때는 희로애락의 감정이 치우치게 되어 중을 벗어나기 때문이라고 하였다. 또 리가 발할 때에 기를 타면서 기에 가려지고 덮이기 때문에 중이 되지 못한다고 보았다.

남당에 따르면, 비록 미발 때에 기가 한결같이 허명하다고 해도, 허명한 가운데 사람이 받은 기품에 따라 또한 편전미악의 들쭉날쭉한 차이가 없을 수 없기 때문에 다시 하나로 리만을 가리키고 나서 그 중(中)이 됨을 보게 된다. 대개 천명지성은 비록 미발 이전이라도 또한 기질 가운데 의탁해 있기 때문에 기질을 겸하여 말하면 기질지성이 되니, 정호가 말한바 '사람이 태어나서 고요한 것으로, 성을 말하자마자 성이 아닌 것이 된다'는 것이다. 비록 기질지성이라고 해도 단독으로 가리키는 것이 중이 되는 것에 지장이 없다. 곧 미발의 상태라고 해도 기질지성이 그 속에 포함되어 있기 때문에 편전미악이 없을 수 없다.[29] 하지만 이 중에 리만을 가리켜서 말할 때 중이

28) 韓元震, 『中庸經義』首章注. "未發之謂中, 中者, 天命之性也, 專指理而言者也. 專指其理, 則疑其爲中無處不然, 而必於未發言之, 何也. 纔發, 則理已偏於喜怒哀樂之情矣, 不可謂中也. 雖無喜怒哀樂之發, 而此心一有昏昧, 則昏昧者亦氣之用事, 而不得爲未發也. 理之乘此氣者, 爲氣之昏昧者所掩蔽, 而亦不見其爲中也. 此必於未發而後可見其中也."

된다는 것이다.

그는 미발 상태에서의 리와 기 사이의 관계를 비록 편전미악의 특성을 가지는 기가 잠재해 있다고 해도 이 기가 작용하지 않는 한 리의 순수성이 그대로 보존되어 있음을 강조하고 있다.

> 미발일 때는 기가 일삼아 작용하지 않기 때문에 성의 본체는 혼연히 그대로 있습니다. 기가 비록 치우치더라도 리는 본래 바르고 질이 비록 섞여 있더라도 리는 본래 순수합니다. 이에 그 리의 바르고 순수함을 가리켜서 성선이라고 말합니다. 이는 기질의 치우치고 섞여있는 것이 그 선함을 덜어낼 수 없고, 그 온전하고 순수한 것이 그 선함을 더할 수도 없습니다. 자사가 말한 미발의 중(中)과 맹자가 말한 성선의 성이 모두 이것을 가리킵니다.[30]

남당은 미발시에도 기와 리가 함께 있지만, 이때는 기가 작용하지 않고 질(質)이 섞여 있더라도 리의 순수성은 그대로 보존되고 있어서 이것이 선하다고 보았다. 그는 곧 미발의 상태에서 성의 본체로서 리는 기질의 잡박함으로 인하여 선의 가치를 상실할 수 없을 뿐만 아니라, 기질의 온전함으로 인하여 선의 가치를 더할 수도 없

29) 한원진에서 성(性)은 그대로 리(理)가 아니라, 리지재기(理之在氣)의 성(性)으로서 기질에 국한된 성의 의미가 강조된다. 이 점에 대하여 이해임은 "한원진은 선한 반응을 부정하지 않으면서도 그 반응의 발원처를 氣에 두려고 하며 理에 있다고 하지 않는다."(이해임, 「한원진의 심성론 연구」, 서울대 박사논문, 2016.)고 하여, 한원진이 본성이 순수한 리가 아닌 기에 제한되는 것임을 강조하여, 기에 따른 성의 차이를 철학적 전제로 삼고 있다는 점을 강조하였다.

30) 『南塘集』 卷9, 「答崔成仲」. "未發之際, 氣不用事, 故性之本體, 渾然自若. 氣雖偏而理自正. 質雖駁而理自純. 於是單指其理之正且純者而謂之性善. 是不但氣質之偏駁者, 不能損其善也. 其全粹者, 亦不得以益其善也. 子思所謂未發之中, 孟子所謂性善之性, 皆指此也."

기 때문이다[31]라고 본 것이다. 하지만 남당은 미발의 상태에는 텅 비어 밝고 고요하거나 어둡고 섞여서 어지러움을 가지는 기의 특성에 따라 중하고 중하지 못한 미발의 상태를 구별하기도 하였다. 그에 따르면, 혹자가 미발 이전에는 기질지성이 없다고 말한다면, 이것은 대개 천명이 기질과 분리되지 않음을 살피지 못하고, 또 미발에 두 층위가 있는 것으로 여기기 때문이다. 허명담적(虛明湛寂)은 중의 미발이 되어 본연지성이 거기에 갖추어져 있고, 혼매잡요(昏昧雜擾)는 중절하지 않은 미발이 되어 기질지성이 거기에 갖추어져 있다.[32]

남당은 『주역』의 「곤괘(坤卦)」 및 「복괘(復卦)」 등과 관련해서도 미발설을 제시함으로써 심성론을 우주론에까지 연장시키고 있다. 그는 주자가 초년에 「복괘」를 미발에 해당시켰는데, 혹자가 「곤괘」를 그에 해당시켜야 하며, 「복괘」로 대응시키는 것을 잘못이 아닌가를 의문시하였으니, 이것을 정론으로 삼아야 한다고 하면서 다음과 같이 논증하고 있다.

> 대개 미발은 어떻게 구해야 하는가? 어두워서 감각이 없는 것을 미발로 간주할 때 어두워서 감각이 없는 것은 어두운 기가 작용하는 것이어서 미발이라고 말할 수 없다. 지각이 있는 것을 미발이라고 한다면 지각이 있는 것은 이미 사려를 거친 것이니, 또한 미발이라고 말할 수 없다. 그러므로 지극히 비고 고요한 가운데 단지 지각할 수 있는 능력만 있고, 지각하는 일이 없다면 이와 같은 시점이 바로 미발이다. 지허지정이 곧 순수한 곤의 상이고, 지각할 수 있는 능력이 있는 것이 바로 순곤(順坤)

31) 이해임, 「한원진의 심성론 연구」, 서울대 박사논문, 2016, 43쪽.

32) 『中庸經義』 首章注. "或謂未發之前無氣質之性. 此蓋不察乎天命之不離乎氣質者, 而又以爲未發有二層, 虛明湛寂爲中底未發而本然之性具焉. 昏昧雜擾爲不中底未發而氣質之性具焉."

이면서 양이 없지 않은 상이다. 만약 복의 한 양이 움직이면서 천지가 사물을 낳는 마음의 볼 수 있는 단서가 있다면 인심(人心)은 바로 한 생각이 처음 싹트는 상이 되어 밖으로 드러나지 않지만, 대개 이미 가운데서 움직인 것이니, 어찌 이것을 미발의 상이라고 하겠는가? 곤괘와 복괘의 두 괘를 함께 미발에 해당시키면 실로 이미 미발에 두 경계가 있지 않는가 하는 혐의가 생길 것인데, 주자 또한 어찌 복괘(復卦)로 견주는 것을 곧바로 안 된다고 생각했겠는가?[33)]

여기에서 그는 어두워서 감각이 없거나 지각이 있는 것은 미발이라고 할 수 없다고 하면서 지각능력이 있지만, 지각작용이 없는 것을 미발로 간주하였다. 여기에서 순곤(純坤)은 지각능력만 있을 때를 미발로 보고, 「복괘」에 대해서는 인심이 안에서 싹트는 것으로 미발에 해당시키는 것은 미발을 두 차원이 있는 것으로 보는 문제점이 생긴다고 보았다.

이처럼 남당은 미발 상태를 한편으로 희로애락의 정과 성의 상관관계를 중심으로 하여 제시하기도 하고, 다른 한편으로 중(中) 개념과 기질지성론, 『주역』의 「곤괘」 및 「복괘」 등과 관련하여 설명하고 있다. 여기에서 남당의 논지는 미발시에도 기질지성과 순수한 본성과 함께 심이 존재하고 있으며, 여기에서 기와 심이 작용하느냐의 여부에 따라 중과 부중, 선악이 갈리게 되는 것으로 본다는 것이다.

---

33) 『中庸經義』 首章注. "朱子初年以復卦當未發. 或問以坤卦當之. 以復卦爲比者爲非, 此當爲正論. 蓋未發當作如何求, 以冥然無覺爲未發, 則冥然無覺是昏氣用事, 不可謂未發也. 以有所知覺爲未發, 則有所知覺, 已涉思慮, 亦不可謂未發也. 然則至虛至靜之中, 但有能知能覺者在而無所知所覺之事, 此一番時節政爲未發也. 至虛至靜乃純坤之象而能知能覺者在, 卽純坤不爲無陽之象也. 若復之一陽已動而天地生物之心端倪可見者在, 人心卽爲一念初萌之象, 雖未著於外. 蓋已動於中矣, 安得以是爲未發之象也. 坤復二卦, 幷當未發, 固已嫌於未發之有兩境界, 而朱子亦何以復卦爲比者, 直以爲不可哉."

요컨대, 남당의 미발에 관한 논의는 리와 기, 심성정의 불상리를 전제하고 있으며 미발은 다만 지각과 사려가 일어나지 않은 마음의 고요한 중의 상태를 뜻하는 것으로 보았다. 이런 관점 속에는 선험적인 도덕적 실체로서 성을 미발로 보지 않고 마음의 지각의 발생 여부를 기준으로 미발을 봄으로써 현상으로 다양하게 실현되는 정(情)의 근거로서 심(心)을 강조한다는 점에서 그의 미발론 또한 문화다원론적 함의를 갖는다고 할 수 있다.

4. 『주자언론동이고』에서 『중용』의 공부론 체계와 경(敬)의 지위

이 장에서는 남당이 『주자언론동이고』에서 『중용』의 공부론 체계를 어떻게 제시하고 있는가를 그 핵심이 되는 항목 사이에 연관된 관계를 중심으로 살펴보고자 한다. 이어서 남당이 이러한 공부론 체계에서 수양의 계기가 되는 경(敬)을 강조하는 맥락을 분석해 보고자 한다. 이어서 본 논문의 중요한 목표로서 그가 공부의 중요한 계기로서 경을 중시한 의미를 문화다원론적 관점에서 평가해 보기로 한다.

남당이 언급하는 공부론의 체계는 중화의 미발이발(未發已發)과 동정(動靜)을 중심으로 하여 존재론적 계기를 필두로 수양의 단계를 설명해 주는 심성론적 그리고 인식론적 여러 계기를 중심으로 이루어진다. 먼저 그는 수양의 계기로 계신공구와 신독을 미발이발과 동정을 가지고 해석하고 있다. 또한 그는 중화구설과 중화신설 각각의 특징과 상호 관계를 통하여 심성정(心性情) 사이의 관계를 설명하면서 이를 공부론의 측면에서 설명하였다. 중화를 체용(體用)의 관점으로 보는 것에 대한 긍정적 평가 또한 심(心)과 성(性), 도(道)를 연속적 시각에서 본다는 점에서 공부론과 연관된다.

남당은 또한 수양을 위한 존재론적 근거를 확보하기 위하여 리(理)와 기(氣)를 동정의 관점에서 설명하였다. 그는 주희가 『통서(通書)』의 '움직이되 움직임이 없고, 고요하되 고요함이 없다'는 구절을 해석하여 '움직임 가운데 고요함이 있고, 고요함 가운데 움직임이 있다'는 것에서 동정(動靜)이 모두 리(理)를 말한 것이라고 하여 리를 동정을 관통하는 것으로 해석하였다.[34] 뿐만 아니라 그는 "비록 미발의 때라고 해도 그 기품의 본모습은 맑음과 흐림, 좋음과 나쁨이 본디부터 있지 않은 적이 없으므로, 기(氣)를 겸하여 성(性)을 말하면 사물이 만 가지로 고르지 않다"[35]고 하였다. 이것은 남당이 주희가 「엄시형에게 답하는 편지」에서 "성이라고 말하면 바로 이 리가 형기 중에 떨어져 있는 것으로, 성의 본체가 온전한 것이 아니다"[36]고 말한 구절을 설명한 것이다.

남당이 주희의 『중용』 이해를 공부론적 관점에서 해석한 구체적인 내용을 검토해 보기로 한다. 그는 『중용』 머리장에서 말한 계신공구에 대한 주희의 설명을 희로애락의 미발과 이발, 중화(中和), 그

---

34) 곽신환 역, 『주자언론동이고』, 소명출판사, 2002, 236쪽. "通書動而無動靜而無靜註曰, 動中有靜靜中有動, 其言動靜者, 皆以理言. 故不害云動中之靜靜中之動. 此書所言靜卽指未發之前, 而以其中之理爲動, 則是理專屬動, 而且有嫌於作用矣."

35) 곽신환 역, 『주자언론동이고』, 소명출판사, 2002, 236쪽. "雖在未發時, 其氣稟本色淸濁美惡, 未嘗不自在, 而兼氣言性有萬不齊."

36) 곽신환 역, 『주자언론동이고』, 소명출판사, 2002, 236쪽. "纔謂之性, 則此理便已墮在形氣中, 不全是性之本體也."

리고 동정(動靜)과 결합하여 비평하였다. 그는 주희가 『중용』의 '계신공구'를 논의할 때, 동정을 함께 말하기도 하고 때로는 오로지 정(靜) 쪽으로만 소속시켜 말하기도 했다고 하였다. 그는 계신공구를 보이지 않고 들리지 않을 때 행하는 것으로 미발이기 때문에 계구를 정에 소속시키지만, 보고 듣지 않을 때도 계구한다면 보고들을 때 계구하리라는 것은 분명하며, 이것이 계구가 동정을 통괄하여 공부가 되는 까닭이라고 보았다. 그는 주희가 계구를 정에 또는 동정에 일관하여 소속시켜 설명하는 사례를 다음과 같이 제시하였다.

> 주희는 일찍이 두 가지로 말했다. 『장구』에서는 두 설을 함하여 '언제나 경외하는 마음을 가진다', '항상 고요하고 두려워한다'는 것은 동정을 관통하여 말한 것이고, '보이지 않고 들리지 않아도 감히 소홀히 하지 않는 것은 천리의 본연을 보존하는 것이다', '계구로부터 단속하여 조금도 치우치거나 기울이 없는 지극히 고요한 중에 이른다'는 것은 오로지 정에 소속시킨 것이다. 두 가지를 통틀어 말하지 않으면 계구의 공이 결여된다. 오로지 정에만 소속시켜서 신독의 동(動) 공부와 상대하여 말하지 않으면 '존양성찰을 지극히 하는 천명솔성, 중화위육의 공부가 모두 단락이 없어지고, 조리가 밝혀지지 않을 것이다.[37]

요컨대, 남당은 주희가 계구를 정 공부와 동정상의 공부를 함께 말한 것은 정 공부 또한 동공부와 상대하여 말할 때 의미가 있으며,

---

37) 곽신환 역, 『주자언론동이고』, 소명출판사, 2002, 211쪽. "朱子嘗兩言之, 而於章句, 則合二說而釋之, 曰常存敬畏, 曰旣常戒懼, 此則以統體言也. 曰雖不見聞亦不敢忽, 所以存天理之本然, 曰自戒懼而約之, 以至於至靜之中無所偏倚, 此則專屬之靜矣. 不以統體言之, 則戒懼之功, 有所闕遺矣. 不以專屬靜工夫, 而與愼獨動工夫對言, 則天命率性中和位育, 所以存省推致之功, 皆無段落, 而條理不明矣."

동 공부 또한 정 공부 없이는 공부의 근거로서 천리의 본연과 지극한 고요함의 바탕이 없어지기 때문이라고 보았다. 그의 주장에 따르면 주희가 이해하는 계구를 미발의 정 공부만이 아니라 이발을 포함하여 동정을 관통하는 것으로 본 것은 공부의 근거와 공부의 실제적인 과정을 함께 말하고자 한 것으로 보는 것이다. 남당은 중화(中和)의 미발이발을 심성론의 관점에서 초기의 중화구설과 후기의 중화신설로 언급되는 주희의 학설을 간략하게 요약하였다.

> 중화를 논할 때, 심을 이발로 보고, 성을 미발로 보면서 미발 상태의 것이 이발한 것 속에 작용한다고 한 것은 초기의 설이다. 사물에 아직 접하기 이전에 사려가 싹트지 않은 것이 미발이고, 사물과 접하고 난 후에 사려가 이미 작용한 것을 이발로 보아, 미발이 성이 되고, 이발이 정이 될 때, 심이 미발과 이발을 관통하여 성정을 주재한다는 것은 후기의 설이다.[38)]

주희의 중화설에서 초기설이 마음을 이발에만 소속시키는 데 비하여 후기설은 마음을 미발과 이발을 관통하여 주재하는 것으로 보았다. 나아가 초기설이 심과 성을 미발과 이발로 대응시킨 데 비하여 후기설은 성과 정을 미발과 이발로 대응시킨 것이 구별되는 점이다. 이러한 초기설과 후기설의 구별은 마음을 수양하는 방법론의 근본적인 차이를 가져오는 계기가 된다. 곧 마음을 이발로 볼 때는 수양은 언제나 이발에서만 가능하였으나, 마음이 미발과 이발을 관통

38) 곽신환 역, 『주자언론동이고』, 소명출판사, 2002, 216쪽. "論中和以心爲已發, 性爲未發, 而未發者常行乎已發者, 初說也. 以事物未接之時, 思慮未萌者爲未發, 事物既交之後, 思慮已動者爲已發, 未發爲性之分, 已發爲情之分, 心則貫乎未發已發而主乎性情者, 後說也."

하는 것으로 보는 경우에는 미발에서의 마음의 수양이 가능하게 되는 근거를 확보하는 것이다.

남당은 성(性)으로 규정되는 형기 중에 떨어진 리의 미발에서의 존재양태를 의지와 연관하여 설명하였다. 곧 “미발 전에는 움직임의 리만 있는 것이 아니라 움직임의 기틀도 있다. 하지만 움직임의 리가 있다고 할 수는 있으나, 리가 이미 움직였다고 하면 안 된다. 그리고 움직임의 기틀이 있다고 할 수는 있으나, 기틀이 이미 움직였다고 하면 안 된다. ‘의지’라는 것은 기틀이 움직인 것이며 리(理)가 이미 드러난 것이다”고 하였다. 그에 따르면 리는 움직임의 현상이 아니고 움직임의 리(理)이며, 리가 드러나고 기틀이 움직인 것은 ‘의지’라고 하였다. 이것은 리의 동정(動靜)을 ‘의지’와 연관하여 말함으로써 리에 내포되어 있는 공부의 측면을 강조한 것이라 할 수 있다.

이어서 남당은 미발의 성(性)을 설명하면서 공부를 행하는 수단으로서 송대 성리학에서 핵심적 이론을 정립한 경(敬)을 빈번히 강조하였다. 남당이 미발과 이발을 연속적 일관성을 가지는 것으로 보아 미발과 이발을 관통하면서 병행하는 공부론을 제시하면서 경을 언급한 것은 상당히 중요한 의미를 갖는다.

남당은 어류에서 ‘미발의 때에 돌처럼 있거나 어지러울 때가 있다’는 것을 일반적인 사려의 미발을 논한 것이라고 보았다. 여기에 대해 그는 사려의 미발 또한 미발이라고는 할 수 있지만 경을 위주로 하지 않으면 어둡고 뒤섞일 염려가 있게 된다[39]고 하였다. 여기에서 경은 미발에 작용하지만, 이것은 사려가 발하지 않은 일반적인 상태이지만 기의 청탁이 있는 미발의 성에 작용한다는 의미이다. 주

39) 곽신환 역, 『주자언론동이고』, 소명출판사, 2002, 239쪽. “蓋汎論未發, 則思慮未發, 亦可謂未發, 而不知主敬, 則不免有昏昧錯雜之患矣.”

희는 경은 "동정을 관통하는데, 다만 미발의 때는 혼연하여 경의 본체[體]가 되니, 미발의 때임을 알아서 비로소 공부를 행하는 것이 아니나, 이미 발하고 나면 일에 따라 성찰하여 경의 작용[用]이 행해진다. 그러나 그 체가 평소 세워지지 않으면 성찰 공부 또한 시행될 근거가 없어진다"[40]고 하였다. 그에 따르면 경은 동정을 일관하여 공부하는 본체가 되고, 일에 따라 성찰하여 작용을 하기도 한다. 이렇게 볼 때 남당이 미발에서 경을 주로 한다는 것은 경의 체가 되는 것이라 하겠다.

남당은 『논어』의 '어질지 못한 사람은 궁핍한 상황을 오래 견디지 못한다'고 하는 구절을 '미발의 때에는 공부에 착수할 수 없다'고 설명한 구절[41]에 대하여 『맹자(孟子)』 「야기(夜氣)」장에 대한 주석에서 '사람은 모름지기 미발에서 공부해야 한다'고 한 구절을 근거로 정론이 될 수 없다고 보았다. 이어서 그는 "사람이 평소 장중하고 경건하여 함양할 수 없으면 미발을 유지할 수 없다. 어쩌다 미발할 수 있지만 경으로 유지하고 함양하지 못하면 금방 어지러워질 것이다. 이것이 언제 어느 때나 착수해야 한다는 뜻이다"[42]고 하였다. 요컨대, 남당은 일이 없는 미발의 상황에서도 늘 경을 유지하는 것이 필요함을 강조하였다.

남당은 연평의 공부가 미발의 기상이 어떤가를 보는 것으로 인식할 때는 이발이지만, 그것을 내려놓으면 미발이 된다고 보았다.

40) 『朱熹集』 卷43, 「答林擇之」 4-2047. "敬字通貫動靜, 但未發時則渾然是敬之體, 非是知其未發, 方下敬底工夫也. 既發則隨事省察而敬之用行焉, 然非其體素立, 則省察之功, 亦無自而施也."

41) 곽신환 역, 『주자언론동이고』, 소명출판사, 2002, 240쪽.

42) 곽신환 역, 『주자언론동이고』, 소명출판사, 2002, 241쪽. "蓋人平居不能莊敬涵養, 則不能未發矣. 雖或有未發矣, 而又不知敬以持養, 則旋復汨亂矣. 此其無時不着工夫也."

여기에서 대본의 기상을 알면 익숙하게 보존되지만, 이런 의미를 알지 못하고 종일토록 정좌(靜坐)를 하는 것은 좌선입정에 빠지게 될 것이라고 하였다. 남당은 이것이 정자가 오직 경(敬) 자만 말한 이유라고 보았다.[43] 그는 경을 이처럼 미발과 이발에 모두 관통해 있는 것으로 성찰의 근거가 되기도 하고, 구체적인 일에 나아가 기(氣)의 어두움과 어지러움을 제어하여 마음을 유지하는 작용을 행하기도 하는 것으로 동정을 일관하는 것으로 보았다.

남당은 정이와 그의 문인들이 정립시킨 경의 여러 측면을 종합한 주희의 입장을 충분히 수용하여 체용동정을 일관하는 경의 전반적인 의미를 제시하였다. 뿐만 아니라 여기에서 나아가 그가 말하는 경은 공부의 여러 단계와 경지를 포괄하는 의미를 가지고 있다는 점에서 중층적이기도 하다. 왜냐하면 남당에게서 경은 기품의 차이를 내재하는 미발의 성과 이발의 마음을 일관하고, 중인에서 요순의 경지에 이르기까지 지속적으로 공부의 근거가 되기 때문이다.

그런데 남당에서 타고난 기품의 차이에 따라 인성과 물성이 다르다는 의론[異論]은 단순히 다름과 차등을 주장하고자 하는 것이 아니라, 현실적인 차이와 다양함 속에서 어떻게 공부를 해서 요순과 같은 완전한 미발의 경지에 이를 수 있는가라고 하는 방법을 제시하기 위한 근거로 논의한 것이라고 할 수 있다. 여기에서 경은 차이로부터 순수하고 맑고 밝은 동일한 미발의 성을 드러내도록 하는 공부론의 기초가 된다.

하지만, 여기에서 이러한 본성을 실현하는 과정에서 남당의 인물성이론은 인간과 동물, 인간과 인간 사이의 차이를 전제하는 것으로

43) 곽신환 역, 『주자언론동이고』, 소명출판사, 2002, 245쪽.

서 개별적인 본성의 다양한 실현이라는 목표를 가진다고 할 수 있다. 이러한 측면에서 남당의 경 사상은 문화다원론적 목표의 관점에서 해석할 수 있다. 특히 경은 퇴계 철학의 공부론에서 핵심적 의미를 가지는 중요한 개념인 만큼, 남당의 경에 대한 강조가 리를 강력한 도덕적 실체로 간주하는 퇴계의 경 사상과 차이점 또한 시대적 상황과 이론적 차이의 측면에서 문화다원론적 관점에서 해석할 수 있다.

5. 예(禮)에 대한 문화다원론적 이해

이 장에서는 『중용(中庸)』에 대한 이해와 연관하여 남당이 '중용'의 실천에 객관적 기준이자 규범으로 작용하는 예(禮)를 문화다원론적 측면에서 해석하는 내용을 살펴보고자 한다. 이러한 해명은 남당이 이해하는 예가 이기심성론 가운데 분수리(分殊理)와 이기묘용(理氣妙用)을 강조하는 율곡의 철학을 계승하면서도 문화다원론적 관점에서 이들 이론을 이해하고 있음을 드러내는 표지가 될 것이다.

남당은 예 속에는 기본적으로 의(義)가 내포되어 있어서 구차하게 되어서는 안 된다[44]고 보았다. 일반적으로 예는 구체적 시의성을 가지는 규범으로 규정되지만, 보편타당한 의리를 가진다. 하지만 그는 시대와 변화와 지역적 풍토, 그리고 그에 따라 인정(人情)에 편안한 것에 따라 수정되어야 한다고 주장하였다. 그는 주희가 지은 『가례(家禮)』를 예로 들어 예를 수시변통(隨時變通)하는 것의 필요성을 다음과 같이 언급하였다.

---

44) 『南塘先生文集』 卷24, 「家禮疏義付籤」. "禮必有義, 不可苟也."

예(禮)는 시의(時宜)가 중요하니, 고례를 어떻게 모두 시행할 수 있겠는가? 성인이 지은 것이라도 또한 반드시 시의에 따라 재량하여 덜어내야 하니, 이것은 주희가 말한 것이다. 그래서 그 스스로 지은 『가례(家禮)』은 대체로 고례에 근거했으나 절목은 시속을 따른 것이 많다. 대개 사물의 이치는 시대에 따라 바뀌고 인정은 세대에 따라 변한다. 일[事]은 고대에 마땅하고 금일에 마땅하지 않은 것이 있지만, 시속은 실로 지금에 편안하고 고대에 편안하지 않은 것이 있다. 그래서 육형(肉刑), 봉건(封建), 정전(井田), 민병(民兵)은 모두 고대 성왕이 천하를 다스리던 대법(大法)이었으나, 지금은 모두 행할 수 없다.[45)]

남당은 사물의 이치와 인정(人情)은 시대에 따라 바뀌기 때문에 예를 행하는 데 있어서 핵심적 중요성을 가지는 것은 시의(時宜)라고 보았다. 그는 이러한 문제에 대한 이해로부터 주희가 지은 『가례』는 고례에 근거를 두면서도 구체적 절목은 시속에 부합하는 것이 많다고 하였다. 나아가 그는 시속에 맞지 않아 고대에는 행해졌으나, 지금은 행할 수 없는 것으로 육형, 봉건, 정전, 민병 등을 언급하였다.

그는 이렇게 고대에 보편적 의미를 가졌던 제도들이 지금 시행되지 못하는 이유에 대하여 다음과 같은 논의를 통하여 제시하였다.

그러나 백성의 살아가는 데 날로 쓰는 일과 의례와 제도 수리 사이에 이르러서는 어찌 한결같이 고례를 따라서 다시 시속의 편안함을 돌아보지 않겠는가? 주희의 시대에 이미 고례를 다 시행할 수 없고 시속을 모두 폐기할 수 없다고 말하였으니, 하물며 지금 주희 시대로부터 다시 수

---

45) 『南塘先生文集』 卷24, 「家禮疏義付籤 · 家禮從俗」. “禮時爲大, 古禮豈可盡行, 有聖人者作, 亦必隨時裁損者, 此朱夫子語也. 故其自著家禮書, 大體因乎古禮而節目多從時俗. 蓋物理時移, 人情世變, 事固有宜於古而不宜於今者, 俗固有安於今而不安於古者. 是以肉刑封建井田民兵, 皆古聖王所以治天下之大法, 而今皆不可行.”

> 백 년이 지났고, 다시 우리 동방이 중국으로부터 만리 밖에 있으니, 그 풍토에 마땅한 것과 인정(人情)에 편안한 것이 모두 다 중국과 동일할 수 없다.[46]

그에 따르면 특정한 시대에 백성들이 살아가는 일상생활에는 시속과 풍토, 인정에 편안한 것을 시행해야 한다는 것이다. 이러한 남당의 관점은 중용을 실천하는 데 중심이 되는 규범으로서 예(禮)가 시대와 풍토, 그리고 그 속에서의 인정에 고유하게 부합하는 특수한 상대성을 가지도록 규정될 수 있음을 긍정하는 것이다. 이러한 남당의 예에 대한 이해에는 시대와 풍토의 특수성과, 인정의 고유성을 강조한다는 점에서 문화다원론적 관점이 내포되어 있다.

하지만 남당에 따르면 시속과 풍토를 따른다고 하여 멋대로 구차한 것을 그대로 시행하는 것은 아니고, 그러한 예에는 의리가 내포되어 있는가를 살펴야 한다. 그는 예는 보편적인 의리를 내포하고 있어야 한다는 것을 강조하고 있다. "실로 성인이 우리 동방에서 일어나더라도 또한 반드시 점점 시속에 따르고 대략 국풍에 따라서 고대의 예제에 모두 얽매이지 않을 것이다. 그러나 『가례』에서 이른바 '시속을 따른다'는 것은 또한 의리상 따라야 하는 것을 따르는 것이어서, 의리에 옳은가 아닌가를 가리지 않고 구차하게 시속을 따르는 것이 아니다. 대개 『주역』에서 '동일하면서도 다르다'는 것이나, 명도가 말한 '실로 의리에 해로움이 없으면 시속을 따라도 된다'라는 것이다.[47]

---

46) 『南塘先生文集』 卷24, 「家禮疏義付籤 · 家禮從俗」. "則至於民生日用之事, 儀文度數之間, 安得一遵乎古而不復顧時俗之所安哉. 朱子之世, 已稱古禮不可盡行而時俗不可盡廢, 則况今日去朱子之時. 又已過數百年, 而吾東方, 又在中國萬里之外, 其風土所宜, 人情所安, 不能盡同於中國者哉."

이렇게 볼 때 남당이 말하는 예는 보편적 의리를 내포하면서도 시속과 풍토, 인정에 따라 변통 가능한 것으로 구체적으로 규정될 수 있는 것임을 강조하고 있다. 그는 예의 보편적 의미와 시대적 지역적 인정에 부합하는 특수한 의미 중 어느 한쪽으로도 치우치지 않는 균형을 갖출 것을 강조하였다. 구체적으로 의리에 따라 결단하지 못하고 시속의 기호에만 영합하여 예를 멋대로 제정하면 『예경(禮經)』에 죄를 짓는 것이라고 언급하고 있다.

> 만약 고례를 회복하는 데에 힘써서 모두가 시속에 반대되어 인정에 편안하고 나라의 풍속에 마땅한 것은 전혀 돌아볼 틈이 없어지면 참으로 마음을 세우는 것이 치우쳐서 적중하지 못하게 되고, 견해가 협소하여 넓어지지 않을 것이다. 그러나 다시 세속을 따르는 것을 즐겨서 감히 의리에 따라 결단하지 못하고, 세속의 논의만 따라서 예의(禮義)를 버리고 시속의 기호에만 영합하는 데 힘써서 『가례』를 근거로 하여 움직이면 이것은 다시 『예경』에 죄를 짓는 일이다. 내가 두 가지를 행하는 것을 염려하는 것은 중도에 맞는 행동을 하기 어려움을 유감으로 여겨서 여기에 기록하여 스스로 살피고자 한 것이다.[48]

남당은 위에서 무엇보다 고례(古禮)에만 힘을 써서 시속과 풍속,

---

47) 『南塘先生文集』 卷24, 「家禮䟽義付籤 · 家禮從俗」. “苟有聖人者作於今日之東方而爲之禮, 亦必稍因時俗, 略循國風, 而不盡泥於古制也. 然『家禮』所謂‘從俗’者, 亦從其義理之所當從者, 非不擇義理之可否而苟於從俗而已也. 蓋大易所謂‘同而異’, 明道所謂‘苟無害於義理, 從俗可也’者也.”

48) 『南塘先生文集』 卷24, 「家禮䟽義付籤 · 家禮從俗」. “若其務復古道, 一切反俗, 而於人情之所安, 國俗之所宜, 全不暇顧者, 固爲立心之偏而不中, 識量之隘而不弘矣. 又其樂於循俗者, 不敢決於義理, 惟聽命於俗論. 放棄禮義, 務合時好, 而動以『家禮』爲藉口, 是又重得罪於禮經也. 愚嘗病二者之所爲, 慨中行之難得, 則敢識于此, 以自考焉.”

인정에 편안한 것에 유의하지 않으면 마음이 치우치게 되고 포용력이 훼손되는 반면에, 반대로 세속의 기호에만 영합하고 보편적 의리에 따라 결단하지 않으면 항구적인 예의의 기준이 무너질 것임을 염려하였다. 그는 이 두 가지가 균형을 유지하지 못할 때는 중도에 맞는 행동을 하기 어렵다고 보았다. 이러한 그의 관점에는 인륜의 보편적 의미를 실현하는 목표를 지향하면서도 이를 구체적으로 실현하기 위해서는 시속과 풍토에 따라 고유한 인정에 부합하는 예가 제정되어야 한다는 점을 강조하는 것에서 인문적 가치의 보편성에 대한 긍정과 함께 문화다원론적 시각이 내포되어 있다.

남당은 주희가 「상복차자(喪服箚子)」에서 제시한 내용을 통하여 보편적인 예를 행하기 어려운 상황에서는 예를 제정한 의미와 인정에 맞도록 예를 변통하는 것이 필요하다고 하였다. 그는 주희가 「상복차자」에서 '적자가 지위를 이어서 집상(執喪)할 수 없으면 적손이 이어서 대신 집상하는 것은 천자에서 서인에 이르기까지 모두 같다'는 것에 대하여 다음과 같이 언급하였다.

> 대체로 할아버지의 상에 아버지가 폐질로 집상할 수 없고, 아들은 아버지가 있어서 또한 그를 위해 집상할 수 없다면 이는 그 할아버지에게 자식과 손자가 있는데도 상주가 없는 상이 되게 하는 것이니, 또한 아버지의 불효를 가중시키는 것이다. 자식이 일단 대신 집상하면 이 예는 대처하기 어려운 상황에서 변통을 한 것이니, 모두 예의와 인정의 편안함을 얻은 것이다.[49]

49) 곽신환 역, 『주자언론동이고』, 소명출판사, 2002, 376쪽. "蓋有祖之喪, 父以廢疾不能執喪, 而子以父在又不爲之執喪, 則是使其祖有子有孫, 而爲無主之喪, 且以重其父之不孝也. 子一代之執喪, 則凡此禮變之難處者, 皆得其禮意人情之所安矣."

「상복차자」에서 주희가 상황에 따라 적자를 대신하여 적손이 집상할 수 있다고 한 것에 대하여 남당은 아버지가 질병을 앓고 있어서 집상할 수 없는 상황이라면, 손자가 집상하는 것은 어려운 상황에서 예를 변통한 것으로서 예의와 인정에 맞는 것이라고 보았다. 그는 주희가 「군신복의(君臣服議)」와 「여정보에게 답하는 편지[答余正甫]」에서 참최삼년복을 입는 것이 불변의 법칙이 되는 것이라고 하고, 이와 연관하여 「여정보에게 답하는 편지」에서 연거복(燕居服)을 말한 것을 예를 변통한 것으로 인정에 합하는 것이라고 보았다.

> 「여정보에게 답하는 편지」에서 말한 연거복에 대해 「군신복의」에서는 비록 밝히지는 않았으나, 이른바 '인정을 참고하고 헤아린다'고 한 것은 거처와 음식을 천하에 시행하는 것이니, 이미 그런 의도를 담고 있으나, 상세하게 말하지 않은 것일 뿐이다. 자식은 아버지 상에 묵최를 입는 제도가 있고, 군주의 상에는 근무복을 입을 수 있으니, 연거에 별도로 편한 복장을 제정하는 것은 실로 인정에 합한다. 이것은 마땅히 「여정보에게 답하는 편지」를 바른 것으로 삼아, 「군신복의」의 미비점을 보완해야 한다.[50)]

부모와 임금의 상에는 참최삼년복을 하는 것이 불변의 예법인데, 편안하게 머무를 때 입는 복장을 제정하는 것은 상기에도 연거할 때의 상황에 입을 수 있는 복장을 변통하여 예로 제정해 놓는 것이 인정에 부합한다는 것이다. 하지만, 남당은 연거복을 할 때 사용하는 흰 수건, 적삼, 띠를 유생이 군주의 상에 입는 정복으로 삼아 성복

---

50) 곽신환, 『주자언론동이고』, 소명출판, 2002, 379쪽. "但余書所謂燕居服, 服議雖未著, 其所謂參度人情, 以爲居處飮食之節, 行之天下者, 蓋已寓其意, 特未詳言之耳. 子於親喪猶有墨衰之制, 而君喪又有視事之服, 則燕居別製, 便服實合人情, 此當以余書爲正, 以補服議之未備耳."

을 하는 것은 안 된다고 하였다. 다시 말하면 연거복에 착용하는 것들은 연거할 때만 사용해야지 군주 상의 적복(嫡服)으로 이용해서는 안 된다는 것이다. 이처럼 남당은 예의가 시속과 인정에 따라 변통되어야 하며, 그러면서도 여기에는 의리가 내포되어 있어야 한다는 것을 강조함으로써 보편성을 담지하는 한에서 문화다원론적 관점에서 예(禮)를 해석하고 있다.

6. 맺음말

이 글은 한원진(韓元震, 1682~1751)이 『중용경의』과 『주자언론동이고』에서 『중용』을 해석한 특징을 다음 세 가지 관점에서 해명하고자 하였다. 첫째, 남당이 기호학파의 성리학적 관점을 어떤 점에서 계승 발전시키고 있는가를 해명하고자 하였다. 둘째, 인물성동이론과 관련하여 인물성이론의 관점에서 『중용』을 해석하고 있으며, 이것이 문화다원론적 함의를 가진다는 점을 해명하고자 하였다. 셋째, 경에 대한 이해와 함께 조선후기 사회를 질서지우는 구체적 규범으로서 예에 대한 남당의 견해를 문화다원론적 관점에서 살펴보고자 하였다.

남당은 『중용』의 도와 비은을 동일한 일본만수의 관점에서 설명함으로써 연속적인 의미를 가지는 것으로 이해하였다. 그에 따르면, 『중용』이 구체적인 상황에서의 실천적 관점에서 보는 것이라면, 비은은 형이상학적 존재의 관점에서 『중용』을 행하는 근거로서의 의미를 가지는 것으로 추론할 수 있다. 하지만 그는 구경(九經)의 조목이 정치를 행하는 일을 말한 것으로 도(道)의 비(費)가 여기에 이르러 지극해졌다고 하여, 정치의 실제 내용을 비은의 관점에서 보는 만큼 그가 보는 비은의 의미가 그의 정치제도론 공부론에 이르기까지 연역되고 있음을 알 수 있다.

남당은 인물성의 차이를 말하면서 일원(一原)도 이체(異體)도 아닌 유행의 관점에서 즉 현상과 분리되지 않고 그 다양성의 맥락에서 자신을 실현하는 본체의 관점에서 만물의 본성에 따른 개별성을 강조하였다. 곧 개체는 기(氣)이며 개체는 자신을 이루는 기와 내재적으로 연관되어 있는 성이라는 유적 본질을 매개로 하여 전체로 나아간다. 이 점에서 남당에게서 인성과 물성의 다름은 자신의 고유한 본성의 차이를 전제하면서 그 다양한 실현을 지향한다는 점에서 문화다원론적 시각에서 해석할 수 있다.

남당은 미발 상태를 한편으로 희로애락의 정과 성의 상관관계를 중심으로 하여 제시하기도 하고, 다른 한편으로 중(中) 개념과 기질지성론, 『주역』의 「곤괘(坤卦)」 및 「복괘(復卦)」 등과 관련하여 설명하고 있다. 여기에서 남당은 미발시에도 기질지성과 순수한 본성과 함께 심이 존재하고 있으며, 여기에서 미발시에 기와 심이 작용하느냐의 여부에 따라 중과 부중, 선악이 갈리게 되는 것으로 보았다. 그는 경을 통한 마음의 단속을 해야 하는 일반적 수준에서의 사려가 발하지 않은 상태의 미발은 어두운 기가 작용하여 마음이 혼매하게 뒤섞이게 될 것이라고 보았다. 반대로 진정한 미발은 이러한 기가 고요하고 맑으며 텅 비고 밝아서 어두운 것이 섞이지 않은 경지라는 것이다. 이처럼 그는 미발 개념이 중층적인 깊이와 수준의 차이를 내포하고 있는 것으로 공부론적 함의를 가지는 것으로 해석하였다.

그는 경을 미발과 이발에 모두 관통해 있는 것으로 성찰의 근거가 되기도 하고, 구체적인 일에 나아가 기의 어두움과 어지러움을 제어하여 마음을 유지하는 작용을 행하기도 하는 것으로 동정을 일관하는 것으로 보았다. 남당은 정이와 그의 문인들이 정립시킨 경의 여러 측면을 종합한 주희의 입장을 충분히 수용하여 체용동정을 일관하는 경의 전반적인 의미를 제시하였다. 하지만 구체적인 일에 나아가 기의 어지러움을 제어하는 기능으로서 경을 강조하는 점은 경세론과 예법(禮法) 제도와 같은 일을 시행할 때 '경'을 유지해야 하는 것을 강조하는 것이라는 측면에서, 이발(已發)의 실행에 중심을 두는 측면이 있다고 보인다. 특히 남당은 예의가 시속과 인정에 따라 변통되어야 하며, 그러면서도 여기에는 의리가 내포되어 있어야 한다는 것을 강조함으로써 보편성을 담지하는 한에서 문화다원론적 관점에서 예를 해석하고 있다.

남당의 인물성이론은 인간과 동물, 인간과 인간 사이의 차이를 전제하는 것으로서 개별적인 본성의 다양한 실현이라는 목표를 가진다고 할 수 있다. 이러한 측면에서 남당의 경 사상은 문화다원론적 목표의 관점에서 해석할 수 있다. 특히 경은 퇴계 철학의 공부론에서 핵심적 의미를 가지는 중요한 개념인 만큼, 남당의 경에 대한 강조가 리를 강력한 도덕적 실체로 간주하는 퇴계의 경 사상과 차이점 또한 시대적 상황과 이론적 차이의 측면에서 문화다원론적 관점에서 해석할 여지를 지니고 있다. ◆

참 고 문 헌

사료 :

『經義記聞錄』「中庸經義」

『巍巖集』

연구논문 :

강지은, 「주자언론동이고(朱子言論同異攷)를 통해 본 17세기 조선유학사의 새로운 이해」, 『퇴계학보』 135, 2014.

김명년, 「南塘 韓元震의 『中庸』 해석에 관한 연구 -『經義記聞錄』「中庸」〈費隱章〉을 중심으로」, 성균관대 석사논문, 2012.

김태년, 「南塘 韓元震의 '正學' 형성에 대한 연구」, 고려대 박사논문, 2006.

김태년, 「남당 한원진 사상의 배경과 형성 과정」, 『한민족문화연구』 20, 2007.

단윤진, 「南塘 韓元震과 茶山 丁若鏞의 『中庸』 註釋 비교 연구 -性과 道를 중심으로」, 성균관대 박사논문, 2013.

단윤진, 「남당 한원진과 다산 정약용의 미발론 비교연구」, 『유교사상문화연구』 63, 2016.

단윤진, 「남당 한원진의 도론(道論) 연구 -『경의기문록(經義記聞錄)』「중용」을 중심으로-」, 『율곡학연구』 37, 2017.

민황기, 「남당 한원진의 『大學』관과 인간이해」, 『유학연구』 29, 2013.

손영식, 「한원진의 리발 부정 방식인 구절주의와 관점주의 비판 -『주자 언론동이고』에 나오는 4-7 리발-기발논증을 중심으로」, 『퇴계학과 유교문화』 42, 2008.

안유경, 「율곡 이이와 남당 한원진 인심도심설의 대비적 고찰」, 『민족문화』 49, 2017.

이상곤, 「남당 한원진의 인심도심론」, 『역사와 사회』 23, 1999.

이창규, 「人心道心說에서 朱熹와 韓元震의 문제의식 비교」, 『유교사상문화연구』 72, 2018.

이창일, 「남당(南塘) 한원진(韓元震)의 『경의기문록(經義記聞錄)』 성립 과정과 심성론 도설(圖說)의 특징」, 『한국철학논집』 35, 2012.

이해임, 「한원진의 심성론 연구」, 서울대 박사논문, 2016.

전병철, 「남당 한원진의 대학 해석 연구」, 경상대 석사논문, 2002.
정연수, 「南塘 韓元震의 聖學工夫論 硏究」, 성균관대 박사논문, 2012.
정연수, 「부념(浮念)과 편념(偏念)에 관한 한원진의 『대학(大學)』 공부론 연구」, 『율곡사상연구』 33, 2016.
정연수, 「「중용(中庸)」편과 「맹자(孟子)」편의 순차로 구성된 『주자언론동이고(朱子言論同異考)』 체계에 관한 일고찰 -한원진의 공부론을 중심으로-」, 『유학연구』 43, 2018.
최석기, 「南塘 韓元震의 『大學』 解釋의 要旨와 그 意味」, 『남명학연구』 21, 2006.
최석기, 「남당(南塘) 한원진(韓元震)의 『중용(中庸)』 해석의 특징과 그 의미」, 『동방한문학』 32집, 2007.
최석기, 「남당(南塘) 한원진(韓元震)의 『중용(中庸)』 해석 방법과 그 성과」, 『한문학보』 16, 2007.
형려국, 「關于朝鲜儒者巍岩与南塘的未發論辨之考察」, 『유교사상문화연구』 45, 2011.
홍정근, 「조선시대 호락논변에서의 인간본성 논의에 관한 고찰」, 『유교사상문화연구』 38, 2009.

제2부 비판과 대안

경학사적 관점에서 살펴본 조선경학에서의 '고(古)'의 지향

-조선 논어학의 중요개념어에 대한 분석을 중심으로-

이 영 호

* 이 글은 『대동한문학』 55집(2018.06)에 게재한 「경학사적 관점에서 살펴본 조선경학에서의 '古'의 지향 -조선 논어학의 중요개념어에 대한 분석을 중심으로-」를 본 저서의 간행 취지에 맞춰 일부 수정한 것이다.

1. 서론

경학사에서 '고(古)'와 '금(今)'의 문제는, 경문과 주석 두 방면에서 발생하였다. 전자는 경문의 문자를 두고 발생한 금고문(今古文) 논쟁이고, 후자는 주자주(朱子注)를 중심에 두고 생성된 고주(古注)와 신주(新注)의 문제이다. 이 양자는 동아시아 경학사에서 공히 문제시되었지만, 특히 경전주석학에 해당되는 후자는 조선에서 매우 중요한 문제로 등장하였다.

중국에서 경전에 대한 주석의 출현은 서한(西漢) 시대부터라고 한다. 당시 분서갱유의 뒤를 이어 유가 경전이 발굴되고 이를 전승하는 과정에서 『역』, 『상서』, 『시경』, 『예』, 『춘추』, 『논어』, 『효경』 등에 관한 주석이 출현하였으니,[1] 경전주석학은 서한 시대에 그 규모를 갖추었다고 볼 수 있다. 그러나 이때 출현한 경전주석학은 문자의 동이(同異), 자구(字句)와 편장(篇章), 서적의 진위(眞僞)에 치중되었으며, 경문의 내용에 관한 주석학은 위진(魏晉)과 당(唐)을 거쳐 송대(宋代)에 와서 본격적으로 출현하였다. 그 핵심에 바로 주자의 경전 주석학이 있다.[2] 주자에 의해 구축된 경전의 주석을 신주라 하며, 이에 대비되는 한당대(漢唐代)에 이루어진 경전주석을 고주라 한다. 고주가 주로 경전의 훈고에 치중하였다면, 신주는 경전이 지닌 철학적 의미의 분석과 발양에 집중하였다.

한국에서는 삼국시대에 고주에 속하는 정현(鄭玄) 주석본 『논어』가 전래되었다는 연구[3]와 하안의 『논어집해』가 통행본으로 읽혀졌

---

1) 劉師培 著, 陳居淵 注, 『經學教科書』, 上海古籍出版社, 2006, 31-55쪽, 참조.

2) 董洪利, 『古籍的闡釋』, 遼寧教育出版社, 1995, 2-7쪽.

을 가능성이 있다는 연구[4]가 있지만, 역사 기록상 고주 『논어』의 존재가 처음으로 보이는 저술은 고려 때 저술된 『삼국유사』에서이다. 『삼국유사(三國遺事)』 마한조(馬韓條)에서는 "『논어정의(論語正義)』에서 구이(九夷)에 대하여 현토(玄菟), 낙랑(樂浪), 고려(高麗), 만식(滿飾), 부유(鳧臾), 소가(素家), 동도(東屠), 왜인(倭人), 천비(天鄙)라고 했다"[5]는 기록이 있다. 이 기록에 의하면 고려시대에는 고주와 신주의 징검다리 역할을 한 형병(邢昺)의 『논어정의』가 읽혀졌던 것을 알 수 있다.

이처럼 한국에서는 고려시대 중기까지 고주 중심의 경학이 어느 정도 통용된 흔적이 있다. 그러나 고주에 관한 전문적 저술이나 정치한 분석의 글이 없기에 그 통용의 정도를 쉽사리 짐작할 수는 없다. 한국경학사에서 그 흔적을 처음으로 명료하게 찾아볼 수 있는 주석은 고려후기 이색(李穡)의 문집에 등장하는 주자 경설(經說)의 응용이다.[6] 당시 주자학을 원으로부터 수용하였던 고려의 신흥사대부들은 주자(학파)의 경설을 적극적으로 받아들여 경전 이해의 초석으로 삼았다. 그러나 이는 수용에 그쳤을 뿐 분석이나 저술의 형태로 나아가지는 못하였다. 한국 경학의 출발은 조선에 들어와서야 가능해졌다.

---

3) 백제의 근초고왕(近肖古王, ?~375)은 일본(日本)에 왕인(王仁)을 보내어 유교를 전수하였다. 이때 왕인은 천자문(千字文)과 더불어 『논어』 10권을 가져갔다고 한다. 한국의 역사에 『논어』가 중요하게 등장하는 첫 장면이다. 이때 왕인이 가지고 간 『논어』는 지금은 실전(失傳)된 정현(鄭玄) 주석본(註釋本) 『논어』라는 연구가 있다.(島田重禮, 「百濟所獻論語考」, 『論語書目』, 孔子祭典會, 大正二年四月)

4) 李丙燾, 『韓國儒學史略』, 아세아문화사, 1986.

5) 一然 著, 崔南善 編, 『三國遺事』 卷1, 「馬韓」, 서문문화사, 1988, 36쪽. "『論語正義』云, 一玄菟, 二樂浪, 三高麗, 四滿飾, 五鳧臾, 六素家, 七東屠, 八倭人, 九天鄙."

6) 도현철, 「李穡의 經學觀과 그 志向」, 『진단학보』 102, 진단학회, 2006 참조.

조선에 들어와 권근(權近), 이석형(李石亨), 이언적(李彦迪) 등에 의해 몇 종의 경전에 관한 주석이 이루어졌는데, 주로 신주인 주자의 주석을 이해하려는 시도나 부연하는 것이 주된 내용이다. 이 과정에서 주자의 주석과 약간 다른 견해를 표출하기도 하였으나, 그 본질은 어디까지나 주자의 신주 경학이었다. 한편 조선 경학의 진정한 출발은 퇴계(退溪) 이황(李滉)에 와서 가능해졌다고 할 수 있다. 퇴계는 사서삼경에 대한 주자주와 주자학파의 주석에 대하여 면밀한 검토를 하였다.[7] 이 과정에서 경문뿐 아니라 주자주와 소주(小註)에 대해서도 정밀하게 분석하였는데, 그 분석의 근간은 어디까지나 주자의 신주 경학이었다. 그러나 퇴계는 간혹 자신의 견해를 세운 경설을 제시하기도 하였는데, 이는 고주로의 회귀를 지향한 것은 아니었지만 때로 공자의 본지를 추구하는 면모를 보여주기도 하였다.

퇴계 이후 조선의 경학은 주자의 신주 중심의 경학을 근간으로 삼아 발전해 나간 흔적이 뚜렷하다. 그 양적인 면에서 이 부분이 절대 다수를 차지하고 있다. 그러나 한편에서는 양적으로는 이에 미치지는 못하지만 경전의 본지에 직접적으로 다가가고자 하거나, 고주의 경학을 중심에 두고 경전을 이해하거나, 고주와 신주를 겸채하여 주석을 가한 소수의 경학자들도 있다. 즉 퇴계에게서 발원한 조선의 경학은 주자의 신주를 중심에 두고서, 경문의 본지 추구, 고주 중심, 신주와 고주의 겸채 등 다채로운 경로를 통해 발전해 나갔다. 비록

7) 한국에서는 고려 후기에 『주역』과 『논어』에 관한 주석서가 저술되었지만 현재는 실전이 되어 그 내용을 확인할 수 없다. 때문에 한국 최초의 경전주석서는 양촌 권근에 의해 지어진 시(詩)·서(書)·역(易) 「천견록(淺見錄)」이라 할 것이다. 그러나 한국 경학사에서 영향력의 측면에서 보자면 퇴계의 『사서삼경석의(四書三經釋義)』를 들 수 있을 것이다.

주자학이 조선 경학에서 막강한 영향력을 행사했지만 주자학의 단순한 묵수가 아니라 이를 중심에 두고 경문의 본지와 고주를 아울러 살피며 다채로운 변주를 만들어낸 것이다. 필자는 조선경학의 이러한 양상을 두고서, '고'의 지향이라 칭하고자 한다.

이에 본고에서는 조선경학의 '고'의 양상을 『논어』의 중요 개념어-학(學), 인(仁), 경(敬)-에 대한 조선경학자들의 견해를 통해 고찰해 보기로 하겠다.[8] 이 과정에서 조선 경학의 지향이 무엇이었는지에 대하여 생각해 보기로 하겠다.

또한 본고는 조선 경학이 경전에 대한 주석을 중심으로 하여 이황으로부터 본격적으로 이루어진다고 하는 전제 하에 주석에 대한 다양한 견해를 '금(今)' 또는 '신(新)'과 대비하여 '고(古)'의 측면에서 그 양상을 고찰하고자 하는 점에서 문화다원론적 관점을 제시하고자 한다. 이러한 관점은 한편으로 훈고와 도덕적 실천을 강조하는 경향을 가지느냐 아니면 철학적 형이상학적 방향성을 가지느냐 하는 점에서 여러 주석들이 다원적인 요소를 지니고 있음을 해명하고자 하는 것이다.

---

8) 조선 논어학의 중요 개념어를 들라면, 우선 '학'을 거론할 수 있다.(이에 관해서는 이미 류준필의 「『논어(論語)』 경학에서의 '학(學)' 개념과 그 인식 층위」, 『한국한문학연구』 45, 한국한문학회, 2010 논문에 상세하게 언급되었다.) 한편 이외에도 '인(仁)', '경(敬)', '중용(中庸)', '정(政)' 등의 개념을 거론할 수 있다. 이상의 5가지 개념어는 조선의 주자학파뿐 아니라, 실학파에서도 중시되었다.(실학파에서 논의된 『논어』의 중요 개념어에 대해서는 정일균, 「서계(西溪) 박세당(朴世堂)의 『논어(論語)』론 : 『논어사변록(論語思辨錄)』을 중심으로」, 『한국사상사학』 권60, 한국사상사학회, 2018, 참조) 그런데 주자학파는 '정(政)'에 대한 개념이 상대적으로 실학파에 비해 미약하다. 또한 '중용' 개념은 조선의 『중용』 주석학에서 다루는 문제이다. 때문에 본고에서는 '학', '인', '경'을 중심으로 논의를 전개하고자 한다.

2. 조선 논어학의 중요 개념어

1) 학(學)

주자는 『논어집주(論語集注)』「학이」 1장에서 '학(學)'에 대한 주석을 달면서, "'학'이란 '본받는다'는 말이다. 인간의 본성은 모두 선(善)하니, 후학(後學, 後覺)들은 선학(先學, 先覺)들이 하는 것을 본받아야만, 이에 선을 밝히고 그 최초의 모습으로 돌아갈 수 있을 것이다"[9] 라고 하였다. 주자의 이 주석은 공자에서부터 시작되어 송대 이전까지 보편적으로 인정되었던 학의 정의를 일거에 뒤엎었다고 할 수 있다. 고주에 속하는 황간(皇侃, 488~545)과 형병(邢昺, 932~1010)의 논의를 살펴보면 이 점은 더욱 분명하게 드러난다.

■ 황간(皇侃)

무릇 배움에는 세 시(時)가 있다. … 첫째 신중(身中)의 시(時)는 『예기(禮記)』「내칙(內則)」에 "6세가 되면 수와 방위의 명칭을 가르치며, 7세가 되면 남녀가 자리를 함께 하지 않음을 가르치고, 8세가 되면 비로소 겸양을 가르치며, 9세가 되면 수와 날짜를 가르치고, 10세가 되면 글쓰기와 계산을 배우며, 13세가 되면 악(樂)을 배우고 시(詩)를 음송하고 작시(勺詩)의 절주(節奏)에 맞추어 문무(文舞)를 추고, 15세가 되어 성동(成童)이 되면 상시(象詩)의 절주에 맞추어 무무(武舞)를 춘다"라고 하였으니, 이것이 '신중의 시'이다. 둘째는 연중(年中)의 시이니, 무릇 학문은 때의 기운을 따르면 학업을 전수받음에 쉽게 들어갈 수 있다. 그러므로 『예기』「왕

---

9) 朱熹, 『論語集注』「學而」 1章. 朱子注, "學之爲言, 效也. 人性皆善, 而覺有先後, 後覺者必效先覺之所爲, 乃可以明善而復其初也."

제(王制)」에 '봄과 여름에는 시와 악을 배우고 겨울과 여름에는 서와 예를 배운다'라고 하였다. 봄과 여름은 양(陽)이고, 양체(陽體)는 경청(輕淸)하다. 시와 악은 성(聲)으로 성(聲) 또한 경청하다. 경청할 때 경청한 학업을 배우면 쉽게 들어갈 수 있다. 가을과 겨울은 음(陰)이고 음체(陰體)는 중탁(重濁)하다. 서와 예는 사(事)로써 사(事) 또한 중탁하다. 중탁할 때에는 중탁한 학업을 배우면 또한 쉽게 들어갈 수 있다. 셋째는 일중(日中)의 시이니, 앞서 말한 신중의 시, 연중의 시에 배운 것을 날이면 날마다 닦고 익혀서 잠시도 폐하지 않는 것이다.[10]

■ 형병(邢昺)

『정의』에 말한다. "이 장은 사람에게 군자가 되기를 권하는 것이다." … 『백호통』에 말하였다. "배운다는 것은 깨닫는 다는 것이다." 공자가 말하였다. "배운 것을 때에 맞게 그 경업을 암송하고 익혀서 폐지됨이 없게 한다면 또한 기쁘지 아니한가!" … 황간은 "배움이란, 이때에 맞게 배운 바의 편간의 문장과 예악의 용모를 암송하고 익히는 것이다"라고 말하였다.[11]

『논어집해의소』「학이」 1장에서 황간은 사회적 구성원으로서의 인간이 습득해야 될 배움의 항목을, 일생의 배움, 일 년의 배움, 매

---

10) 皇侃, 『論語集解義疏』「學而」1. "凡學有三時. … 一就身中爲時者. … 內則云: '六年教之數與方名, 七年男女不同席, 八年始教之讓, 九年教之數日, 十年學書計, 十三年學樂誦詩舞勺, 十五年成童舞象.' 竝是就身中爲時也. … 二就年中爲時者, 夫學隨時氣則受業易入. 故王制云: '春夏學詩樂, 秋冬學書禮.' 是也. 春夏是陽, 陽體輕清, 詩樂是聲, 聲亦輕清, 輕清時學輕清之業, 則爲易入也. 秋冬是陰, 陰體重濁, 書禮是事, 事亦重濁, 重濁時學重濁之業, 亦易入也. 三就日中爲時者, 前身中年中二時而所學, 竝日日修習不暫廢也."

11) 邢昺, 『論語正義』「學而」1. "正義曰: '此章勸人學爲君子也.' … 白虎通云: '學者, 覺也. 覺悟所未知也.' 孔子曰, 學者而能以時誦習其經業, 使無廢落, 不亦說懌乎. … 皇氏以爲 … 言學者以此時誦習所學篇簡之文及禮樂之容."

일의 배움으로 세분화하였다. 일생의 배워야 될 내용 중, 청소년기에 배워야 될 것을 보면, 6살에는 숫자와 방위의 명칭을, 7살에는 남자와 여자가 자리를 함께하지 않는 예절을, 8살에는 겸양을, 9살에는 날짜 세는 법을, 10살에는 글쓰기와 계산법을, 13살에는 음악과 시를, 15살에는 춤을 배우게 하였다. 또한 일 년 중, 봄과 여름에는 시와 음악을, 가을과 겨울에는 서와 예를 배우게 하였다. 그리고 이렇게 배우는 내용을 매일 쉼 없이 학습하도록 하였다. 이는 예와 악, 기타 지식에 대한 행위적 실천과 지식적 습득을 아울러 강조한 것이지만 그 무게의 중심은 행위의 실천에 있다.

한편 형병 또한 황간의 이러한 설을 수용하였지만 미묘한 차별성을 보이고 있다. 황간이 지식의 습득보다 행위의 실천에 중심을 두고 있는 반면, 형병은 『백호통』의 설을 인용하면서 행위적 실천을 인정하지만 지식의 습득으로서의 학을 강조하고 있다. 『논어』「학이」 1장의 '학'에 대한 정의는 실천적 행위와 지식의 습득의 병행구조로 이루어져 있는데 점차 지식의 습득으로 그 초점이 옮겨지다가 주자에 이르러 이러한 성향이 극대화된다. 주자 또한 학에 들어있는 실천적 요인을 중시하지만, 앞서 보았듯이 학을 '명선복초(明善復初)'라 정의함으로써 그 내면의 본성을 밝히는 것으로서의 지식적 측면을 극대화한 해석을 제시하였다. 주자의 이러한 정의는 종래의 학에 내재된 실천적 요인을 배제한 것은 아니지만, 그 무게중심을 지적 탐구의 영역으로 옮긴 것은 확실하다.[12]

공자는 "먹음에 배부름을 구하지 않고 기거함에 편안함을 구하

12) 주자는 학이 지(知)와 행(行)의 영역을 겸하고 있다고 누차 말하였다. 이는 주자가 학에 내재된 공자의 본지인 행의 영역을 의식하면서 자신이 주장하는 지의 영역을 가미하고 있음을 의미한다고 할 수 있다.

지 않으며, 일은 민첩하게 하고 말은 신중하게 하며, 진리를 간직한 사람에게 나아가 자신을 바로잡으면 '학'을 좋아한다고 할 수 있다"[13]고 하였다. 공자의 이러한 '학'은 바로 인간사회를 구축하기 위하여 개인이 지녀야 될 규범의 실천이라고 할 만하다. 한편 공자의 제자인 자하(子夏)는 '현자를 존중함', '힘을 다해 부모를 섬김', '몸을 바쳐 임금을 섬김', '진실하게 친구를 사귐' 등을 '학'의 내용으로 정의하였는데,[14] 이는 개인이 타자와의 교섭에서 지켜야 될 규범을 '학'의 내용으로 규정한 것이라고 할 수 있다. 즉 공자와 그의 제자들이 생각한 '학'이란 지식의 축적을 넘어서서, 한 개인이 사회의 구성원이 되기에 필요한 예제의 실천적 행위를 말한다고 볼 수 있다. 그런데 주자의 '학'에 관한 주석은 공자의 이러한 외재적이고 구체적인 행위로서의 '학'을 내재적이고 추상적인 형태로 전화시킨 것이다. 이른바 공자의 유학과 구별되는 주자의 유학, 즉 주자학 탄생의 생생한 면모인 것이다.

조선 경학의 출발점에서 이 문제는 예민하게 받아들여졌다. 권근이나 이언적이 『대학』을 해석하면서 주자의 신주에 뿌리를 두면서도, 한편으로 주자와 다른 독자적 견해를 낸 것은 바로 이 때문이라 할 것이다. 퇴계의 바로 뒤를 이은 김수인(金守訒)도 『논어차록(論語箚錄)』「학이」 1장에서 이 점을 충분하게 인식한 듯하다. 김수인은 주자의 주석에 대한 충실한 분석을 하면서도 주자가 정의 내린 '학(學)'에 대하여, "(주자가 『집주』에서 말한) '학지불이(學之不已)'의 '학(學)'

13) 『論語』「學而」3. "子曰: '君子食無求飽, 居無求安, 敏於事而愼於言, 就有道而正焉, 可謂好學也已.'"

14) 『論語』「學而」7. "子夏曰: '賢賢易色, 事父母, 能竭其力, 事君, 能致其身, 與朋友交, 言而有信, 雖曰未學, 吾必謂之學矣.'"

은 경문의 '학(學)' 자와 조금 다른 듯하다"[15]라고 하였다. 이는 '학'에 대한 주자의 견해와 공자의 본지와의 괴리를 인식한 바탕에서 나온 말이라 할 것이다. 이후 주자학과 공자의 괴리에 관한 이러한 의식은 조선의 주자학자들에 의해서 학의 정체성을 둘러싼 논쟁의 과정을 통해 심각하게 인식되었다.

■ 김수인(金守訒)

무릇 '학(學)'을 전적으로 말한다면, 지와 행을 겸하는 것이지만, '학'과 '습(習)'을 상대적 개념으로 말해 본다면, 학은 지에 습은 행에 속한다. 학은 지행의 지이고, 습은 지행의 행이다.[16]

■ 이유태(李惟泰)

주자는 말하였다. "'학'이란 한 글자는 실로 치지와 역행(力行)을 겸하는 말이다."[17]

■ 이재(李縡)

대체로 '학' 자의 본래 면목은 참으로 '지'에 속하나, 또한 저절로 '행'의 의미를 포함하고 있다.[18]

김수인(金守訒, 1563~1626)은 『논어차록(論語箚錄)』 「학이」 1장에서 '학'을 지행을 겸하는 개념으로 파악하지만, '습'과 짝을 이루어 이

15) 金守訒, 『論語箚錄』 「學而」 1, 한국문집총간 13, 15쪽. "學之不已與本文學字, 少異."

16) 金守訒, 『論語箚錄』 「學而」 1, 한국문집총간 13, 15쪽. "夫學專言之則兼知行, 學與習對說, 則學屬知, 習屬行. 學是知行之知, 習是知行之行."

17) 李惟泰, 『四書答問-論語』 「學而」 1. "朱子曰: '學之一字, 實兼致知力行而言.'"

18) 李縡, 『泉上講說-論語』 「學而」 1. "大抵學字本面, 固屬知, 而亦自包得行底."

야기할 땐 '지'만의 의미를 지니고 있다고 보았다. 이에 비해 이유태(李惟泰, 1607~1684)는 '학'을 '지'와 '행'을 겸하는 개념으로 파악하였다. 한편 이재(李縡, 1680~1746)는 '학'이 그 본래적 측면에서 보자면 '지'에 속하지만, '지'와 '행'을 겸하는 개념이라고 하였다.

'학'이 이처럼 '지'에 속하느냐, '행'에 속하느냐, 혹은 '지'와 '행'을 아우르는 개념인가 하는 것에 대한 분분한 논의는 이외에도 많은 경학자들이 언급을 하고 있다.[19] 왜 조선의 경학자들은 '학'을 언급할 때, 이 지점에 대하여 많은 논의를 하였을까? 물론 주자와 그의 후학들이 이 지점에 대하여 언급을 하였기에 부연한 것이라 말할 수도 있다. 그러나 다른 내용보다 유달리 이것에 관한 주석과 반박, 그리고 재정의의 순환이 이어지는 것은 아무래도 앞서 언급한 주자 경학의 특징과 연관이 있다고 본다. 주자 경학의 가장 큰 특징으로 꼽는 새로운 경설은 공자 본래의 의미를 변화 혹은 이탈한 지점이 있기에, 조선의 경학자들은 이 양자의 조화를 꾀하거나 혹은 비판하는 의식이 있었다고 볼 수 있다. 앞서 언급하였듯이 기본적으로 '학'에 관한 공맹의 본지는 아무래도 '행'의 측면이 많다. 그런데 주자의 '학'에 대한 정의대로라면, '행'에 '지'의 측면을 크게 보강하여 자칫 '학'이 '지'로 이해될 여지가 많다. 조선의 경학자들이 '학'에 대한 주자주에 관하여 해설을 달면서, 이 문제를 집중적으로 거론하는 것은 공맹의 '학'이 지닌 '행'의 지점과 주자의 '학'이 지닌 '지'의 측면의 괴리를 인식한 가운데 이를 회통시키려는 의도를 지녔다고 볼 수 있다. 이 과정에서 주자의 '학' 개념이 지닌 '지'의 측면을 충분히 수용하면서도, 이를 '행'과 연계하여 '지행'의 통합적 이념으로서 '학'

19) 이에 관한 다양한 논의는 류준필, 앞의 논문, 참조.

을 이해하고자 한 것이다. 조선 주자학자들의 '학'에 관한 이러한 논의는 주자의 신주를 바탕으로 하면서도 공자의 본지를 인식한데서 비롯되었다. 이는 결국 신주를 근간으로 하는 조선주자학자들이 공자의 본지로서의 '고(古)'를 인식한 데서 비롯된 논의라 할 것이다. 한편 주자의 주석을 근간으로 하지 않은 일부 조선의 경학자들의 '학'에 관한 논의에서도 우리는 이러한 지점을 확인할 수 있다.

■ 권득기(權得己)

나는 생각한다. '수시로 익힘'이란, 배운 것을 수시로 익히는 것이다. 또한 '학'의 경우는 '경(敬)'을 지니고서 수시로 들어서 경계하고 살피는 것이니, 이것이 바로 '시습(時習)'이다. '경학(敬學)'을 지니고서 방일한 마음을 수습할 때, 또한 수시로 항상 마음을 두어 방심을 수습하여 마음이 밖으로 달려 나가지 않도록 해야 하니, 이것이 바로 방일한 마음을 수습하는 '시습'인 것이다. 시습하면 공부가 점차 나아가 자득의 지취를 얻게 되어 마음이 저절로 기쁘게 될 것이다.[20]

■ 위백규(魏伯珪)

'학' 자는 치지(致知)와 격물(格物)의 공부이며, '습' 자는 성의(誠意) 이하의 일이다. '불역(不亦)' 두 글자는 도언(倒言)으로 격려하여 사람을 흥기시키는 것이니, 바로 '작신민(作新民)'이라고 할 때 '작(作)'의 의미가 있다. 아래 두 구절의 '불역' 두 글자도 모두 그러하다.[21]

---

20) 權得己, 『論語僭義』 「學而」 1. "愚謂時習者, 時習所學也. 且如學, 持敬時時提撕警省, 便是時習. 持敬學收放心, 亦時時常念, 收放心, 不使向外走作, 即是時習收放心. 時習之, 則工夫漸就有自得之趣, 故心中自悅."

21) 魏伯珪, 『讀書箚義-論語』 「學而」 1, 한국문집총간 243, 104쪽. "學字, 致知格物工夫也. 習字, 誠意以下之事也. 不亦二字, 倒言而激撼之, 使人興起也, 便有作新民作字意思, 下二節不亦字皆然."

■ 박세당(朴世堂)

사람이 스승을 따라, 책을 읽고 질문하며 강구하고 지식을 구하며, 행동하고 타인을 대하는 방법 등이 모두 '학'이다.[22]

권득기(權得己, 1570~1622)의 경우, '학'을 경학(敬學)으로 이해하면서 '수방심(收放心)'을 강조하고 있다. 권득기 이러한 주석은 비록 주자학의 영향 아래 있지만, 『맹자』의 논의를 가져다 '학'을 해석하였다는 점에서 앞서 살펴본 주자학자들과 또 다른 지점에서 고의 지향을 보여 준다. 한편 위백규(魏伯珪, 1727~1798)의 경우, '학'을 『대학』의 격물치지의 공부로 이해하고 있다. 이는 권득기의 '학'의 개념규정과 비록 차이는 있지만, 다른 경전을 인용하여 '학'의 이해를 시도하고 있다는 점에서 또한 권득기와 동일한 '고(古)'의 지향성을 지녔다고 할 것이다. 권득기와 위백규의 '학'에 관한 이러한 이해는 일종의 '이경통경(以經通經)'의 자세로서, 다른 경전을 원용하여 직접적으로 『논어』 이해를 시도한 것이라 할 것이다. 한편 박세당의 경우는 '이경통경'으로서의 '고'를 지향하지는 않았지만, 자득(自得)의 경설을 통해 '학'이 지닌 행의 측면에 주목하고 있다는 점에서 고를 지향하고 있음을 알 수 있다.

이상으로 우리는 '학'에 관한 조선 경학자들의 주석의 일면을 살펴보았다. 조선 경학자들 중, 주자학파의 주석은 어디까지나 주자의 신주 중심이었지만, 공자의 본지를 의식하고 있었다. 그러하였기에 주자 경설의 새로운 지점과 공자 유학의 본지에 관한 괴리를 인식하고 이를 경학적으로 소통시키려는 노력을 한 것이었다고 할 수 있

22) 朴世堂, 『思辨錄-論語』「學而」 1. "人從師, 讀書質問講究求知行己處物之方, 是謂之學."

다. 또한 경문의 본지에 직접적으로 다가가고자 하였던 경학자들의 경우도, '이경통경'의 방식을 위주로 주자의 신주를 인식한 위에 공자의 본지에 이르고자 하였다. 이렇게 보면 '학'에 관한 조선경학자들의 주석은 주자의 신주와 공자의 본지 사이에서 진동한 흔적의 일환이었다고 할 수 있다.

이처럼 각각 지와 행으로 바라보는 '학(學)'에 관한 여러 주석들은 한편으로 주희의 관점을 따르기도 하고 다른 한편 공자의 본지를 해석하고자 하는 것으로 이러한 학에 대한 주석에는 문화다원론적 의미가 내포되어 있다.

2) 인(仁)

주자는 『논어』 「학이」 2장[23]의 '인(仁)'에 대한 주석을 달면서, "인은 사랑의 이치이자 마음의 덕이다"[24]라고 하였다. '인'을 '애지리(愛之理)'라고 풀이한 주자의 신주는 경문의 본의와 고주에 비해 매우 새로운 해석이다.

주자의 신주의 해석이 왜 새로운 해석이었는지에 대하여 알려면 고주의 해석과 대비하여 살펴보아야 할 것이다.

■ 하안(何晏)

'효'는 인의 근본이니, 만약 효를 근본으로 삼는다면 인은 이에 생겨날 것이다.[25]

---

23) 『論語』 「學而」 2. "有子曰: '其爲人也, 孝弟, 而好犯上者, 鮮矣. 不好犯上, 而好作亂者, 未之有也. 君子務本, 本立而道生, 孝弟也者, 其爲仁之本與?'"

24) 『論語集注』 「學而」 2. 朱子註, "仁者, 愛之理, 心之德也."

■ 황간(皇侃)

자연스럽게 친애하는 것이 효이고, 사랑을 미루어 타인에게 미치는 것이 인이다.[26]

■ 형병(邢昺)

이런 까닭에 군자는 효제를 닦는 데 힘쓰니 도의 기본으로 여기기 때문이다. 기본이 확립된 뒤에 도덕이 생겨난다. 아마도 사람들이 그 기본이 무엇을 말하는지를 알지 못할까 걱정된 까닭에 또 '효제란 인의 근본일 것이다'고 말한 것이다.[27]

『논어』「학이」 2장의 '인'에 대한 고주의 해석에서 하안(何晏)은 '인'의 근본으로 '효'를 언급하고 있다. 한편 황간(皇侃)에 이르러 '효'와 '인'은 모두 '애(愛)'로 파악되고 있다. 하안과 왕필에 의하면, '효'는 '인'에 비해 보다 더 근원적인 개념이며, '인'은 '애(愛: 孝弟)'라는 실천적 행위의 기반위에서만 가능하다고 보았던 것이다.[28] 형병 또한 하안과 황간의 논의를 계승하고 있다. 이처럼 '효제'를 천부적인 것으로, '인'을 실천적인 행위로 보는 관점은, 북송대 신유학의 선구인 정이(程頤, 1033~1107)에 의하여 그 개념의 전환을 맞이하게 된다. 정이는 기존의 본원으로서의 효제와 작용으로서의 인의 관계를 정반대로 역전시켜, '인'이야말로 형이상학적 본성이며 효제는 인에

---

25) 何晏, 『論語集解』「學而」 2. "孝是仁之本, 若以孝爲本則仁乃生也."

26) 皇侃, 『論語集解義疏』「學而」 2. "自然親愛爲孝, 推愛及物爲仁也."

27) 邢昺, 『論語正義』「學而」 2. "是故君子務脩孝弟, 以爲道之基本, 基本旣立而後, 道德生焉. 恐人未知其本何謂, 故又言孝弟也者, 其爲仁之本歟?"

28) 한편 당대(唐代) 한유(韓愈)는 이러한 관념을 보다 더 발전시켜 구체적 행위로서의 '애(愛)'와 '인(仁)'을 동일한 개념으로 파악하고 있다. 韓愈, 「原道」. "博愛之謂仁"

기반하여 나오는 구체적 행동양태 중의 한 가지에 불과하다고 하였다.[29] 그런데 앞에서 보듯이 주자는 정이의 이 주장을 그대로 수용하면서, 인을 '애지리'로 정의하였다.[30] 주자의 이 같은 정의는 '인'을 천부적이고도 추상적인 성리(性理)로, 효제를 인에 바탕한 구체적인 행사(行事)로 규정한 것이다.[31] 한에서 당에 이르기까지의 인과 효제의 관계는 실로 주자에 이르러 완전히 역전된 것이다.

조선의 경학자들 중 주자학자들은 주자의 이 신주를 비교적 충실하게 따랐다. 그러나 이유태(李惟泰, 1607~1684) 같은 주자학자들은 다음과 같은 의미심장한 발언을 하기도 하였다.

> 아마도 인의 전체는 이 한 몸의 가운데 구비되어 있으며, 그 작용은 어버이를 섬기고 형을 따르는 사이에 발현되는 것이다. 효제를 극진히 하는 곳이 바로 인이다.[32]

이유태는 추상적 원리로서의 인과 그 구체적 행사로서의 효제를 인정한다. 이렇게 보면, 이유태의 '인'관은 주자의 그것에 다름 아니다. 그러나 이유태는 '효제를 극진히 하는 곳이 바로 인이다[其孝弟盡處, 便是仁也]'라고 하여, 구체적 행사로서의 효제의 극진한 실천이 바로 추상적 원리로서의 인이라고 하였다. 이는 주자의 인관에 근거하

---

29) 『論語集注』「學而」 2. 朱子註, "程子曰: '孝弟, 是仁之一事, 謂之行仁之本則可, 謂是仁之本則不可. 蓋仁, 是性也, 孝弟, 是用也.'" 金履祥의 『論語集註考證』에 의하면, 이 구절의 정자는 이정자(二程子) 중 동생인 정이(程頤)를 가리킨다.

30) 『論語集注』「學而」 2. 朱子註, "仁者, 愛之理, 心之德也. 爲仁, 猶曰行仁."

31) 『論語或問』「學而」 2. "仁者, 天之所以與我, 而不可不爲之理也. 孝弟者, 天之所以命我, 而不能不然之事也."

32) 李惟泰, 『四書答問-論語』「學而」 2. "蓋仁之全體, 具於一身之中, 其用發見於事親從兄之間, 其孝弟盡處, 便是仁也."

면서도 구체적 실천으로서의 효제와 인을 동일하게 보았기에, 고주의 인관을 어느 정도 수용한 발언이라 여겨진다.

한편 주자의 인관과 고주의 인관의 간극을 보다 선명하게 인지하고 이를 주석에 반영해 낸 경학자는 조선의 실학파에 속하는 경학자들이었다.

■ 이익(李瀷)

인은 성(性)이고 성은 리(理)이다. 리 가운데 네 가지가 있는데, 인이 그 하나에 해당된다. 인이 발현되면 사랑이니, 사랑은 정(情)이다. 어떻게 이 인이 있음을 아는가? 정으로 말미암아 추측하는 것이다. 그러므로 '저 인은 바로 사랑이 말미암아 생성되는 곳이다'라고 말하는 것이 이것이다. 이것은 리의 관점에서 말한 것이다. 심(心)은 기(氣)이며, 심은 성을 통섭하니, 사덕(四德)은 모두 심에 갖추어져 있는 것이다. 그러나 인이 완전한 덕이기에 '마음의 덕'이라고 말한 것이다. 이것은 기의 관점에서 말한 것이다. 기가 아니면 리는 걸려 있을 곳이 없는 까닭에서이다.[33)]

■ 홍대용(洪大容)

가만히 생각건대 성은 물(物)의 법칙이자 뭇 이치를 총괄하는 명칭이다. 그 가운데 나아가 나누어 말해 보면, 인의예지(仁義禮智)의 명칭이 있는 것이다. 이 네 글자에 만선(萬善)이 충족되었으니, 성 가운데 어찌 일찍이 효제가 없겠는가. 만약 효제가 없다면 무릇 사람의 만선이 모두 본성이 아니다. 이제 가령 만선으로써 각각 만선에 돌린다면 이른바 인의예지란 것은 거의 눈금 없는 저울에 가깝지 않겠는가.[34)]

33) 李瀷, 『論語疾書』 「學而」 2. "仁者性也, 性即理也. 理中有四, 仁居其一. 仁之發則愛, 愛即情也. 何以知其有這仁? 由情而推測也. 故曰彼仁者, 即愛之所由生者是也. 此以理言也, 心氣也, 心統性, 四德莫非心之所該. 然仁爲全德, 故曰心之德也. 此以氣言也, 非氣, 理無掛搭處故也."

34) 洪大容, 『四書問辨-論語問疑』 「學而」 2, 한국문집총간 248, 12쪽. "窃意性者物

■ 위백규(魏伯珪)

정자(程子)가 "효제가 집안에서 행해진 뒤에 인과 사랑이 남에게 미치게 된다."라고 한 것은 바로 '생(生)' 자를 설명한 것이다. 효제를 집안에서 실천한다면 근본이 이미 확립된 것이다. 백성을 사랑하려고 기약하지 않아도 절로 백성을 사랑하게 되고, 사물을 사랑하려고 기약하지 않아도 절로 사물을 사랑하게 된다. 마치 나무가 가지와 잎사귀를 피우려고 기약하지 않아도 가지와 잎사귀가 절로 나오는 것과 같다. 그 생성이 끝이 없다면 사해(四海)에까지 고루 퍼져서 나라가 다스려지고 천하가 평안해질 것이다.[35)]

■ 정약용(丁若鏞)

인(仁)이란, 두 사람이 서로 함께 하는 것이다. 어버이를 섬김에 효를 함이 인이니, 부모와 자식 두 사람의 일이다. 형을 섬김에 공손함이 인이니, 형과 아우 두 사람의 일이다. 임금을 섬김에 충성하는 것이 인이니, 임금과 신하 두 사람의 일이다. 백성을 기름에 자애함이 인이니, 목민관과 백성 두 사람의 일이다. 이로부터 부부와 친구에 이르기까지 무릇 두 사람 사이에서 그 도를 다 하는 것이 모두 인이다.[36)]

실학파의 종장으로 일컬어지는 이익(李瀷, 1681~1763)은 인을 성(性)으로 애(愛: 孝弟)를 정(情)으로 파악하고 있다. 이 구절에 대한 이

之則, 而衆理之摠名. 就其中, 分而言之, 有仁義禮智之名. 卽此四字, 而萬善足焉, 則性中曷嘗無孝弟乎? 苟無孝弟, 凡人之萬善, 皆非性分, 今且以萬善, 各還萬善, 所謂仁義禮智, 不幾近於無星之秤乎?"

35) 魏伯珪, 『讀書箚義-論語』「學而」 2, 한국문집총간 243, 105쪽. "孝弟, 行於家而仁愛及於物, 是釋生字. 孝弟, 行於家則本已立矣. 不期仁民, 而自仁民, 不期愛物, 而自愛物, 如木之不期枝而自枝, 不期葉而自葉, 生而不已, 便倣諸四海, 而準國治而天下平也."

36) 丁若鏞, 『論語古今註』「學而」 2, 한국문집총간 282, 159쪽. "仁者, 二人相與也. 事親孝爲仁, 父與子, 二人也. 事兄悌爲仁, 兄與弟, 二人也. 事君忠爲仁, 君與臣, 二人也. 牧民慈爲仁, 牧與民, 二人也. 以至夫婦朋友, 凡二人之間, 盡其道者, 皆仁也."

익의 이러한 해석은 주자의 신주와 별반 다를 것이 없다. 그러나 이어지는 이익의 말을 들어 보면, 주자와 미묘한 차별이 있다. 이익은 본성인 추상적 인을 알 수 있는 방법은 오직 감정인 구체적 애를 통해서만 가능하다고 주장한다. 이는 성으로서의 인의 선재성(先在性)을 인정하기는 하지만, 이 성의 현실적 발현태인 정애(情愛: 孝弟)를 중시하는 것이다. 이익의 이 같은 관점은 성에 대응할 정도로 정에 무게 중심을 두어서 이 둘의 관계를 정초하였기에, 주자주를 근간으로 하면서도 고주의 인관과 어느 정도 맥락이 닿아있는 것이다.

한편 홍대용(洪大容, 1731~1783) 같은 학자는, 이러한 관점을 더욱 밀고 나가, 성 속에 어찌 효제가 없을 수 있겠는가?라고 반문하면서, 성(性: 仁)과 효제의 관계를 대등하게 바라보아야 된다고 주장하였다. 또한 위백규는 주자주에 의거하지 않고 오직 경문에 나아가서 효제와 인의 관계를 분석하였다. 그 결과 위백규는 주자의 신주의 인관에서 탈피하여 이 구절을 경세론으로 확장시켜 이해하고자 하였다.

조선의 주자학자의 일부와 몇몇 실학자들의 고주 중시의 인관은 정약용에 와서 전적으로 고주와 유사한 방향으로 회귀하게 된다. 정약용은 인을 선험적인 본성, 효제를 이에 기반한 실천적 행위로 파악하는 종래 주자의 인설을 강하게 비판하고[37], 인이야말로 모든 실천적인 행위가 이루어지고 난 뒤에야 성립할 수 있는 개념이라고 하였다. 정약용의 이러한 관점에 의거할 것 같으면, 효와 제라는 실천적 행위를 하고 난 다음에야 인이라는 명칭이 성립될 수 있기 때문

37) 丁若鏞, 『論語古今註』 「學而」 2, 한국문집총간 282, 159쪽. "今之儒者, 認之爲仁義禮智四顆, 在人腹中, 如五臟然, 而四端, 皆從此出, 此則誤矣."

에 인보다 효제가 오히려 선재(先在)하게 된다. 효제가 인보다 선재한다고 주장하면서, 인에서 천부론적 측면을 탈각시키고 실천론적 개념을 도입시킨 다산의 '인' 해석은 신주의 영향에서 탈피하여 고주의 인관에 접근한 것이라고 할 수 있다.

앞서 언급했듯이 조선의 경학은 어디까지나 주자의 신주 중심이었다. 그러나 우리가 흔히 실학파라고 일컫는 일군의 학자들뿐만 아니라, 주자학자들 또한 주자의 신주를 근거로 하면서도 고주의 지향을 보이면서 '고(古)'로의 회귀를 드러내었다. 이처럼 고주로 회귀하려는 경향은 주자 주석과는 다른 이론적 특성을 드러내는 것으로 문화다원론적인 해석의 의미를 지닌다.

3) 경(敬)

주자는 『논어』 「학이」 5장[38]의 '경(敬)'에 대한 주석을 달면서, "경이란, 한 가지를 위주로 하면서 (마음이 다른 데로) 옮겨감이 없는 것을 이른다"[39]라고 하였다. 그리고 이어서 "진나라 이후 이 경자를 아는 사람이 없었다. 정자에 이르러 바야흐로 그 설명이 친절하였다. 그러므로 이에 합쳐서 말한 것이다"[40]라고 하였다. 주자의 언급에 의하면 '경'은 진(秦)에서 송(宋)에 이르기까지 유학자들은 그 본래의 의미를 망각하고 주목하지 않았는데, 정자에 이르러 이 글자는 그 가치를 회복하였으며 자신 또한 정자의 주석에 의거하여 새롭

38) 『論語』 「學而」 5. "子曰: '道千乘之國, 敬事而信, 節用而愛人, 使民以時.'"

39) 『論語集注』 「學而」 5. 朱子註, "敬者, 主一無適之謂."

40) 『論語集注大全』 「學而」 5. 小註, "朱子曰: '自秦以來, 無人識敬字. 至程子, 方說得親切, 故此合而言之."

게 이 글자를 위와 같이 정의하였다는 것이다. 주자의 이 말은 곧 '경'에 대한 정자와 자신의 의미의 부여가 종래와는 판이하게 다르다는 주장이다. 어떻게 다른지 고주와의 대비에서 그 면모를 살펴보기로 하겠다.

고주인 하안(何晏)의 『논어집해』에서는 '경'을 다만 '경신(敬愼)'이라고만 풀이하고 일체의 설명을 더 이상 하지 않고 있다.[41] 즉 하안은 경은 단지 '신중함[愼]'이라는 의미로만 이해한 것이다. 여기서의 신중함이란 구체적인 일을 할 때의 신중한 자세, 바로 '경사(敬事)'를 의미한다. 하안의 '경'에 대한 이러한 이해는 한대(漢代) 정현(鄭玄)의 설을 그대로 계승한 것인데, 이는 이후 황간을 거쳐[42] 형병에 이르기까지 그대로 계승된다.[43] 즉 한대에서 북송(北宋)에 이르기까지 '경'은 단순히 일을 대할 때의 신중함 그 이상도 그 이하도 아니었다. 때문에 '경' 자는 전혀 주목을 받지 못하였다. 그 결과 『논어』「학이」 5장에 관한 고주의 서술은 대부분 위정자의 정치론에 집중되어 있고, '경'에 관한 논의도 이와 연관해서 짤막하게 언급되었을 뿐이다. 주자학파의 수양론의 중심축이 '경'임을 감안한다면, 고주(古注)의 이러한 주석 양상은 주자의 말대로 '경'에 대한 무지(無知)라고 할 수도 있을 것이다. 주자가 '천 년 동안 이 경 자의 의미를 아는 이가 없었다'는 말의 함의는 바로 여기에 있는 것이다. 그러면 주자가 '주일무적(主一無適)'이라는 성어로 '경'을 개념규정하였을 때, 고주와 결정적으로 다른 지점은 무엇인가? '경'을 고주처럼 '신중(愼重)'이라고만 하

41) 何晏, 『論語集解』 「學而」 5. "擧事必敬愼."

42) 『毛詩』 「周頌·閔予小子」 鄭箋. "敬, 愼也."; 『孝經』의 疏에 인용된 皇侃의 말. "敬者, 心多貌少."(이상은 모두 阮元의 『經籍纂詁』에서 인용한 것임)

43) 형병은 『논어정의』에서 『논어집해』의 설을 그대로 인용하고 있다.

면 이는 하나의 일을 대하는 구체적 자세를 의미한다. 반면 '경'을 신주처럼 '주일무적'이라 하면 구체적 일과 추상적 심성을 막론하고 모든 일에서 항상 간직해야 될 마음의 자세로서의 오롯한 집중을 의미한다. 즉 '경'에 대한 초점이 구체에서 추상으로, 외면에서 내면으로 전환된 것이다.

조선의 경학자들은 주자의 경설을 준수하였다. 때문에 서준보(徐俊輔, 1770~1856)가 "경은 우리 유자(儒者)의 극치의 공부이다. 정자께서 '주일(主一)'을 '경'이라 하고, '무적(無適)'을 '일(一)'이라 하였는데, 주자께서 '주일무적'이라 합하여 '경'이라 하였으니, 더욱 친절함을 알겠다"[44]라고 한 데서 보듯이, 주자의 경설에 대한 호의적 반응 일색이었다. 그러나 일부 경학자들은 '경'에 관한 주자의 신주와 고주의 차별성을 예리하게 포착하고서 의문을 제기하였다. 예컨대 조선의 학자군주였던 정조(正祖)는 "경에서 주일무적의 경과 임사외근(臨事畏謹)의 경이 같지 않다"[45]라고 하여, 신주가 정의한 '주일무적'으로서의 '경'이 고주 혹은 경의 본지와 다름을 지적하고 있다. 정조처럼 '경'에 관한 신주의 견해에 의문을 제기한 경학자의 견해를 좀 더 살펴보기로 하자.

■ 임영(林泳)

범사에 소심(小心)하게 삼가고 신중하며 도리를 다하기에 힘쓰는 것이 바로 이른바 경이다. … 옛날의 성왕의 치국평천하의 도는 오직 이것뿐이

44) 徐俊輔, 『魯論夏箋』「學而」 5, 한국문집총간 265, 509쪽. "敬是吾儒之極工, 程子以主一爲敬, 無適爲一, 而朱子合主一無適謂之敬, 更覺親切."

45) 正祖, 『經史講義-論語』「學而」 5, 한국문집총간 264, 97쪽. "敬是主一無適之敬, 則與臨事畏謹之敬, 不同."

었다. … 때문에 그 다스림이 옛날의 성왕에게 미치지 못하는 것은 모두 경의 일이 순수하지 못함의 과오이다. 만약 방자하여 꺼리는 것이 없고 오로지 공경할 수 없다면, 나라가 망하고 집안이 무너질 것이다.[46]

■ 홍대용(洪大容)

가만히 생각건대 '주일무적'은 아마도 '경'의 의미를 다 드러내기에는 부족할 듯하니, 배움에 의거할 곳이 없다. 또한 '엄공인외(嚴恭寅畏)'를 앞세우지 않고 한갓 '주일무적'만을 일삼는다면, 탐간착응(耽看錯應)의 병폐에 가깝지 않겠는가. 나의 생각에 '경'에는 '주일무적'이 있으나, '주일무적'을 '경'이라 말하기에는 부족하다.[47]

■ 박세당(朴世堂)

(주자가) '경'을 '주일무적'이라 풀이하는데, 이는 다만 '경' 가운데 하나의 일이니, 아마도 그 의미를 다 드러내지는 못한 듯하다. 경이란 다만 삼가는 것으로서 전전긍긍하여 깊은 연못에 임하거나 살얼음을 밟는 것 같이 하는 것, 이것이 바로 '경'이라 할 것이다. 전전긍긍하면 저절로 다른 곳으로 옮겨감이 없으니, 만약 다만 '주일'이라고 하면, 전전긍긍의 의미가 없으니, 어찌 '경'이 되겠는가.[48]

---

46) 林泳, 『讀書箚錄-論語』「學而」 5, 한국문집총간 159, 477쪽. "凡事小心謹愼, 務盡道理, 乃所謂敬. … 古之聖王, 平治之道, 惟此而已. … 所以其治不能及古聖王, 皆敬事不純之過也. 若肆無忌憚, 而全不能敬者, 亡國敗家."

47) 洪大容, 『四書問辨-論語問疑』「學而」 5, 한국문집총간 248, 12쪽. "窃意主一無適, 恐不足以盡敬之義, 而學之無可依據. 且不先之以嚴恭寅畏, 而徒事乎主一無適, 則不幾於耽看錯應之歸乎? 妄意能敬者, 固主一無適, 而主一無適, 不足以言敬也."

48) 朴世堂, 『思辨錄-論語』「學而」 5. "敬訓以主一無適, 此但敬之一事, 恐未盡其義. 敬只是謹, 戰戰兢兢, 臨深履薄, 即此爲敬. 戰兢則自無他適, 若但主一而無戰兢之意, 豈得爲敬?"

■ 정약용(丁若鏞)

일을 공경히 함은 그 시종을 생각하여 그 유폐(流弊)를 헤아리는 것이다. 이런 뒤에야 행동에 막힘이나 어지러움이 없어서 백성들이 믿어줄 것이다.[49]

임영은 주자학파 계열의 학자이며, 홍대용, 박세당, 정약용은 주자학에 비판적 견해를 지닌 경학자로 평가받고 있다. 그러나 이 두 부류의 경학자들은 공히 '경'에 관한 신주의 정의에 비판적이다. 임영은 구체적 일을 마주할 때의 '근신(勤愼)'하는 자세를 경이라 하면서, 이를 군주의 치세와 연관하여 설명해내고 있다. 임영의 '경'에 관한 이 같은 주석은, 『논어』 경문의 본지에 충실함과 더불어 고주의 주석과 유사하다고 할 수 있다. 한편 홍대용은 '주일무적'이라고 '경'을 주석하는 것을 드러내어 비판하면서 고주의 의미로 경을 이해하고 있다. 임영과 홍대용의 '경'에 관한 이 같은 개념규정은 박세당과 정약용에 이르러 더욱 고주로 편향된 측면을 보이고 있다. 박세당은 미리 표준을 정한 다음 거기에 맞추어 경전의 뜻을 견강부회하는 경전주석의 태도를 강하게 비판하였는데,[50] 이는 다분히 주자가 자신의 사상을 경전해석에 투영하여 신주를 창시한 것에 대한 은근한 비난이라 할 수 있다. 이에 박세당은 주자 신주의 '경'에 대한 개념정의를 비판하면서 '전전긍긍'이라는 의미로 '경'을 해석해 내고 있는데, 이 또한 고주의 정의에 매우 근접한 것이라 할 것이다. 한편 정약은 주자의 신주는 언급조차 하지 않으면서 고주의 정의에 충

49) 丁若鏞, 『論語古今註』 「學而」 5, 한국문집총간 282, 160쪽. "敬事, 謂慮其始終, 度其流弊也. 然後行之無所沮撓, 則民信之矣."

50) 朴世堂, 『論語思辨錄』 「學而」 5. "若先自立標準, 盡驅經義, 納於其中, 恐未可也."

실하게 '경'을 이해하고 있다.

결국 조선경학자들은 '경'에 대한 개념규정에 있어서 주자의 신주를 충실하게 준용하였으면서도 한편에서는 위에서 고찰하였다시피 고주의 개념에 경도되곤 하였다. 이는 의식적으로 고주의 '경' 개념을 채택하였다기보다는, 『논어』의 본지와 주자의 신주에 내재된 추상성(내면지향성)에 대한 모순을 인지하는 과정에서 자연스레 고주의 개념에 다가선 것으로 생각된다.

3. 마무리

조선의 경우, 주자학자는 물론이고 실학자조차 몇몇의 예외를 제외하고는 주자의 신주를 중심에 두고 경전을 사유하였다. 그러다 보니 조선 경학의 근간을 이루는 것은 주자의 신주였다. 그럼에도 불구하고 실학자와 주자학자 일부는 주자 이전의 고주 혹은 경전의 고의에 다가가고자 하는 지향을 지니기도 하였다. 이러한 양상은 특히 논어학의 중요 개념인 '학', '인', '경' 등에 관한 해석에 잘 구현되어 있었다.

조선전기 경학자들의 '고'의 지향은 주자의 신주와 경전의 본래적 의미에 대한 괴리를 인지하고, 이 양자를 조화시키려는 의식에서 형성되었다. 그러다가 점차 주자의 신주를 비판하고, 현실의 실천지향 더 나아가 경세를 강조하는 방향으로 경전을 읽게 되었다. 이후 조선경학에서 '고'로의 회귀를 보인 경학자들의 지향은 경의 본지(혹은 고주)에서 현실성(실천성)을 찾아내고 이를 신주의 추상성(내면지향성) 보다 중시하는 방향으로 나아갔다. 또한 추상적이고 단순한 심성론으로 경을 해설하기보다 구체적이고 역사적 증거를 활용하여 경을 이해하려고 하였는데, 이 과정에서 경세적 지향을 추구하였다. 즉 '고'를 지향한 조선경학자들의 경전주석의 세계는 현실성(실천성)과 경세지향 등이 중심을 이루고 있었다.

특히 '고'로의 지향을 지닌 조선경학자들 중, 실학파의 경전주석의 세계는 당대 동아시아의 중국의 고증학파, 일본의 고학파와 대비해서 음미할만한 지점이 있다. 고증학파와 고학파의 경학도 공히 '고'를 지향하고 있기 때문이다. 그러나 조선의 실학파의 '고'지향의 경학은 이 양자와 뚜렷한 차이를 지닌다. 중국 고증학파의 경학은 양계초가 "순수한 학자의 입장에서 논한다면, 다만 학문이 되는가 학문이 되지 아니하는가만을 물어야 되는 것이지 유용성과 무용성을 반드시 물어야 하는 것은 아니다"[51]라고 하였듯이, 고증의 영역으로 몰입하여 경세의 의미를 경시하였기 때문이다. 이는 조선의 실학파 경학이 고증을 중시하면서도 그 본질에서는 현실과 경세를 중시하는 것과 차이가 있다.

한편 일본 고학파의 경학은 오규 소라이의 『논어징(論語徵)』에서 보듯이, 선왕이 제정한 '예악'을 중시하고 있다. 여기서 소라이는 선왕의 가르침을 한결같이 따를 것을 주장하는데, 그의 이러한 견해는 학문적 관점에서 본다면 창의적 사고를 억누르는 경향을 지녔다고 할 수 있다.[52] 그리고 경세의 관점에서 보자면 성인의 절대성을 강조하고 민(民)을 인의예지의 주체에서 제외시킴으로써 우민관(愚民觀)

51) 梁啓超 저, 이기동, 최일범 역, 『清代學術概論』, 여강출판사, 1987, 62쪽.

52) 오규 소라이 저, 이기동 외 3인 공역, 『논어징』 1, 소명출판, 2010, 35-36쪽 참조.

과 더불어 위정자 중심의 경세학이 수립될 여지가 농후하다. 이에 비해 조선의 실학파 경학이 지향하는 경세는 현실에서 민(民)을 중심에 두고 지식인의 책무를 중시하는 경세학이라 할 것이다. 비록 소수이기는 하지만 조선의 일부 주자학파와 실학파의 경전해석에 나타나는 이러한 '고'를 중시하는 경학현상은 조선경학에 새로운 흐름을 형성하였다고 할 수 있다.

『논어』 해석에 나타난 '고'를 지향하는 조선의 경학 흐름은 고주를 바탕으로 하여 주자학에 국한되지 않은 다양한 해석의 지평을 보여주고 있다. 이 새로운 해석은 단순히 고학 계승에 머물지 않고 민을 중심에 두고 지식인의 책무를 중시하는 경세적 관점을 적극적으로 담아내며 당대 비슷한 학문적 지향을 지닌 중국과 일본의 학술계와 차별화되는 조선만의 학문 흐름을 이루어 내게 된다.

이처럼 학과 인, 경에 대한 주희의 주석을 중심으로 하는 신주를 넘어서 고주에 경도되고 다른 한편으로 이들을 아우르려는 경향은 이들 개념에 대한 일의적인 해석이 아닌 시대적 요청에 따라 문화다원론적 의미를 수용하고자 하는 의미를 갖는 것이다. ◆

참고문헌

사료 :

『論語』

『論語集注大全』

阮元, 『經籍纂詁』

朱熹, 『論語集注』

朱熹, 『論語或問』

何晏, 『論語集解』

邢昺, 『論語正義』

皇侃, 『論語集解義疏』

權得己, 『論語僭義』

金守訒, 『論語箚錄』, 한국문집총간 13, 민족문화추진회, 1988.

朴世堂, 『思辨錄-論語』, 한국고전종합DB 고전원문.

徐俊輔, 『魯論夏箋』, 한국문집총간 265, 민족문화추진회, 2001.

魏伯珪, 『讀書箚義-論語』, 한국문집총간 243, 민족문화추진회, 2000.

李惟泰, 『四書答問-論語』

李瀷, 『論語疾書』

李緈, 『泉上講說-論語』

林泳, 『讀書箚錄-論語』, 한국문집총간 159, 민족문화추진회, 1995.

丁若鏞, 『論語古今註』, 한국문집총간 282, 민족문화추진회, 2002.

正祖, 『經史講義-論語』, 한국문집총간 264, 민족문화추진회, 2001.

洪大容, 『四書問辨-論語問疑』, 한국문집총간 248, 민족문화추진회, 2000.

연구단행본 :

梁啓超 저, 이기동, 최일범 역, 『淸代學術槪論』, 여강출판사, 1987.

오규 소라이 저, 이기동 외 3인 공역, 『논어징』, 소명출판, 2010.

李丙燾, 『韓國儒學史略』, 아세아문화사, 1986.

一然 著, 崔南善 編, 『三國遺事』, 서문문화사, 1988.

董洪利, 『古籍的闡釋』, 遼寧教育出版社, 1995.

劉師培 著, 陳居淵 注, 『經學教科書』, 上海古籍出版社, 2006.

연구논문 :

도현철, 「李穡의 經學觀과 그 志向」, 『진단학보』 102, 진단학회, 2006.

류준필, 「『논어(論語)』경학에서의 "학(學)" 개념과 그 인식 층위 -조선 주자학자의 "학이시습지(學而時習之)" 장(章) 주석을 중심으로」, 『한국한문학연구』 45, 한국한문학회, 2010.

정일균, 「서계 박세당의 『논어사변록』 연구」, 「서계 박세당의 사서경학과 서계학, 탈주자학, 실학」, 제1회 서계학 학술세미나 발표문, 2018.

島田重禮, 「百濟所獻論語考」, 『論語書目』, 孔子祭典會, 大正二年四月.

16~17세기 조선 경학에 있어서 주자 중화설(中和說)의 수용과 비판
-조익과 박세당의 중화설을 중심으로-

임 재 규

* 이 글은 『대동철학』 83호(2018.06)에 게재한 「16-17세기 朝鮮 經學에 있어서 朱子 中和說의 수용과 비판 -趙翼과 朴世堂의 中和說을 중심으로」를 본 저서의 간행 취지에 맞춰 일부 수정한 것이다.

1. 서언

『중용(中庸)』의 중화설(中和說)은 주자의 심성론 체계에서 핵심적인 전거이며, 동시에 주자의 수양론에 있어서도 관건이 되는 중요한 경전적 근거이다. 주자의 심성론은 이른바 중화구설과 중화신설을 통해 성심체용(性心體用)에서 성정체용(性情體用)의 체계를 성립해가는 과정이라 할 수 있는데, 이러한 변화의 과정에서 『중용』의 중화(中和)에 대한 새로운 해석이 핵심적인 근거가 된다. 그리고 주자의 수양론은 이른바 존양성찰의 이원구조를 가지고 있는데, 주자가 이러한 수양론을 세우게 된 근거도 『중용』의 미발과 이발에 대한 새로운 해석이 핵심적인 관건이 되었다고 할 수 있다.

본고는 『중용』의 중화에 대한 선행 연구 중 기존의 선행연구에서 많이 논의되었던 주자의 심성론과 수양론의 측면보다 이러한 논의의 경전적 근거가 된 『중용』의 '중화'에 대한 개념적 분석을 먼저 시도해 보고자 한다. 이를 위해서 한대(漢代)의 『설문해자(說文解字)』에 나타난 '중(中)'과 '화(和)'에 대한 고훈과 당대의 『예기주소(禮記注疏)』에 나타난 『중용』의 중화에 대한 주해를 살펴보고자 한다. 이러한 분석에 기반하여 송대 주자의 『중용장구(中庸章句)』에 나타난 중화에 대한 주해와의 차이점을 통해 '중'과 '화'의 개념이 어떻게 변화해왔는지를 확인할 수 있을 것이다.

다음으로 본고는 주자의 중화설의 성립과정을 정리해 보고, 이어 주자의 중화설이 16-17세기 조선 경학사에 어떻게 수용되고 비판되었는지를 검토해보고자 한다. 조선 경학사에 있어서 16세기에서 17세기까지 『중용』 관련 저작은 대략 권근(權近)의 『입학도설(入學圖說)』

중의 「중용수장분석지도(中庸首章分釋之圖)」, 이언적(李彦迪)의 『회재전집(晦齋全集)』 중의 「중용구경연의(中庸九經衍義)」와 「중용구경연의별집(中庸九經衍義別集)」, 이덕홍(李德弘)의 『사서질의(四書質疑)』 중의 「중용질의(中庸質義)」, 조익(趙翼)의 『포저집(浦渚集)』 중의 「중용설(中庸說)」과 「중용곤득후설(中庸困得後說)」, 이유태(李惟泰)의 『사서답문(四書答問)』 중의 「중용(中庸)」, 박세당(朴世堂)의 『사변록(思辯錄)』 중 「중용(中庸)」 등이다. 이 중에서 본고의 주제인 '중화'에 대한 언급이 담겨 있는 저작은 대략 조익의 『포저집』 중의 「중용설(中庸說)」과 박세당의 『사변록』 중 「중용」이다. 따라서 본고는 이 두 저작의 내용을 중심으로 논의를 전개할 것이다.

필자가 조사한 바로는 아직 16세기에서 17세기까지 조선 경학사에 있어서 '중화'를 다룬 논문은 거의 없는 것 같다. 물론 기존의 선행연구 중 『중용』의 미발문제와 16-17세기 조선 경학사에 나타나는 논의를 다룬 논문은 여러 편이 있다.[1] 그러나 본고는 '미발(未發)' 개념보다 '중'과 '화'라는 개념에 보다 집중해서 16-17세기 주자의 중화설이 조선 경학에 어떠한 영향을 미쳤는지를 검토해 보고자 한다. 따라서 본 연구는 '중화'에 대한 조선경학사의 논의에 한정하지 않고 '중화' 개념에 대해 중국경학사의 맥락에서 고찰하고자 하는 점에서 문화다원론적 연구라는 의의가 있다고 할 수 있겠다. 뿐만 아니라 이 글에서 조선 중기의 조익과 박세당의 중화론에 대한 고찰이 조선 전기의 권근(權近)이나 이언적(李彦迪)의 중용관, 이황(李滉)이나 이이(李珥)의 중화론과의 동이점을 중심으로 하는 비교 시각적 고찰

1) 이봉규, 「성리학(性理學)에서 미발(未發)의 철학적 문제와 17세기 기호학파(畿湖學派)의 견해」, 『한국사상사학』 13, 1999; 이선열, 「중화설의 전개와 율곡학파의 미발인식」, 『율곡학연구』 35, 2017 참조.

을 위한 기초가 된다는 점에서 문화다원론적 함의를 갖는다.

2. 『중용』의 '희노애락지미발위지중, 발이개중절위지화(喜怒哀樂之未發謂之中, 發而皆中節謂之和)' 분석

'喜怒哀樂之未發謂之中, 發而皆中節謂之和'는 『중용』의 첫 장에 나오는 구절이다. 논의의 전개를 위해서 『중용』의 첫 장의 전체를 인용하면 다음과 같다.

> 하늘이 명한 것을 '성(性)'이라 하고 '성(性)'을 따르는 것을 '도(道)'라고 하고 '도'를 닦는 것을 '교(敎)'라 한다. '도'라는 것은 잠시도 떠날 수 없는 것으로 떠날 수 있으면 '도'가 아니다. 이러한 까닭에 군자는 남이 보지 못하는 바를 삼가고 또 경계하며 남이 듣지 못하는 바를 두려워하고 또 두려워한다. 은미한 것보다 더 나타나는 것은 없고 미묘한 것보다 더 드러나는 것은 없다. 그러므로 군자는 홀로 있을 때를 삼가는 것이다. 기쁨·분노·슬픔·즐거움이 아직 드러나지 않을 때를 '중(中)'이라 하고 이미 드러나 절도에 맞는 것을 '화(和)'라 한다. '중'이라는 것은 천하의 대본(大本)이고 '화'라는 것은 천하의 달도(達道)이다. '중화'에 이르면 천지가 자리를 잡게 되고 만물이 길러진다.[2)]

---

2) 朱熹 撰, 『四書章句集注』, 北京 : 中華書局, 1983, 17-18쪽, 『中庸章句』. "天命之謂性, 率性之謂道, 脩道之謂教. 道也者, 不可須臾離也, 可離非道也. 是故君子戒愼乎其所不睹, 恐懼乎其所不聞. 莫見乎隱, 莫顯乎微, 故君子愼其獨也. 喜怒哀樂之未發, 謂之中; 發而皆中節, 謂之和. 中也者, 天下之大本也; 和也者, 天下之達道也. 致中和, 天地

이 『중용』의 첫 장은 유교의 중요한 몇 가지 개념을 담고 있다. 즉 '성(性)', '도(道)', '교(敎)', '계신공구(戒愼恐懼)', '신독(愼獨)', '중(中)', '정(情)', '절(節)', '화(和)' 등이다. 이 중에서 『중용』 첫 장을 꿰뚫는 핵심적인 개념은 '도'라 할 수 있으며, 이 '도'를 닦는 것의 중요한 내용을 '계신공구'와 '신독'으로 제시하고 있다. 그리고 '계신공구'와 '신독'을 통해 우리가 도달할 수 있는 경지를 '중화'로 표현하고 있다. 본고에서 논의하고자 하는 주제가 바로 이 '중화'이다. 『중용』은 이 '중'을 기쁨·분노·슬픔·즐거움이 아직 드러나지 않을 때로 정의하고, '화'를 기쁨·분노·슬픔·즐거움이 드러나 절도에 맞는 것으로 정의하고 있다. 이에 대한 원문은 '喜怒哀樂之未發謂之中, 發而皆中節謂之和'가 된다. 이 원문을 분석해 보면, '희노애락(喜怒哀樂)', '미발(未發)과 발(發)', '중(中)', '절(節)', '화(和)' 이렇게 다섯 부분으로 나눌 수 있다. 따라서 우선 이 다섯 부분의 원래적 의미를 분석할 필요가 있다.

1) 희로애락(喜怒哀樂)

본 문장의 주어는 이 '희로애락'이다. 즉 본 논문의 주제인 '중화'의 문제는 최소한 『중용』의 원래적인 의미에 있어서는 '희로애락'의 문제이다. '희로애락'은 네 가지의 정감(情感)이며, 따라서 '중화'의 문제는 곧 정감의 문제라 할 수 있다. '정(情)'에 대해 『설문해자(說文解字)』는 "人之陰气有欲者. 从心青聲. 疾盈切"라고 풀이하고 있다. 즉 '정'은 사람의 음기이며 사람의 욕망이라는 것이다. 한대(漢代)의 동중서(董仲舒)는 "정은 사람의 욕망이다"[3]라고 했으며, 『예기(禮記)』에는

位焉, 萬物育焉."

"무엇을 인정(人情)이라 하는가? 이는 희로애구애오욕(喜怒哀懼愛惡欲)으로 배우지 않아도 되는 본능이다"[4]라고 했고, 『춘추좌전(春秋左傳)』에는 "백성에게 호오희로애락(好惡喜怒哀樂)이 있는데 이는 육기(六氣)에서 생겨난다"[5]라고 했다. 『효경원신계(孝經援神契)』에는 "성(性)은 양(陽)에서 생겨나고 리(理)이며, 정(情)은 음(陰)에서 생겨나고 념(念)이다"[6]라고 했다. 위 인용의 내용에 근거해 보면, '성'은 양기에서 생기며 '정'은 음기에서 생기고, 이 '정'은 사람의 욕망이며 제도로 절제되지 않은 상태를 의미한다. 또 '정'은 배우지 않아도 되는 본능이라 할 수 있다. 그리고 '정'의 종류에 대해 『중용』에서 '희로애락' 네 가지로 표현했지만, 『예기(禮記)』 「예운(禮運)」에서는 '희노애구애오욕(喜怒哀懼愛惡欲)' 일곱 가지로 표현했다.

2) 미발(未發)과 발(發)

『설문해자(說文解字)』에서 '발(發)'은 활시위에서 화살이 떠나는 것을 의미한다.[7] 즉 어떤 정지된 상태에서 동적인 상태로 바뀌는 것을

3) 班固 撰, 顏師古 注, 『前漢書』, 文淵閣『四庫全書』電子版, 권56 6a, 「董仲舒傳」. "情者, 人之欲也."

4) (漢)鄭玄 註, (唐)陸德明 音義, (唐)孔穎達 疏, 『禮記注疏』, 文淵閣『四庫全書』電子版, 卷22 5a, 「禮運」. "何謂人情? 喜怒哀懼愛惡欲, 七者不學而能. "

5) 楊伯峻 編著, 『春秋左傳注』, 北京 : 中華書局, 1990, 「昭公二十五年」, 1458쪽. "民有好惡喜怒哀樂, 生於六氣."

6) 黃暉 撰, 『論衡校釋』, 北京 : 中華書局, 1990, 卷3, 「本性篇」, 139쪽. "性生於陽以理執, 情生於陰以繫念."

7) 許慎, 『說文解字(注音版)』, 長沙 : 嶽麓書社, 2006, 270上. "發, (身+矢)發也. 从弓癹聲. 方伐切."

나타낸다.[8] 그래서 『북계자의(北溪字義)』에서 이 ‘발’의 의미를 ‘동(動)’으로 표시하고 있다. “정(情)과 성(性)은 서로 대가 된다. 정이라는 것은 성의 발동이다. 마음속 아직 발동되지 않은 것이 성이고, 사물과 접촉하여 발동되어 나오는 것이 정이다. 고요히 움직이지 않는 것이 성이고 감응하여 마침내 통하는 것이 정이다. 이 움직이는 것은 단지 성 가운데에 발동되어 나오는 것으로 별도로 생기는 물건이 아니다.”[9] 또 『성리대전(性理大全)』의 ‘성리(性理)’편에서도 이 ‘발’의 의미를 ‘동’으로 보고 있으며, 특히 ‘중화’의 구조를 ‘성정’으로 해석하고 있다. 그래서 ‘성리’편에서는 ‘성’과 ‘정’의 관계를 ‘성발위정(性發爲情)’으로 표현하고 있는 것이다.

그리고 『중용』에서 이 ‘미발(未發)’과 ‘발’의 주어는 ‘희로애락’이 된다. 즉 ‘미발’과 ‘발’의 주체는 ‘희로애락’의 ‘정’이 된다. 따라서 ‘희로애락지미발(喜怒哀樂之未發)’은 ‘희로애락’의 정감(情感)이 아직 드러나지 않은 것이고, ‘희로애락지미발’은 ‘희로애락’의 정감이 드러난 것으로 이해하는 것이 문맥에 맞는 해석이다. 그렇다면 『중용』의 ‘중화’는 ‘정’을 중심으로 한 것이며, 주자학에서 얘기하는 ‘성정’으로 해석하는 것은 원래의 의미는 아니다. 물론 ‘중화’를 ‘성정’으로 해석하는 것은 새로운 해석이며, 이것이 틀린 해석이라는 의미도 아니다. 다만 ‘중화’의 원래적인 의미는 ‘정’에 대한 해석이라는 점은 이해하는 것이 필요하다.

---

8) 許愼 撰, 段玉裁 注, 『說文解字注』, 上海 : 上海古籍出版社, 1988, 641下. “發, (身+矢)發也. 詩曰, 壹發五豝, 引申爲凡作起之偁. 从弓, 癹聲. 方伐切. 十五部.”

9) 陳淳 지음, 김영민 옮김, 『北溪字義』, 서울 : 예문서원, 1993, 101쪽. “情與性相對. 情者, 性之動也. 在心里面未發動底是性, 事物觸著便發動出來是情. 寂然不動是性, 感而遂通是情. 這動底只是就性中發出來, 不是別物.”

3) 중(中)

『중용』 경문의 '喜怒哀樂之未發謂之中'에서 '중(中)' 자의 원래적 의미는 '안', '속', '내부'를 뜻하는 말이다. 『설문해자』에 '중'의 의미가 '내(內)'로 되어 있다.[10] 이를 통해 보면, '喜怒哀樂之未發謂之中'의 '중'의 원래적 의미는 정감이 아직 드러나지 않았을 때의 마음속이라는 의미로 볼 수 있다. 이러한 맥락에서 '發而皆中節謂之和'의 '화(和)'는 마음의 정감이 밖으로 드러난 상태를 의미하는 것으로 이해할 수 있다. 이렇게 '중'과 '화'의 원래적 의미는 정감이 아직 드러나지 않은 상태의 마음속이라는 의미와 정감이 마음 밖으로 드러난 상태를 의미하는 것으로 볼 수 있다. 당대의 공영달은 이러한 의미를 좀 더 발전시켜 "담연히 비어 있고 고요하며 마음속에 사려가 없으며 이치에 마땅한 것"[11]으로 '중'을 설명하고 있다. 공영달의 이러한 해석은 정감이 드러나지 않은 마음속이라는 '중'의 의미를 보다 깊이 있게 설명한 것으로 특히 사려가 생겨나지 않은 마음을 '중'으로 보고 있다는 점에서 마음에 대한 심층적인 해석으로 볼 수 있다. 나아가 공영달은 '중'을 이치에 마땅한 상태로 해석하고 있는데, 이는 분명히 『설문해자』의 해석을 넘어선 것으로 마음에 대한 보다 심화된 해석으로 보아야 할 것 같다. 확실히 정감이 아직 드러나지 않은 마음은 감정이 드러나 이리저리 치우치는 상태보다 이치에 합당한 상태로

---

10) 許愼, 『說文解字(注音版)』, 長沙 : 嶽麓書社, 2006, 14下. "中, 内也. 从口, 丨上下通."

11) (漢)鄭玄 註, (唐)陸德明 音義, (唐)孔穎達 疏, 『禮記注疏』, 文淵閣『四庫全書』電子版, 卷52 3a. "喜怒哀樂之未發謂之中者, 言喜怒哀樂緣事而生, 未發之時, 澹然虛靜, 心無所慮, 而當於理, 故謂之中."

보는 것은 합리적인 면이 있다. 그러나 『예기주소(禮記注疏)』는 '중'을 리(理)로 보지 않고 '이치에 마땅한 것'으로 본다는 점에서 송대의 주자학적 해석과는 다르다는 점은 이해할 필요가 있다.

4) 절(節)

『설문해자』에서 '절(節)'의 원래 의미는 대나무의 마디이다.[12] 이 의미가 분화하여 절제하다, 절약하다 등의 의미로 발전했다.[13] 당대 공영달이 편찬한 『예기주소』에는 '절한(節限)'으로 풀이하고 있다. "'發而皆中節謂之和'라는 것은 적막하고 고요할 수 없어 기쁨·분노·슬픔·즐거움의 정감이 생겨 비록 다시 움직이고 드러난다 하더라도 모두 '절한'에 맞게 됨을 말하는 것으로 소금과 매실이 서로 맞아야 성질이 조화됨과 같은 것이다. 그러므로 '화(和)'라고 한 것이다."[14] 여기서 '절한'은 절제하고 제한한다는 의미이다. 『예기주소』에는 '예'와 관련된 의미로 이 '절한'을 사용하고 있다.[15] 따라서 '절'은 예 내지 절도 정도의 의미를 가진다고 할 수 있다.

---

12) 許愼, 『說文解字(注音版)』, 長沙 : 嶽麓書社, 2006, 95下. "節, 竹約也. 从竹即聲. 子結切."

13) 許愼 撰, 段玉裁 注, 『說文解字注』, 上海 : 上海古籍出版社, 1988, 189下. "節, 竹約也. 約, 纏束也. 竹節如纏束之狀. 吳都賦曰. 苞筍抽節. 引伸爲節省、節制、節義字. 又假借爲符卩字. 从竹. 卽聲. 子結切. 十二部."

14) (漢)鄭玄 註, (唐)陸德明 音義, (唐)孔穎達 疏, 『禮記注疏』, 文淵閣『四庫全書』電子版, 卷52 3a. "發而皆中節謂之和者, 不能寂靜而有喜怒哀樂之情, 雖復動發, 皆中節限, 猶如鹽梅相得, 性行和諧, 故云'謂之和'."

15) (漢)鄭玄 註, (唐)陸德明 音義, (唐)孔穎達 疏, 『禮記注疏』, 文淵閣『四庫全書』電子版, 卷8 19a. "禮有節限."

5) 화(和)

『설문해자』에 '화(和)'는 서로 상응한다(相膺)는 의미이다.[16] 이는 곧 주체와 객체가 서로 상응한다는 의미로 볼 수 있다. 즉 서로 다른 두 존재를 전제하고 있다. 단옥재의 『설문해자주(說文解字注)』에는 '창화(唱和)'로 설명하고 있다.[17] 즉 한 사람이 노래를 부르면 다른 사람이 이에 화답하는 경우가 '화'이다. 『중용』의 '喜怒哀樂之發而皆中節謂之和'에 이러한 의미를 대입해 보면, '화'는 '희로애락'이라는 정감이 '절(節)'이라는 절도에 부합하는 경우를 의미한다. 여기서 '희로애락'은 주체가 되고 '절'은 객체가 된다. 물론 이는 마음의 내면에서 일어나는 상황이지만, '화' 개념을 확장해 보면 마음의 외부에서 일어나는 주체와 객체의 상호간의 조응도 '화'로 볼 수 있다. 즉 나와 남, 나와 사회, 나와 자연 등의 만남도 '화'로 설명이 가능하다.

이상 『중용』의 '喜怒哀樂之未發謂之中, 發而皆中節謂之和' 구절을 '희로애락', '미발과 발', '중', '절', '화'의 다섯 가지로 나누어 분석하였다. 이를 통해 『중용』의 이 구절은 정감의 문제를 다루고 있으며 정감이 외부 사물에 접촉하여 드러날 때 그것이 절도에 부합하면 비로소 '화'의 상태가 됨을 알 수 있다. 그리고 '중'의 문제도 이성의 차원이 아닌 정감의 차원에서 제기된 것으로 이해할 수 있으며, 이 점이 『중용』의 저자가 원래 의도했던 내용이라 할 수 있다.[18] 즉 '중화'의

16) 許愼, 『說文解字(注音版)』, 長沙 : 嶽麓書社, 2006, 32上. "和, 相膺也. 从口禾聲. 戶戈切."

17) 許愼 撰, 段玉裁 注, 『說文解字注』, 上海 : 上海古籍出版社, 1988, 57上. "和, 相應也. 从口,禾聲. 古唱和字不讀去聲. 戶戈切."

문제는 원래적 의미가 정감의 문제라는 점은 이해할 필요가 있다. 한편 서론에서도 언급하였지만, 본 장에서 중국경학사에 나타난 '중화'의 원래적 의미를 고찰한 점은 조선경학사 연구에 있어서 문화다원론적 접근이라는 측면에서 의의를 가진다고 하겠다.

3. 주자의 중화설(中和說)

1) 주자의 『중용장구』에 나타난 '중화(中和)' 개념

『예기』의 한 편으로 전해져 오던 『중용』은 송대에 이르러 획기적인 변화가 일어난다. 즉 송대 유학자 사이에 『중용』이 점차 중시되면서 주자는 『중용』과 『예기』의 다른 한 편인 『대학(大學)』, 그리고 『논어(論語)』와 『맹자(孟子)』를 합쳐 『사서(四書)』라는 새로운 체제의 텍스트를 구성한다. 이로서 중국경학사에 있어서 새로운 흐름인 신유학이 등장하게 된 것이다. 주자는 단지 『사서』라는 체제의 형식적인 변화를 추구했을 뿐만 아니라 『사서』의 해석에 있어서도 새로운 변화를 추구했다. 이것이 이른바 성리학이다. 이러한 성리학적 경전해석은 본고의 주제인 『중용』의 '喜怒哀樂之未發謂之中, 發而皆中節謂之和'에 대한 해석에도 드러난다. 주자는 이 구절에 대해 『중용장구(中庸章句)』에서 다음과 같이 새로운 해석을 제시하고 있다.

---

18) 중국의 진래(陳來)도 이 점을 지적하고 있다. 陳來 지음, 이종란 외 옮김. 『주희의 철학』, 서울 : 예문서원, 2002, 159쪽 참조.

기쁨·분노·슬픔·즐거움은 '정'이다. 그것이 아직 드러나지 않았을 때는 '성'이다. 그것은 치우친 바가 없으므로 '중'이라 한다. 그것이 드러나 모두 절도에 맞으면 '정'의 바름이다. 그 상태는 어긋난 바가 없으므로 '화'라 한다. '대본'이라는 것은 천명의 '성'이고 천하의 이치는 모두 여기에서 나오니, '도'의 본체이다. '달도(達道)'라는 것은 '성'을 따르는 것을 말하고 천하 고금이 모두 이로부터 연유하니 '도'의 작용이다. 이는 '성정'의 덕을 말하여 '도'가 떨어질 수 없다는 뜻을 밝힌 것이다.[19]

주자의 이러한 해석은 '성'과 '정', 그리고 '체(體)'와 '용(用)'이라는 명확한 구조를 가지고 해석한 것이다. 이는 주자 심성론에서 성즉리라는 새로운 이론틀 안에서의 새로운 해석이라 할 수 있다. 이 점은 앞에서도 언급한 바 있지만 공영달의 『예기주소』의 해석과는 다른 것이다.

기쁨·분노·슬픔·즐거움이 아직 드러나지 않았을 때를 '中'이라 하는 것은 기쁨·분노·슬픔·즐거움이 일에 의해 생겨나는데, 그것이 아직 드러나지 않을 때는 담연히 비어 있고 고요하며 마음속에 사려가 없으며 이치에 마땅하다. 그러므로 '중'이라 한 것이다. '發而皆中節謂之和'라는 것은 적막하고 고요할 수 없어 기쁨·분노·슬픔·즐거움의 정감이 생겨나는데, 그것이 비록 다시 움직이고 드러난다 하더라도 모두 '절한'에 맞게 됨을 말하는 것으로 소금과 매실이 서로 맞아야 성질이 조화됨과 같은 것이다. 그러므로 '화'라고 한 것이다.[20]

---

19) 朱熹 撰, 『四書章句集注』, 北京 : 中華書局, 1983, 18쪽. "喜怒哀樂, 情也. 其未發, 則性也, 無所偏倚, 故謂之中. 發皆中節, 情之正也, 無所乖戾, 故謂之和. 大本者, 天命之性, 天下之理皆由此出, 道之體也. 達道者, 循性之謂, 天下古今之所共由, 道之用也. 此言性情之德, 以明道不可離之意."

20) (漢)鄭玄 註, (唐)陸德明 音義, (唐)孔穎達 疏, 『禮記注疏』, 文淵閣『四庫全書』電子版,

『예기주소』의 이 해석은 원래적인 의미에 더 가까운 해석이다. 즉 담연히 비어 있고 고요하며 마음속에 사려가 없는 상태가 '중'이며, 정감이 드러나서 절도에 맞는 경우가 '화'가 된다. 여기서는 주자의 해석처럼 '성'과 '정'이라는 명확한 구조가 존재하지 않고 또 성즉리(性卽理)라는 관념도 존재하지 않는다.

위 논의를 종합해 보면, 『중용장구(中庸章句)』의 '중화'에 대한 해석은 『설문해자』나 『예기주소』의 해석과 다르다. '중'에 대해서 『중용장구』는 "기쁨·분노·슬픔·즐거움은 '정'이다. 그것이 아직 드러나지 않았을 때는 '성'이다. 그것은 치우친 바가 없으므로 '중'이라 한다[喜怒哀樂, 情也. 其未發, 則性也, 無所偏倚, 故謂之中]"라고 해석하고 있지만, 이는 『설문해자』에서 '중(中)'을 '내(內)'로 해석하는 것과 『예기주소』의 "그것이 아직 드러나지 않을 때는 담연히 비어 있고 고요하며 마음속에 사려가 없으며 이치에 마땅하다. 그러므로 '중'이라 한 것이다."라고 한 해석과 차이가 있다.

그리고 '화'에 대해서도 『중용장구』는 "'정'의 바름이고 그 상태가 어긋난 바가 없으므로 '화'라 한다[情之正也, 無所乖戾, 故謂之和]"라 하였는데, 즉 주자는 '화'를 정감의 바름으로 보고 있는 것이다. 이는 『설문해자』의 "서로 상응한다[相譍]"이나 『예기주소』의 "소금과 매실이 서로 맞아야 성질이 조화됨과 같은 것이다. 그러므로 '화'라고 한다[如鹽梅相得, 性行和諧, 故云'謂之和']"와는 다르다. 즉 『설문해자』는 주체와 객체가 서로 상응하는 것을 의미하고, 『예기주소』는 사물과 사물 사이의 조화를 강조한다. 다시 말하면『설문해자』나 『예기주소』는

卷52 3a. "喜怒哀樂之未發謂之中者, 言喜怒哀樂緣事而生, 未發之時, 澹然虛靜, 心無所慮,而當於理, 故謂之中. 發而皆中節謂之和者, 不能寂靜而有喜怒哀樂之情, 雖復動發, 皆中節限, 猶如鹽梅相得, 性行和諧, 故云'謂之和'."

'화'의 해석에서 두 존재 사이의 관계를 강조하고 있는 것이다.

이상에서 주자의 『중용장구』에 나타난 '중화'의 개념과 『설문해자』 및 『예기주소』에 나타난 '중화'의 개념을 비교하여 살펴보았다. 주자의 『중용장구』 「중용장구서(中庸章句序)」에 보면 『중용장구』의 성서 연대는 "淳熙 己酉年 春三月 戊申日에 新安의 朱熹 쓰다"[21]라고 되어 있다. 즉 남송(南宋) 효종(孝宗) 순희(淳熙) 16년 즉 1189년 3월 13일에 『중용장구』가 완성되었다. 따라서 『중용장구』에 나타난 '중화'의 개념은 이른바 중화신설이 수립된 기축지오(己丑之悟, 1169년)[22]보다 뒤에 성립된 설이며, 이러한 점에서 주자 만년의 정설에 가깝다고 할 수 있다. 그러면 다음 절에서는 '중화'설에 관한 주자 『중용장구』의 만년 정설이 수립된 과정을 중화구설과 중화신설의 형성과정을 통해 살펴보기로 하겠다.

2) 주자의 중화구설(中和舊說)과 중화신설(中和新說)

주자의 중화說은 기존의 여러 선행연구에서 밝혀지만, 주자 당대 및 이전의 유학자의 사상적 전통을 집대성한 것으로 볼 수 있다.[23] 우선 주자는 스승인 이연평으로부터 미발의 기상을 어떻게 체인해야 하는지에 대해 배웠다. 이는 「연평선생이공행장(延平先生李公行狀)」

---

21) 朱熹 撰, 『四書章句集注』, 北京 : 中華書局, 1983, 16쪽. "淳熙己酉春三月戊申, 新安朱熹序."

22) 陳來 지음, 이종란 외 옮김, 『주희의 철학』, 서울: 예문서원, 2002, 173-184쪽 참조.

23) 김수청, 「주희의 中和新說 형성 과정」, 『철학논총』 11, 1995; 朴鐘龍, 「朱子 中和說의 思想的 배경과 변천과정」, 『유교사상문화연구』 55, 2014 등 참조.

에 잘 나타나 있다.

> 학문의 도는 말을 많이 하는 데에 있지 않다. 단지 묵좌(默坐)하고 징심(澄心)하여 천리(天理)를 체인(體認)하는 데에 있다. 만약 깨닫게 된다면, 한 터럭의 사욕(私欲)이 드러나더라도 또한 물러나 따르게 될 것이다. 이에 오래도록 힘을 쏟으면 점점 밝아져서 강학(講學)에 비로소 힘이 생길 것이다.[24]

이연평의 이러한 체인 공부는 '默坐澄心, 天理體認' 이 여덟 자로 정리할 수 있다. 즉 묵묵히 정좌하여 마음을 깨끗이 하는 수양을 하게 되면 마음속의 본체인 천리(天理)를 체인(體認)할 수 있다는 것이다.

그러나 주자는 이연평의 이러한 체인 공부에 대한 철저한 이해가 부족한 상태에서 장식과의 사상적 교류를 통해 이른바 중화구설(中和舊說)의 이론을 세우게 된다.[25] 장식과의 사상적 교류를 살펴볼 수 있는 다음과 같은 편지에서 이연평의 미발설에 대한 회의가 잘 나타나 있다.

> 사람은 태어날 때부터 지각을 가지게 되어 일과 사물이 교대로 들어와 응대하고 접촉함에 잠시라도 겨를이 없으며 생각과 생각이 끊임없이 변해간다. 죽음에 이르기까지 그 사이에는 처음부터 잠시라도 그침이 없으니, 모든 사람이 그러하다. 그러나 성현의 말 중 이른바 '미발지중(未發之中)'과 '적연부동(寂然不動)'이라는 것이 있는데, 어찌 날마다 쓰고 유행하는 것이 '이발(已發)'이 되고 잠시라도 그쳐서 일과 접촉하지 않을 때를

24) 朱熹 撰, 『晦菴集』, 文淵閣『四庫全書』電子版, 卷97 47a, 「延平先生李公行狀」. "學問之道, 不在多言. 但默坐澄心, 天理體認. 若見, 雖一毫私欲之發, 亦退聽矣. 久久用力於此, 庶幾漸明, 講學始有力也."

25) 김수청, 「주희의 中和新說 형성 과정」, 『철학논총』 11, 1995, 11쪽 참조.

가리켜 '미발(未發)'의 때가 된다고 하겠는가? 일찍이 시험 삼아 이것을 구해보니 민연히 지각이 없는 가운데 삿되고 어두우며 답답하고 막혀서 허명(虛明)하고 사물을 응대하는 본체는 아닌 것 같았고 미세한 조짐의 때에 한 생각이 일어나면 또 곧 '已發'이 되니 '적연(寂然)'을 말함은 아닌 것 같았다.[26]

즉 주자는 장식에게 보낸 이 편지에서 마음의 상태가 미발일 수 없음을 토로하고 있다. 따라서 미발의 수양은 실제로는 행하기 어려우며, 수양의 실제는 이발의 상태에서 이루어져야 함을 이해하게 된다. 이러한 이발의 수양을 이른바 '이발찰식단예설(已發察識端倪說)'이라 한다.[27] 이를 병술지오(丙戌之悟, 1166년)라 하며 중화구설(中和舊說)이라 부른다. 진래에 의하면, 중화구설은 미발을 성으로 보고 이발을 심으로 보는 성심체용(性心體用)의 체계라 할 수 있다.[28] 이는 『중용』의 저자가 정감의 감응 작용 전후로 미발과 이발을 나눈 것과 완전히 다르다.[29] 이러한 의미에서 진래는 중화구설의 철학사적 의의를 실천의 체인 공부에서 심성 철학으로의 전환에 있다고 본다.[30]

그러나 중화구설의 성립 이후 주자는 정자(程子)의 중화설(中和說)

---

26) 朱熹 撰, 『晦菴集』, 文淵閣『四庫全書』電子版, 권30 32a-32b, 「與張欽夫」. "人自有生即有知識, 事物交來, 應接不暇, 念念遷革, 以至於死, 其間初無頃刻停息, 擧世皆然也. 聖賢之言則有所謂未發之中寂然不動者. 夫豈以日用流行者爲已發, 而指夫暫而休息, 不與事接之際爲未發時耶? 嘗試以此求之, 則泯然無覺之中, 邪暗鬱塞, 似非虛明應物之體, 而幾微之際, 一有覺焉, 則又便爲已發, 而非寂然之謂."

27) 김수청, 「주희의 中和新說 형성 과정」, 『철학논총』 11, 1995, 12-19쪽 참조.

28) 陳來 지음, 이종란 외 옮김, 『주희의 철학』, 서울 : 예문서원, 2002, 159쪽 참조.

29) 같은 책, 159쪽.

30) 같은 책, 159쪽.

을 새롭게 인식하면서 이른바 중화신설(中和新說)을 확립하게 된다. 중화신설의 핵심적인 내용은 미발의 중과 이발의 화를 심성론 체계의 성과 정으로 이해한 것이며, 이는 다시 체용론 체계의 본체와 작용으로 이해한 것이다. 주자의 이러한 중화신설은 장식(張栻)에게 답한 다음과 같은 편지에서 잘 나타나 있다.

> 감정이 드러나지 않아 바야흐로 고요할 때는 일과 사물이 아직 이르지 않아 사려가 싹트지 않았으므로 하나의 본성이 혼연하고 도의(道義)가 온전히 갖추어져 있는데, 이것이 이른바 '중'이고 마음이 본체가 되는 것이고 고요히 움직이지 않는다는 것이다. 감정이 드러나 움직임에 이르러서는 일과 사물이 교대로 이르고 사려가 싹트니 칠정(七情)이 갈마들어 작용하여 각각 주인 되는 바가 있는데, 이것이 이른바 '화(和)'이고 마음이 작용이 되는 것이고 감응하여 마침내 통한다는 것이다.[31]

주자가 장식의 이발찰식단예설(已發察識端倪說)을 한동안 받아들였지만, 장식의 이러한 견해가 본령이나 강령이 없어 조리가 없고 문란함을 깨닫게 된다.[32] 이러한 반성을 통해 주자는 정자의 성정의 체계를 새롭게 이해하게 된 것이다. 이렇게 주자는 마음의 이론을 성정의 체계와 체용의 체계로 인식하는 중화신설을 확립하게 된다.[33] 이러한 중화신설의 성정 체계는 중화구설에서 말하는 성심(性

31) 朱熹 撰, 『晦菴集』, 文淵閣『四庫全書』電子版, 卷32 41b, 「答張欽夫」. "然方其靜也, 事物未至, 思慮未萌, 而一性渾然, 道義全具, 其所謂中, 是乃心之所以爲體而寂然不動者也. 及其動也, 事物交至, 思慮萌焉, 則七情迭用, 各有攸主, 其所謂和, 是乃心之所以爲用, 感而遂通者也."

32) 김수청, 「주희의 中和新說 형성 과정」, 『철학논총』 11, 1995, 19-24쪽 참조.

33) 陳來 지음, 이종란 외 옮김, 『주희의 철학』, 서울: 예문서원, 2002, 173-184쪽 참조.

心) 체계와는 다르다. 즉 중화구설에서는 이발의 상태를 심(心)으로 보았지만 중화신설에서는 이발의 상태는 정으로 보고 성과 정을 통괄하는 주체로 심을 상정하고 있다. 이처럼 중화신설은 심통성정(心統性情)을 핵심적인 체계로 제시하고 있다는 점에서 중화구설보다 더 완정한 체계라 할 수 있다. 이렇게 해서 주자 심성론의 체계가 완성되었다고 할 수 있다.

4. 조익의 주자 중화설 수용과 박세당의 주자 중화설 비판

1) 조익의 『포저집·중용설』에 나타난 중화설

조익(趙翼, 1579~1655)[34]은 조선조 16~17세기의 문신이자 학자로 그의 『중용』에 관한 논설에는 『포저집(浦渚集)』의 제21권 잡저(雜著) 중 「중용설(中庸說)」과 「중용곤득후설(中庸困得後說)」이 있고, 이 중 본고와 관련된 논설은 「중용설」이다. 「중용설」의 끝에 보면 이 논설의 저작 시기가 '만력(萬曆) 임인년(1602, 선조 35) 5월 계유일'임을 알 수 있다. 조익은 「중용설」에서 『중용』의 내용을 대략 6가지 주제로 나누고 있다. 첫째가 성(性)이고 둘째가 도(道)이고 셋째가 극치(極致)이고 넷째가 공효(功效)이고 다섯째가 성인(聖人)이고 여섯째가 학자

34) 조익(趙翼, 1579~1655)은 본관이 풍양(豐壤), 자가 비경(飛卿), 호가 포저(浦渚), 존재(存齋), 시호가 문효(文孝)이다. 저서로 『포저집(浦渚集)』, 『서경천설(書經淺說)』 등이 있다.

(學者)이다. 그리고 이 6가지 주제 분류 중에서 본고의 '중화' 개념과 관련된 주제는 도이다. 우선 논의의 전개를 위해 「중용설」의 도의 분류 내용 중 '중화' 개념과 관련된 조익의 언설을 살펴보면 다음과 같다.

> 정감이 아직 드러나기 전, 사물이 아직 그 형태가 나타나지 않았을 때는 마음이 치우치고 기울어진 바가 없고 거울처럼 비어 있고 저울처럼 공평하여 하늘의 이치가 온전히 보존되어 있다. 즉 주자(周子)가 '진실함에는 인위가 없다'라고 말한 것이고, 정명도가 '중은 천지 사이에 정정당당하고 아래위가 모두 바른 정리(正理)이다'라고 말한 것이고, 정이천이 '기쁨·분노·슬픔·즐거움이 아직 드러나기 전에 어찌 일찍이 선하지 않은 바가 있었겠는가?'라고 말한 것이고, 주자(朱子)가 '정감이 아직 드러나기 전에 기(氣)는 일에 쓰이지 않았기 때문에 선은 있지만 악은 없는 것이다. 이때에 마땅히 삼가 경계하고 두려워하고 보존하고 지켜서 잃지 말아야 한다'라고 말한 것이다. 즉 『문언(文言)』의 '경(敬)으로써 안을 바르게 함'의 공효이고, 정자(程子)가 '순임금이 새벽에 닭이 울 때 일어나 사물을 접하지 않았을 때는 오직 경을 위주로 하였으니, 이것이 곧 선이 된다'고 말한 것이 이것이다. 정감이 이미 드러났을 때는 공과 사가 구분이 되고 천리와 인욕이 판별이 된다. 그것이 절도에 맞을 때 도심(道心)이 되고 덕성(德性)이 쓰임이 된다. 그것이 절도에 맞지 않을 때 인심(人心)이 되고 물욕(物欲)이 행해진 것이 된다. 즉 주자(周子)가 '정감이 막 드러날 때 선과 악이 나누어진다'라고 말한 것이고, 정자가 '사려가 드러날 때 선함도 있고 선하지 않은 것도 있다'라고 말한 것이고, 주자(朱子)가 '삶과 죽음의 갈림길이다'라고 말한 것이다. 이때에 마땅히 성찰을 다하여 정감이 공적이고 절도에 맞을 때는 그것을 따르고 감히 위배하지 않는다. 정감이 사적이고 절도에 맞지 않을 때는 그것을 막고 감히 따르지 않는다. 즉 『문언』의 '의로써 밖을 방정하게 함'의 단서이고 순임금의 '인심은

위태롭고 도심은 은미하니 오직 정밀하게 살피고 전일하게 지켜야 한다' 라는 것이고 안자(顏子)의 '자기의 사사로움을 극복하고 예로 돌아간다'는 것이다.[35]

조익은 『중용』의 '喜怒哀樂之未發謂之中, 發而皆中節謂之和'에 대해 주돈이, 정호, 정이, 주희 등의 말을 인용하여 설명하고 있다. 이는 조익의 '喜怒哀樂之未發謂之中, 發而皆中節謂之和'에 대한 해석이 정주학적 해석에 기반하고 있음을 말해준다. 즉 조익은 『중용』의 중화 해석에 있어서 전형적인 성리학자라 할 수 있다. 따라서 조익의 '중화'에 대한 해석은 앞에서 살펴본 주자의 해석과 다르지 않다. 이는 조선 전기 경학의 일반적인 특징이기도 하다. 위 인용에서 조익은 '중화'를 성리학의 이기론적 관점 내지 체용론적 관점에서 설명하고 있다. 즉 '중'은 리이자 체이며, '화'는 기이자 용이다. 그래서 정감이 아직 드러나지 않았을 때는 리이자 선(善)인 본체를 잘 보존하는 것이 중요하고, 정감이 이미 드러났을 때는 선악이 혼재되어 있는 상태이므로 이때에 마땅히 정밀하게 성찰하여 선한 마음인 도심을 따라야 한다는 것이다. 여기서 조익에 의하면, '화'는 정감이 '공적이고 절도에 맞을 때'를 의미하는 것이 되고, 반대로 '불화(不和)'는

---

35) 趙翼, 『浦渚集』, 『韓國文集叢刊(85)』, 서울: 민족문화추진회, 1992, 권21, 10-11쪽. "未發之前, 事物未形, 無所偏倚, 鑑空衡平, 天理混然, 即周子所謂, 誠無爲, 明道所謂, 中者天地之間亭亭當當直上直下之正理, 伊川所謂, 喜怒哀樂未發, 何嘗不善, 朱子所謂, 未發之前, 氣不用事, 所以有善而無惡者也. 於此當戒慎恐懼以保守而勿失之, 即文言敬以直内之功, 而程子所謂, 舜雞鳴而起, 未接物時, 只主於敬, 便是爲善, 是也. 及其已發, 則公私分焉, 理欲判焉, 其中節者爲道心, 而德性之所以用也. 其不中節者爲人心, 而物欲之所以行也. 即周子所謂, 幾善惡, 程子所謂, 發於思慮, 則有善有不善, 朱子所謂, 便是生死路頭者也. 於此而當致察焉, 其公而中節者則循之而不敢違焉, 其私而不中節者, 即遏之而不敢徇焉, 即文言義以方外之端, 而舜之危微精一, 顏子之克己復禮, 是也."

정감이 '사적이고 절도에 맞지 않을 때'를 의미하는 것이 된다.

'중화'에 대한 조익의 체용론적 해석은 다음의 인용에서도 잘 나타난다.

> 부자(夫子)가 말한 '고요하여 움직이지 않는다'는 것은 '기쁨·분노·슬픔·즐거움이 아직 드러나지 않았을 때를 중이라 한다'는 것이고, '감응하여 마침내 천하의 이치를 통한다'는 것은 '정감이 드러나 모두 절도에 맞는 것을 화라 한다'는 것이다.[36]

여기서 조익은 중화를 『주역』「계사전」의 '적연부동(寂然不動)'과 '감이수통(感而遂通)'을 인용하여 해석하고 있다. 즉 '적연부동'은 본체를 의미하고 '중'에 해당되고, '감이수통'은 작용을 의미하고 '화'에 해당된다. 이처럼 조익은 『중용』의 '喜怒哀樂之未發謂之中, 發而皆中節謂之和'에 대해 성리학적 해석을 대체로 수용하고 있는 편이라 할 수 있다. 이외에 조익의 '중화'에 관한 주석은 찾아보기 힘들다. 그러나 필자가 판단하기에 조익의 '중화'에 관한 견해는 주자의 중화신설을 받아들이고 있다는 점에서 조익의 '중화'에 관한 이해가 위의 내용을 크게 벗어나지 않을 것으로 보인다.

2) 박세당의 『사변록·중용』에 나타난 중화설

박세당(朴世堂, 1629~1703)은 양란이후 경학사에 있어서 탈주자학적 경학을 나타내는 선구자적 위치를 가진 학자이다. 그의 탈주자학

36) 같은 책, 권21, 13. "夫子所謂, 寂然不動, 即喜怒哀樂之未發謂之中也, 感而遂通天下之故, 即發而皆中節謂之和也."

적 경학의 특색은 『사변록(思辨錄)』에 잘 나타나 있다. 『사변록』은 사서와 『서경(書經)』·『시경(詩經)』에 대한 해설서로 『사변록』「소서(小序)」에 의하면 1680년에 쓰인 저서이다. "경신년(庚申年)에 지었다. 선생이 52세에 지었다. 선생은 벼슬길에서 물러나와 한가히 기거하면서 경서(經書)를 정리하는 데 전념하였다. 여러 해에 걸쳐 침잠하여 경서의 뜻을 관통한 후 비로소 그 편간(編簡)과 자구(字句)의 착오를 바로잡고 전주(箋註)와 해설(解說)의 오류를 분별하여 기록하였다. 서명을 『통설(通說)』 혹은 『사변록』이라 했는데, 대체로 사서에 더욱 힘을 쏟았다."[37] 박세당은 유교의 경전뿐만 아니라 도교의 경전에도 심취하여 저서를 남겼는데, 『신주도덕경(新註道德經)』 1책과 『남화경주해산보(南華經註解刪補)』 6책이 전한다. 이를 통해 보면, 박세당은 유교 사상에만 얽매이지 않은 자유롭고 독자적인 사상가였음을 알 수 있다.

『중용』의 '喜怒哀樂之未發謂之中, 發而皆中節謂之和'에 대해 박세당은 『사변록』의 「중용」편에 비교적 자세하게 자신의 견해를 피력하고 있다.

> 사람이 만약 자신의 마음을 반성하여 그 이치를 얻을 수 없다면 마음이 사물에 따라 옮아가 마침내 기쁨·분노·슬픔·즐거움이 드러날 때 한쪽에 치우치고 기울어지거나 지나치고 미치지 못하는 병폐가 없을 수 없어 절도에 맞지 않게 된다. 진실로 이것을 깨달아 그 법칙이 멀지 않음을 깊이 알아서 기쁨·분노·슬픔·즐거움이 드러날 때 반드시 마음에 돌이켜 그것을 구해야 한다. 그래서 이 기쁨과 이 분노와 이 슬픔과 이 즐거움이

37) 朴世堂 지음, 민족문화추진회 편, 『(국역)思辯錄』, 서울: 민족문화추진회, 1968, 441쪽. "庚申. 先生五十二歲. 先生旣退閑居, 遂專意加工於經書. 沈潛累年融解貫通然後, 始乃正其編簡字句之錯訛, 辨其箋註解說之差誤, 錄而成書名曰通說, 或稱思辨錄蓋於四書尤致力焉."

> 아직 드러나지 않았을 때 내 마음속의 경중(輕重)과 장단(長短)으로 권도(權度)를 삼아 미혹되지 않았던 것이 과연 어떠하였는지를 살펴야 한다. 스스로 그것을 얻어 오로지 그것을 따라 행한다면, 그 드러난 바가 기쁨이면 마땅히 기뻐해야 할 절도에 맞지 않음이 없을 것이고, 그 드러난 바가 분노이면 마땅히 분노해야 할 절도에 맞지 않음이 없을 것이고, 슬픔과 즐거움 또한 그 절도에 맞지 않음이 없어서 어그러지는 바가 없을 것이다. 이것이 이른바 '화'이며 이른바 '천하의 달도(達道)'이다.[38]

여기서 박세당은 '화'의 의미를 기쁨·분노·슬픔·즐거움이 절도에 맞지 않음이 없어서 어그러지는 바가 없는 경우로 서술하고 있다. 이는 주자의 "그것이 드러나 모두 절도에 맞으면 '정'의 바름이다. 그 상태는 어긋난 바가 없으므로 '화'라 한다"라는 말과 같다. 박세당의 경학을 탈주자학적 경학이라 해서 그가 주자의 모든 말을 비판하는 것은 아니다. 박세당은 자신의 독자적인 견해에 기반하여 때로는 주자의 말을 수용하기도 하고 때로는 비판하기도 하는 것이다. 이러한 점이 오히려 박세당의 경학이 비교적 객관적이라는 중요한 근거이기도 하다.

그리고 박세당은 '화'의 기준에 대해서 다음과 같이 설명하고 있다. "바야흐로 나의 기쁨·분노·슬픔·즐거움이 아직 드러나지 않았을 때, 나의 마음은 고요하여 얽매인 바가 없으므로 기뻐해야 할 때 마땅히 기뻐하고 분노해야 할 때 마땅히 분노하고 슬퍼해야 할 때 마

38) 같은 책, 483쪽. "人若不能內反乎吾心而得其常理, 顧但隨物而遷, 遂使喜怒哀樂之發, 不能無偏倚過不及之病而不中乎其節. 苟能覺悟于此, 深知其則之不遠, 當喜怒哀樂之發也, 必反而求之于心, 察夫向來此喜此怒此哀此樂未發之時, 吾之所嘗輕重長短於吾心, 以爲行此之權度而能灼然不迷者, 果亦如何. 旣自得之, 一循而行之則其所發者喜焉而無不中乎當喜之節, 怒焉而無不中乎當怒之節, 與夫哀也樂也亦莫不畢中乎其節而無所乖戾, 此所謂和, 此所謂天下之達道."

땅히 슬퍼하고 즐거워해야 할 때 마땅히 즐거워하게 되어 한편으로 치우치고 기울어져서는 안 되는 것과 지나치고 미치지 못해서는 안 되는 경우를 마음속에 훤히 밝게 알아 스스로 미혹되지 않는다. 이것이 이른바 '성'의 밝음이고 '중'의 이치이며, 이것이 이른바 천하의 대본이다."[39] 즉, 박세당은 '화'의 준거를 '성'과 '중'으로 제시하고 있다. 그에 의하면, '화'는 이러한 '성'과 '중'을 따르는 경우에 이를 수 있다. 따라서 '성'과 '중'을 따르지 않으면 '불화(不和)'에 이르게 된다. "무릇 '중'에 의거하지 않으면 '화'를 이룰 수 있는 근거가 없게 되고 '대본'을 따르지 않으면 달도를 이룰 수 있는 근거가 없게 되는 것이다. 이것이 자사(子思)가 후학에게 열어 보여준 지극히 분명하고 또 지극히 간절한 깊은 뜻이자 요지인 것이다."[40]

박세당의 '중'에 대한 이러한 견해는 주자와는 다르다. 즉 그에 있어서 '중'은 '화'의 준거가 되는 것이다. 따라서 박세당에 있어서 '중'은 주자학적 이론인 체용론의 '성'과는 다르다. 앞의 조익의 '중화'론에 대해서 살펴본 바 있지만, 주자학을 따른 조익은 체용론의 입장에서 '중'과 '화'를 이해하고 있다. 즉 '중'과 '화'를 「계사전」의 '적연부동(寂然不動)'과 '감이수통(感而遂通)'으로 해석하고 있다. 반면에 박세당은 이러한 해석을 비판하고 있다.

> 『역(易)』의 이른바 '고요하여 움직이지 않다가 감응하여 천하의 이치에 통한다.'라는 것은 시초의 덕을 칭찬한 말이다. 마른 풀이나 죽은 물건은

---

39) 같은 책, 483쪽. "方吾喜怒哀樂未發之時, 吾之一心泊焉無所累, 其於當喜而喜當怒而怒當哀而哀當樂而樂, 偏倚不可歟, 過不及不可歟者, 蓋嘗灼然於方寸之間而不自迷矣. 此卽所謂性之明而中之理也, 此卽所謂天下之大本也."

40) 같은 책, 483쪽. "夫不依乎中, 無以爲和, 不循乎大本, 無以爲達道. 此子思開示後學至明至著至懇至切之深意要指."

> 지각이 없으니 고요하여 움직이지 않을 뿐이지만 시책을 세고 나머지를 걸어서 괘(卦)를 이루면 길흉(吉凶)이 나타나게 되니 이 어찌 감응하여 천하의 이치를 통하는 것이 아니겠는가? 『역』의 뜻은 이와 같다. 그러나 사람의 마음은 본래 그렇지 않은 바가 있으니, 어찌 지각이 없는 마른 풀이나 죽은 물건에 비유하여 사람의 마음의 고요함과 감응함을 논할 수 있겠는가? 이는 사실 이전의 성인이 말하지 않은 바이고 사물의 이치로 보아도 반드시 그렇지 않은 것인데도 선유가 서로 이어 이러한 설을 지었으니 평소에 그 뜻을 깨닫지 못한 것이다. 하물며 이 중화의 뜻이 이것과 방불하여 고요하다가 감응한다든가 감응하다가 고요하다고 말할 수 있겠는가? … 무릇 사람의 마음을 마른 풀이나 죽은 물건에 비유하여 그 뜻을 끌어다 취하여 '성'과 '체'를 형용하고 마음이 보존되지 않으면 목석일 뿐이라고 하는 것은 매우 맞지 않다. 가령 사려가 아직 싹트지 않은 잠깐 사이에 어찌 '중'과 '부중'을 구분할 수 있겠는가? 하물며 마음이 이미 보존되었다면 이로부터 사려는 안정되어 흐트러지지 않음에랴! 또 어찌 고요하여 움직이지 않는 것이 하나의 생각도 일어나지 않는다는 뜻이겠는가?[41]

앞에서도 살펴본 바 있지만 주자의 중화신설은 '적연부동'과 '감이수통'의 체계로 이루어져 있으며, 이 '적연부동'과 '감이수통'을 나누는 미발과 이발은 기본적으로 사려가 아직 싹트지 않은 상태와 사

---

41) 같은 책, 484쪽. "蓋易之所謂寂然不動感而遂通天下之故者, 乃贊蓍德之言. 彼枯草死物無知無覺寂然不動而已, 及其扐揲而成卦吉凶彰焉. 斯豈非感而遂通天下之故歟. 易之爲義如是而已, 乃人之心則固有不然者矣. 豈可比之於無知無覺之枯草死物而論寂感之義於方寸之間哉. 玆實前聖之所不道, 事理之必不然者, 而先儒相沿而爲此說, 乃平素所未喩者. 況此中和之義, 又豈仿佛於此而有寂而感感而寂之云耶. … 夫以人心擬諸枯草死物, 引取其義, 以狀性體, 而乃反曰不存則木石而已者, 甚不侔矣. 設令如所云云於霎然之頃, 思慮未萌, 當此之時, 又豈有中不中之可分也. 況心旣存矣則自是思慮安定無所放失. 又豈可曰寂然不動而爲一念未起之義也哉."

려가 이미 싹튼 상태로 볼 수 있다. 그러나 위의 인용문에서 알 수 있듯이 박세당에 있어서 '중'과 '화'는 모두 사려가 작용하고 있는 상태의 개념이다. 다만 '중'은 사려가 안정되어 흐트러지지 않은 상태를 가리키고 '화'는 정감이 드러나 절도에 맞는 상태를 가리킬 뿐이다. 이러한 점에서 박세당의 중화설은 오히려 주자의 중화구설에 가까운 것이 아닌가 판단된다.

5. 결어

이상에서 필자는 16~17세기 조선 경학에 있어서 주자 중화설의 수용과 비판을 고찰해 보았다. 주자 중화설을 논의하기 위해서 필자는 우선 『중용』의 '喜怒哀樂之未發謂之中, 發而皆中節謂之和'에 대한 개념적 분석이 필요하다고 보았다. 이러한 분석의 결과 『중용』의 '중화' 개념은 기본적으로 정감의 문제임을 확인할 수 있었다. 이는 『중용』의 '중화' 사상이 이성보다는 정감의 문제를 더 중요하게 여기고 있음을 나타낸다. 이러한 점은 서양의 사상이 이성을 강조하고 동양의 사상이 감정을 강조하고 있다는 견해가 일반적으로 받아들여지고 있다는 점에서 같은 맥락의 차원으로 이해할 수 있다. 『중용』의 이러한 정감 위주의 '중화' 사상은 대략 당대의 『예기주소』의 시대까지는 이어진 것이 아닌가 판단된다.

『중용』의 이러한 정감 위주의 '중화' 사상은 송대의 정주학에 의해서 새롭게 해석되어진다. 특히 미발의 '중'을 '리(理)'로 인식한 것은 『중용』 심성론의 일대 전환이라 하지 않을 수 없다. 이러한 주자학적 '중화' 해석은 16~17세기 조선 경학에 대체로 수용되었고 그 대표적인 인물이 조익이라 할 수 있다. 반면에 주자학적 '중화' 해석을 그대로 받아들이지 않고 비판적인 입장에 선 인물도 있었다. 그 대표적인 인물이 박세당이다. 박세당은 '중화'에 대한 인식에 있어서 미발에 대한 주자학적 해석을 받아들일 수 없었다. 그는 마음의 상태에 있어서 사려가 생겨나지 않는 미발의 상태는 거의 존재할 수 없다고 보았다. 그래서 미발의 상태를 '적연부동'으로 보는 주자학적 해석을 받아들이지 않은 것이다. 이러한 박세당의 '중화'에 대한 견해는 오히려 주자의 중화구설에 가까운 것이 아닌가 하는 것이 필자의 판단이다.

16~17세기 조선 경학에 있어서 『중용』의 미발설에 대한 연구는 여러 편이 있지만, '중화'라는 개념을 통해 접근한 연구는 거의 이루어지지 않았다. 따라서 본 연구는 16~17세기 조선 경학에 있어서 『중용』의 중화에 대한 개념적 접근이라는 점에서 작은 의의는 있다고 생각한다.

나아가 본고는 '중화'에 대한 조선경학사의 논의에 한정하지 않고 '중화' 개념에 대해 중국경학사의 맥락에서 고찰하였다는 점에서 문화다원론적인 연구라는 의의가 있다고 할 수 있다. 구체적으로 이 글은 '중화'에 대하여 주희의 성리학적 중화설을 수용한 조익의 중화론과 주희의 이론을 비판한 박세당의 중화론이 각각 이론적 특수성을 갖고 있음을 해명하였다. 요컨대, 본고는 조선 중기 두 학자가 제시한 중화론을 문화다원론적 관점에서 해명하고자 한 점에 의미를 갖는다. ◈

참고문헌

사료 :

趙翼, 『浦渚集』, 『韓國文集叢刊(85)』. 서울: 민족문화추진회, 1992.

趙翼 지음, 이상현 옮김, 『(국역)浦渚集』, 서울: 한국고전번역원, 2004.

朴世堂 지음, 민족문화추진회 편, 『(국역)思辯錄』, 서울: 민족문화추진회, 1968.

許愼, 『說文解字(注音版)』, 長沙: 嶽麓書社, 2006.

許愼 撰, 段玉裁 注, 『說文解字注』, 上海: 上海古籍出版社, 1988.

黃暉 撰, 『論衡校釋』, 北京: 中華書局, 1990.

朱熹 撰, 『四書章句集注』, 北京: 中華書局, 1983.

黎靖德, 『朱子語類』, 北京: 中華書局, 1986.

朱熹 撰, 『晦菴集』, 文淵閣『四庫全書』電子版.

朱熹 撰, 朱杰人 等主编, 『朱子全書』, 上海: 上海古籍出版社; 合肥: 安徽教育出版社, 2002.

(漢)鄭玄 註, (唐)陸德明 音義, (唐)孔穎達 疏, 『禮記注疏』, 文淵閣『四庫全書』電子版.

楊伯峻 編著, 『春秋左傳注』, 北京: 中華書局, 1990.

연구단행본 :

陳淳 지음, 김영민 옮김, 『북계자의』, 서울: 예문서원, 1993.

陳來 지음, 안재호 옮김. 『송명성리학』, 서울: 예문서원, 1997.

陳來 지음, 이종란 외 옮김. 『주희의 철학』, 서울: 예문서원, 2002.

연구논문 :

김수청, 「주희의 중화신설 형성 과정」, 『철학논총』 11, 1995.

朴鐘龍, 「주자 중화설의 사상적 배경과 변천과정」, 『유교사상문화연구』 55, 2014.

신정근, 「『중용』의 중화 사상 연구: 선진시대 감정 지위의 변화를 중심으로」, 『유교사상문화연구』 33, 2008.

심우섭, 「『중용』의 중화사상에 관한 연구 -그 가치관을 중심으로-」, 『동양철학연구』 35, 동양철학연구회, 2003.

엄연석, 「『한국경학자료집성』의 특징과 그 연구방향 ; 『한국경학자료집성』 소재

「중용(中庸)」 주석의 특징과 그 연구방향」, 『대동문화연구』 49, 2005.
이봉규, 「성리학(性理學)에서 미발(未發)의 철학적 문제와 17세기 기호학파(畿湖學派)의 견해」, 『한국사상사학』 13, 한국사상사학회, 1999.
이선열, 「중화설의 전개와 율곡학파의 미발인식」, 『율곡학연구』 35, 율곡학회, 2017.
한정길, 「왕수인의 중화설 연구」, 『양명학』 18, 2007.

인터넷자료 :
文淵閣『四庫全書』電子版.
한국경학자료시스템 / koco.skku.edu

이언적(李彦迪)의 『대학(大學)』 이해
-『대학』 편장 개정과 격물치지 개념을 중심으로-

이 원 석

* 이 글은 『대동철학』 83호(2018.06)에 게재한 「이언적(李彦迪)의 『대학(大學)』 이해 -『대학』 편장 개정과 격물치지(格物致知) 개념을 중심으로」를 본 저서의 간행 취지에 맞춰 일부 수정한 것이다.

1. 머리말

이 장은 조선 초기 유학자인 회재(晦齋) 이언적(李彦迪, 1491~1553)의 『대학(大學)』 이해 내용을 중국 송대(宋代) 정이(程頤)·주희(朱熹)의 이해 내용과 비교해 봄으로써 이언적의 유학사상에 나타난 특성을 규명하는 것을 목적으로 삼는다. 이를 위해 그가 말년에 지은 『대학장구보유(大學章句補遺)』와 『속대학혹문(續大學或問)』을 주요 분석 자료로 채택하여 주로 철학적 측면에서 『대학』 편장의 개정 의의와 그의 격물치지(格物致知) 개념을 살펴보았다.

이언적은 조선 유학사 최초로 태극(太極) 개념을 중심으로 한 성리학적 논쟁을 벌였고[1], 그의 태극설과 인성론은 이황, 이이, 그리고 후대 유학자들에게 일정한 영향을 끼쳤다는 점에서 학계의 주목을 받는 유학자이다. 무엇보다도 이언적은 주희가 편정한 『대학장구』 체제에 이의를 제기하면서 그와 달리 편장을 개정하고 주석을 달았기 때문에, 그 문제의식 및 논변을 수록한 『대학장구보유』와 『속대학혹문』은 여러 연구자의 분석 대상이 되었다.[2]

---

1) 姜敬林, 「晦齋 李彦迪의 철학사상 연구」, 성균관대학교 박사학위논문, 2008, 2쪽.

2) 이에 대해서는 이동희와 최석기가 집중적으로 연구한 바 있다. 이동희 교수는 다음과 같은 여러 연구성과를 남겼다 : 이동희, 「회재 이언적의 경학사상 -『大學章句補遺』의 분석」, 『한국학논집』 11, 계명대학교 한국학연구원, 1985; 同, 「회재 이언적의 생애와 사상」, 계명대학교 한국학연구원 편, 『한국학논집』 19, 1992; 同, 「李彦迪의 朱子 『大學章句』에 대한 비판적 연구」, 『유교사상문화연구』 34, 한국유교학회, 2008.

한편 최석기 교수는 이언적의 『대학장구』 개정을 중심으로 하되 그 이전 중국 및 조선의 『대학』 편장 개정 상황 및 후대 중국과 조선의 관련 논의를 포괄적으로 정리한 『조선시대 『대학장구』 개정과 그에 관한 논변』(서울: 보고

『대학』은 원래 『예기(禮記)』의 한 편에 지나지 않았지만, 정호(程顥), 정이, 그리고 주희가 그것을 매우 중요하게 여기면서 점차 "경(經)"으로까지 높여졌다.[3] 경학사 또는 철학사의 흐름 속에서 더욱 중요한 점은, 주희가 그 전반부의 편장들을 큰폭으로 바꾸어 현행본 『대학장구』로 편집하고, "격물보전(格物補傳)" 혹은 "보망장(補亡章)"을 지어 『대학』의 내용을 보완함으로써, 성리학 특유의 지식론·도덕론 체계를 뒷받침하는 경전 증거로 그것을 채택했다는 사실이다.

하지만 주희의 『대학』 편정에 대해 후대 모든 학자들이 동의했던 것은 아니었으니, 이미 송대 말기의 동괴(董槐)를 필두로 원대와 명대에 활약한 왕백(王栢), 황진(黃震), 송렴(宋濂) 방효유(方孝儒), 채청(蔡淸) 같은 학자들이 주희의 편장 개정 및 격물보전에 대해 의문을 표명했고 스스로 『대학장구』를 다시 편정하려고 시도했다. 회재 이언적도 이들처럼 『대학장구』 체제에 의문을 제기하였고 어떤 점에서는 그들과 동일한 논지를 펼쳤으나 어디까지나 독자적 판단과 식견에 따라 그렇게 하였다.

이 장은 그동안 학계에 보고되었던 관련 연구 성과를 충실히 수용하되 『대학장구』 편장 개정 및 격물치지 개념에 대한 이언적의 설명을 주희의 그것과 대비하면서 한층 면밀하게 분석하여, 그의 『대학』 이해에 나타난 특성을 규명하려고 한다. 그러나 주자학을 완성태로 삼는 목적론적 사유를 지양하고 유학의 사상적 다원성을 확인한다는 지향 하에 이언적의 『대학』에 대한 이해를 문화다원론적 관

사, 2011)을 출간하였다.

3) 『대학』이 유가 경전으로서 정착하게 된 경위에 대해서는 李篪衡, 「晦齋의 經學思想 -『大學章句補遺』·『中庸九經衍義』를 중심으로」, 成大慶 편, 『李晦齋의 사상과 그 세계』, 성균관대학교 출판부, 1992, 11-12쪽 참조.

점에서 논의하고자 한다.

2. 기존 연구 성과에 대한 검토

글쓴이는 입수할 수 있는 자료들을 바탕으로 선행 연구자들이 이 글의 주제와 관련하여 어떤 연구 성과를 거두었는지 먼저 검토하고자 한다.[4] 이언적의 『대학장구』 개정과 그 철학적 의미에 대해 여러 연구 논저를 남긴 이동희는, 주희가 격물치지를 "외물에 나아가 이치를 궁구하는 것"으로 해석하였는데, 여기서 "이치"가 자연적 "물리(物理)"와 도덕적 "도리(道理)"를 동시에 포괄함으로 인해, 격물치지에 대한 주희의 해석이 모호성을 띠게 되었다고 평가하였다. 이에 비해 이언적은 경문(經文)에 있던 "만물에는 본말이 있다[物有本末]"와 "그칠 곳을 안 이후에 일정함이 있다[知止而后有定]"절(節)을 격물치지의 전(傳)으로 배치함을 통해, 격물치지를 "사물의 조리(本末과 終始)에 대한 올바른 파악과 실천"으로 해석하였고, 이에 따라 본(本)과 시(始)에서 말(末)과 종(終)으로 나아가는 실천, 즉 일상의 인륜에서 시작하여 실천의 영역을 점차 확장해 나아가는 경로를 구상하였다고 한다.[5]

한편 최석기는 "묵수적 사고에 의해 주희의 설을 무비판적으로

4) 아래에서 열거하는 연구 성과 이외에도 꽤 많은 연구자가 관련 논저를 학계에 보고하였으나, 이 글에서는 지면의 편폭을 고려하여 그들 가운데 본고의 논지 전개에 편의가 되는 것들만을 분석하였다. 결코 여기서 열거된 연구 성과만이 우수하다는 뜻은 결코 아니다.

5) 李東熙, 「李彦迪의 朱子 『大學章句』에 대한 비판적 연구」, 『유교사상문화연구』 34, 2008, 212쪽, 216쪽 참조.

존신한" 학자들과, "인간적으로 주희를 존숭하더라도 학문적으로는 그의 설을 심화·발전시키거나 자신의 독자적인 설을 개진하는 것이 주희의 설에 부합한다는 논리를 내세워 의리 발명을 적극 주장한" 학자들로 대별하며, "조선 시대 『대학』 개정과 그를 둘러싼 찬반 논쟁"이 후자의 견해를 잘 보여준다고 보면서[6] 이언적의 『대학』 이해를 높이 평가했다. 그에 따르면, 이언적은 "만물에는 본말이 있다"와 "그칠 곳을 안 이후에 일정함이 있다"절을 격물치지의 전(傳)으로 간주함으로써, 격물치지란 "사물의 이치를 끝까지 캐들어가 그 궁극적인 곳에 이르지 않음이 없도록 하는 것"이라고 하는 주희의 추상적·관념적 해석과 달리, "물리(物理)의 본말과 시종(始終)을 구분할 줄 아는 것"으로 그것을 해석했는데, 이런 풀이는 격물치지의 실천적 성격을 부각한 것이었다고 한다.[7]

김교빈 역시 이동희, 최석기와 유사한 분석 결과를 제시했다. 그에 따르면, 이언적이 편장 개정을 통해 이해했던 "격물치지"란, "현실의 구체적인 일에 나타난 근본과 말단, 시작과 끝이 마땅히 어떤 것인지를 깨달음"으로써 "실천이 머물 곳"을 확인하고, "정(定), 정(靜), 안(安), 려(慮)의 체험 성찰을 통한 검증 과정을 거쳐 왜 그렇게 되는지의 이치를 마음에서 얻는 것"이라고 한다. 즉, 현실의 구체적인 일을 반성함으로써 실천적 덕목을 파악하고, 그러한 덕목의 존재원리를 인식·체득하는 것이 이언적이 이해한 "격물치지"였다는 것이다. 또한 김교빈은, 이언적이 『대학장구』 내의 "물(物)"자를 "사(事)"자

6) 崔錫起, 『조선시대 『대학장구』 개정과 그에 관한 논변』, 서울: 보고사, 2011, 23-24쪽 참조.

7) 崔錫起, 「晦齋의 「大學章句」 改訂과 後代의 論辨」, 『정신문화연구』 21-2(통권 71호), 1998, 85-97쪽.

로 주석한 데 주목하고, 그가 그렇게 주석했던 까닭은 "물을 존재론적 관점인 자연물이 아니라 도덕적 관점에서 사람의 실천과 관련지어 이해"하기 위해서였다고 하여, 이언적이 강한 실천지향성을 갖는다고 보았다.[8)]

이처럼 이동희, 최석기, 그리고 김교빈은, 이언적이 『대학장구』의 편차를 개정하고 격물치지 전(傳)을 새롭게 구성하여 본래 『대학』이 지니고 있던 실천성을 복원했다고 평가했는데, 최근에는 이언적의 『대학장구보유』와 『속대학혹문』이 어느 정도 양명학적 성격을 지니고 있다는 연구가 제기되고 있다.

최재목은, 노수신(盧守愼)의 『대학집록(大學集錄)』에 "탈주자학적·양명학적" 사유가 선명하게 나타나 있다고 보는데[9)], 노수신은 『대학집록』의 마지막 부분에 자신의 글인 「회재 선생의 『대학장구보유』 뒤에 붙인 발문[晦齋先生大學補遺後跋]」을 수록하여 결론격으로 삼았으며[10)], 게다가 노수신이 이언적의 『대학장구보유』를 신명(神明)처럼 받들었다는 당대 조경(趙絅)의 증언을 소개하여[11)], 이언적의 『대학』관에도 "탈주자학적·양명학적" 사유가 들어 있었으리라고 추론하였다.

최재목이 이언적의 『대학』관에 양명학적 사유가 들어 있으리라는 것을 간접적으로 추론하는 데 반해[12)], 정호훈은 정치철학적 관점

---

8) 김교빈, 앞의 책, 159쪽.

9) 최재목, 「朝鮮에서 朱子 『大學章句』에 대한 한 挑戰 -盧守愼의 『大學集錄』을 중심으로-」, 『양명학』 27, 2010, 123쪽.

10) 최재목, 위의 글, 124쪽.

11) 최재목, 앞의 글, 154-155쪽.

12) 예를 들어 최재목은 "이언적은 주희의 『대학장구』에 대해 이의제기를 한 『대학장구보유』·『속대학혹문』을 저술하긴 했지만 양명학과 직접적인 연계는 없다"고 한다. 최재목, 앞의 글, 170쪽.

에서 이언적의 『대학』 이해에 나타난 공권(公權)과 민(民)의 관계를 직접 분석함으로써 조심스럽기는 하나 이언적의 사상이 양명학과 친연성을 지닐 수 있음을 보여주었다.[13] 그에 따르면 이언적은 군주로 대표되는 공권(公權)이 민(民)의 세계에 개입하는 것에 대해 비판적 태도를 취하는 대신 민의 자율성을 긍정했는데, 이는 공권의 개입을 주장하는 주자학과는 다른 정치론에 해당된다고 보았다.[14]

이동희, 최석기, 김교빈은 이언적이 "격물치지"의 실천성을 강화하는 방향으로 『대학장구』의 편장을 개정하였다고 보며, 최재목과 정호훈은 이언적이 양명학과 비슷한 견지에서 『대학』을 이해했을 가능성을 제시하였다. 그런데 기실 양명학 자체가 주자학의 주지주의를 극복하려는 실천적 지향을 갖고 있었기 때문에 이 절에서 언급한 연구자들의 논지는 궁극적으로 동일한 방향을 가리킨다고 할 수 있다. 요컨대 이들은 이언적의 『대학』관에서 비(非)주자학적 실천 지향성을 읽어냈던 것이다.

이하의 절에서는 과연 이언적의 『대학』 편장 개정에서 비주자학적 실천 지향성을 읽어낼 수 있는지, 그런 지향성이 있다면 구체적으로 그것은 문화다원론적 관점에서 어떤 양상을 띠는지 살펴보고자 한다.

---

13) 물론 정호훈은 이언적의 사상이 왕수인의 그것과 일치하지 않는다고 본다. 다만 "노수신에게서 왕수인의 생각과 이언적의 학문 세계는 그다지 구별되지 않았다"고 말한다. 정호훈, 「소재(穌齋) 노수신(盧守愼)의 『대학집록(大學集錄)』의 지식 세계와 그 영향」, 『한국사상사학』 51, 2015, 212-213쪽 참조.

14) 정호훈, 위의 글, 224-229쪽 참조.

3. 정이와 주희의 『대학』 편장 개정

이언적이 행한 『대학장구』 편장 개정은 이미 여러 연구자가 그 동기와 과정을 소상히 밝혀 놓았으므로 이 글에서 반복할 필요는 없겠지만, 독자들이 좀 더 쉽게 이해하도록 돕기 위해 편장 개정 동기와 과정을 간략히 설명하겠다.

이언적이 보여 준 『대학』 이해에서 가장 눈길을 끄는 대목은, 현행본 『대학장구』 제4장에 해당하는 이른바 "청송(聽訟: 송사를 듣다)" 구절을 경문(經文) 가장 뒷부분에 배치했다는 점이다. 이언적의 개정이 지닌 특색을 이해하기 위해서, 먼저 주희의 『대학혹문(大學或問)』 중 관련 부분을 검토해야 한다.

> 어떤 이가 물었다. 정현(鄭玄)의 판본(鄭本)에서 "'청송(聽訟)'장은 '믿음에 멈춘다[止於信]' 뒤와, '마음을 바르게 하고 몸을 닦는다[正心修身]' 앞에 있지만, 정자(程子)는 그것을 경문(經文) 마지막 구절인 '이것이 지극한 앎이다[此謂知之至也]' 앞에 두었다. 그런데 그대는 정자를 따르지 않고 여기에 두었는데 왜 그랬는가?" "그 전(傳)에 있는 결어를 보면 그것은 본말(本末)을 풀이한다는 것을 알 수 있다. 경(經)의 본문으로써 그것을 헤아려본다면 마땅히 여기(인용자 주: 현행 대학장구의 전(傳) 4장)에 배치되어야 한다는 것을 알 수 있다. 두 사람이 제시한 설명에는 타당하지 않은 점이 있기 때문에 따를 수 없다."[15]

질문자는, 『예기정의』 「대학」에서는 "송사를 듣다"장이 "신뢰에 멈춘다" 뒤와 "마음을 바르게 하고 몸을 닦는다" 앞에 있다고 지적

---

15) 朱熹, 『大學或問』, 上海: 上海古籍出版社, 2001, 19쪽.

한다. 실제로 『예기정의』 내 「대학」편의 해당 부분은 아래와 같았다.

> 爲人父止於慈, 與國人交止於信, 子曰, 聽訟, 吾猶人也, 必也使無訟乎. 無情者不得盡其辭, 大畏民志, 此謂知本. 所謂修身在正其心者…

정이(程頤)16)는 『예기정의』의 배열에 의문을 갖고서, 현행본 『대학장구』의 경문 마지막 구절에 해당되는 "이것을 지극한 앎이라고 한다[此謂知之至也]" 바로 앞으로 "청송"장을 갖고 왔다고 한다. 이에 따른 배열은 아래와 같다.

> …其本亂而末治者否矣. 其所厚者薄, 而所薄者厚, 未之有也. 子曰, 聽訟, 吾猶人也, 必也使無訟乎. 無情者不得盡其辭, 大畏民志, 此謂知本, 此謂知本, 此謂知之至也.

정이가 이렇듯 새롭게 배치했던 까닭은 "子曰, 聽訟, 吾猶人也, 必也使無訟乎. 無情者不得盡其辭, 大畏民志, 此謂知本"과 "此謂知本, 此謂知之至也"를 나란히 놓고 보았을 때, 앞 문장 마지막의 "此謂知本"과 후자의 "此謂知本"이 겹치므로, 본래는 그 두 구절이 "子曰, 聽訟, 吾猶人也, 必也使無訟乎. 無情者不得盡其辭, 大畏民志, 此謂知本, 此謂知之至也"처럼 합하여 있었는데 착간(錯簡)에 의해 두 군데로 나뉘어졌다고 추정했기 때문일 것이다. 정이의 추론 과정은 아래 도식과 같이 정리할 수 있다.

---

16) 최석기와 최재목에 따르면 이렇게 수정한 사람은 정호가 아니라 동생인 정이였다. 최석기, 앞의 책, 96쪽; 최재목, 앞의 글, 134쪽.

子曰, 聽訟, 吾猶人也, 必也使無訟乎. 無情者不得盡其辭, 大畏民志, 此謂知本.

此謂知本, 此謂知之至也.

↓

子曰, 聽訟, 吾猶人也, 必也使無訟乎. 無情者不得盡其辭, 大畏民志, **此謂知本**, 此謂知之至也.

현행본 『대학장구』를 기준으로 보았을 때 "송사를 듣다"절이 경문의 후반부로 들어간다는 것은, 단순히 문장 배치의 변경에 머물지 않고 더 중요한 의미를 갖게 된다. 왜냐하면 "송사를 듣다" 이하 구절이 전(傳文)에서 경문(經文)으로 격상하기 때문이다. 더구나 그것은 경문의 결어 역할을 하기 때문에 「대학」 전체 내용을 요약하는 핵심 구절로 여겨져야 한다.

앞에서 인용한 『대학혹문』을 보면 주희는 이러한 정이의 편장 개정을 수용하지 않았다. 그래서 그는 현행본 『대학장구』에서 보다시피, "청송"절을 전(傳) 제4장에 재배치함으로써 그것에게 경문의 지위를 허락하지 않았다. 주희가 이렇게 했던 이유는 "전(傳)에 있는 결어를 보면 그것은 본말의 의미를 풀이한다는 것을 알 수 있고 경(經)의 본문으로써 헤아려본다면 마땅히 여기(현행 대학장구의 전 제4장)에 배치되어야 한다는 것을 알 수 있다"는 말로부터 충분히 헤아려 볼 수 있다.

여기서 "전(傳)에 있는 결어"란 "청송"절의 마지막 문장인 "이를 '근본을 안다'고 한다[此謂知本]"이다. 이는 경문의 한 구절인 "모든 것에는 본말이 있다(物有本末)"를 풀이하는 전문(傳文)으로 여겨져야 한다고 주희는 생각했다. 그 다음, "경(經)의 본문으로써 그것을 헤아려본다면 마땅히 여기(현행 대학장구의 전 제4장)에 배치되어야 한다"는 것의 의미는 이렇다. 『대학』의 경문은 가장 먼저 "명명덕(明明德)", "신민(親民)", "지어지선(止於至善)", 그 다음에 "물유본말(物有本末)"의 순으로 서술되고 있다. 주희가 보기에 경문 이후에 나오는 전문(傳文) 전체를 살펴보았을 때 "청송"절은 말미에 "이것이 근본을 아는 것이다"가 있으므로, "청송"절은 경문의 네 번째 주제인 "본말"을 설명하는 네 번째 전이 되어야 한다는 것이다.

더 나아가 주희는 "청송"절을 전으로 놓는 데서 그치지 않고, 『예기정의(禮記正義)』「대학」에서 경문의 가장 마지막에 있던 "차위지지지야(此謂知之至也)"를 전5장에 놓았다. 왜냐하면 "이것을 지극한 앎이라고 한다[此謂知之至也]"는 것은 본래 경문의 격물치지(格物致知) 관련 부분을 설명했던 전문이었을 것으로 그는 추정했기 때문이다. 그렇지만 이 구절은 격물치지를 설명하기에는 너무 짧다. 그래서 그는 그 구절 앞에 궐문(闕文)이 있었을 것으로 추측했고, 그 결과 주희는 격물치지 개념에 대한 이정(二程)의 주요 사상에 바탕을 두어 이른바 "격물보전(格物補傳)"을 지어서 주석으로 달았다.

4. 경문(經文)의 개정과 덕치 이념의 부각

이언적은 주희의 편장 개정에 동의하지 않았다.[17] 그는 『속대학혹문(續大學或問)』에서 먼저 다음과 같은 질문을 가설(假設)하고 있다.

---

17) 이언적 이전 중국학자들의 편장 개정에 대해 알려면 노수신의 발문 및 최석기의 책 125-130쪽을 참조할 것.

어떤 이가 물었다. "정현(鄭玄)의 판본에서 '청송[聽訟]'절이 잘못하여 '믿음에 멈춘다[止於信]' 다음에 있었기 때문에 정자(程子)는 그 구절을 경문 마지막 부분에 두었다. 주자는 다시 그 구절을 3장 다음에 두어서 따로 한 장으로 만듦으로써 '본말(本末)'의 뜻을 풀이하는 것으로 여겼다. 그런데 그대가 주자의 설이 미진하다고 생각하고 정자의 옛 설로 돌아가려고 하는 까닭은 무엇인가?"[18]

주희는 정이(程頤)와 달리 "청송" 절을 전문(傳文) 네 번째 장에 두고서 그것이 경문의 "만물에는 본말이 있다[物有本末]"를 설명한다고 보았다. 하지만 이언적은 "청송" 절을 경문 마지막 부분에 배치하였는데 이는 다시 정이(程頤)의 개정으로 돌아간 것이었다.

이에 대해 이언적은 우선 "옛사람들이 조술하여 글로 지을 때는 반드시 옛 성현의 말씀을 취하여 결어로 삼는다"[19]고 대답한다. 예를 들어 공자 제자들은 『논어』를 편집할 때, 우선 스승의 말을 기록한 후 마지막 부분에 요 임금이나 순 임금의 말을 덧붙임으로써 공자의 말에 연원이 있다는 것을 밝혔다고 이언적은 말한다. 혹은 자사(子思)가 『중용』을 지을 때는 장(章) 첫머리나 마지막에 공자의 말을 인용함으로써 『중용』의 종지가 공자의 말에 연원을 두고 있다는 것을 밝혔고 『맹자』 역시 같은 방식을 취했다고 한다. 『대학』도 같은 체제를 취했을 것이므로 경문 마지막 부분에 공자의 말이 인용되었을 것으로 추론할 수 있다. 그런 이유로 이언적은 "청송"절을 경문 마지막 부분으로 옮겼다.[20]

---

18) 李彦迪, 『續大學或問』, 『晦齋全書』, 서울: 성균관대학교 대동문화연구원, 1973. 569쪽. "或問, 聽訟一節, 鄭本誤在止於信下, 程子進而置之經文之下. 朱子又置之傳三章之後, 別爲一章, 以爲釋本末之義. 子乃以朱子之說爲未盡, 而欲復程子之舊, 何也."

19) 上同, 79쪽. "古人述作, 必取古昔聖賢之言以結之."

또한, 이언적은 “청송”절을 제4장에 두면 그 내용이 전 제3장, 제5장과 이어지지 않는다고 주장한다.[21] 현행본 『대학장구』 제3장은 “지극한 선에 멈춘다[止於至善]”이고 제5장은 “앎의 지극함[知之至]”을 말한다. 이에 비해 “청송”절은 “근본을 안다[知本]”를 말한다. 현행본에 따른다면, 주제가 “지극한 선에 멈춘다”에서 “근본을 안다”로, 다시 “근본을 안다”에서 “앎의 지극함”으로 이어져야 할 것이다. 하지만 “지극한 선에 멈춘다”는 것과 “근본을 아는 것”이 어떤 관계를 갖는지, 그리고 “근본을 아는 것”과 “앎의 지극함”이 어떤 관계를 맺는지 명확히 알기 어렵다.

마지막으로 경문의 결어가 “근본이 어지러우면서 말단이 다스려지는 경우는 없다[其本亂而末治者否矣]”로 끝났다고 하여 따로 “본말(本末)”을 해설하는 전(傳)을 두어서는 안 된다고 이언적은 말한다.[22] “본말”을 해설하는 전을 둔다면 『대학』의 삼강령 팔조목에 “본말”이 하나 더 들어가게 되어 본래의 체제가 깨져 버려 ‘사’강령 팔조목 혹은 삼강령 ‘구’조목이 될 수 있기 때문이다.

이언적은 “청송”절을 경문의 마지막에 배치했을 때 경문의 의미가 더욱 분명하게 드러난다고 보았다. “청송”절은, 소송을 잘 처리함보다 소송이 아예 일어나지 않도록 함이 더 중요하다는 뜻을 담는다.[23] 이언적에 따르면 “소송이 없도록 함”은, 나라를 다스리고 천하를 평정하는 길이 ‘판결을 분명하게 내리는 데’ 있지 않고, “근본을

---

20) 上同.

21) 上同.

22) 上同. “又見大學之書, 首言明明德新民之至善, 以爲一篇之綱領, 次言八條目, 以明三綱領之義, 又爲傳義以發揮三綱領八條目之意, 不應其間別爲一章以釋經文結語本末之義也.”

23) 『大學章句』 傳4章. “子曰, 聽訟, 吾猶人也, 必也使無訟乎.”

단정하게 하고 근원을 맑게 하여 사람 마음을 감동시킴"에 있다는 것을 가리킨다.[24)]

이러한 이언적의 이해는 주희와 다르다. 이언적은 "청송"절 후반부에 있는 "無情者不得盡其辭, 大畏民志, 此謂知本." 구절이 지닌 뜻에는 그다지 주목하지 않는데, 주희는 여기에 "성인이 진정성 없는 사람들로 하여금 감히 허망하고 거짓된 말을 다하지 못하도록 할 수 있었던 까닭은, 성인의 밝은 덕이 이미 빛이 나서 자연스레 백성의 마음을 두려워하게 하여 그들을 복종시킬 수 있었기 때문이다. 따라서 소송은 따로 들을 것도 없이 저절로 없어진다"[25)]고 주석을 달았다.

주희는 성인의 덕이 백성을 두렵게 하여 그들을 복종시켰기 때문에 백성 가운데 무고(誣告)하는 사람이 사라졌고 그로 인해 소송이 없어졌다고 풀이하고 있다. 반면 이언적은 성인이 태도를 단정하게 하고 마음을 맑게 한 결과, 사람 마음을 감동시켜 소송이 없어지게 되었다고 해석한다. 이언적은 자신의 이해가 『대학』 전체 종지와 부합한다고 단언한다.[26)]

한 걸음 더 나아가서 이언적은 자신의 이해가 여타 경전과 부합하다는 점을 강하게 주장하면서 관련 구절을 열거한다. 먼저, 『주역』

---

24) 李彦迪, 『續大學或問』, 569쪽. "所謂使無訟者, 蓋言治國平天下之道, 不在於聽理之明, 而在於端本清源而感人心也."

25) 『大學章句』 傳4章. "聖人能使無實之人, 不敢盡其虛誕之辭, 蓋我之明德旣明, 自然有以畏服民之心志, 故訟不待聽而自無也."

26) 정호훈은, 이언적이 '청송(聽訟)'을 경문의 결론으로 이해하며 나름의 견해를 제시한 것은 결국은 공권의 개입이 강하게 작동하지 않는, 백성들의 자율적 정치를 중시하는 의식이 대단히 강렬했음을 보이는 모습이라고 보았다. 이에 비해 주희에게서는 명덕의 밝힘이 공권(公權)의 영향력 확대로 나타난다고 주장했다. 필자의 위와 같은 분석은 정호훈의 주장을 강화하는 데 유력한 논거가 될 것이다. 정호훈, 앞의 글. 207-208쪽 참조.

「함괘(咸卦)」 단전(彖傳)의 "성인이 인심을 감동시켜 천하가 화평하다"[27]는 구절을 든다. 이는 "소송이 없게 하는 것"이 인심을 감동시킬 수 있는 방법임을 보여주는 것이라고 그는 말한다. 또한 이언적은 『시경』 「대아(大雅)」의 「면(緜)」편 중 "우(虞)의 임금과 예(芮)의 임금이 시비를 가리려다가 화해하였으니, 문왕이 그들의 본성을 감동시켰기 때문이네"[28]라는 구절을 들어, "우의 임금과 예의 임금이 문왕의 덕에 의해 감화되어, 다투던 밭을 한전(閒田)으로 만들기로 하고 물러났는데, 이는 덕을 밝혀 백성을 새롭게 한 효과"이며, 『중용』 제33장의 "경건함을 과시하지 않으니 천하가 화평해졌다"[29]에 해당된다고 보았다.[30]

한 걸음 더 나아가, 『대학』의 경문이 "청송"절로 끝나는 것은 『중용장구』 제33장의 내적 구도와 일치한다고 이언적은 주장한다.

> 『시경』은 "나아가 신명과 감응하니 백성 사이에 다툼이 없다"라고 하였으므로, 군자가 상을 내리지 않아도 백성들은 서로 권면하고, 화를 내지 않아도 백성은 형벌 도구를 두려워한다. 『시경』은 "나는 밝은 덕을 품고 있지 음성과 얼굴빛을 중시하지 않는다"고 하였는데, 공자는 "음성과 얼굴빛으로 백성을 교화하는 것은 말단이다"라고 했다"[31]

---

27) 『周易』 「咸卦」. "聖人, 感人心而天下和平."

28) 『詩經』 「大雅·緜」. "虞芮質厥成, 文王蹶厥生."

29) 『中庸章句』 33章. "篤恭而天下平."

30) 李彦迪, 『續大學或問』, 569쪽. "易曰, 聖人感人心而天下和平, 使無訟者, 乃所以感人心之效也. 如虞芮之君, 感於文王之德, 以所爭田謂閑田而退, 明德新民之效, 至於此極, 所謂篤恭而天下平也."

31) 『中庸章句』 33章. "奏假無言, 時靡有爭是故君子不賞而民勸, 不怒而民威於鈇鉞. 詩云, 予懷明德, 不大聲以色. 子曰, 聲色之於以化民, 末也."

위와 같이 『중용장구』 제33장에 인용된 『시(詩)』의 구절은, 『대학』의 경문 후반부에 "청송"절을 배치한 자신의 시도가 옳다는 것을 증명해 준다고 이언적은 생각했다. 왜냐하면 위세가 아니라 덕으로써 백성을 교화해야 한다는 위의 『중용』 구절은 『대학』의 경문과 부절(符節)처럼 들어맞는다고 이언적은 보기 때문이다. 다시 말해서 『대학』 경문과 『중용장구』 제33장 모두 덕에 의한 감화의 정치를 근본으로 삼는다는 것이다.

하지만 이언적이 들었던 『중용장구』 제33장의 여러 구절 중 "군자가 상을 내리지 않아도 백성들은 서로 권면하고, 화를 내지 않아도 백성은 형벌 도구를 두려워한다"는 부분은 덕에 의한 감화 정치와 거리가 있다. 물론 "군자가 상을 내리지 않아도 백성들이 서로 권면한다"는 부분은 덕에 의한 인심 감동의 정치와 통할 것이다. 하지만 "화를 내지 않아도 백성은 형벌 도구를 두려워한다"는 부분은 그러한 정치와 거리가 있다. 왜냐하면 그것은 덕으로써 백성 마음을 감동시키는 것이 아니라, 형벌 도구라는 강제력 발휘의 도구를 통해 백성을 위압함으로써 그들을 복종시킨다는 것을 얘기하기 때문이다.

이상에서 보았다시피 이언적은 "청송"절을 경문의 마지막 부분에 놓음으로써 '통치자의 덕(德)에 의한 인심 감동의 정치가 『대학』 전체의 종지라고 파악하였다. 이는 작위성(作爲性)을 어느 정도 인정했던 주희의 통치설에 비해 자연성을 더 강조하는 것으로, 노자의 무위적 통치설에 가까운 것으로 여겨질 소지가 있다. 이언적의 이러한 통치설은 "격물치지(格物致知)" 전의 새로운 구성과 밀접한 관련을 맺고 있었다.

5. "격물치지"절의 새로운 구성과 철학적 함축

격물치지(格物致知) 개념은 성리학 체계에서 핵심 역할을 담당한다. 이언적도 그 개념을 해설하기 위해 많은 공력을 쏟았다. 그런데 이언적의 격물치지 이해는 『대학』 편장 개정과 밀접한 관련을 맺는다. 그는 "知止而后有定, 定而后能靜, 靜而后能安, 安而后能慮, 慮而后能得. 物有本末, 事有終始, 知所先後則近道矣." 구절을 경문에서 빼온 다음, 상반부와 후반부의 전후 위치를 바꾸어서 "物有本末, 事有終始, 知所先後則近道矣. 知止而后有定, 定而后能靜, 靜而后能安, 安而后能慮, 慮而后能得."로 만들어 이를 격물치지에 대한 전(傳)으로 간주했다.

이언적이 구성한 격물치지 전을 분석하기에 앞서, 이들 구절을 주희가 어떻게 해석했는지 살펴보겠다. 주희는 "만물에는 본과 말이 있고 일에는 끝과 시작이 있으니, 먼저 할 것과 나중에 할 것을 안다면 도에 가까울 것이다[物有本末, 事有終始, 知所先後則近道矣.]"에 대해 다음과 같이 주석했다.

> 덕을 밝히는 것은 본(本)이고 백성을 새롭게 하는 것은 말(末)이며, 그칠 곳을 아는 것은 시작이고 체득할 수 있는 것은 끝이니, 본과 시작은 먼저 해야 할 곳이고 말과 끝은 나중에 해야 할 것이다.[32]

"만물에는 본과 말이 있다"는 『대학』 내 구절은 경문 중 첫 구절

---

32) 『大學章句』 經1章. "明德爲本, 新民爲末, 知止爲始, 能得爲終. 本始, 所先, 末終, 所後."

인 "대학의 도는 명덕을 밝히는 데 달려 있고, 백성을 새롭게 하는 데 달려 있다"를 본과 말의 관점에서 설명하기 위한 것이라고 주희는 간주하고 있다. 왜냐하면 그는 "덕을 밝히는 것이 본이고, 백성을 새롭게 하는 것이 말이다"라고 주석을 달고 있기 때문이다. 이어서 "[대학의 도는] …지극한 선에 그치는 데 달려 있다. 그칠 곳을 안 이후에 일정함이 있고, …사려한 후에 체득이 있다"는 경문에 대해서는, "그칠 곳을 아는 것이 시작이고, 체득할 수 있는 것은 끝이다"라고 위와 같이 주석을 달았다. 요컨대 "만물에는 본과 말이 있고 일에는 끝과 시작이 있다"는 구절은, 그 바로 앞에 있는 구절들이 본과 말, 시작과 끝의 구조를 갖는다는 점을 이야기한 것이라고 주희는 해석하였다. 이해의 편의를 돕기 위해 이를 도식으로 나타내면 다음과 같다.

大學之道, 在明明德, 在親民, 在止於至善. 知止而后有定,…慮而后能得.
本　末　始　終

이언적은 주희와 전혀 다른 해석을 가한다.

생각건대 『대학』의 가르침은 "만물에 이르러 앎을 지극히 하는 것[格物致知]"에서 시작한다. 그런데 하늘 아래 모든 것과 일들에는 본과 말, 끝과 시작이 있으니, 본과 말, 끝과 시작의 이치를 궁구하여[窮] 먼저 할 것과 나중에 할 것, 천천히 해야 할 것과 급히 해야 할 것을 알 수 있다면, 덕에 나아가고 공부를 하는 데에 차례대로 순서가 있게 되어 도에 이르는 길이 멀지 않을 것이다. 의심컨대, 이 장 첫머리에는 본래 "앎을 지극히 하는 것은 만물에 이르는 데 달려있다"가 있었다가 지금은 사라진 것 같다.[33]

이언적은 『대학』의 여러 가르침 중 가장 첫 단계에 "만물에 이르러 앎을 지극히 하는 것"이 놓인다고 일단 전제한다. 그러고 나서 "만물에는 본과 말이 있고, 일에는 끝과 시작이 있다"는 원문 구절에 대해, "천하의 만물과 모든 일에는 본과 말, 끝과 시작이 있다"라고 풀이한다. 마지막으로 "먼저 해야 할 것과 나중에 해야 할 것을 안다면 도에 가까울 것이다"라는 원문에 대해서는, "[만물과 모든 일에] 본과 말, 끝과 시작이 있다는 이치를 궁구하여, 먼저 해야 할 것과 나중에 해야 할 것, 천천히 해야 할 것과 급하게 해야 할 것을 안다면, 덕에 나아가고 공부를 하는 데에 순서대로 차례가 있어 도에 이르는 길이 멀지 않을 것이다"라고 해석하고 있다. 이상의 주석을 보건대, 이언적이 이해한 "격물치지"는 만물·만사에 "본과 말, 끝과 시작이 있다는 이치를 궁구하여" "먼저 해야 할 것과 나중에 해야 할 것, 천천히 해야 할 것과 급하게 해야 할 것을 앎"이라고 할 수 있다.[34] 곧, 만물과 만사를 접하여 먼저 해야 할 것과 급하게 해

33) 李彦迪, 『大學章句補遺』. "謹按大學之敎, 始於格物致知. 而凡天下萬物庶事, 莫不有本末終始, 能窮其本末終始之理, 而知所先後緩急, 則進德修業, 循循有序, 而其至於道也, 不遠矣. 章首疑有所謂致知在格物者八字, 而今亡矣."(성균관대학교 대동문화연구원 편, 『晦齋全書』, 성균관대학교 대동문화연구원, 1973, 557쪽.)

34) 이전 연구 가운데에는 이언적의 "격물치지"란 단지 '만물의 본말(本末)과 종시(終始)의 리를 아는 것'이라고 풀이하는 경우가 있었다. 예를 들어, 최석기는 이언적의 격물치지에 대해 "物理의 本末·終始를 구분할 줄 아는 것"이라고 해석한다.(최석기, 「晦齋의 「大學章句」 改訂과 後代의 論辨」, 『정신문화연구』 21-2 통권 71호, 정신문화연구원, 1998. 87쪽. 이동희 역시 "物有本末, 事有終始를 아는 것"이 바로 이언적의 격물치지였다고 주장한다.(이동희, 「李彦迪의 朱子 『大學章句』에 대한 비판적 연구」, 『유교사상문화연구』 34, 한국유교학회, 2008. 212쪽. 그러나 이언적의 "격물치지"는 단지 만물과 만사에 본말(本末)과 종시(終始)가 있다는 것을 아는 데 그치는 것이 아니라, 만물과 만사로부터 그 본(本)과 시(始)를 변별해 내는 앎이었다고 해야 할 것이다.

야 할 것을 파악해 내는 앎이 이언적의 격물치지였다.

그의 『속대학혹문(續大學或問)』 내 관련 답문은 구체적 사례를 들어 설명함으로써 우리의 이해를 돕는다.

> 천하의 모든 일과 만물에 본과 말과 끝과 시작이 있다. 지금 가장 가깝고 중요한 것으로 말해 본다면, 예악(禮樂)의 본(本)은 중화(中和)에 있고 엄숙한 용모와 음률은 말(末)이며, 상례와 제례(喪祭)의 본은 각각 슬픔과 진심에 있고 절차와 형식은 말이며, 왕도 정치의 본은 명덕에 있고 형정(刑政)과 법도는 말이며, 배움의 길은 마당에 물 뿌리고 빗질하는 것과 손님 응대에서 시작하여 궁리(窮理)와 진성(盡性)에서 끝나고, 격물치지에서 시작하여 치국·평천하에서 끝난다. 이런 종류를 미루어 나가면 천지의 큰 것부터 번다한 만사만물에 이르기까지 그렇지 않은 것이 없다. 그러므로 『대학』이 처음 가르칠 때 반드시 학자들로 하여금 모든 천하 사물에 나아가 본과 말, 끝과 시작의 이치를 궁구하여 이르지 않음이 없게 하였다. 그런데 궁구는 반드시 중요한 것을 먼저하고 가벼운 것을 뒤에 하며, 급한 것을 먼저 하고 그렇지 않은 것을 뒤에 하도록 하였으니, 덕에 나아가고 수양 공부를 하는 데에 정연하게 순서가 있어 머지않아 도에 이를 것이다.[35]

이언적은 예악, 상례와 제례, 왕도 정치를 사례로 들어 본과 말의 측면에서 그 각각을 분석하였고, 배움의 길에 대해서는 시작과

---

35) 李彦迪, 「續大學或問」. "天下之事物莫不有本末終始, 今此以其最近而大者言之, 禮樂之本在於中和, 而其威儀音律則末也, 喪祭之本在於哀誠, 而其節文度數則末也, 爲治之本在於明德, 而刑政法度則末也, 爲學之道, 始於灑掃應待, 而終於窮理盡性, 始於格物致知, 而終於治國平天下. 推類而言, 自天地之大以至萬物萬事之繁, 莫不皆然. 故大學始敎, 必使學者卽凡天下之事物, 莫不窮其本末終始之理, 無所不至, 而其窮之也, 亦必先其重而後其輕, 先其所急而後其所緩, 則進德修業循循有序, 而其至於道也不遠矣."(성균관대학교 대동문화연구원 편, 『晦齋全書』, 성균관대학교 대동문화연구원, 1973, 570쪽.)

끝의 관점에서 분석하고 있다. 이렇게 만물과 만사를 본과 말, 시작과 끝의 구도로써 분석해야 하는 까닭은 "중요한 것을 먼저 하고 가벼운 것을 뒤에 하며, 급한 것을 먼저 하고 그렇지 않은 것을 뒤에 하기" 위해서였다. 그렇다면 예악을 궁구할 경우, 마음이 아직 발하지 않았을 때는[未發] 치우치지 않고 평형을 유지하게끔[中] 해야 하고 마음이 이미 발했을 때는[已發] 감정이 과도하거나 약하지 않게끔[和] 하는 것을 급선무로 삼아야지, 엄숙한 용모나 음률을 중요시하거나 우선시하면 안 될 것이다. 상례와 제례의 경우에도 슬픔과 진정성을 중시해야지 절차나 형식을 중시하면 안 되고, 왕도 정치의 경우는 내 마음의 덕을 밝히는 것을 중시하고 우선시해야지 형정이나 법도 같은 제도를 중시하면 안 된다.

이렇게 보았을 때 이언적이 생각하는 격물치지란 예행, 학문, 정치에서 그 핵심 정신과 외적 형식을 구분하고[格物] 전자를 중시할 줄 아는 것[致知]이었다. 그런데 위 인용문에서 보다시피 핵심정신은 결국 마음의 영역으로 귀결된다. 그러므로 사람은 예행을 하거나 정치를 하거나 혹은 배울 때에 먼저 자기 마음을 돌아보고 반성할 것이 요구된다.

이언적의 이러한 격물치지관은 "물(物)"과 "사(事)"에 대한 그의 주석에서도 나타난다.

> 어떤 이가 물었다. "이 장의 종지는 격물치지를 위주로 삼는데 '사(事)'를 겸하여 말한 까닭은 무엇 때문인가?" 대답한다. "하늘에 근본을 둔 측면에서 말하자면 '물'이라고 하고, 사람에 의해 만들어진다는 측면에서 말하자면 '사'라고 한다. [그러므로] 대립시켜서 말한다면 '물'은 '물'이고 '사'는 '사'이다. 하지만 '물'만 말하더라도 '사'는 그 가운데 동시에 있다. 예를

들어 군신, 부자, 부부, 형제, 붕우는 '물'이다. 군신의 의, 부자의 친(親), 부부의 유별, 형제의 사랑, 친구의 신뢰는 '물'의 이치가 '사'에서 나타난 것이다. 마음에 보존되어 있는 이 다섯 가지 이치가 '본'이고, '사'로 드러난 것은 '말'이다. 교제에는 예(禮)가 있는데, 어린이가 사랑할 줄 아는 것과 자라나서 공경할 줄 아는 것은 시작이고, 각각 원칙에 따라서 도를 다하여 평생토록 약해지지 않는 것이 끝이다. 마음에 보존되어 있지 않으면서 일을 잘 할 수 있는 사람은 없다. 시작을 앞세우지 않으면서 끝을 잘 할 수 있는 사람은 없다. 그렇다면 '만물에 본말이 있고 일에는 종시(終始)가 있다'는 말의 의미가 매우 넓은데, 주자는 오로지 명덕(明德)을 '본'으로 여기고 신민(新民)을 '말'로 여겼으며, '그칠 곳을 앎'을 '사'의 시작으로 여기고 '체득'을 '사'의 끝으로 여겼으니 의도가 편협하여 보편적이지 못하다.[36]

앞서 살펴본 바와 같이, 주희는 "만물에는 본과 말이 있다"에 대해, "덕을 밝히는 것"이 "본"이고 "백성을 새롭게 하는 것"이 "말"이라고 하였다. 그렇다면 덕을 밝히는 행위나 백성을 새롭게 하는 행위는 논리상 모두 "만물"에 해당되어야 한다. 하지만 상식에 입각해 보았을 때 그런 행위는 "물"이 아니라 "사(事)"로 여겨져야 할 것이다. 그래서 이언적은 범주의 재정립을 시도한다. 그에 따르면 "물"은 하늘로부터 생겨난 모든 존재를 가리킨다. 이에 비해 "사"는 그 존

36) 李彦迪, 『續大學或問』. "曰, 此章之旨, 主於格物致知, 而兼言事, 何也. 曰, 以其本於天者而言之則謂之物, 以其作於人者而言之, 則謂之事. 對言則物是物事是事, 獨言物則兼事在其中. 如君臣父子夫婦昆弟朋友, 物也. 君臣之義父子之親夫婦之別昆弟之愛朋友之信, 物之理而著於事者也. 五者之理, 存乎心者, 本也. 顯於事者, 末也. 交際之有禮, 孩提而知愛, 及長而知敬, 始也. 各循其則而盡其道, 至於沒身不衰者, 終也. 未有不存於心而能善其事者也. 未有不先其始而能善其終者也. 然則物有本末事有終始之意, 所該甚廣, 朱子獨以明德新民爲物之本末, 知止能得爲事之終始, 其意偏而不周矣."(성균관대학교 대동문화연구원 편, 『晦齋全書』, 성균관대학교 대동문화연구원, 1973, 570쪽.)

재들 가운데 특히 인간들이 하는 행위를 지칭한다. 이언적의 이러한 해석은 우리의 상식에도 부합한다.

그는 한 걸음 더 나아가서 "물"만 말하더라도 "사"는 이미 그 안에 포함되어 있다고 본다. 왜냐하면 군신, 부부와 같은 "물"은 언제나 행위를 하기 때문일 것이다. 그리고 올바른 행위는 "물"의 이치가 "사"에서 드러난 것이라고 이언적은 말한다. 그러므로 "사"는 "물"의 이치가 드러나는 장이라 할 수 있다. 이 맥락에서 "본"과 "말"의 규정도 새롭게 제시된다. 곧, "마음에 보존되어있는 물의 이치"가 "본"이고, 그런 이치가 "사"로 구현된 것이 "말"이다. 따라서 이언적에게서 "物有本末"이란, 마음에 보존된 이치와 그것의 외적 표현을 가리킬 것이다. 그가 "마음에 보존되어 있는 것이 없는데 일을 잘하는 사람은 없다"고 말한 것은 이 때문이었다.

이언적의 "격물치지"는 결국 마음에 보존된 이치를 확인하는 것으로 귀결된다. 그는 처음에는 "격물치지"를 '만물과 만사에 본과 말, 끝과 시작이 있다는 이치를 궁구하여[格物], 본과 시작을 급선무로 여겨 중시해야 함[致知]'으로 풀이하였다. 그런데 바로 위에서 보았다시피 그가 실제로 하고 싶었던 말은 만물과 만사에 대처하여 그 핵심 이치를 마음에서 확인해 나가자는 것이었다.

하지만 마음에서 이치를 확인해 나가는 데에도 단계가 있다고 이언적은 말한다. 그는 "그칠 곳을 안 다음에 일정함이 있다[知止而后有定]" 이하에 대한 주석에서 그 점을 소상히 설명한다. 우선 이 구절에 대한 주희의 주석을 먼저 검토해 보자.

> "그칠 곳[止]"이란 마땅히 그쳐야 할 곳, 곧 지극한 선이 있는 곳이다.

그곳을 안다면 뜻에 일정한[定] 방향이 있게 된다. “고요함[靜]”이란 마음이 망령되이 움직이지 않는다는 말이다. “편안함[安]”이란 처한 곳에서 편안하다는 말이다. “사려[慮]”는 일에 대처함이 정밀하고 상세하다는 말이다. “체득한다[得]”는 것은 그칠 곳을 체득한다는 말이다.[37]

여기서 주희는 “그칠 곳”에 대해 “지극한 선이 있는 곳”이라고 풀이하고 있는데, 이는 『대학』 경문의 “만물이 이른 뒤에 앎이 지극해지고[物格而后知至]” 구절로써 “그칠 곳을 안다”를 해석한 것에 다름 아니다. 그리고 주희는 “앎이 지극해짐”에 대해 “내 마음이 아는 것이 극진하지 않음이 없다”[38]라고 주석을 달았다. 따라서 주희에 따르면, ‘그칠 곳을 아는 것’은 바로 ‘만물에 나아가 앎을 지극하게 함’, 즉 “격물치지”에 해당된다. 그러므로 위에 인용된 주희의 주석은 “만물에 나아가 앎을 지극하게 한” 이후에 나타나는 인식과 행위상의 효과를 가리킨다. 즉 “만물에 이르러 앎을 지극하게 한” 후 마음이 고요해지고 편안해지며 그 결과 만사를 주도면밀하게 대처하고 마침내 체득할 수 있다는 것이다.

이런 주희에 비해 이언적은 “그칠 곳을 안다[知止]”를 “만물에 이르러 앎을 지극하게 한다”로 해석하기는 하지만 그것을 앎의 시초 단계로 간주하고, 그 이후의 부단한 노력에 의해 종극적인 “체득”의 경지로 나아가야 한다고 인식한다.

“그칠 곳을 안다[知止]”는 것은, 외물이 [내게로] 다가왔을 때 앎이 지극하면 천하 모든 일에 지극한 선이 있는 곳을 알 수 있다는 것이다. “고

---

37) 朱熹, 『大學章句』 經1章. “止者, 所當止地, 卽至善之所在也. 知之則志有定向. 靜, 謂心不妄動. 安, 謂所處而安. 慮, 謂處事精詳. 得, 謂得其所止.”

38) 上同. “知至者, 吾心之所知, 無不盡也.”

> 요하다[靜]"는 것은 마음이 망령되이 움직이지 않는다는 것이니, 그칠 곳을 알 수 있다면 마음에서 사태와 사물마다 모두 정해진[定] 이치가 있게 되어 그에 의해 마음을 움직이게 하지 않고 고요해질 수 있을 것이다. 마음이 이미 고요하게 될 수 있다면 처한 곳이 편안하여[安] 일상에서 여유롭고 한가하므로, 일이 다가오고 사물이 오면 그것들을 헤아려서[揆] 사려할[慮] 수 있을 것이다. 사려할 수 있다면 일에 따라 이치를 상세히 관찰해 내고 마음을 다해 기미를 궁구하니, 각각 그칠 곳을 체득하지[得] 않을 수 없을 것이다.39)

이언적에 따르면 "천하 모든 일에 지극한 선이 있는 것을 아는 것", 곧 "그칠 곳을 아는 것"은 수양 상에서 아직 시작 단계에 불과하다. 그칠 곳을 안다는 것은 "정해진[定] 이치"를 안다는 것이다. 정해진 이치를 알게 되면 마음이 "망령되이 움직이지" 않게 되고 그 결과 고요해질[靜] 수 있다고 이언적은 말한다. 마음이 고요하면 자신이 현재 처해 있는 곳에서 편안하게[安] 있을 수 있어 여유를 갖게 된다. 편하고 여유가 있으므로 사려할[慮] 수 있으며, 이런 사려에 의해 이치를 관찰하고 "그칠 곳을 체득할[得]" 수 있다고 이언적은 주석한다.

이언적은 "천하 모든 일에 지극한 선이 있는 것을 아는 것", 즉 "격물치지"를 최초 단계로 설정하고, "정해진 이치"를 마음으로 알면 그 마음에 일정한 지향이 생겨 고요하게 되며 편안하게 된다고 했다. 더 나아가 마음의 고요함과 편안함에 의해 여유가 생겨 정밀한 사려

---

39) 李彦迪, 『大學章句補遺』. "知止者, 物格知至, 而於天下之事, 皆有以知其至善之所在也. 靜謂心不妄動, 能知所止, 則方寸之間, 事事物物, 皆有定理, 無以動其心而能靜矣. 心旣能靜, 則所處而安, 日用之間, 從容閑暇, 事至物來, 有以揆之而能慮矣. 能慮則隨事觀理, 極心硏幾, 無不各得其所止之地矣."(성균관대학교 대동문화연구원 편, 『晦齋全書』, 성균관대학교 대동문화연구원, 1973, 558쪽.)

를 할 수 있고, 이러한 사려로써 또다시 이치를 파악하고 급기야 그것을 체득할 수 있다는 구도를 제시한다. 그러므로 이언적이 생각하는 이치의 파악에는 두 가지 단계가 있다. 첫 번째는 최초의 "격물치지"에 의해 "정해진 이치"를 파악하는 것이고, 두 번째는 사려(思慮)에 의해 이치를 더욱 깊이 파악하고 나아가 그것을 체득하는 것이다.

이언적은 이 두 단계를 각각 "마땅히 그래야 할 원칙[所當然之則]"을 아는 것과, "그러한 까닭[所以然之故]"을 아는 것으로 대별하여 설명한다.

> "사려[慮]"는 "사유[思]"이다. 정자(程子)는 "앎을 지극하게 할 수 있다면 사유가 날마다 더욱 밝아진다"고 하였는데 바로 그것을 말한다. 왜냐하면 만물에 이르러 그칠 데를 안다면 만물이 마땅히 그렇게 해야 할 바[所當然]에 대해 확정된 견해가 있을 것이므로, 마음에는 망령됨이 없고 행동에는 위태로움이 없어서 사유와 사려는 더욱 밝아질 것이기 때문이다. 사유가 밝다면 더 나아가서 만물의 이치가 그러한 까닭[所以然]을 정밀하게 연구할 수 있어 마음에 체득이 있을 것이다. 맹자가 말한바 "생각하면 체득한다"는 것과 정자가 말한바 "생각과 사려로 체득을 하게 되면 마음속으로 기쁘다"는 것이 바로 이 말이다. "고요하다", "편안하다", "사려한다"고 하는 것은 모두 마음의 측면에서 얘기된 것으로서, 다음 장에 나오는 성의(誠意), 정심(正心)의 수양을 미리 제기한다.[40)]

이언적이 원문의 "려(慮)"를 "사(思)"로 간주한 까닭은 아마도 "려"

---

40) 李彦迪, 『大學章句補遺』. "慮, 思也. 程子所謂能致其知, 則思日益明者是也. 蓋格物而知止, 則於事物當然之則, 皆有定見而心無妄動危殆之累, 其思慮益明矣. 思之明, 則又有以精研物理之所以然, 而有得於心矣. 孟子所謂思則得之, 程子所謂思慮有得, 中心悅豫者, 正謂是也. 曰靜, 曰安, 曰慮, 皆就心上說, 以起下章誠意正心之功."(성균관대학교 대동문화연구원 편, 『晦齋全書』, 성균관대학교 대동문화연구원, 1973, 557-558쪽)

가 지닐 수 있는 부정적 가능성, 곧 "사려분요(思慮紛擾)"의 가능성을 우려했기 때문이 아닌가 한다. 이언적은 "만물에 이르러 그칠 데를 아는 것", 즉 "격물치지"를 통해 "만물이 마땅히 그렇게 해야 할 바[事物當然之則]"를 알 수 있다고 한다. 그리고 "사유"를 통해서는 "만물의 이치가 그러한 까닭[物理之所以然]"을 알게 된다고 한다. 아울러 인식의 궁극적 경지인 "체득"은 이러한 "사유"를 통해 가능하게 될 것이다. 그러므로 이언적에게서 "격물치지"는 낮은 단계의 인식이요 "사유"는 높은 단계의 인식에 해당된다.

이언적이 이처럼 두 가지 단계의 인식을 구분하였던 까닭은, 현실을 거치지 않고 곧바로 "만물의 이치"를 알려는 태도를 비판하기 위해서였다.

> 생각건대 앎을 지극히 하는 것의 요점은 완급과 선후의 차례가 있게끔 하는 것이다. 가까운 곳에서 먼 곳으로 나아가고 인륜으로부터 만물로 나아간다. 반드시 지극한 선이 있는 곳을 알고서 그칠 곳을 안 다음에, 아는 것과 체득하는 것이, 일상의 실제적인 몸과 마음에 절실하게 되어 외물(外物)이 되지 않을 것이다. 만약 이렇게 힘쓰지 않고, 현실에 발 딛지 않은 상태에서[泛然] 다만 만물의 이치를 관찰하려 한다면, 정자(程子)가 말했던 것처럼 "대군이 말 타고 나감에 너무 멀리 나가서 돌아올 줄 모르는 것"과 같을 터이니 또한 살피지 않을 수 없다.[41)]

이언적이 중점을 두어 말하고자 하는 바는 구체적 현실에 발을

---

41) 李彦迪, 『大學章句補遺』. "謹按致知之要, 亦宜有緩急先後之序. 由近而及於遠, 由人倫而及於庶物. 必有以見至善之所在, 而知其所止, 然後其所知所得, 皆切於身心日用之實, 而非外物也. 若不務此, 而徒欲泛然以觀萬物之理, 則正如程子所謂, 大軍之遊騎, 出太遠而無所歸也. 此又不可不察也."(성균관대학교 대동문화연구원 편, 『晦齋全書』, 성균관대학교 대동문화연구원, 1973, 558쪽.)

딛고서 만물의 이치를 파악하기 위해 노력함으로써 그러한 이치를 체득해야 한다는 것이었다. 그는 구체적 일상에서부터 지극한 선의 소재(所在)를 찾고, 시야를 더 확대하여 만사와 만물에서 그것을 찾아야 하며, 최종적으로는 그러한 선의 궁극적 근원을 사유하여 그 근원과 자신이 하나가 되어야 함을 말하고 싶었던 것이다. 그리고 이렇게 될 때 최종적 목적인 "진덕(進德)"이 완성되고 덕치(德治)도 그로 인해 가능하게 될 것이다.

이러한 그의 주장은 그가 20대 때 펼쳤던 사유의 연장선 상 위에 있었다. 그는 조한보(曺漢輔)와 무극(無極) 및 태극(太極) 개념에 대해 논쟁을 벌이면서, 구체적 일상으로부터 벗어나 초월적 정신 상태에서 무극 또는 태극을 찾으려는 조한보의 시도를 비판한 바 있다. 이른바 초월은 구체적 현실에 철저히 밀착해 들어갈 때 오히려 체득될 수 있다는 것이다.42) 이언적은 나이가 들어감에 따라 이런 사유를 더욱 철저히 하였고, 그것이 잘 나타난 것이 그의 『대학장구보유』와 『속대학혹문』이었다.

그는 주희의 『대학장구』를 그대로 수용하지 않고 편장을 재개정하고 격물치지 전을 새롭게 구성한 까닭을 바로 여기서 찾을 수 있다. 그는 주희의 격물치지 개념을 명시적으로 비판하지 않았지만, 주희처럼 격물치지를 이해할 경우 처음부터 인식의 완성을 상정할 수 있게 되어 자칫하면 초학자들로 하여금 조한보와 같은 오류를 범할 수 있게끔 할 수 있으리라 우려했던 것 같다. 그래서 그는 격물치지를 인식의 초기 단계로 설정하고, 격물치지를 이룬 이후에도 계속해서 구체적 현실에 의거하여 이치를 파악하고 그것과 하나가 되려

42) 이언적과 조한보의 태극 논변에 대해서는 고성애, 「이언적의 태극론」, 서울대학교 석사학위논문, 2009를 참조할 것.

는 노력을 해야 함을 강조했던 것이다. 요컨대, 이언적의 『대학장구』에 대한 비판적 해석은 격물치지를 형이상학적 소이연의 반복된 추구를 지향하는 것이 아닌, 구체적 상황에서의 사(事)가 지니는 본말시종의 의미와 관계를 탐색하는 것으로 보는 점에서 주희와 구별되는 의미를 제시하고 있다는 측면에서 문화다원론적 의미를 갖는다.

6. 결론

이언적은 "청송"절을 경문 가장 마지막 부분에 배치하면서 덕치 이념을 강조했다. 그가 제시한 덕치 이념은 통치자의 위력에 의한 백성 복종을 배제하고 무위적 정치를 은연중 추구한다는 점에서 주희보다 이상적인 것이었다. 한편으로 그는 새롭게 제시한 격물치지전을 통해서, 예행·학문·정치의 영역에서 핵심 정신을 파악하고, 이 과정을 통해 고요하게 된 마음으로 만물과 만사의 이치를 사유하여 체득한다는 "격물치지"관을 제시했다.

사회적 관계들 각각을 윤리적 측면에서 재규정하고, 윤리적 행위를 가능케 하는 덕성이 자기 내면에 선재한다는 것을 확인하며, 그로 인해 형성된 조용한 마음가짐으로써 만물의 이치를 사유하고 체득한다면 통치자의 덕(德)이 온전히 회복된다고 이언적은 생각했다. 덕성을 온전히 회복한 통치자는 이미 만물의 이치와 한 몸이 되었기 때문에 그가 하는 모든 행위는 이치에 따른 것이 된다. 어떤 상황에 처하더라도 이치에 따라 자연스럽게 대응할 것이므로 그의 행위에는 작위성이 끼어들 여지가 없다. 격물치지를 통해 덕성을 회복하기만 하면 거의 무위적인 덕치가 자연스럽게 실현되리라는 것은 매우 낙관적인 전망이라 아니할 수 없다.

인륜적 사회 체계의 외면적·제도적 형식에 매몰되지 않고 그런 제도 및 절차를 형성시켰던 도덕원리를 매 순간 되살려내며, 그러한 도덕원리가 세계와 인간을 관통한다는 것, 곧 도덕원리가 세계의 본질이라는 것을 사유함으로써 궁극적으로 내가 도덕원리와 하나가 된다는 이언적의 구도는 우리로 하여금 생각할 거리를 갖게 한다.

먼저 사유를 통해 만물의 이치를 조용히 관조하는 것은 충분히 가능한 일이지만, 단지 사유로써 이치를 '체득'하는 것이 가능한 일인가 하는 문제가 제기될 수 있다. '체득'이 일어나려면 신체적 습득이 수반되어야 할 것이다. 그다음, 구체적 상황에 직면하여 도덕적 행위 원칙을 확인하면 마음이 안정되고 고요해지며, 고요해지고 안정된 마음으로써 만물·만사의 이치를 사유한다는 구도는 인간을 정적(靜的) 수양으로 이끌지 않느냐 하는 점이다. 이 두 가지 문제를 고려했을 때 이언적의 수양론은 외견상 매우 실천적인 것처럼 보이지만 실은 주지주의(主知主義)적이고 정적인 것이 아니었나 하는 생각을 우리로 하여금 갖게 한다.

이언적은 요컨대 "청송"절을 경문의 마지막 부분에 놓음으로써 『대학장구』의 편장을 개정하고 주희가 제시한 격물치지의 의미를 수정하였다. 이를 통하여 그는 주희의 주장을 넘어 『대학』에 대한 실천을 강조하며서도 수양론에서 주지주의적 특성을 강조함으로써, 『대학』경문에 대한 편제 수정과 해석에서 주희의 이론과 구분되는 문화다원론적 관점을 제시하였다. ◆

참고문헌

사료 :

『書經』

楊伯峻 譯註, 『孟子譯註』, 中華書局, 北京 2003.

李彦迪, 『晦齋全書』, 成均館大學校 大同文化硏究院, 서울 1973.

李彦迪, 『國譯 晦齋全書』, 默民回甲記念事業會, 서울 1974.

李學勤 主編, 『禮記正義』, 北京大學出版社, 北京 1999.

程顥·程頤, 『二程集』, 漢京文化事業有限公司, 臺北 1983.

朱熹, 『四書或問』, 上海古籍出版社, 上海 2001.

朱熹, 『四書集註』, 藝文印書館, 臺北 1973.

연구단행본 :

김교빈, 『한국 성리학을 뿌리내린 철학자 이언적』, 성균관대학교 출판부, 서울 2010.

최석기, 『조선시대 『대학장구』 개정과 그에 관한 논변』, 서울: 보고사 2011.

연구논문 :

고성애, 「이언적의 태극론」, 서울대학교 석사학위논문, 2009.

김교빈, 「회재철학의 특성에 관하여 -『대학장구』의 개정을 중심으로」, 『晦齋 李彦迪의 철학과 정치사상』, 默民記念事業會, 박영사, 2000.

이동희, 「회재 이언적의 경학사상 -『大學章句補遺』의 분석」, 『한국학논집』 11, 계명대학교 한국학연구원, 1985.

이동희, 「회재 이언적의 생애와 사상」, 계명대학교 한국학연구원 편, 『한국학논집』 19, 1992.

이동희, 「李彦迪의 朱子 『大學章句』에 대한 비판적 연구」, 『유교사상문화연구』 34, 한국유교학회, 2008.

이지형, 「회재의 경학사상 -『대학장구보유』·『중용구경연의』를 중심으로」, 『이회재의 사상과 그 세계』, 성균관대학교 대동문화연구원, 1992.

조창열, 『역주 대학장구보유·속대학혹문』, 한국학술정보(주), 파주 2008.

정호훈, 「소재(穌齋) 노수신(盧守愼)의 『대학집록(大學集錄)』의 지식 세계와 그 영향」, 『한국사상사학』 51, 한국사상사학회, 2015.
최석기, 「회재의 「대학장구」 개정과 후대의 논변」, 『정신문화연구』 21-2 통권 71호, 정신문화연구원, 1998.
최재목, 「조선에서 朱子 『大學章句』에 대한 한 도전 -盧守愼의 『大學集錄』을 중심으로」, 『양명학』 27, 한국양명학회, 2010.

『대학장구』「정심수신」장에 대한 조선 경학자들의 변석
-‘찰(察)’의 문제의식을 중심으로-

이 영 호

* 이 글은 『한국한문학연구』 84호(2022.04)에 게재한 논문을 본 저서의 작성지침에 맞춰 일부 수정한 것이다.

1. 서론

중국경학사에서 일대공안이라 할 만한 사건 중의 하나는 『위고문(僞古文)』의 출현이었다. 『상서(尙書)』의 원류를 살펴보면, 복생본(伏生本) 『금문상서(今文尙書)』와 공벽본(孔壁本) 『고문상서(古文尙書)』가 그 시원에 있다. 이 두 종의 『상서』에는 모두 사설(師說)이 있었다. 이는 곧 이 두 종의 『상서』의 진위를 담보할 역사적 증거가 존재함을 의미한다. 그런데 동진(東晉) 때 매색(梅賾)이 진원제(晉元帝)에게 헌상하였다는 『고문상서』(이른바 매색의 『위고문』 혹은 『위고문상서』)는 사설(師說)이 없으며, 후대 학자들의 고증을 통해 위작이었다는 것이 밝혀졌다. 그런데 동아시아에서 가장 큰 영향력을 발휘한 『상서』 전본(傳本)은 『금문상서』도 『고문상서』도 아닌, 바로 이 『위고문』이었다.

이 책을 진서(眞書)라고 주장하는 이들뿐 아니라, 심지어 위서(僞書)라고 주장하는 이들도 공통적으로 존숭하였다. 사정이 이렇게 된 데에는 동아시아 유학의 신면목을 제시한, 주자(朱子)의 공헌이 컸다. 일찍이 필자는 이런 사정에 대하여, "매색에 의해 『위고문』이 지어진 이래, 이 책은 한반도에 들어와 현재까지 그 영향을 미치고 있다. 삼국시대와 고려시대에는 『위고문』 혹은 이 책을 근간으로 하여 주석을 단 『상서정의』, 『서집전』 등이 읽혔고, 조선시대에 와서는 『서집전』과 『서전대전』 등이 주로 읽혔다. 조선후기에 와서 이런 주석서들의 저본이 매색이 위조한 『위고문』이라는 점이 밝혀졌을 때, 김정희나 정약용을 비롯한 일부 학자들이 『위고문』을 배척하였지만, 대다수 유학자들은 『위고문』을 진서로 믿거나 신봉하였다"[1)]라고 언급한 적이 있다. 주자가 무엇을 하였기에 매색의 『위고문』이 이렇게 중시되었을까?

그 답은 바로 주자가 쓴 『중용장구』 「서문」에 들어 있다. 주자는 『중용장구』 「서문」에서 유가의 도통을 정리하였는데, 이 정리는 두 갈래로 이루어졌다. 첫째는 구체적 인물들을 열거하면서 이들을 유가 도통의 근원에 내세웠다. 바로, 상고시대 성신(聖神)인 요(堯), 순(舜), 우(禹)가 그들이다. 둘째는 이들에 의해 정립된 도통의 이념이었는데, 바로 여기서 주자는 매색의 『위고문』 「대우모」에 들어있는 16자를 들었다. 이후 유학사에서는 주자의 이 논리를 전적으로 수용하여 이를 '16자 심전(心傳)'이라 명명하고, 『위고문』을 신뢰하거나 불신하거나를 막론하고 대부분 중시하였다.

그런데 후술하겠지만 이 16자 심전의 핵심으로 거론된 이념이 바로 '찰(察)'이라는 한 글자에 들어 있다. 한편 16자 심전의 '찰'의 의미는 『대학장구(大學章句)』 전(傳) 7장인 「정심수신(正心修身)」장에서 주자에 의해 명백하게 거론되기도 하였다. 때문에 『대학장구』 「정심수신」장의 '찰'에 대한 조선경학자들의 관점을 살펴보는 것은 작게는 조선의 『대학』 주석사의 일면을 고찰하는 것이 되겠지만, 크게는 유학의 핵심인 '마음'에 대한 조선 학자들의 이해를 살펴보는 작업이 될 것이다.

이에 본고에서는 먼저 주자에 의해 제시된 『중용장구』 「서문」의 16자 심전과 『대학장구』 「정심수신」장의 '찰'의 내용을 개략적으로 살펴본 다음, 조선경학자들의 '찰'에 대한 분석을 시도해 보기로 하겠다. 이 연구를 통하여 조선유학에서 중시하는 핵심적 내용이 무엇

1) 이영호(2016) 참조.

인지, 그리고 그것에 대한 논의의 갈래가 어떠했는지를 살펴볼 수 있을 것이다.

2. 주자의 '찰(察)'에 관한 주석

1) 『중용장구』「서문」의 '찰(察)'

경학과 유학은 상호 침투를 통하여 동일한 내용을 공유하고 있다. 경학은 다양한 유파가 있었음에도 불구하고 크게 보면, 고증적인 한학(漢學: 淸學)과 이념적인 송학(宋學: 明學)으로 대별할 수 있을 것이다. 이중 후자인 송학(명학)적 경학은 대체로 자신의 생각을 투영하여 경을 해설하였기에 어찌 보면 경문의 본의보다 자신의 생각을 더욱 명시적으로 주석에 반영시켰다.

이는 경문의 본지와는 멀어지는 해석, 더 나아가 경문의 본지를 도외시한 해석을 가능케 하였으며, 심지어는 자신의 이념을 경문에 대입하기 위하여 경문을 새롭게 작성하여 기존의 경전에 삽입하기도 하였다. 이러한 경학의 극점에 주자가 있으며, 그 대표적 경전주석서가 바로 현대에 이르기까지 유교경전 학습의 바이블로 인정되는 『사서장구집주(四書章句集注)』이다.

주자가 사서(四書)를 유학사의 전면에 내세워서 이를 유학의 성전으로 확립시킬 때, 『논어』와 『맹자』에서는 기왕의 주석을 철집하여 각기 『논어집주』, 『맹자집주』를 집필하였다면, 『대학』과 『중용』에서는 자신의 견해를 전적으로 반영하여 『대학장구』와 『중용장구』를 저술하였다. 이는 곧 『대학장구』와 『중용장구』에 주자학의 핵심이 오롯이 들어있다는 의미이다.

특히 『중용장구』 「서문」에서 주자는 상고시대 성신에서 요, 순, 우로 이어지면서 고대유학이 발전하였는데, 그들이 서로 주고받은 유학의 본지는 "인심유위(人心惟危), 도심유미(道心惟微), 유정유일(惟精惟一), 윤집궐중(允執厥中)" 16글자에 담겨 있다고 천명하였다. 이 16글자는 애초 요임금에 의해 '윤집궐중(允執厥中)' 4글자로 출발하여 순임금이 '인심유위(人心惟危), 도심유미(道心惟微), 유정유일(惟精惟一)'을 더하여 16글자로 확립되었다. 이후 이 16글자는 유학의 성현들에 의해 마음에서 마음으로 전해짐으로써, 이른바 '16자 심전'이 유학사에 등장하였다.2)

여기서 요임금의 '윤집궐중(允執厥中)'은 유학이 도달할 목표를 제시한 것이라면, 순임금이 덧붙인 '인심유위(人心惟危), 도심유미(道心惟微), 유정유일(惟精惟一)'에서 '인심유위(人心惟危), 도심유미(道心惟微)'는 인간 마음의 상태를 분석한 것이며, '유정유일(惟精惟一)'은 수양론을 제기한 것이다. 즉 이 16자 심전은 먼저 인간의 마음을 분석한 다음, 수양론을 통하여 유학이 제기한 목적지에 도달하는 구조로 이루어진 셈이다. 그러면 인간마음의 상태, 수양론, 목적지 이 세 가지는 각기 어떤 모습이며, 무엇이 가장 중요한 것인가? 주자의 주석에 의거하여 간략하게 설명해 보면 다음과 같다.

주자는 인간의 마음을 '형기지사(形氣之私)'인 인심(人心)과 '성명지정(性命之正)'인 도심(道心)으로 나누어서 이해하고 있다. 이 둘은 비록

---

2) 『中庸章句』「序文」. "蓋自上古聖神繼天立極, 而道統之傳, 有自來矣. 其見於經, 則允執厥中者, 堯之所以授舜也, 人心惟危, 道心惟微, 惟精惟一, 允執厥中者, 舜之所以授禹也."

한마음에 들어있지만, '형기'에서 발생하는 인심이 육신에 의해 생성되는 마음이라면, '성명'에 근원한 도심은 그 인간의 본연에서 기인하는 마음이다. 전자인 인심에 비해 후자인 도심이 바로 인간 본연의 모습이자 바름인 상태이다. 그러나 인간의 현상태를 보면 도심은 미묘하여 보이기 어려운 반면, 인심은 수시로 발현되면서 위태롭고 불안한 상태를 야기한다.

이런 상황에서 무엇을 어떻게 해야 본연의 바른 상태로 돌아가 안심할 수 있을까? 주자가 제시한 해법은 인심을 무시하거나 부정하는 것이 아니었다. 주자는 도심의 가장 중요한 속성으로 지각 작용을 들면서, 이 도심의 지각작용이 몸에 의해 생성된 인심을 간단(間斷)없이 지켜보기를 요구하였다. 이 지켜보는 작용이 바로 16자 심전의 두 번째 단락인 '유정유일(惟精惟一)'에서 '정(精)'이다. 이에 주자는 이 정(精)을 '정밀하게 살핌[精察]'이라고 해석하면서, 도심이 인심을 정밀하게 살피는 것으로 규정하였다. 이렇게 정밀하게 살펴보는 과정, 즉 도심이 인심을 지각하는 과정을 통하여 인심은 조복하게 되고 항상 도심의 살핌 아래 놓이게 되면, 마음이 편안해지는 안심의 경지에서 항상 도심으로 존재하게 되는 것이다. 이 경지가 바로 '유일(惟一)'인데, 여기서 '일(一)'은 바로 언제나 한결같이 도심으로 살아가는 '일수(一守)'를 의미한다. 결론적으로 도심으로 살아감은 인심을 지각하는 간단없는 과정을 통해, 도심이 자신을 자각하는 상태로 존재함이다.

주자의 이러한 논리에 의거하면, 도심은 인심을 지각(知覺)하거나 자신을 자각(自覺)하는 속성을 지니게 된다. 이는 얼핏 인식론의 범주 같지만, 단순하게 학문적 이론이 아닌 자신에게 적용하여 실제로 이러해야 됨을 강조하는 데서 곧바로 수양론으로 전환된다. 이렇게 도심이 항상 인심을 지켜보는 상태, 즉 도심에 의한 인심 지각의 지속과 이를 통한 도심의 자각이 이루어진다면 바로 유학의 목적지인 '중(中)'에 도달하는 것이다.[3)]

이렇게 세 단락으로 구성된 16자 심전에서 실상 가장 중요한 대목은 인간 마음을 분석한 첫째 대목과 목적지를 제시한 세 번째 구절이 아니라, 바로 두 번째 대목인 어떻게 하여야 하는가에 해당되는 수양론으로서의 '유정유일(惟精惟一)'이다. 특히 주자의 후학인 운봉호씨(雲峯胡氏: 胡炳文, 1250~1333)가 "유정(惟精)이 우선이고, 유일(惟一)은 중요하다"[4)]라고 하였듯이, 이 중에서도 '정(精, 精察)'이 관건이다. 이 '정찰(精察)'은 주자의 또 다른 사서 주석서인 『대학장구』「정심수신」장에서 직접적으로 설명이 되어 있다. 이렇게 보면, 주자의 『중용장구』「서문」과 『대학장구』「정심수신」장의 '찰'은 주자학의 요체이자 유학의 관건인 셈이다.

그런데 이 중요한 논리가 바로 『위고문』「대우모」에 연원을 두고 있기에 이 책이 비록 위서라 하더라도 동아시아 유학사에서 중시될 수밖에 없었다. 이를 두고서 신안진씨(新安陳氏: 陳櫟, 1252~1334)는, "주자가 인용한 「대우모」의 네 구절은 『중용』의 종조(宗祖)일 뿐 아니라, 도통의 연원을 드러낸 것이다"[5)]라고 하였다. 주자와 그의

3) 『中庸章句』「序文」. "人心道心之異者, 則以其或生於形氣之私, 或原於性命之正, 而所以爲知覺者, 不同. 是以或危殆而不安, 或微妙而難見耳. 然人莫不有是形, 故雖上智, 不能無人心, 亦莫不有是性, 故雖下愚, 不能無道心. 二者雜於方寸之間, 而不知所以治之, 則危者愈危, 微者愈微, 而天理之公, 卒無以勝夫人欲之私矣. 精則察夫二者之間而不雜也, 一則守其本心之正而不離也, 從事於斯, 無少間斷, 必使道心, 常爲一身之主, 而人心每聽命焉, 則危者安, 微者著, 而動靜云爲, 自無過不及之差矣."

4) 『中庸章句』「序文」小註. "雲峯胡氏: '先在惟精, 而重在惟一.'"

후학에 의해 구축된 주자학에서 가히 이 구절의 위상을 짐작하게 하는 발언인 것이다.

그러면 『중용장구』「서문」에서 제기된 '정찰(精察)'은 『대학장구』「정심수신」장에서 어떻게 구현되어 있는가? 먼저 이에 해당되는 경문과 주자의 주석을 살펴보기로 하겠다.

2) 『대학장구』「정심수신」장의 '찰(察)'

『대학』「정심수신」장의 경문은 두 단락으로 이루어져 있다.

> 이른바 '몸을 닦음이 그 마음을 바룸에 있다'는 것은 마음에 분노하는 것이 있으면 그 바름을 얻지 못하며, 두려워하는 것이 있으면 그 바름을 얻지 못하고, 좋아하는 것이 있으면 그 바름을 얻지 못하며, 걱정하는 것이 있으면 그 바름을 얻지 못한다.[6]

> 마음이 있지 않으면 보아도 보이지 않으며, 들어도 들리지 않으며, 먹어도 그 맛을 알지 못한다.[7]

『대학장구』「정심수신」장의 주자주도 아래와 같이 두 단락으로 구성되어 있다.

---

5) 『中庸章句』「序文」小註. "新安陳氏曰: '朱子引禹謨四句, 以見中庸之宗祖, 以標道統之淵源.'"

6) 『大學章句』「正心修身」. "所謂修身, 在正其心者, 身[心]有所忿懥, 則不得其正, 有所恐懼, 則不得其正, 有所好樂, 則不得其正, 有所憂患, 則不得其正."

7) 『大學章句』「正心修身」. "心不在焉, 視而不見, 聽而不聞, 食而不知其味."

이 네 가지 감정(분노, 두려움, 좋아함, 걱정)은 모두 마음의 작용이니, 사람에게 없을 수 없는 것이다. 그러나 한결같이 이것만 가지고 있으면서 살피지 못하면 욕심이 움직이고 감정이 치우쳐서 그 마음 작용의 행해지는 것이 혹 올바름을 잃지 않을 수 없을 것이다.[8]

이 마음을 보존하지 못하면 그 몸을 검속할 수가 없다. 이 때문에 군자는 반드시 이 지점에서 살펴 경(敬)의 자세로 곧게 간직하니, 이런 뒤에야 이 마음이 항상 있게 되는 것이다.[9]

『대학』의 「정심수신」장의 경문과 주자주를 비교해 보면, 가장 두드러지는 특징으로 주자주에 등장하는 '찰(察)'을 들 수 있다.

왜냐하면 『대학』의 「정심수신」장의 두 단락의 경문에서는 '찰'이 전혀 언급되지 않고 있다. 그런데 주자는 이 두 단락의 경문에 주석을 달면서, '찰'을 이 장의 핵심으로 언급하였기 때문이다. 이에 대하여 신안 진씨는 주자가 이 '찰'이라는 글자를 주석에 쓴 것은, 『대학』 경문에서 언급하지 않은 의미를 끌어내어 정심(正心)의 요법을 제출하여 후대학자들에게 가르침을 내리기 위해서라고 하였다.[10] 그리고 주자가 『대학』 경문에 잠재되어 있는 '찰'을 추출하여 제시한 것은 본질적으로 배우는 자들이 정심을 행하기 위한 수단을 제공하기 위해서라고 하였다.[11]

---

8) 『大學章句』「正心修身」, 朱子註. "四者, 皆心之用而人所不能無者. 然一有之而不能察, 則欲動情勝, 而其用之所行, 或不能不失其正矣."

9) 『大學章句』「正心修身」, 朱子註. "心有不存, 則無以檢其身, 是以君子必察乎此, 而敬以直之, 然後此心常存."

10) 『大學章句』「正心修身」, 小註. "新安陳氏曰: '朱子於此又下一察字, 且曰敬以直之, 以足大學本文未言之意, 提出正心之要法而示萬世學者.'"

11) 『大學章句』「正心修身」, 小註. "新安陳氏曰: '察之一字, 乃朱子推廣傳文之意, 使學者

신안 진씨에 의하면, 『대학』 경문에 없는 '찰'을 가지고 정심을 설명한 주자의 의도는 명백하다. 그것은 바로 『대학』 「정심수신」장에서 정작 정심(正心)의 방법론이 없다는 점이다. 어떻게 하면 마음을 바르게 할 수 있을 것인가? 경문에서는 마음의 상태만을 이야기하였지, 어떻게 해야 바름을 잃어버린 현재의 마음을 바르게 할 수 있는가에 대한 답이 부재하다. 때문에 신안 진씨는 주자가 이 점을 염려하여 경문의 내용에서 그 정심의 방법론을 끌어내어 이를 '찰'로 제시하였다는 것이다.

그러면 주자는 '정심'과 '찰'을 어떻게 연계시켰는가? 주석을 잘 고찰해보면, 주자가 『대학장구』 「정심수신」장에서 제기한 수양방법론으로서의 '찰(察)'은 바로 『중용장구』 서문에서 제시한 '정밀하게 살핌[精察]'과 그 내용이 매우 유사함을 알 수 있다. 주자는 『중용장구』 「서문」에서 '찰'의 주체를 도심(道心)으로, 그 대상을 인심(人心)으로 설정하여 도심에 의한 인심의 정찰을 주장하였다. 그런데 『대학장구』 「정심수신」장에서 내세운 '찰'도 여기에서 벗어나지 않는다.

『대학』에서 제시한 마음의 작용으로서의 네 가지 감정(분노, 두려움, 좋아함, 걱정)은 바로 『중용장구』의 인심의 다른 이름이며, 이 네 가지 감정을 살피는 '이 마음'은 또한 '도심'의 정의와 일치되고 있다. 특히 네 가지 감정을 살피는 '이 마음'을 '경(敬)'을 통해 확립하고자 함은 인심에 대한 정찰을 통해 도심을 파지하고자 하는 구조와 같다.

주자의 『사서장구집주』는 비교적 그의 만년 저작에 속한다. 특히 『대학장구』는 그가 세상을 뜨기 직전까지 수정을 가하였다고 한다.

有下手處耳.'"

그렇다면 『중용장구』 「서문」과 『대학장구』 「정심수신」장의 '마음'의 형상과 '찰'의 수양론은 주자의 만년정론에 가깝다고 할 수 있다. 이는 곧 여기에 주자 수양론의 본의가 있다는 말에 다름 아닐 것이다. 이에 『대학장구』 「정심수신」장에 관한 조선학자들의 주석을 정리하면서 이 지점에 대한 이해를 심화시켜보고자 한다.

3. 퇴계의 「정심수신」장 해석의 문제의식

조선 경학사에서 『대학장구』 「정심수신」장에 주석을 단 학자로 유숭조(柳崇祖, 1452~1512)와 이언적(李彦迪, 1491~1553)을 가장 먼저 거론할 수 있다. 유숭조는 『대학삼강팔목잠(大學三綱八目箴)』에서 인간의 마음이 외물에 감응하여 움직일 때, 여러 형태의 욕망에 의해 공격을 받게 되는데, 이때 생각이 싹튼다면 '살핌[察]'을 통해 이를 바로잡아야 한다고 하였다. 만약 이 과정을 실행하지 못하면, 감정이 흘러넘치게 된다고 하면서, 또한 마음을 닦는 방책으로 '과욕'을 제시하기도 하였다.[12] 그리고 이언적은 그의 『대학』 관련 주석서인 『대학장구보유(大學章句補遺)』에서 별도의 견해를 제시하지 않고 주자의 주석을 그대로 전재하고 있다.

한편 퇴계 이전에 권근이나 유숭조, 이언적 등이 있었지만, 그 전후의 계승양상을 살펴보면 확실하게 퇴계 경학이 조선 경학의 원두에 위치한다고 할 것이다.[13] 이 점은 퇴계의 『대학』 「정심수신」장

12) 『大學三綱八目箴』. "人情之常, 感物而動, 或存或亡, 一心之微, 衆欲之攻. … 事幾之來, 念慮之發, 若不加察, 情蕩性鑿, 治心之防, 莫善寡慾."

주석에서도 여실하게 확인되고 있다. 퇴계 이전, 유숭조와 이언적이 「정심수신」장에 주석을 달았지만 주자의 주석을 그대로 전재하거나 주자 주석에 약간의 해설을 더한 정도였다. 이에 비하여 퇴계는 주자가 「정심수신」장에 구현해 놓은 '찰'의 문제를 다각도로 고찰하면서 그의 심학의 경지를 보여주고 있다.

퇴계의 「정심수신」장 해석은 크게 세 부분으로 나누어 살펴볼 수 있다.

1 마음은 어디에 존재하는가?

어떤 사람은 "몸 안에 있다."라고 하고, 어떤 사람은 "보고 듣는 와중에 있다"라고 한다. ○지금 이 두 설을 살펴보니 마땅히 통간(通看)해야 한다. 마음이 몸 안에 있어야 바야흐로 보고 들을 때에 있을 수 있다. 바로 안에 주재가 되어 밖에 응하는 것이니, 둘로 나뉘어 있는 것이 아니다. 마음이 몸 안에 있지 않으면 보고 들을 때 있을 리가 없으니 마음이 이미 사물을 좇아가서 주재하지 못하기 때문이다. 그러므로 명도(明道) 선생이 "안을 옳다 하고 밖을 그르다 하기보다는 안과 밖을 모두 잊는 것이 낫다"라고 하였다.[14]

2 마음은 어떤 특징을 지니는가?

본의(本意)와 『장구(章句)』의 '마음이 있지 않다[心有不存]'는 설을 자세히 살펴보면 해석하기를 '만약 마음을 보존하지 못한다면[若不能存心]'

13) 퇴계 경학의 조선경학사적 위상에 관해서는, 이영호(2019), 『동아시아의 논어학』의 제4장 조선의 논어학, II 퇴계학파의 논어학 참조.

14) 『艮齋先生續集』卷之一, 「大學質疑」. "或云, 在軀殼內, 或云, 在視聽上. ○今按此兩說, 當通看. 蓋心在軀殼, 方能在視聽上, 乃主於內而應於外, 非兩在也. 若心不在軀殼, 則末有能在視聽上之理, 心已逐物而不能主宰故也. 故明道先生曰: '與其是內而非外, 不若內外之兩忘也.'"

이라고 한 것은 온당하지 않으니 마땅히 '마음이 만약 있지 않다면[心若不在]'이라고 해야 옳다. 옛날에도 이러한 풀이가 있었으니 이는 다만 마음이 주재하지 못할 때를 가리켜 그 병통을 말한 것일 뿐이고, 애초에 사람이 마음을 잡아 보존하지 못하여 이러한 병통이 생기게 되는 것을 경계한 것은 아니다. 그래서 『장구』에서 단지 "마음이 보존되지 못하면 그 몸을 검속할 수 없다"라고 곧바로 본문의 뜻을 해석하였고 이어서 "이 때문에 군자는 반드시 이를 살펴서 경(敬)을 하여 마음을 곧게 한다…"라고 하였다. 이에 이르러 본문의 언외(言外)의 뜻을 미루어 사람들이 성찰(省察)과 조존(操存)의 공력을 더 들여서 마음이 주재를 잃어버리는 병통을 구할 수 있게 하였으니, 『장구』의 정밀하고 자세한 점이 이와 같다.[15)]

3 마음은 본체인가? 작용인가?

▶ 살펴보건대, 주공천(朱公遷)이 말하기를 "백형(伯兄) 극리(克履)가 '『대학』의 경문(經文)에서 마음을 바로잡는 것을 말한 것은 본체와 작용을 아울러 말하였고, 전문(傳文)에서 마음을 바로잡는 방법을 말한 것은 오로지 작용으로 말하였다'라고 하였으니, 이는 밖에서 제재하는 것이 안을 기르는 것이기 때문이다"라고 하였다.[16)]

▶ 운봉 호씨는 "'그 마음을 바르게 하는 데 있다[在正其心]'라는 구절의 '정(正)'자는 마음을 바로잡는 공부를 말한 것이니, 마음의 작용이 혹 바르지 못함이 있으면 바로잡지 않을 수 없음을 말한 것이다. '그 바름을 얻지 못한다[不得其正]'라는 구절의 '정(正)'자는 마음의 본체가 본래 바르

15) 『艮齋先生續集』卷之一, 「大學質疑」. "細玩本意及章句心有不存之說, 釋云若不能存心未穩, 當云心若不在可也. 古亦有此釋, 蓋此乃直指心失主宰之時而言其病耳, 初非戒人不能操心而致此病也. 故章句只以心有不存, 則無以檢其身, 直解正意, 而繼之曰, 是以君子必察乎此, 而敬以直之云云. 至是方推本文言外之意, 使人加省察操存之功, 以求免夫心失主宰之病, 章句之精審如此."

16) 『艮齋先生續集』卷之一, 「大學質疑」. "按朱公遷曰: '伯兄克履云, 大學經言正心, 是兼體用言, 傳言所以正心之道, 專以用言, 蓋制於外, 所以養其中.'"

지 않음이 없는데 사람이 스스로 잃음을 말한 것이다"라고 하였다.[17]

▶ 나정암(羅整庵)의 『곤지기(困知記)』에 또 "이 장에서 '그 바름을 얻지 못한다[不得其正]'라는 것은 단지 마음의 본체를 가리켜 말한 것 같은데, 『장구(章句)』에서 '작용의 행하는 바가 올바름을 잃지 않을 수 없다'라고 하였으니 이는 바로 제2절의 일이니 마음의 본체에 대하여 몇 마디 빠져 있는 듯하다."라고 하였다.[18]

▶ 내가 생각하건대, 사람의 마음은 발동하기 이전에 본체가 치우치지 않으니 참으로 바르다고 할 수 있고, 이미 발동한 뒤에 작용이 각각 온당한데 유독 바르다고 할 수 없단 말인가. 그래서 『장구』에 작용을 가지고 '부득기정(不得其正)'의 '정(正)'자를 설명하였으니, 주극리(朱克履)가 말한 '오로지 작용으로 말했다[專以用言]'라는 것이 바로 그 뜻을 제대로 안 것이다. … 운봉과 정암의 말이 모두 틀린 것이다. … 또 혹자의 '사람의 마음이 몸속에 있지 않다'라는 설을 그르게 여겨서 반드시 '마음이 보고 듣는 와중에 있지 않으면 보이지 않고 들리지 않는다'라고 하였는데, 이 역시 한쪽으로 치우친 듯하다. 대개 마음이 몸속에 있지 않으면서 보고 들을 때에 있을 수 있는 이치는 없다. 오직 이 혹자의 뜻은 단지 '정(靜)이 몸속에 있다'고만 말하고 안에 주재가 되어 밖에 응하는 이치를 통하여 볼 줄 몰랐으니 과연 혹자의 말이 잘못이다.[19]

---

17) 『艮齋先生續集』卷之一, 「大學質疑」. "雲峯胡氏則曰: '在正其心, 此正字, 說正之之工夫, 蓋謂心之用, 或有不正, 不可不正之也. 不得其正, 此正字, 是說心之體, 本無不正, 而人自失之也.'"

18) 『艮齋先生續集』卷之一, 「大學質疑」. "羅整庵困知記, 又謂此章所謂不得其正者, 似只指心體而言, 章句以爲用之所行, 不能不失其正, 乃第二節事, 似於心體上欠却數語."

19) 『艮齋先生續集』卷之一, 「大學質疑」. "某謂人心未發之前, 體之不偏, 固可謂之正, 已發之後, 用之各當, 獨不可謂之正乎? 故章句以用說不得其正之正字, 朱克履所謂專以用言者, 正得其義. … 卽雲峯整菴, 皆謂誤矣. … 且以或人心不在腔子裏之說爲非, 而必曰心不在視聽, 則不見不聞, 此亦恐偏也. 蓋未有心不在腔裏, 而能在視聽之理也. 唯是或

퇴계의 「정심수신」장 해석에서 첫 번째 문제의식은 바로 이 살피는 마음이 어디에 있는가라는 점이다. 상식적으로 우리는 마음이 우리 안에 있을 것이라고 생각할 수 있다. 그러나 조금만 더 생각해보면, 우리 안 어디에 있는가라고 의문이 들 것이다. 우리의 내부 장기 어디쯤, 혹은 그 사이, 어디에 있다는 것인가? 아니면 육체적 기관이 아닌, 제삼의 장소에 있다는 것인가? 이렇게 질문을 던져보면, 그처럼 자명하게 존재할 것으로 여겨지는 마음의 소재처가 의외로 매우 모호함을 알 수 있다.

❶에서 보듯이 퇴계 당시 이에 관하여 이미 견해가 제시되어 있었는데, 마음이 몸 안에 있다는 측과 마음은 보고 듣는 그 작용 상간에 있다는 주장이다. 전자는 마음의 내재설이며 후자는 마음의 외재설이다. 퇴계는 이 두 주장의 어느 한쪽에도 서지 않았다. 이 둘을 통간해야 된다고 하면서, 정명도의 마음의 내외양망설을 지지한다. 마음을 안에서도 밖에서도 찾아서는 안 된다는 정명도의 내외양망설은 퇴계에 의하여 주재를 강조하는 마음의 내재성과 작용을 중시하는 마음의 외재성을 통합하는 논리의 근거로 제시되었다. 즉 퇴계는 마음의 소재지를 특정 공간에서 찾지 않고, 마음 작용의 활동에서 찾았으며 또한 마음 작용의 근거로써 그 주재성을 제시하였다. 여기서 마음 작용의 활동이란, 곧 살피는 마음에 다름 아니며 이 살피는 마음은 명확한 주재성을 지니고 있는데, 이 양자는 절묘하게 균형을 유지하면서 두 축을 이루고 있다는 것이다.

그런데 퇴계는 살피는 마음의 이 두 가지 양상에서 먼저 그 주재성을 강조한다. ❷에서 보듯이 주자의 「정심수신」장 주석에서 나

人意, 只謂靜在腔子裏, 而不知通看主內應外之理, 則果爲誤耳.”

오는 '심유부존(心有不存)'에 대하여, '만약 마음을 보존하지 못한다면[若不能存心]'이라고 해석해서 안 되며, '마음이 만약 있지 않다면[心若不在]'라고 해야 옳다고 하였다. 즉 '심'을 목적격이 아닌, 주격으로 해석해야 된다는 의미인데, 이 '마음'이 확연하게 있으면서 만사를 주재해야만 한다는 것이다. 여기서 목적격으로서의 마음은 외부의 대상과의 관계 속에서 설정되는 것이라면, 주격으로서의 마음은 외부의 대상을 함유하면서도 오롯이 그 자체로 존재하는 것이다. 때문에 성찰과 조존의 공력을 더 들여서 마음이 주재를 확립하여야 한다고 하였다고 하였다.

이처럼 퇴계는 마음의 주재성을 강조하였지만, 그렇다고 마음이 어떤 특정 공간에 있으면서 주재성을 지니는 것이라고는 생각하지 않았다. **3**에서 보듯이 퇴계는 주극리, 운봉 호씨, 나정암(羅欽順, 1465~1547)의 마음론을 언급하면서, 주극리의 설을 지당하다고 판정하였다. 주극리의 설은 마음을 본체와 작용의 통합으로 이해하고 있지만 주자의 「정심수신」장 주석에서의 마음은 작용 일변으로 파악하고 있다. 이에 비하여 운봉 호씨와 나정암은 마음을 본체로써 이해하고 있다. 퇴계는 마음을 본체론 일변으로 파악하는 운봉 호씨와 나정암을 비판하면서 마음을 작용의 측면에서 이해한 주극리의 설이 타당하다고 하였는데, 이는 앞서 언급하였듯이 퇴계 마음론의 핵심이 주재성과 작용론을 두 축으로 함을 알려주고 있다.

이처럼 주재성과 작용으로 이루어진 퇴계의 살피는 마음에 관한 논의는 이후 조선유학에 화두를 던져 주었다. 그 영향으로 조선경학자들에 의해 이에 관한 논의가 조선후기에 이르기까지 활발하게 이루어졌다.

4. 「정심수신」장에 관한 조선 경학자들의 변석

퇴계에 의해 제기된 『대학장구』 「정심수신」장에 대한 변석은 이후 퇴계의 설에 대한 보완 혹은 확산의 형태로 진행되었다. 앞서 언급하였듯이, 퇴계는 살피는 마음의 주재성과 작용론을 통섭하는 지점에서 마음을 이해하고 있었다. 이는 마음을 한 곳에 위치지우지도 않고, 그렇다고 마음을 인식의 과정상에서만 파악하는 것도 아니다. 마음의 '살핌[察]'의 기능이 인식의 작동에서 제기되는 것이지만, 동시에 그 살핌을 가능케 하는 본체로서의 마음의 주재성도 강조하고 있다.

퇴계의 이러한 논의는 종래 마음을 본체론 중심, 작용론 중심으로 파악하는 것과 대별된다고 할 것이다. 그런데 퇴계 이후, 조선 경학자들의 『대학』 「정심수신」장에 대한 변석은 이 세 가지 양상 중 하나에 서는 경우가 다반사였다. 그 세 가지 양상에 대하여 먼저 언급된 논의들을 제시하면 다음과 같다.

1 마음은 작용이다 : 김장생(金長生)

나는 생각한다. 옛 사람들은 마음을 논할 때 대부분 작용처를 좇아서 말하였다. 이것이 이른바 '그 마음을 바르게 한다'는 것이 바로 '그 마음의 작용을 바르게 한다'는 것이다. 작용에서 그 바름을 얻으면 마음의 본체도 또한 따라서 바르게 된다. … 한명길(韓鳴吉: 韓百謙)은 정심(正心)이 체용과 동정을 겸하였다고 여겼다. … 지국(持國: 張維)은 말하기를, "경전(經傳)에서 학문을 논한 것은 『대학』보다 잘 구비된 것은 없다. 만약 정심(正心)을 논하면서 다만 그 작용만을 들고 그 본체에 미치지 않았다면 바로 미비된 것이 아니겠는가. 나의 생각으로는 정심은 반드시 체용을 겸하고 있는 것이다"라고 하였다.[20]

2 마음은 본체와 작용을 겸하고 있다 : 이익(李瀷)

마음은 참으로 체용을 겸하고 있지만, 『대학』에서 가리키는 바는 대부분 작용에 있다. … 그러나 체용은 하나의 근원이어서 드러남과 은미함에 간극이 없으니, 작용의 바름과 바르지 않는 것은 본체상에 이미 드리워져 있다. … 이 몇 조목의 정심을 논한 공부는 분명 체용을 아울러 거론한 것이다.[21]

3 마음은 본체이다 : 서형수(徐瀅修)

어제조문에 말하였다. "'심부재언(心不在焉)'을 『대학장구』에서 '경하여 곧게 한다[敬以直之]'고 하였고, 또 '이 마음이 항상 존재한다[此心常存]'고 하였으니, 이는 곧장 마음의 본체상의 함양 공부를 가지고 말한 것이다. … 이 '정심(正心)' 두 글자를 선유가 본체에 나아가 말하기도 하고 작용에 나아가 말하기도 하였는데, 결국 어느 것이 옳은가?"

내(서형수)가 대답하였다. "이 장의 체용(體用)의 설에 대해 사람들은 저마다 견해가 달라 각자 주장하는 말이 있어서 지금까지도 결론나지 않은 공안(公案)으로 남았습니다. 경(經)의 정심(正心)은 체용을 겸했다 하고 전(傳)의 정심은 오로지 작용만을 말했다고 한 것은 주극리(朱克履)의 주장이고, 치지(致知)와 성의(誠意)는 작용에 소속시키고 정심(正心)은 본체에 소속시킨 것은 웅화(熊禾)의 주장입니다. 정기심(正其心)의 정(正)을

20) 『大學辨疑』, 「傳七章」. "愚按古人論心多從用處說, 此所謂正心者正其心之用也. 用得其正則心之體, 亦隨而正也. … 韓鳴吉(韓百謙)以正心爲兼體用動靜. … 持國(張維)曰: '經傳論學, 莫備於大學. 如使論正心, 而只擧其用不及其體, 則無乃未備耶? 維意正心必兼體用.'"

21) 『大學疾書』, 「傳七章」. "心固該體用, 而大學所指多在乎用. … 然體用一源, 顯微無間, 用之正不正者, 於體上已垂. … 此數條論正心之功, 分明該擧體用."

작용이라 하고 부득기정(不得其正)의 정(正)을 본체라 한 것은 호병문의 주장이고, 부득기정을 작용의 병통이라 하고 심부재(心不在)를 본체의 병통이라 한 것은 나흠순의 주장입니다. 경문과 전문에 실로 본체에 대해 말한 것이 없지만 주자가 사람을 깨우치기에 급급하여 굳이 본원으로부터 말했다고 보는 것은 또 선정신(先正臣) 송시열(宋時烈)의 주장입니다.

신은 제설이 비록 모두 그럴싸하지만 주극리의 설은 경과 전을 둘로 나누어 본 잘못이 있고 호병문의 설은 문세가 분열되는 잘못이 있고 나흠순의 설은 본체상에서 병통을 말한 잘못이 있으며, 선정신의 이른바 '사람을 깨우치기에 급급했다는 것'은 또 전문에서 작용을 말하고 본체를 말하지 않았다는 말 같으니, 따를 수 없는 점은 동일하다고 생각합니다.

오직 웅화의 주장이 전(傳)을 지은 자의 은미한 뜻을 얻어서 미루어 보면 통하지 않음이 없는 듯합니다. 정(正)이란 치우치지도 않고 기울지도 않음을 말하고, '있지 않다[不在]'란 마음속에 있지 않음을 말합니다. 『대학』의 순서는 먼저 치지와 성의에 힘을 써서 그 성찰과 극치(克治)의 공효를 다하는 것인데, 오직 잡고 보존하는 것이 오래되지 않고 함양하는 것이 익숙지 않기 때문에 본지(本地)의 풍광(風光)이 오히려 찌꺼기가 혼연히 사라지는 경지에 이르지 못하는 것입니다. 이 때문에 일에 아직 응하지 않았을 때에는 기대하는 병통이 없지 못하고 일에 응한 뒤에는 연연하는 병통이 없지 못하며 일에 딱 응했을 때에는 편중되는 병통이 없지 못합니다. 그리하여 이 마음의 본체가 간혹 그 중정(中正)을 잃어서 '유소(有所)'와 '부재(不在)'가 서로 원인이 되어 병통이 되는 것입니다. 그렇다면 윗 절 네 가지의 병통은 다만 그 작용이 바름을 얻지 못한 것이 본체가 그 바름을 얻지 못한 데에 연유한다고 말하였고, 아래절 '심부재(心不在)'의 병통은 또 그 본체가 바름을 얻지 못한 것이 그 작용이 바름을 얻지 못한 데에 연유한다고 말하였습니다. 따라서 이른바 '정기심(正其心)'과 '심부재(心不在)'는 전체의 마음으로 마음을 삼지 않은 것이 하나도 없으니, 전문(傳文)의 근거할 만한 분명한 증거가 무엇이 이보다 더하겠습니까. 그러므로 신은 주자가 이 장의 『대학혹문』에서 반드시 '거울처럼 비어 있고 저울처럼 공평하다[鑑空衡平]', '지극히 비어 있고 지극히 고요하다[至虛至靜]', '진체의 본연이다[眞體本然]' 등의 말로 반복하여 훈석한 것은 바로 이 장의 귀추를 분명하게 보여주는 것이고, 『대학장구』의 이른바 '공경하여 곧게 한 뒤에 이 마음이 항상 보존된다'는 말이 본문과 별도로 본체 측면의 공부를 집어내어 보충한 것은 아니라고 생각합니다."[22)]

앞서 보았다시피, 퇴계는 마음을 작용과 본체의 총화로 보고 그 주재성을 강조하고 있다. 그런데 퇴계의 이러한 주장은 후대에 점화된 논의의 양상에 비추어보았을 때, 비록 주재성을 강조하기는 하였지만, 오히려 그 작용을 중시한 측면이 있다고 보여진다. 그 이유는 퇴계 이후 마음의 양상을 거론한 위의 논의들을 분석해 보면

22) 『明皐全集』卷之十七, 「講義-大學 傳七章」. "御製條問曰: '心不在焉, 章句曰, 敬以直之, 又曰, 此心常存, 此則直就心軆上涵養之工而言也. … 盖此正心二字, 先儒或就軆上說, 或就用上說, 畢竟何者爲是?' 臣瀅修對曰: '此章軆用之說, 人各異見, 言各有主, 至今爲不决之公案. 以經之正心爲兼軆用, 而傳之正心爲專言用者, 朱克履之論也. 以致知誠意屬之於用, 而以正心屬之於軆者, 熊禾之論也. 以正其心之正爲用, 不得其正之正爲軆者, 胡炳文之論也. 以不得其正爲用之病痛, 心不在爲軆之病痛者, 羅欽順之論也. 經傳之文, 實無言軆, 而朱子急於曉人, 必從本原說來者, 此又先正臣宋時烈之論也. 臣則以爲諸說, 雖皆似矣, 然朱說則有經傳分貳之失, 胡說則有文勢割裂之失, 羅說則有軆上言病之失, 而先正所謂急於曉人者, 又若傳文之言用而不言軆, 均之爲不可從. 惟熊禾之論, 似得傳者之微意, 而推之無不通. 大抵正者, 不偏不倚之謂也, 不在者, 不在方寸之謂也. 大學之序, 先用力於致知誠意, 以盡其省察克治之功, 而惟其操存未久, 涵養未熟, 本地風光, 猶未造乎查滓之渾化. 故事未應而不能無期待之病, 事已應而不能無留戀之病, 事正應而不能無偏重之病, 於是乎此心之軆, 或失其中正而有所不在相因爲病者也. 然則上節四者之病, 特言其用之不得其正, 由於本軆之不得其正也. 下節不在之病, 亦言其軆之不得其正, 由於其用之不得其正也. 而所謂正其心, 所謂心不在者, 無一不以全軆之心爲心, 則傳文之明的可據, 何以加此? 臣故曰, 朱子之於此章或問, 必以鑑空衡平, 至虛至靜, 眞軆本然等說, 反復爲訓, 政所以明示,此章之歸趣, 而章句所謂敬以直之, 此心常存者, 非於本文之外 拈出軆上工夫以補之也.'"

자명하다.

❶에서 보듯이 율곡학파의 종장인 사계(沙溪) 김장생(金長生, 1548~1631)은 「정심수신」장 주석에서, 마음을 작용의 측면에서 설명하면서 마음 작용이 바름을 얻으면 본체도 따라서 바르게 된다고 하였다. 이는 마음의 본체를 부정한 것은 아니지만, 마음의 작용을 본체보다 중시하는 논리라고 할 수 있다. 특히 김장생은 한백겸, 장유의 마음이 체용을 겸비하고 있다는 논리를 소개하면서 자신의 견해를 밀고 나간다. 이는 앞서 살펴본 퇴계를 위시한 조선 주자학자들의 체용을 통섭하는 것으로 마음을 이해하는 논리와 확실하게 다른 결을 보여주고 있다. 물론 율곡학파가 마음의 본체를 부정한 것은 아니다. 그러나 적어도 『대학』의 「정심수신」장 해석에서 그들은 마음을 작용의 측면에서 이해함은 분명하다. 왜냐하면 김장생의 제자인 이유태(李惟泰)도 "'부득기정(不得其正)'의 소주에서 운봉 호씨는 '그 마음을 바르게 한다는 것은 그 마음의 작용을 바르게 한다는 것이며, 그 바름을 얻지 못한다는 것은 마음의 본체를 설명한 것이다'라고 하였는데, 이 해설이 어떠한지요?"라는 질문에 대하여, "선사(김장생)께서 말씀하시기를, '모두 마음의 작용을 일컫는 것이다'고 하였다"[23]라고 답함으로써, 스승이 제기한 작용을 중심으로 보는 마음의 양태를 확고하게 지지하였다.

한편 조선후기 실학의 비조이자 퇴계학의 계승자인 성호(星湖) 이익(李瀷, 1681~1763)은 퇴계의 「정심수신」장 해석에서 제기된 마음론을 수용하고 있다. ❷에서 보듯이 이익은 체용을 겸하고 있는 것

---

23) 『四書答問-大學』, 「傳七章」. "問不得其正. 小註雲峯胡氏曰: '正其心者, 正其心之用也, 不得其正者, 說心之體, 是何如?' ○答先師曰: '皆謂心之用也.'"

으로 마음을 규정하지만, 『대학』의 「정심수신」장의 마음은 작용에 무게가 실려 있다고 하였다. 그러나 체용(體用)은 동일한 근원이기에 그 마음의 작용에 이미 본체가 드리워져 있다고 하면서, 「정심수신」장의 마음은 궁극적으로 체용을 겸하고 있다고 주장하였다. 이는 퇴계가 「정심수신」장 해석에서 작용을 중심으로 이해하되 마음은 본체를 겸하고 있다고 주장한 것과 맥락이 동일하다.

한편 율곡학파에 속하지만, 이른바 조선후기 서씨 가학의 중심인물인 명고(明皐) 서형수(徐瀅修, 1749~1824)의 『대학』「정심수신」장 이해는 또 다른 전형을 보여주고 있다.

서형수는 정조가 "'정심(正心)' 두 글자를 선유가 본체에 나아가 말하기도 하고 작용에 나아가 말하기도 하였는데, 결국 어느 것이 옳은가?"라고 질문하자, 기왕의 이에 관한 논의를 정리하고서 자신의 견해를 진술하였다. 예문 3에서 보듯이, 서형수는 『대학』「정심수신」장의 마음에 관한 논쟁을 공안이라 하면서, 주극리, 웅화, 호병문, 나흠순, 송시열의 주장을 소개하고 있다. 여기서 서형수는 경(經)의 정심(正心)은 체용을 겸했다 하고 전(傳)의 정심은 오로지 작용만을 말했다고 한 주극리의 주장은 경과 전을 둘로 나누어 본 잘못이 있고, 정기심(正其心)의 정(正)을 작용이라 하고 부득기정(不得其正)의 정(正)을 본체라 한 호병문(胡炳文)의 주장은 문세(文勢)가 분열되는 잘못이 있으며, 부득기정(不得其正)을 작용의 병통이라 하고 심부재(心不在)를 본체의 병통이라 한 것은 나흠순(羅欽順)의 주장은 본체상에서 병통을 말한 잘못이 있다고 하였다.

그런데 서형수의 답변에서 위에 열거한 것 외에 주목할 만한 내용은 두 가지이다. 첫째는 송시열의 설에 대한 비판이다. 앞서 김장생의 해석에서 보았듯이 율곡학파는 『대학』「정심수신」장 해석에서 마음을 작용 중심으로 파악하였다. 송시열 또한 그러하였는데, 연원을 따져보면 율곡학파에 속하는 서형수는 전문(傳文)에서 작용을 말하고 본체를 말하지 않은 송시열의 견해를 비판적으로 바라보았다. 둘째 서형수는 종래 『대학』「정심수신」장의 해석을 비판하였는데, 이는 결국 마음이 작용 중심도 아니며 본체와 작용이 통합된 것으로 이해하는 것도 옳지 않다는 것이다. 이는 결국 기왕의 퇴계학파와 율곡학파의 해석을 모두 부인한 셈이 된다. 서형수가 지지한 해석은 송말원초의 주자학자였던 웅화(熊禾, 1247~1312)의 주석이었다. 웅화는 주자의 삼전(三傳) 제자로서 사서삼경에 대한 여러 주석서를 집필하여 주문(朱門)에 공로가 크다는 평가를 받았다.

『대학』「정심수신」장에 대한 웅화의 견해는 정심(正心)을 본체에 소속시키고 치지(致知)와 성의(誠意)는 작용에 소속시키는 것이었다. 웅화는 "(『대학』「정심수신」장의 마음의) 네 가지의 병통은 다만 그 작용이 바름을 얻지 못한 것이 본체가 그 바름을 얻지 못한 데에 연유한다"고 하였는데, 이는 마음의 작용을 본체에서 파생된 것으로 보았기 때문이다. 서형수는 웅화의 이 해석을 지지하는 한편, 『대학혹문』에서 반드시 '거울처럼 비어 있고 저울처럼 공평하다[鑑空衡平]', '지극히 비어 있고 지극히 고요하다[至虛至靜]', '진체의 본연이다[眞體本然]' 등의 말을 가져와서 마음의 본체를 설명해 내고 있다. 그리고 『대학』「정심수신」장의 경문과 주자주에서 언급되는 마음을 모두 이러한 마음의 본체로 귀속시켰다.

퇴계에게서 발원된 『대학』「정심수신」장의 '살피는[察]' 마음에 관한 문제는 이후 조선의 주요 경학자들에게서 각기 다른 형태로 이해되었다. 퇴계와 그의 후학들이 주재성과 작용성을 고려한 본체와 작용의 통합으로서 마음을 규정하였다면, 율곡학파는 주로 작용의 측면에서 『대학』「정심수신」장의 마음을 이해하였다. 한편 조선 후기 서형수에 이르면 본체로서 『대학』「정심수신」장의 마음을 규정하려는 시도가 확연하였다.

5. 마무리

주자학의 핵심은 『대학장구』와 『중용장구』에 구현되어 있다고 할 수 있다. 이 두 경전을 주자가 특별하게 중시하여 사서(四書)로 편제하였다는 점에서 알 수 있다. 그러나 더 중요한 것은 주자가 이 두 경전에 주석을 단 내용에 있을 것이다. 주자는 자신의 사유체계를 경전을 통해 공표하였는데, 특히 『중용장구』「서문」을 통해서는 '인심도심(人心道心)', '정찰(精察)'의 논리를 중심으로 삼았고, 『대학장구』에서는 '격물치지', '성의'와 '정심'에 대한 주석을 통하여 주자학의 수양론을 구성해 내었다.

그런데 이 두 경전에서 교차하는 지점이 있었으니, 그것은 바로 '찰(察)'이었다. 이 『중용장구』「서문」에서 제기된 '정찰(精察)'은 실로 마음의 살핌(도심으로 인심을 살핌) 작용에 다름 아니었다. 그런데 이 '찰'을 주자는 『대학』의 「정심수신」장을 해석할 때, 주된 개념으로 활용하였다. 한편 인간의 네 가지 감정(분노, 두려움, 좋아함, 걱정)을 살피는 이 '찰'을 두고서, 마음의 존재양상을 규명하고자 하는 시도는 퇴계에게서 비롯되었다.

퇴계는 『대학』「정심수신」장의 주석에서 살피는 마음의 존재양상을 밝혀놓았는데, 그 주재성과 활동성을 중시하였다. 이는 곧 마음을 본체와 작용의 합일체로 보는 관점이라 할 수 있다. 퇴계 이후 퇴계학파는 퇴계의 관점을 견지하였다. 이는 퇴계학맥에 위치하면서도 실학파의 비조라 평가받는 성호 이익에 이르러서도 변함이 없었다.

한편 이에 비하여 김장생, 이유태, 송시열 등 율곡학파는 『대학장구』「정심수신」장의 마음을 작용의 측면에서 보려고 하였으며, 조선후기 서형수에 이르러서는 본체론적 관점에서 『대학장구』「정심수신」장의 마음을 이해하였다.

이 과정에서 서형수는 『대학혹문』의 '감공형평(鑑空衡平)', '지허지정(至虛至靜)', '진체본연(眞體本然)' 등의 용어로써 「정심수신」장의 마음이 지니는 본체론적 특징을 묘사하였다. 서형수의 학문은 멀리 율곡학파에 연원이 있지만, 조선후기 서씨 가학으로 특징지어지는 그의 학문은 주자학을 근간으로 하면서도 청대 학문에 대한 수용이 있었으며 특히 불교에 대하여 이해의 정도가 남달랐다.[24] 말년에는 눈이 멀 정도로 『능엄경』을 읽으면서, 불교적 세계관을 받아들였다.[25] 『대학혹문』에서 언급한 마음 본체에 대한 묘사는 불교의 불성의 묘사와 유사한 지점이 있다. 때문에 좀 더 논구가 필요하지만, 서형수의 마음 본체론은 그의 불교적 세계관의 수용과 관련이 있지 않나 추정해 본다.

실상 서형수의 이런 관점은 그 연원이 이미 백호(白湖) 윤휴(尹鑴, 1617~1680)에게서 찾을 수 있다. 실학파에 속한다고 평가받는 윤휴

---

24) 이에 대해서는, 이영호, 이승현(2018) 참조.

25) 『明臯全集』卷之二, 「初夏獨吟」. "楞嚴卷盡香烟了, 怕走睡魔幾失明."

는 『대학』「정심수신」장을 해설하면서, 이 장의 마음론은 허정한 본체를 보전하기 위함이니, '정심'이란 고요할 때는 텅 빈 거울, 고요한 물과 같으며 움직일 때는 저울처럼 공평한 마음 상태를 일컫는다고 하면서, 마음의 티끌을 없애고 나면 본체가 맑아질 것이라고 하였다.[26] 여기서 윤휴는 바로 서형수가 마음의 본체를 묘사할 때 인용한 주자의 『대학혹문』의 설명을 환골탈태시켜 정심의 형상을 표현하였다.

이렇게 보면 조선경학사에서 『대학』「정심수신」장의 마음론은 퇴계에게서 이어지는 본체와 작용의 합일로서의 마음론, 율곡학파의 작용 중심의 마음론, 윤휴에게서 서형수로 이어진 본체 중심의 마음론으로 정리할 수도 있을 것이다.

한편 실학적 특징을 지닌 경학자들이 본체 중심의 마음론을 전개하였지만, 조선후기 실학의 집대성자인 다산(茶山) 정약용(丁若鏞, 1762~1836)에 의하여 불교에 물든 논리라고 혹평을 받기도 하였다.[27] 이렇게 보면 실학파 내에서도 마음론의 층차는 있다고 할 것이다.

조선의 유학과 경학의 원두에 위치한 퇴계학의 본체론적(리 중심적) 사유는 유학사적으로 명징하게 계승되는 측면이 있다. 경학사적

26) 『讀書記-大學』, 「傳七章」. "此言不存養之病, 欲其保虛靜之體於未發之前也, 未發而全其體則發而中節矣, 所謂正也. … 此言不省察之病, 欲其存則覺而爲檢身之本. … 何謂正心? 靜則鑑空水靜, 動則衡平矩運而已. 去其累於是者, 而本體澄然矣."

27) 『大學公議』三. "(朱子) 或問曰: '人心湛然虛明, 鑑空衡平, 以爲一身之主者, 顧其眞體之本然, 喜怒憂懼, 隨感而應.' (茶山) 況眞體本然之說, 本出於首楞嚴. … 正與不正, 驗於行事, 不止於眞體之昏明也. 眞體之湛然虛明, 鑑空衡平, 雖亦可貴, 必其行事篤實, 乃保本眞. 直把此物, 求其空明, 未有不內發心疾者, 古聖人正己正物之學, 朴實有據, 不若是之幽虛也."

관점에서 보자면, 여전히 본체 중심이지만 작용을 통섭하는 형태를 보이고 있다. 그리고 조선후기에 이르면 퇴계 경학의 이러한 마음론은 윤휴와 이익으로 이어지다가, 정약용에 이르러 다른 양상을 드러내고 있다.

이상으로 고찰하였다시피, 퇴계 경학의 마음론이 후대에 끼친 영향은 분명하다. 이러한 논의를 조선 경학의 특징적 양상으로 규정하려면, 조금 더 정밀하고도 광범위한 고찰을 요한다고 할 것이다. ◆

참 고 문 헌

사료 :
『大學章句』
『中庸章句』
『大學三綱八目箴』
『艮齋先生續集』
『四書答問-大學』
『讀書記-大學』
『大學辨疑』
『大學疾書』
『明皐全集』
『大學公議』

연구단행본 :
이영호·이승현, 「명고전집 해제」, 『국역 명고전집』, 성균관대학교출판부, 2018.
이영호, 『동아시아의 논어학』, 성균관대 대동문화연구원, 2019.

연구논문 :
이영호, 「조선후기 『위고문』의 옹호와 한문학에 미친 영향」, 『동방한문학』 66, 동방한문학회, 2016.

지천(遲川) 최명길(崔鳴吉)의 『대학』관

-주희의 『대학』 해석에 대한 반성의 한 양상-

한 정 길

* 이 글은 『대동철학』 83호(2018.06)에 게재한 「遲川 崔鳴吉의 『대학』관 -주희의 『대학』 해석에 대한 반성의 한 양상-」을 본 저서의 간행 취지에 맞춰 일부 수정한 것이다.

1. 들어가는 말

주자학을 통치이념으로 수용한 조선은 주자학에 입각하여 정치 주체로 새롭게 등장한 사대부들의 의식과 행위를 다듬는 한편, 유가의 인륜질서가 통행하는 사회를 만들고자 했다. 이때 무엇보다 중요한 『경전』이 바로 '수기치인'의 방법서인 『대학』이었다. 이로 인하여 『대학』은 조선 초기부터 학자들의 관심을 끌기에 이른다. 조정에서는 『대학』과 『대학연의』가 주요 경연과목으로 채택되었고, 재야에서도 『대학』에 관한 전문적인 연구가 이루어졌다. 이 연구들은 대체로 『대학』에 대한 주희의 이해를 따르고 있지만, 한편으로는 주희의 『대학』 풀이에 대한 비판적 성찰 작업도 함께 진행된다.

16세기에 이언적(李彦迪, 1491~1553)은 주희의 『대학』 해석을 반성하여 『대학장구보유(大學章句補遺)』를 저술하였고, 노수신(盧守愼, 1515~1590)도 주희의 『대학장구』에 대한 비판서인 『대학집록(大學集錄)』을 남기고 있다. 17세기에 들어서서 주희의 『대학』 해석에 이의를 제기한 이들이 다수 등장한다. 그 대표적인 인물들이 바로 조익(趙翼, 1579~1655), 최명길(崔鳴吉, 1586~1647), 윤휴(尹鑴, 1617~1680), 박세당(朴世堂, 1629~1703) 등이다.

이 글은 주희의 『대학』 해석에 대한 조선성리학자들의 반성 양상을 살펴보려는 작업의 일환으로 지천(遲川) 최명길의 『대학』 이해의 특성을 규명하려는 데 그 목적이 있다. 최명길의 『대학』관을 연구주제로 삼은 데는 두 가지 이유가 있다. 하나는 그가 『대학』에 관한 전문적인 연구서를 남기고 있음에도 그에 관한 연구가 아직 부족하기 때문이다.[1] 그것은 아마도 『대학』에 관한 최명길의 전문적인 연구서인 「대학기의(大學記疑)」와 「대학관견(大學管見)」이 세상에 공개된 지 얼마 되지 않았기 때문인 듯하다.[2] 다른 하나는 최명길의 『대학』 이해가 조선 경학의 특성을 누구보다 잘 드러내고 있기 때문이다. 그는 당시 조선성리학의 사상사적 맥락 위에서 동아시아 사상계의 두 축인 주자학과 양명학을 두루 익힌 보기 드문 인물이다. 게다가 주희와 왕수인의 경전 해석을 참고자료로 삼되, 주체적인 시각에서 자신의 독창적인 경학세계를 구축하였다. 따라서 문화다원론적 시각에서 중국 경학과도 다른 조선 경학사상의 독특한 면모를 밝히고자 할 때 최명길의 경학사상을 탐구하지 않을 수 없다. 특히 주자학이나 양명학과도 다른 그만의 독특한 경학사상은 그의 『대학』관에 잘 드러난다. 『대학』에 대한 해석 차이에서 주자학과 양명학의 차이가 명료하게 드러나듯이, 주자학이나 양명학과도 다른 최명길 경학사상의 특징도 그의 『대학』 이해에서 뚜렷하게 나타난다.

「대학기의」와 「대학관견」은 『대학』에 관한 최명길의 전문적인 연구서이다. 「대학기의」는 주희의 『대학장구』에 대한 의문점을 『대학장구』의 순서에 따라 기술한 것이고, 「대학관견」은 『대학』에 대한 최명길 자신의 견해를 「고본대학」 체제의 순서에 따라 밝힌 것이다.

---

1) 최명길의 대학관에 관한 연구로는 김윤경의 「최명길의 『사문록(思問錄)』에 나타난 사서해석 경향과 사상적 특징(II) -「대학기의(大學記疑)」, 「대학관견(大學管見)」을 중심으로-」(『유학연구』 35, 2016.5)이 있다.

2) 최명길은 사서에 관한 전문적인 연구서인 『사문록(思問錄)』을 남기고 있다. 주자의 사서 해석에 의문을 제기하고 자기 나름의 견해를 제시한 글이다. 『사문록』은 문중에서 필사본으로 전해지다가 2008년 『지천선생집』(도서출판 선비)이 간행될 때 부록에 실림으로 해서 세상에 알려지게 되었다. 그것이 오랜 세월 빛을 보지 못한 까닭은 주자학을 비판하는 내용을 담고 있기 때문이었을 것이다. 이 글의 주요 연구 대상 자료인 「대학기의」와 「대학관견」은 『사문록』에 실려 있다.

이 연구에서는 이 두 자료를 주요 분석 대상 자료로 삼아서 주희의 『대학』 해석에 대한 최명길의 반성 양상과 더불어 그의 『대학』관의 특징을 살펴보고자 한다.

2. 「고본대학」 체제의 수용과 『대학장구』 체제에 대한 비판

유학은 수기와 치인의 방법을 탐구하는 학문이다. 유가 경전 가운데 '수기치인'의 이념을 공식화하고, 그 구체적인 방법을 제시한 대표적인 경전이 바로 『대학』이다. 『대학』은 수신을 토대로 제가·치국·평천하를 이루고자 한다. 자기 수양의 효과가 개인의 차원에 머물지 않고, 사회와 정치 방면에까지 그 효력을 발휘할 수 있다고 본 것이다. 이처럼 『대학』은 '수신'을 근본으로 한 '제가·치국·평천하'라는 기본 체계를 지님으로 해서 제왕의 정치철학서이자 유학자의 수양서로 평가를 받아왔다.

「대학」은 본래 『예기』의 한 편으로서 그렇게 주목받은 경전은 아니었다. 송대에 이르러 사마광(司馬光, 1019~1086)이 『예기』 가운데서 취하여 그것을 드러내었고, 정호(程顥, 1032~1085)와 정이(程頤, 1033~1107) 두 형제는 그것에 착간이 있다고 생각하여 개정본을 새로 만들었다. 주희(朱熹, 1130~1200)는 「대학고본」에 착간과 빠진 글이 있다고 여겨서 문장을 옮기고 전(傳)을 보충하여 경1장과 전10장 체제의 「대학장구」본을 만들었다. 「대학장구」본은 송말 이후로 크게 유행하였으며, 원대에 과거 과목의 기본 교재로 채택됨으로 해서 큰 권위를 지니게 된다. 그럼에도 주희의 『대학장구』 체제를 그대로 받아들이지 않고, 「대학」 체제에 대해 새로운 의견들을 제시하는 이들이 있었다. 그 가운데 대표적인 인물이 명대의 왕수인이다. 그는 주희와는 달리 「고본대학」을 정본으로 여긴다. 「고본대학」은 그 자체로 어떤 착간이나 궐문도 없이 완전하다고 본 것이다.

조선의 경우에도 주희의 『대학장구』를 따르지 않고, 「대학」 체제에 대한 자신의 독자적인 견해를 제시한 이들이 있었다. 최명길 역시 그 가운데 한 사람이다. 『대학』의 체제와 그 의리에 관하여 최명길은 "글은 공자를 보존하고, 의리는 정주를 따른다"[3]는 기본적인 입장을 취한다. 「고본대학」 체제를 그대로 유지하면서, 주희의 관점에 따라 그 의리를 읽어내고자 한 것이다. 그러나 「고본대학」 체제를 유지하면서 정주의 해설을 그대로 따르기는 어렵다. 『대학』의 체제에 대한 이해는 그 의리 구조와 전개에 대한 이해를 반영하고 있기 때문이다. 이 때문에 최명길은 「고본대학」 체제를 따라서 『대학』의 의리를 풀이함과 아울러, 주희의 『대학장구』 체제와 그 의리 해설에 대해 의문을 제기하게 된다.

최명길은 「고본대학」을 따르는 입장에서 그것을 개정한 기존 학자들의 견해를 비판적으로 검토한다. 그 검토 대상에는 정호의 『명도선생개정대학(明道先生改正大學)』, 정이의 『이천선생개정대학(伊川先生改正大學)』, 주희의 「대학장구」, 왕수인의 「고본대학」에 관한 여러 학설, 이언적의 『대학장구보유』 등이 포함된다.[4] 이 가운데 주요 비판 대상이 된 것은

3) 『遲川先生續集』 卷7, 「思問錄」, 「大學管見」, 517b. "文則存孔子, 義則從程朱."

4) 『대학』의 개정본에 대한 최명길의 비판 내용을 세밀하고 심도 있게 분석한 연구로는 김윤경의 「최명길의 『사문록』에 나타난 사서해석 경향과 사상적 특징

역시 『대학장구』이다. 여기에서는 최명길의 『대학』 체제에 대한 이해의 특성과 『대학장구』 체제에 대한 비판을 살펴보고자 한다.

최명길의 저술 가운데 「대학관견」은 『대학』에 관한 그 자신의 견해를 간략하게 정리한 것이다. 『대학』 체제에 대한 그의 기본적인 입장도 이 글에 표명되어 있다. 우선 「대학관견」의 서술 순서가 「고본대학」 체제의 순서를 따르고 있다. 이것은 "글은 공자를 보존하고, 의리는 정주를 따른다"는 원칙에 준한 것이다.

그러나 최명길이 「고본대학」 체제를 따른다고 해서 「고본대학」을 정본으로 간주한 것은 아니다. 그는 「고본대학」에 빠진 글이 있다는 주희의 주장에 동의한다.[5] 뿐만 아니라, 「고본대학」 가운데 『시경』 「열문편」이 실려 있는 "詩云'於戱前王不忘!' 君子賢其賢而親其親, 小人樂其樂而利其利, 此以沒世不忘也"의 절까지는 증자의 문인 제자들이 저술한 것이지만, 그 아래의 여러 전들은 다른 문인의 손에서 나온 것이라고 주장한다. 그리고 그 주장의 논거로 여러 전(傳)의 문체가 성의장과 다르다는 점을 제시한다.[6]

최명길이 「고본대학」 체제를 따르는 것은 그것이 『대학』의 의리체계를 보다 잘 보여준다고 보았기 때문이다. 그는 「고본대학」 체제를 따르는 이유를 그 의리의 측면에서 설명하고, 『대학장구』를 포함한 『대학』 개정본을 비판한다. 여기에서는 주희의 『대학장구』 체제를 최명길이 어떻게 비판하고 있는지를 알아보겠다.

(II)」이 있다.

5) 『遲川先生續集』 卷7, 「思問錄」, 「大學記疑」, 514b. "竊詳文義, 其謂闕文者, 是也."

6) 위의 책, 「大學記疑」, 514a. "烈文篇親賢樂利四字, 備言聖人致治之方, 故引之以明新民之止至善, 所以摠結經文之意也. 其下諸傳, 又出他門人之手, 所以發其未盡之蘊. 細看諸傳文體, 又與誠意章不同者, 無乃以此歟. 姑錄所見以俟知者."

주희가 「고본대학」 체제를 재편집할 때 바뀐 부분은 크게 여섯 군데이다. '此謂知本, 此謂知之至也'를 전5장으로 옮긴 것, '성의(誠意)'장을 전6장으로 옮긴 것, '첨피기욱(瞻彼淇澳)'장을 전3장으로 옮긴 것, '어희전왕불망(於戱前王不忘)'장을 전3장으로 옮긴 것, '청송(聽訟)'장을 '본말'장의 전으로 옮긴 것, 그리고 '격물'장에 빠진 글이 있다고 보아서 보완한 것이다. 최명길은 「고본대학」 체제를 따르는 입장에서 주희가 재편집한 『대학장구』 체제를 낱낱이 비판한다.

우선 최명길은 주희가 「고본대학」의 "此謂知本, 此謂知之至也"를 전5장으로 옮긴 것에 대해, 「고본대학」 체제 그대로 두는 것이 타당하다고 주장한다.

> 삼강령의 아래에 이미 '지지(知止)'로 결론을 맺었고, 팔조목의 아래에 또 '지본(知本)'으로 결론을 맺었으니, 고인의 학문이 '지(知)'를 우선으로 했음을 알 수 있다. 그리고 치지의 요체는 또 그칠 데를 알고, 근본을 아는 것을 벗어나지 않을 따름이니, 역시 고인의 치지 공부가 자기에게 절실한 학문이 아님이 없음을 알 수 있다.[7]

이 부분에 대한 최명길의 해설은 매우 체계적이다. 그는 삼강령과 팔조목이 모두 '지'로 귀결되는 것으로 이해한다. 삼강령이 '그칠 데를 아는 것[知止]'으로 결론을 맺었듯이, 팔조목도 '근본을 아는 것[知本]'으로 결론을 맺는 것이 타당하다는 것이다. 주희처럼 "此謂知本, 此謂知之至也"를 전5장으로 옮기게 되면 '지(知)'를 우선시하고자 한 고인의 취지가 드러나지 않게 된다. 따라서 '지'를 우선시한 고인

7) 위의 책, 「大學管見」. 517a. "三綱領之下旣以知止結之, 八條目之下尤以知本結之, 可見古人之學, 以知爲先. 而致知之要, 又不出於知止知本而已, 亦可見古人致知之功, 無非切己之學也."

의 취지를 살리려면 그것을 옮겨서는 안 된다는 것이다.

그는 또 '此謂知本'과 '此謂知之至也' 사이에 빠진 글이 있다는 주희의 주장에 동의한다. 이 두 문장의 뜻이 서로 잘 이어지지는 않는다고 본 것이다. 그러나 그는 주희가 그 빠진 것을 보완한 '격물보망장'의 내용에 대해서는 밖으로 헛되이 떠도는 폐단이 있다고 비판한다.

주희는 '성의'장을 전6장으로 옮겼다. 그러나 최명길은 성의장을 「고본대학」 편제 그대로 두는 것이 옳다고 여긴다. 그 이유에 대해서 "위 문장에서 빈번히 '지(知)'자를 들어 기록하였는데, 여기에서 또 성의만을 들어서 말한 것은 긴요한 공부가 오로지 이 한 조목에 달려 있기 때문이다"[8]라고 말한다. 그칠 데를 알고, 근본을 안 다음에는 그것을 실천해야 한다. 그것을 실천할 수 있도록 자신을 다듬는 공부로는 '성의'가 무엇보다 긴요하기 때문에 '지'를 언급한 뒤에 '성의'장을 두었다고 보는 것이다.

주희는 '첨피기욱'장을 전3장으로 옮겼다. 최명길은 이 부분 역시 「고본대학」 그대로 두는 것이 옳다고 여긴다. "이 장은 명명덕이 지선에 그친 것으로서 삼강령과 팔조목을 그 가운데 포함하고 있기 때문이다."[9]

주희는 또 '어희전왕불망'장을 전3장으로 옮겼다. 최명길은 이 부분에 대해서도 「고본대학」 그대로 두는 것이 옳다고 여긴다. 이 장은 '신민'이 지선에 그친 것을 말하였기 때문이다.[10]

이 부분에 대해서도 최명길의 이해는 매우 체계적이다. 『대학』의

---

8) 위의 책, 「大學管見」. 517a. "上文頻頻提記知字. 此又單擧誠意爲言者, 喫緊工夫專在此一條故也."

9) 위의 책, 「大學管見」. 517a. "此章言明明德之止於至善, 而包三綱八條在其中."

10) 위의 책, 「大學管見」. 517a. "此章言新民之止於至善."

삼강령인 '명명덕', '신민', '지어지선'의 관계에 대해 그는 '명명덕'과 '신민'은 모두 '지어지선'을 지향하는 것으로 인식한다. 삼강령의 관계에 대한 이러한 인식 하에 그는 '명명덕'과 '신민'이 '지어지선'에 이른 그 구체적인 사례가 '첨피기욱'장과 '어희전왕불망'장에 표현된 것으로 본다. 즉 '첨피기욱'장은 명명덕이 지선에 그친 사례를 기술하였고, '어희전왕불망'장은 신민이 지선에 그친 사례를 기술하였다고 여긴 것이다. 그런데 만일 주희처럼 이 두 부분을 전3장으로 옮긴다면 「고본대학」의 이러한 취지가 사라지게 된다. 따라서 그것을 다른 곳으로 옮겨서는 안 된다는 것이다.

최명길은 정호·정이·주희가 '청송(聽訟)'장의 편제를 바꾼 것을 비판한다. 정호는 이 장을 '평천하'장으로 옮기고, 정이는 경문의 끝에 두었으며, 주희는 '본말'장의 전으로 옮긴 바 있다. 이에 대해 최명길은 다음과 같이 비판한다.

> 이 장을 백정자가 '평천하'장의 아래에 둔 것은 문체가 맞지 않으며, 숙정자가 경1장에 둔 것은 말의 의미가 연결되지 않으며, 주자는 '본말'전으로 삼았는데 삼강령과 팔조목 이외에 또 어찌 '본말'전이 있겠는가? 그러므로 나는 구본 그대로 두는 것만 못하다고 생각한다.[11]

'청송'장을 다른 곳으로 옮길 때 문체가 맞지 않거나, 의미가 연결되지 않거나, 『대학』에 대한 체계적 이해가 어긋나는 등의 여러 가지 문제가 발생한다. 그렇다면 문장을 옮기는 것보다 「고본대학」 체제 그대로 두는 것이 더 낫다는 것이다.

---

11) 위의 책, 「大學管見」, 517a~517b. "竊按此章伯程子置之平天下章, 則文體不侔. 叔程子置之經一章, 則語意不貫. 朱子以爲本末傳, 則三綱八條之外, 又豈有本末傳乎? 故愚以爲不如仍舊之爲愈."

최명길은 「고본대학」의 체제를 개정한 것에 대해 이의를 제시할 뿐만 아니라, 「고본대학」의 내용 자체에 대해서도 비판적인 시각을 지닌다. 그 하나는 「대학」의 글들이 모두 증자의 문하에서 나온 것은 아니기 때문에 문체의 통일성이 부족하고, 성학의 깊은 뜻을 다 드러내지 못한 면이 있다는 것이다. 그 구체적인 사례 가운데 하나가 바로 '청송'장이다. 이에 대해 그는 다음과 같이 말한다.

> 대개 '청송(聽訟)'의 위에 또 송사를 없앤다는 '무송(無訟)'의 한 구절이 있으니 의리가 무궁함을 볼 수 있다. 학자들은 작게 이루는 것에 만족하여 지선의 소재를 구하지 않아서는 안 된다. 이것이 구본의 본의이다. 다만 공자의 '무송'의 가르침은 근본을 바르게 하고 근원을 맑게 하는 뜻인 반면에 이 장에서는 '백성의 마음을 크게 두렵게 한다'고 말하였는데, 이것은 성인의 정치가 단지 송사를 없게 할 수는 있어도 송사를 일으키고자 하는 마음을 그치게 할 수는 없다는 것이니, 역시 아직 지선을 얻지는 못한 것이다. 아마도 공자의 본의는 아닐 것이다. 의심스러우면 남겨두는 것이 마땅하지 않겠는가?[12)]

성인의 정치는 덕으로 인도하고 예로 질서를 잡는 것이다. 그것은 형벌이나 정치명령 등을 통하여 사람들을 두렵게 하지는 않는다. 그런데 『대학』에서는 '백성의 마음을 크게 두렵게 한다'고 하였다. 최명길은 백성을 두렵게 해서 송사가 일어나지 않도록 하는 것은 공

---

12) 위의 책, 「大學記疑」, 514b. "按此章舊本, 在至於信下. 伯程子置乎天下章, 叔程子置經文之末, 俱欠穩當. 朱子又以爲本末章之傳, 則尤涉可疑. 三綱八條之外, 豈合別有一傳? 此愚之不能無疑者也. 與其移之而未得穩當, 恐不若仍舊之爲愈. 蓋聽訟章之上, 尤有無訟一節, 可見義理之無窮. 學者不可安於小成而不求至善之所在, 此舊本之本意也. 但孔子聽訟之訓, 乃正本淸源之意, 而此章乃以大畏民志爲言, 則是聖人之政, 但能使之無訟, 而不能止其欲訟之心, 亦未得爲至善. 恐非孔子之本意. 疑則闕之, 無乃宜乎?"

자의 본의가 아니라고 본다. 공자의 본의는 사람들을 덕으로 인도하여 그들 각 개개인이 자기 내면에서 일체 행위의 본원인 마음을 바르게 하고 맑게 하여 송사를 일으키는 마음을 근원적으로 제거하려는 데 있다고 여긴 것이다. 여기에서 우리는 두 가지 의미 있는 내용을 간취해낼 수 있다. 하나는 최명길이 제시한 쟁탈 해법이다. 그는 사람들이 소송을 일으켜 서로 다투는 쟁탈 현상을 해결하는 그 근원적인 방법을 어떤 외적 제재 조치가 아니라 행위 주체의 자발적인 자기 수양에서 찾는다. 특히 일체 행위의 본원인 마음이 호오(好惡)나 분치(忿懥) 등의 감정에 치우치지 않게 하고, 또 사욕에 물들지 않게 하는 마음공부를 중시한다. 또 하나는 최명길이 경전을 대하는 주체적인 태도이다. 그는 자기 마음 가운데 이해되지 않는 것이라면 그것이 누구의 말이건 의문을 제기한다. 이러한 태도에 입각하여 그는 주자학이건 양명학이건, 나아가 『대학』 경전의 본문 내용에 대해서도 비판적으로 성찰한다. 자기 마음 이외에 그 어떤 외적 권위도 인정하지 않는 점은 주체성을 중시하는 양명학의 정신에 닿아 있다고 하겠다.

3. 삼강령에 대한 이해

1) '명명덕(明明德)'에 대한 이해

주희는 『대학』의 이른바 '명명덕'의 '명덕'을 "허령하고 어둡지 않아서 중리를 갖추고 만사에 응하는 것"[13]으로 풀이한 바 있다. 그런데 최명길은 주희의 이러한 해석에 대해 '오로지 마음을 가지고 말하였을 뿐, 마음이 지닌 덕을 말하지 않았다'는 의문을 제기한다.[14] '마음'과 '마음이 지닌 덕'을 구분하는 입장에서 『대학』의 '명덕'을 마음이 아니라 마음이 지닌 덕으로 이해한 것이다.

최명길은 '명덕'을 '본심의 덕'[15], '본심이 지닌 환하고 밝은 덕'[16]으로 풀이한다. 그러나 그는 '본심의 환하고 밝은 덕'의 실질적인 내용에 대해서는 구체적으로 설명하고 있지 않다. 이 때문에 우리는 두 가지 간접적인 방법으로 그 내용을 추론할 수밖에 없다. 하나는 그가 명덕을 설명하기 위해서 사용한 몇 가지 개념들, 즉 '본심'·'광명'·'덕'의 개념들을 분석함으로써 그 의미를 간취해내는 것이다. 우선 유학에서 '본심'은 본래적으로 부여받은 마음으로 기질이나 습관에 물들지 않은 순수한 도덕심을 가리킨다. '광명'은 이 도덕 본심이 환하게 밝다는 것으로, 선과 악을 밝게 지각할 수 있다는 의미를 지닌다. 유학에서 말하는 '덕'이란 '덕성'과 '덕행'의 두 가지 의미를 지니지만, 여기에서는 본심이 지니고 있는 '덕성'을 가리킨다. 이 '밝은 덕성[명덕]'은 선의 지극한 실천을 통하여 온전해진다.[17] 이상의 분석을 통해서 보면 최명길은 명덕을 도덕 본심이 지닌 선악을 밝게 변별하고 선을 실천할 수 있는 능력으로 이해하고 있음을 알 수 있다.

---

13) 朱熹, 『大學章句』, 首章, 朱熹注. "明德者, 人之所得乎天, 而虛靈不昧, 以具衆理而應萬事者也."

14) 앞의 책, 「大學記疑」, 513b. "按本註以虛靈不昧具衆應萬爲言, 則是專以心言, 而不言其所有之德, 此爲可疑."

15) 위의 책, 「大學記疑」, 513b. "明德者, 本心之德也."

16) 위의 책, 「大學管見」, 516b. "明德者, 本心光明之德."

17) 위의 책, 「大學管見」, 516b. "爲善而不求造於極致, 則明德之體, 終有未全."

'본심의 덕'이 무엇을 가리키는지를 추론할 수 있는 또 한 가지 방법은 그것이 리학(理學)에서 일반적으로 어떤 의미로 사용되는지를 살펴보는 것이다. 주희는 『논어』 「안연(顔淵)」편의 '克己復禮爲仁'에 대한 주석에서 '인(仁)'을 '본심의 온전한 덕'으로 풀이한다.[18] 뿐만 아니라, 『논어』 「학이(學而)」편의 '孝弟也者, 其爲仁之本與!'에 대한 주석에서도 역시 '인'을 '마음의 덕'[19]으로 풀이한다. 주희는 '본심의 덕'의 실질 내용을 '인'으로 이해한 것이다. 그런데 최명길은 '본심의 덕'에 관한 주희의 이러한 이해에 대해 어떤 이의도 제기하지 않는다.[20] 이것은 적어도 최명길이 본심의 덕을 '인'으로 이해하는데 거부감이 없었음을 보여주는 것이라고 하겠다. 이러한 주장을 좀 더 강화하는 논거로 우리는 송명유학이나 조선성리학에서 '본심의 덕'이나 '마음의 덕'을 '인' 이외의 다른 것으로 규정한 경우를 발견하기 어렵다는 점을 들 수 있다. 왕수인은 "명덕은 이 마음의 덕으로서, 바로 인이다"[21]라고 말한 바 있으며, 조선의 성리학자들도 마음의 덕을 '인'으로 풀이한 주희의 견해를 수용하고 있다. 이로부터 우리는 최명길도 역시 본심의 덕의 구체적인 내용을 '인'으로 이해했을 것이라고 추론할 수 있다.

---

18) 朱熹, 『論語集註』, 「顔淵」편의 '克己復禮爲仁'에 대한 주희의 풀이. "仁者, 本心之全德. 克, 勝也. 己, 謂身之私欲也. 復, 反也. 禮者, 天理之節文也. 爲仁者, 所以全其心之德也. 蓋心之全德, 莫非天理, 而亦不能不壞於人欲. 故爲仁者必有以勝私欲而復於禮, 則事皆天理, 而本心之德復全於我矣."

19) 『論語』, 「學而」편의 '孝弟也者, 其爲仁之本與!'에 대한 주희의 풀이. "仁者, 愛之理, 心之德也. 爲仁, 猶曰行仁."

20) 최명길은 주희의 논어주석에 의문점을 제시한 바 있다. 그 의문점을 기술한 글이 바로 「논어기의(論語記疑)」이다. 그런데 최명길은 「논어기의」에서 '인'을 본심의 덕으로 풀이한 주희의 주석에 어떤 이의도 제기하지 않는다.

21) 王守仁, 『傳習錄』 제89조. "明德是此心之德, 卽是仁."

그럼 최명길이 '명덕'을 단순히 마음이 아니라 '본심의 덕'으로 이해하고자 한 까닭은 무엇인가? 이를 위해서는 그가 왜 '명덕'에 관한 주희의 해석에 의문을 제기했는지를 살펴볼 필요가 있다.

주희는 명덕을 중리(衆理)를 구비하고 있는 허령불매한 마음으로 풀이한다. 이때의 허령불매한 마음이란 도덕본심으로만 제한되지 않는다. 그것은 시비선악 등의 의리만이 아니라, 사사물물에 내재되어 있는 이치까지도 지각할 수 있는 능력으로 이해된다. 뿐만 아니라 이 마음은 온갖 리를 갖추고 있다. '명덕'에 대한 주희 해석의 특징은 허령불매한 마음이 바로 '중리를 구비하고 있다'고 본 점에 있다. 허령불매한 마음이 사물의 리를 궁구하여 알아낼 때 마음에 갖추어진 리가 자각된다. 그것이 바로 밝은 덕이 밝혀지는 것이기도 하다. 이처럼 주자학에서 '명명덕'은 사사물물의 리를 궁구하여 밝히는 과정과 연계되어 있다. 최명길은 주희가 '명명덕'을 의리 도덕의 영역이 아니라, 사물의 이치를 궁구하는 사물세계의 영역에까지 확장시킨 것에 이의를 제기한 것이다. 그가 '명덕'을 '본심의 덕'으로 풀이한 것은 '천하'에 도덕 본심을 밝힘으로써 이 세계를 인륜이 펼쳐지는 의리도덕의 세계로 만들고자 한 때문이다.

최명길이 명덕을 본심의 덕으로 이해한 것은 왕수인과 일치한다. 왕수인은 '명덕'을 이 마음의 덕으로서, 천지만물을 일체로 여기는 인(仁)으로 풀이한다.[22] 명덕은 천명지성(天命之性)에 뿌리를 내려서 자연히 영명하고 밝아 어둡지 않은 것이다. 이 명덕은 대인이건 소인이건 모든 사람이 보편적으로 지니고 있는 마음의 덕이다. 그런데 사욕으로 말미암아 이 밝은 덕이 어둡게 가려질 수 있다. '명명덕'이

22) 위의 책, 제89조. "自格物致知至平天下, 只是一箇明明德. 雖親民, 亦明德事也. 明德是此心之德, 卽是仁. 仁者以天地萬物爲一體. 使有一物失所, 便是吾仁有未盡處."

란 사욕의 가림을 제거하여 천지만물을 일체로 여기는 그 본연을 회복하는 것이다.[23] 그것은 바로 자신의 본성을 실현하는 것[盡性]이기도 하다. 왕수인의 '명덕'에 대한 이해의 특징은 그것을 천지만물을 일체로 여기는 인(仁)으로 풀이한다는 점에 있다. 명덕을 마음의 덕으로 이해한 점에서 최명길과 왕수인 사이에 어떤 차이도 발견되지 않는다. 다만 왕수인은 그 마음의 덕을 명료하게 천지만물을 한 몸으로 여기는 '인'으로 규정하는 반면, 최명길은 그 마음의 덕을 '仁'으로 명료하게 귀결시키지는 않는다는 점이다. 그럼에도 '명덕'에 대한 이해에서 최명길은 주자학보다는 양명학에 근접해 있다고 하겠다.

2) '신민(新民)'에 대한 이해

'신민(新民)'은 「고본대학」에는 본래 '친민(親民)'으로 되어 있었다. 그것을 정이가 '신민'으로 고친 뒤에 주희도 그 견해를 따른다. 반면에 왕수인은 「고본대학」을 정본으로 간주하고, 정주(程朱)가 '친민'을 '신민'으로 개정한 것을 비판한다. 최명길은 왕수인의 이러한 주장을 억지로 끌어다 붙인 것이라고 비판하고[24], '신민'으로 개정한 정주의

---

23) 王守仁, 『王陽明全集』 卷26, 「大學問」. "大人者, 以天地萬物爲一體者也, 其視天下猶一家, 中國猶一人焉. 若夫間形骸而分爾我者, 小人矣. 大人之能以天地萬物爲一體也, 非意之也, 其心之仁本若是, 其與天地萬物而爲一也. 豈惟大人, 雖小人之心亦莫不然, 彼顧自小之耳. …是乃根於天命之性, 而自然靈昭不昧者也, 是故謂之'明德.' …故夫爲大人之學者, 亦惟去其私欲之蔽, 以自明其明德, 復其天地萬物一體之本然而已耳; 非能於本體之外而有所增益之也."

24) 앞의 책, 「大學管見」, 517b. "明儒王守仁氏, 一從古本, 旣爲之作序, 又爲之傍什, 而其與門人問答有許多說話. 其所謂傍什者, 余時未見之, 但親民之親, 身有忿懥之身, 悉從古本, 旣牽强難通矣."

설을 따른다. 그러나 '신민'에 대한 그의 이해는 주희와도 다르다.

주희는 '신민'을 "신(新)이란 옛것을 고치는 것을 의미한다. 이미 스스로 그 명덕을 밝혔으면, 또 마땅히 미루어 남에게까지 미쳐서, 그로 하여금 또한 옛날에 물든 더러움을 제거할 수 있게 한다는 말이다"[25]라고 풀이한다. 이것은 자신의 명덕을 먼저 밝힌 뒤에 다른 사람이 기품과 인욕에 가려진 것을 보고 가르침을 통하여 그를 교화시켜서 새롭게 한다는 뜻이다. 주희에게서 명명덕과 신민은 두 가지 별개의 일로 이해된다. 백성을 새롭게 하는 것이 자신의 명덕을 밝히는 일은 아니기 때문이다.

주희와는 달리 최명길은 '신민을 명덕을 백성에게 미루는 것'[26]으로 풀이한다. '본심의 환하고 밝은 덕'을 백성에게까지 확대시키는 것을 '신민'이라고 본 것이다. 이 경우에는 명명덕과 신민이 하나의 일이 된다. 신민이 바로 자신의 명덕을 백성에게까지 펼치는 일이기 때문이다. 이러한 논리는 명명덕과 친민을 하나의 일로 간주한 양명학적 사유에 가깝다. 그렇지만 최명길은 왕수인의 '친민'설에 대해서는 비판적이다.

왕수인은 주희의 '신민'설을 반대하고 '친민'설을 취한다. 그의 '친민'설은 만물일체설을 토대로 맹자의 '친친 · 인민 · 애물'설을 전개해낸 것이다. 왕수인에게서 '친민'이란 명덕 즉, '천지만물을 일체로 삼는 인'을 천하에 달성하는 것이다. 왕수인이 '친민'의 '친(親)'을 '인(仁)'으로 풀이한 것[27]은 그만의 독창적인 견해이다. 이러한 체계

---

25) 『大學章句』 1章, 朱子註. "新者, 革其舊之謂也. 言旣自明其明德, 又當推以及人, 使之亦有以去其舊染之汚也."

26) 앞의 책, 「大學管見」, 516b. "新民者, 推此德於民也."

27) 『傳習錄』 1條. "'親民'猶『孟子』'親親仁民'之謂. 親之卽仁之也."

에서는 '명명덕'과 '친민'이 분리되어 있지 않다. '명명덕'은 곧 '친민'에 있으며, '친민'이 바로 '명명덕'의 방법이다.[28)]

최명길은 왕수인의 이러한 '친민'설을 견강부회한 것으로서 『대학』을 해설하는 데 통하기 어렵다고 비판한다.[29)] 그런데 그는 왕수인의 '친민'설이 어떤 점에서 견강부회인지는 분명하게 지적하고 있지 않다. 다만 왕수인의 '친민'설의 핵심이 '친(親)'을 '인(仁)'으로 풀이한 데 있다는 점을 고려하면, 최명길은 이 점을 수용하지 않은 것으로 볼 수 있다. 왕수인이 '친민'의 '친'을 '인'으로 풀이한 까닭은 '친민'을 천지만물을 일체로 여기는 어진 마음을 백성들에게 베푸는 인정(仁政)으로 이해하고자 한 때문이다. 그렇다면 최명길이 왕수인의 '친민'설을 수용하지 않았다는 것은 '친민'을 '인정(仁政)'으로 이해하는 관점을 받아들이지 않았음을 의미한다. 그러나 본심의 덕인 명덕을 백성에게 실천한다는 풀이말에 어울리는 개념은 '신민'보다는 '친민'이 더 적합하지 않을까 싶다. 이런 점에서 보면 '신민'에 대한 이해에서도 최명길은 주자학보다는 양명학에 근접해 있다고 하겠다.

---

28) 『王陽明全集』 卷26, 「大學問」. "明明德者, 立其天地萬物一體之體也. 親民者, 達其天地萬物一體之用也. 故明明德必在於親民, 而親民乃所以明其明德也. 是故親吾之父, 以及人之父, 以及天下人之父, 而後吾之仁實與吾之父・人之父與天下人之父而爲一體矣; 實與之爲一體, 而後孝之明德始明矣! 親吾之兄, 以及人之兄, 以及天下人之兄, 而後吾之仁實與吾之兄・人之兄與天下人之兄而爲一體矣; 實與之爲一體, 而後弟之明德始明矣! 君臣也, 夫婦也, 朋友也, 以至於山川鬼神鳥獸草木也, 莫不實有以親之, 以達吾一體之仁, 然後吾之明德始無不明, 而眞能以天地萬物爲一體矣. 夫是之謂明明德於天下, 是之謂家齊國治而天下平, 是之謂盡性."

29) 앞의 책, 「大學管見」, 517b. "明儒王守仁氏, 一從古本, 旣爲之作序, 又爲之傍什, 而其與門人問答有許多說話. 其所謂傍什者, 余時未見之, 但親民之親, 身有忿懥之身, 悉從古本, 旣牽强難通矣."

3) '지어지선(止於至善)'에 대한 이해

주희는 '지선(至善)'을 '사리의 당연한 표준[事理當然之極]'[30]이라고 풀이한 바 있다. 그런데 최명길은 주희가 '지선'을 '사리(事理)'로 풀이한 것에 의문을 제기한다. 그는 정이가 "사물에 있는 것이 리이고, 사물에 대처하는 것이 의이다"[31]라고 말한 것에 의거하여 대상 사물에 있는 '사리'와 그 사물에 대처하는 주체 내면의 '의리'를 구분한다. 그리고 일에 따라 마땅함을 제정하고 그 당연한 법칙을 다 실현하는 것을 지선으로 규정한다. 만일 주희처럼 지선을 '사리'로 이해하여 오로지 사물에서 지선을 구한다면 혹 폐단이 생길 것이라고 우려한다.[32] 일에 따라 마땅함을 제정하는 것은 사람의 마음이 사물에 대처하는 과정에서 형성되는 것으로서 그것이 바로 의리이다. 지선이란 바로 이 '의리의 당연한 준칙'이다.[33] 따라서 지선을 구하려면 외부 사물이 아니라, 사물과의 관계에서 마음이 제정한 마땅한 의리가 무엇인지를 알아야 한다.

최명길이 주로 의리의 세계에 관심을 기울이고 있다는 점과 '지선'을 외부 사물이 아닌 마음에서 구하려고 한 점은 양명학과 상통한다.[34] 그러나 그는 양명학에서처럼 '지선'을 곧바로 '마음의 본체'

30) 『大學章句』 '至善'에 대한 주희주. "至善, 則事理當然之極也."

31) 二程, 『二程集』. "在物爲理, 處物爲義."

32) 앞의 책, 「大學記疑」, 513b. "按本註'事理'二字, 可疑. 蓋在物爲理, 處物爲義. 隨事制宜而盡其當然之則, 是謂至善. 專爲求至善於事物之間, 則恐或有弊."

33) 위의 책, 「大學記疑」, 513b. "至善者, 義理當然之極也."

34) 한정길, 「조선조 관료 지식인의 양명학관 연구(3)-지천 최명길의 양명학관을 중심으로-」, 『한국사상사학』 52, 한국사상사학회, 2016, 249쪽. * 양명도 주자가 사사물물에서 지선을 구하려고 한 것을 비판한 바 있다. 『전습록』 제2

로 규정하지는 않는다. 왕수인이 객관사물과 무관하게 사람이 타고 나면서부터 지니는 순수한 천리의 마음을 지선으로 규정하였다면, 최명길은 객관사물과의 관계 속에서 주체가 그에 올바르게 대처하는 의리를 지선으로 규정한 것이다. 이 점에서 양명학에서 말하는 지선과 구별된다.

한편 최명길은 '명명덕'과 '신민'은 '지선에 그쳐야 한다'고 본다.

> 명덕이란 본심의 광명한 덕이고, 신민이란 이 덕을 백성에게 미루어나가는 것이다. 선을 행하되 극치에까지 나가기를 구하지 않는다면 명덕의 체가 끝내 온전하지 못함이 있을 것이고, 신민이 극치에 이르기를 구하지 않는다면 명덕을 미루어나가는 것에 끝내 다하지 못함이 있을 것이다. 그러므로 '지선에 그친다'는 것으로 결론을 맺은 것이지, 명명덕과 신민의 두 가지 이외에 따로 지선에 그치는 공부가 있는 것은 아니다.[35)]

명명덕은 선을 실천하는 것이며, 신민은 백성들에게 명덕을 베푸는 것이다. 그런데 선의 실천이나 명덕을 백성들에게 베푸는 일은 중도에 그치지 않고 의리가 마땅한 그 지극한 데까지 이르러야 한다. 그것이 바로 지극한 선에 그치는 '지지선(止至善)'의 공부이다. 명명덕과 신민 이외에 지지선의 공부가 따로 있는 것이 아니다. 이점은 양명학과도 일치한다. 양명학에서도 명명덕과 친민 이외에 지지선의 공부가 따로 있는 것은 아니다. 그러나 양자 사이에는 차이점이 있다. 왕수인은 '지선'을 '명덕'과 '친민'의 최고준칙으로 간주한

조 참조.

35) 앞의 책, 「大學管見」, 516b. "明德者, 本心光明之德. 新民者, 推此德於民也. 爲善而不求造於極致, 則明德之體, 終有未全. 新民不求至於極致, 則明德之推, 終有未盡. 故以止至善結之, 非二者之外, 別有止至善工夫也."

다. 명덕을 밝히려고 하면서 지선에 머물 줄 모른다면 자칫 허망과 공적에 빠져서 가정과 국가 및 천하를 도외시할 우려가 있으며, 백성을 친하려고 하면서 지선에 머물 줄 모른다면 자칫 권모와 술수로 흐르고 공리를 추구하게 될 우려가 있다고 말한다.[36] 양명은 지선체인 순수한 천리의 마음을 준칙으로 삼아야만 명명덕과 친민의 행위가 그 근본을 가질 수 있다고 본 것이다.

4. '지지이후유정(知止而后有定)' 장의 '안(安)'과 '려(慮)'에 대한 주희와 최명길의 풀이

최명길은 『대학』 수장 2번째 절인 "知止而后有定, 定而后能靜, 靜而后能安, 安而后能慮, 慮而后能得" 가운데 '안(安)'과 '려(慮)'에 대한 주희의 풀이에 의문을 제기한다. 주희는 '안'을 '처한 바에 편안해한다'고 풀이하고, '려'를 '일처리가 정밀하고 상세하다'는 뜻으로 풀이한 바 있다.[37] 이에 대해 최명길은 "'안'이란 안정되고 고요함이 지극한 것이지 처하는 곳에 따라 편안해함을 가리키는 것이 아니다. '려'란 찰식하는 것을 말하는 것이다. 아직 일을 처리하는 데까지 미치지는 않은 것이다"[38]라고 말한다. 주희가 '안'과 '려'를 외적으로 드러나

---

36) 『王陽明全集』 卷26, 「大學問」. "蓋昔之人固有欲明其明德者矣, 然惟不知止於至善, 而騖其私心於過高, 是以失之虛罔空寂, 而無有乎家國天下之施, 則二氏之流是矣. 固有欲親其民者矣, 然惟不知止於至善, 而溺其私心於卑瑣, 是以失之權謀智術, 而無有乎仁愛惻怛之誠, 則五伯功利之徒是矣. 是皆不知止於至善之過也."

37) 『大學章句』, '知止而后有定章'에 대한 주희의 풀이. "安, 謂所處而安. 慮, 謂處事精詳."

는 행위로 이해했다면, 최명길은 내적인 마음의 상태와 사려하는 작용으로 이해하고 있다. 최명길은 「대학관견」에서 자신의 입장을 좀 더 자세히 서술한다.

> 군자의 학문에 알지 못하고 행할 수 있는 것은 없다. 그러므로 삼강령의 아래에 곧바로 이 '知止而后有定' 운운하는 구절을 말함으로써 그것을 밝혔다. 이른바 '마땅히 그쳐야 할 바의 곳'이란, 예를 들면 아버지가 되어서는 마땅히 자애에 그쳐야 하고, 자식이 되어서는 마땅히 효에 그쳐야 하며, 사람이 되어서는 마땅히 성인에 그쳐야 하고, 다스림은 마땅히 삼대에 그쳐야 한다는 것들이다. 이미 그칠 데는 알면 마음에 일정한 방향이 있어서 다른 길에 미혹됨이 없을 것이다. 고요함이란 마음에 방향이 정해진 효과이고, 편안함이란 고요함이 지극한 것이다. 마음이 고요하고 또 편안한 연후에 비로소 일에 따라 정밀히 살펴서 일처리에 그 마땅함을 얻을 수 있다. 이것을 일러 능히 생각하고 능히 얻는다고 한 것이다.[39]

『대학』에서 '지지이후유정(知止而后有定)' 운운한 까닭은 그칠 데를 알아야 실천할 수 있음을 밝히기 위함이다. 마땅히 그쳐야 할 곳이란 바로 지선의 소재이다. 최명길에게서 지선의 소재는 의리로 보아 마땅한 것이다. 아버지로서 자식에 대해 마땅히 따라야 할 의리는 자애로움이고, 자식으로서 부모에 대해 마땅히 따라야 할 의리는 효이고, 사람으로서 마땅히 지향해야 할 바의 의리는 성인의 경지이

---

38) 앞의 책, 「大學記疑」, 513b. "愚按安者, 定靜之極, 非指隨處而安. 慮者, 察識之謂, 未便及於處事也. 此二語亦不能無疑."

39) 위의 책, 「大學管見」, 516b. "君子之學, 未有不知而能行者, 故三綱領之下, 即言此以明之. 所謂所當止之地者, 如爲父當止於慈, 爲子當止於孝, 爲人當止於聖人, 爲治當止於三代. 旣知所止, 則心有定向而無他歧之惑矣. 靜者, 定之效. 安者, 靜之極. 心靜且安然後, 方能處事精察而處得其當, 此之謂能慮能得."

고, 정치가 마땅히 지향해야 할 도리는 삼대의 왕도정치이다. 이러한 구체적인 일에서 마땅히 그쳐야 할 바의 의리를 알게 되면 마음이 지향해야 할 방향이 정해진다. 지향점이 정해지면 마음이 고요해져서 달리 미혹됨이 없다. 그 마음의 안정되고 고요한 상태가 지극해지면 편안해진다. 이때의 편안함은 마음의 편안함이지, 주희의 풀이처럼 자기가 놓인 처지를 편안하게 여기는 것은 아니다. 마음이 고요하고 편안한 뒤에 일을 어떻게 처리할지를 정밀히 살필 수 있다. '려(慮)'란 일처리를 어떻게 할지를 정밀히 성찰하는 것이지, 주희의 풀이처럼 일처리가 정밀하고 상세한 것은 아니다. 일처리를 어떻게 할지를 정밀히 성찰한 뒤에야 일처리가 마땅함을 얻을 수 있다.

5. 주희의 '격물(格物)' 해석에 대한 비판

주희는 『대학』의 이른바 '치지재격물(致知在格物)'의 '격(格)'을 '지(至)'로 풀이한 바 있다. 최명길은 주희의 이 해석에 대해서도 이의를 제기한다.

> 내 생각으로는 '격(格)' 자의 훈고가 하나가 아니라 '이르다[至]'·'바르게 하다[正]'·'가로 막다[寢格]'는 것이 있어서 문장에 따라 의리가 다르지만, 이것들은 모두 이 장의 뜻에는 부합하지 않는다. 이선(李善)이 『문선(文選)』에서 창힐편(倉頡篇)을 풀이하면서 '격은 헤아리는 것[量度]이다'라고 하였는데, 이것을 이 장의 훈고로 삼는 것이 더욱 친절하다. 대개 격물지학은 단지 사리의 마땅함을 헤아려 나의 지식을 밝히는 것일 따름이다.[40]

> 창힐편에서 '격은 헤아리는 것[量度之]이다'라고 하였다. 격물은 사물의 마땅함을 헤아려 내가 마땅히 그쳐야 할 바를 구하는 것이다. 그칠 데를 알면 앎이 이르게 된다. 그 문체를 변화시켜서 '치지는 격물에 있다'고 말한 것은 물이 격하게 되면 앎이 이르는 것으로 두 가지의 일이 아니다. 그러나 성의 이하는 각기 공부에 순서가 있다.[41)]

'격물'의 '격'을 주희는 '지(至)'로, 왕수인은 '정(正)'으로 풀이한 바 있다. 최명길은 이 두 가지 해석이 모두 '격물'에 대한 풀이로는 부적합하다고 여긴다. 그 대신 '격'을 '헤아리다'는 의미의 '양탁(量度)'으로 풀이할 것을 제안한다. 그리고 '물'을 '사리의 마땅함', '사물의 마땅함'을 가리키는 것으로 이해한다. 따라서 최명길에게서 '격물'이란 사리의 마땅함을 헤아리는 것으로 해석된다. 사리의 마땅함을 헤아리는 까닭은 나의 행위가 그쳐야 할 데가 어디인지를 알기 위함이다. 사리의 마땅함을 헤아려 그쳐야 할 바를 알면 앎이 이르게 된다. 물이 격하게 되면 앎은 저절로 이르는 것이다. 따라서 격물과 치지는 두 가지의 일이 아니다. 이 때문에 『대학』에서 '치지하려면 격물해야 한다'고 말하지 않고, '치지는 격물에 있다'고 말한 것이다. 이처럼 최명길은 격물과 치지는 동시에 이루어지는 하나의 일로 여긴다. 반면에 성의 이하, 즉 성의-정심-수신의 공부에는 각각 순서가 있다고 본다. 이 점은 왕수인이 격(格)·치(致)·성(誠)·정(正)·

40) 위의 책, 「大學記疑」, 513b. "愚按格字訓詁非一, 爲至爲正爲寢格, 隨文異義而皆不合此章之義. 李善文選註蒼頡篇曰, '格量度之也.' 若以此爲此章之訓, 尤以襯切. 蓋格物之學, 只是量度事理之宜, 而明吾之知識而已."

41) 위의 책, 「大學管見」, 516b. "倉頡篇曰'格, 量度之也.' 格物言量度事物之宜, 以求吾之所當止. 知止, 則知至矣. 變其文體而言致知在格物者, 物格則知至, 非二事也. 若誠意以下, 則各有工夫次第矣."

수(修)를 하나의 일로 본 것과 대조된다.

최명길은 또 주희의 '격물보망장'에 대해서도 비판적이다. 주희는 『대학』의 "치지재격물"에 해당하는 전에 빠진 문장이 있다고 보고 그것을 보완하는 글을 지은 바 있다. 그 내용은 다음과 같다.

> 이른바 '치지가 격물에 있다'는 것은 나의 지식을 지극히 하고자 한다면 사물에 나아가 그 이치를 궁구함에 있음을 말한 것이다. 인심의 영명함은 앎이 있지 않음이 없고, 천하의 사물은 이치를 지니지 않음이 없건마는, 다만 이치에 대하려 궁구하지 않음이 있기 때문에 그 앎이 다하지 못함이 있는 것이다. 이 때문에 대학에서 처음 가르칠 때에 반드시 배우는 자들로 하여금 모든 천하의 사물에 나아가 그 이미 알고 있는 이치를 인하여 더욱 궁구해서 그 지극함에 이르기를 구하지 않음이 없게 하는 것이다. 그리하여 힘쓰기를 오래해서 하루아침에 활연히 관통함에 이르면, 모든 사물의 표리와 정조가 이르지 않음이 없을 것이요, 내 마음의 전체와 대용이 밝지 않음이 없을 것이다. 이것을 '물격(物格)'이라 이르며, 이것을 '지지지(知之至)'라 이른다.[42]

'격물'에 대한 주희 해석의 핵심은 '즉물궁리(卽物窮理)'이다. 격물의 대상은 천하의 온갖 사물의 이치이다. 사물의 이치에 대한 인식은 천하의 사물에 이치가 있다는 점과 사람의 마음은 그것을 알아낼 수 있는 영명한 지적 능력을 갖추고 있다는 전제 하에서 이루어진다. 그런데 주자학에서 궁리(窮理), 즉 이치 탐구는 추상적인 원리를 탐구하는 것이 아니다. 이치를 궁구하되 구체적인 사물의 세계를 떠

---

42) 『大學章句』. "所謂致知在格物者, 言欲致吾之知, 在卽物而窮其理也. 蓋人心之靈莫不有知, 而天下之物莫不有理, 惟於理有未窮, 故其知有不盡也. 是以大學始敎, 必使學者卽凡天下之物, 莫不因其已知之理而益窮之, 以求至乎其極. 至於用力之久, 而一旦豁然貫通焉, 則衆物之表裏精粗無不到, 而吾心之全體大用無不明矣. 此謂物格, 此謂知之至也."

나지 않는다. '즉물(卽物)', 곧 구체적인 사물에 직면하여 그것이 지니고 있는 이치를 궁구하는 것이다. 이 점에서 주자학도 인간의 구체적인 삶의 세계를 중시하는 유가 전통의 세계관을 계승하고 있다. 또 '즉물궁리'의 이치 탐구 과정에서 이루어지는 추리도 독특한 점이 있다. 거기에는 흔히 지식탐구에서 이루어지는 연역추리나 귀납추리가 발견되지 않는다. 연역이나 귀납추리는 이미 알고 있는 것을 미루어 아직 알지 못하는 것을 알아내는 것이다. 즉 기지(旣知)로 미지(未知)를 추론하는 것이다. 그러나 주희의 '즉물궁리'법은 기지로 미지를 추리해내는 것이 아니라, 천하의 온갖 사물에 나아가서 그 이치를 캐내는 것이다. 천하 사물의 이치를 하나하나 궁구하여 알아내는 과정을 거쳐서 세계 전체에 대한 통찰이 이루어진다. 세계 전체에 대한 통찰을 얻기 위해서는 우리의 삶과 연관된 것이라면 그 무엇도 빠뜨릴 수 없다. 이 때문에 주자학에서는 심신성정(心身性情)의 덕과 인륜일용의 상도(常道)만이 아니라, 천지귀신의 변화와 금수초목의 마땅함까지도 모두 탐구의 대상이 된다.

그런데 주희의 이러한 격물법에 대해 최명길은 '밖으로 헛되이 떠도는 폐단이 있다'고 비판한다.[43] 주희의 본의는 외물에 치우치는 폐단을 없애려고 한 듯하지만, 격물보망장의 내용을 자세히 살펴보면 끝내 외물에 치우치는 폐단이 있기에 온당하지 못하다고 여긴 것이다.[44] 천하의 온갖 사물의 이치를 탐구하는 것은 행위주체의 실천과 무관하게 외물의 이치를 지리하게 탐구하는 데 매몰될 수 있음을 경계한 것이다. 최명길은 주희의 격물법이 실천과 동떨어진 지식을

43) 앞의 책, 「大學記疑」, 514b. "但補亡章, 似未免有向外浮泛之弊."

44) 위의 책, 「大學記疑」, 514b. "看或問所載小註, 則朱子本意似無偏於外物之弊, 而細看此章, 終涉未安, 與語錄微有相反處. 竊不能無疑焉."

탐구하는데 치우친 점을 다음과 같이 지적한다.

> 정주와 여러 현인들이 가르친 것을 가만히 보면 또한 지행병진을 말하지 않았던 적이 없었다. 그러나 『대학』의 격물치지의 공부를 논한 데 이르러서는 그 말이 서로 출입하는데 왕왕 의심할 만한 곳이 있다. 예컨대 '사물에는 반드시 이치가 있어서 모두 마땅히 궁구해야 할 바이니, 가령 천지가 높고 깊은 이유, 귀신이 숨고 드러나는 이유 같은 것이 이것이다.' '한 몸의 안으로부터 만물의 이치에 이르기까지 이해하는 것이 많아지면 저절로 활연히 깨우치는 곳이 있게 될 것이다.' '풀 한 포기, 물건 하나도 모두 이치를 가지고 있으니 살피지 않을 수 없다.' 『대학혹문』에 이르기를 '심신성정의 덕, 인륜일용의 항상됨과 천지귀신의 변화, 조수초목의 마땅함에 이르기까지 그 당연하여 그만두어서는 안 되는 것과 그렇게 되어서 바꿀 수 없는 바를 알지 못함이 없게 하며 반드시 그 표리정조가 다하지 않음이 없게 한다. 또한 그런 종류를 더욱 미루어 통달하면 천하의 사물에 대해서 모두 그 의리정미의 극진한 바를 궁구하게 되고 우리의 총명예지가 그 마음의 본체를 극진히 하여 다하지 않음이 없게 된다'는 것이다. 이것이 주자가 정자한테서 얻어서 보망장을 지은 이유이다.[45]

예로부터 유가의 성인들이 사람들을 가르칠 경우에 지와 행을 함께 가르치는 방법을 취해 왔다. 이러한 가르침의 방식은 정주와

45) 위의 책, 「大學記疑」, 515a~515b. "竊見程朱諸賢之所以爲教, 亦未嘗不以知行並進爲言, 而至論『大學』格致之功, 則其言互相出入, 往往有可疑處. 如曰'物必有理, 皆所當窮, 若天地之所以高深, 鬼神之所以幽顯', 是也. 曰'自一身之中, 以至萬物之理, 理會得多, 自然豁然有覺處', 曰'一草一物亦皆有理, 不可不察.' 『大學或問』曰, '使於身心性情之德, 人倫日用之常, 以至天地鬼神之變, 鳥獸草木之宜, 莫不見其所當然而不容已, 與其所已然而不可易, 必其表裏精粗, 無所不盡, 而又益推其類而通之, 則於天下之物, 皆有以窮其義理精微之所極, 而吾之聰明叡智, 有以極其心之本體, 而無不盡矣. 此朱子所以得於程子, 而補亡傳之所爲作也."

여러 현인들에게서도 똑같이 드러난다. 그런데 주희가 『대학』의 '격물치지' 공부를 논한 것을 보면 일상생활에서의 실천과 동떨어진 지식을 추구하는 데 지나치게 편중되어 있다. 인간의 삶에 절실하지 않은 이치들까지 탐구하는 것은 지리하고 공허한 짓이라고 본 것이다.[46] 최명길은 주희가 천지귀신의 오묘함과 금수초목의 미미한 것까지 궁리의 대상으로 삼은 것에 대해 다음과 같이 비판한다.

> 공자의 문하에서 사람들을 가르친 방법을 가지고 논하자면 천지와 귀신의 오묘함은 초학자들이 얻어서 함께 공유할 수 있는 것이 아니다. 그리고 조수와 초목의 미미한 것은 또 우리 유학의 절실한 공부와는 관계가 없다. 하나는 지나치게 높아서 단계를 뛰어넘음을 우려가 있고, 다른 하나는 한만하고 번쇄한 폐단이 있다.[47]

천지와 귀신의 오묘한 이치는 초학자들이 알 수 있는 것이 아니다. 그것을 궁리의 대상으로 삼게 되면 지나치게 높아서 단계를 뛰어넘을 우려가 있다. 또 조수와 초목의 미미한 이치까지 궁구하는 것은 유학의 절실한 공부와는 무관하다. 따라서 그것까지 궁리의 대상으로 삼게 되면 한만하고 번쇄한 이치 탐구로 전개될 문제점이 있다.

---

46) 최명길의 이러한 지적에는 앎과 실천이 병행되어야 한다고 보는 그의 입장이 반영되어 있다. 최명길에 따르면 예로부터 성인들이 사람들을 가르친 방법은 지와 행 두 가지일 따름이다. 그리고 이 두 가지의 공부는 서로 함께 진행되어야 한다. 이른바 '지'라는 것도 시서예악의 문장을 암송하여 익히고, 효제인의의 실질을 강론하고, 공사의리(公私義利)의 구분을 변별하여 착실하게 그것을 수용할 터전으로 삼을 따름이다.

47) 위의 책, 「大學記疑」, 515b. "然以孔門教人之法論之, 天地鬼神之妙, 有非初學所可得與, 而鳥獸草木之微, 又無與於吾儒切實之功. 一則有過高躐等之憂, 一則有汗漫煩瑣之弊."

최명길은 또 주희의 격물법은 초학자가 착수할 수 있는 공부와는 거리가 있다고 비판한다. 주희의 해석에 따르면 '사물의 이치를 다 궁구하여 하루아침에 활연관통한다고 하는데, 이것은 나의 학력이 이미 불혹이나 지천명의 영역에 도달한 것이다. 그렇게 되면 성의와 정심 이하의 공부는 쓸데없는 말이 되어버리고 만다'[48]는 것이다. 사물의 이치를 다 궁구하여 활연관통하는 것은 초학자들이 할 수 있는 공부가 아니라는 것이 비판의 요지이다. 주희의 격물에 대한 최명길의 이러한 비판은 왕수인이 "주자가 격물을 잘못 풀이하여… 초학자들에게 '나면서부터 알고 편안히 행하는' (성인의) 일을 하도록 요구하였다"[49]고 비판한 것과 궤를 같이한다.

주희의 격물법에 대한 이러한 비판에는 『대학』과 '격물치지'에 대한 최명길의 기본적인 이해가 전제되어 있다. 최명길은 정이와 마찬가지로 『대학』을 초학자가 덕에 들어가는 입문서로 이해한다.[50] 그리고 '격물치지'를 덕에 들어가는 공부의 최초 착수처로 여긴다.[51] 그도 주희처럼 '격물치지'장에 빠진 글이 있다고 본다. 그러나 그 빠진 부분에 대한 이해에서는 주희와 생각을 달리한다. 최명길은 『대학』에서 말하는 공부의 과정을 헤아려보면 격치장의 빠진 내용은 '인륜일용에

48) 위의 책, 「大學記疑」, 515b. "若果至於窮盡精微, 一朝豁然, 則是吾之學力, 已造於不惑知命之域, 誠意正心以下工夫, 反爲無用之剩說. 竊恐大學本意或不如此也."

49) 『傳習錄』, 「徐愛錄」, 6條目. "朱子錯訓格物, 只爲倒看了此意, 以盡心知性, 爲物格知至. 要初學便去做'生知安行'事, 如何做得?"

50) 『大學章句』. "子程子曰, "大學, 孔氏之遺書, 而初學入德之門也.""

51) 앞의 책, 「大學記疑」, 515b. "愚意以爲大學乃初學入德之書, 而格物致知乃其最初下手處." * 최명길은 격물공부를 초학자들이 처음 공부에 착수하는 곳으로 본다. 이것은 왕수인의 견해와는 다르다. 왕수인은 격물공부는 초학자로부터 성인에 이르기까지 모두 관통하는 공부로 이해한다.

서 마땅히 행해야 할 바를 강론하고, 공·사와 선·악이 나뉘는 분기점을 변별하여 성의·정심·수신·제가의 근본으로 삼는 데 불과하다'고 말한다.[52] 격물의 대상을 일상생활에서 마땅히 실천해야 할 도리를 밝히고, 공·사와 선·악이 나뉘는 분기점을 변별하는 것으로 제한시킴으로써, 격물을 철저히 일상생활에서 자신을 닦는 공부와 세상을 다스리는 정치행위의 토대가 되는 것으로 설정한 것이다.

최명길에게서 격물치지란 사리의 마땅함을 헤아려서 아는 공부이다. 이것은 기본적으로 지적 탐구 행위, 즉 知의 공부이다. 그런데 그는 지적 탐구의 영역에 속하는 격물치지의 공부를 앎을 실천하는 공부와 함께 병행해야 한다고 주장한다.

> 격물치지의 공부를 하는 방법에 대해서는 1푼을 알면 1푼을 행하는 실천을 힘써 따르면서 지와 행을 함께 견지해 전진하는 것이다. 예를 들면 하루의 생활에서 글을 읽을 때는 의리를 연구하고, 홀로 있을 때는 스스로 속이는 것을 금하며, 사물에 응할 때는 네 가지 종류의 병폐에 연루될까 경계하며, 사람을 접할 때는 오륜에 해가 될까 경계하는 것과 같다. 그렇다면 팔조목에 각각 순서가 있다고는 하지만 실제로는 함께 해나가는 것이지, 치지를 마치고 나서야 비로소 성의공부를 하고, 성의공부를 마치고 나서야 비로소 정심공부를 하는 것은 아니다.[53]

52) 위의 책, 「大學記疑」, 515b. "今其闕文雖不可見, 而竊計其功程, 不過講論人倫日用之所當行, 辨別公私善惡之所由分, 以爲下面誠正修齊之本."

53) 위의 책, 「大學記疑」, 515b. "愚意以爲大學乃初學入德之書, 而格物致知乃其最初下手處. 今其闕文雖不可見, 而竊計其功程, 不過講論人倫日用之所當行, 辨別公私善惡之所由分, 以爲下面誠正修齊之本, 而至其所以爲功, 則知得一分, 行得一分, 勉勉循循, 挾漬直上, 如一日之內, 讀書則硏究義理, 處獨則禁其自欺, 應物則戒四病之爲累, 接人則戒五倫之爲害. 是則八條之目, 雖曰各有次序, 而其實一倂做去, 非是致知已了, 方下誠意工夫, 誠意已了, 方下正心工夫也."

앎과 실천의 문제는 이학의 중심 논제 가운데 하나다. 최명길은 지행병진을 주장한다. 격치를 통해 '사리의 마땅함'을 조금 알았다면 그 알아낸 것을 힘써 실천해야 한다. 보통 사람은 하루 동안에 글을 읽기도 하고, 홀로 있기도 하고, 사물에 응하기도 하고, 사람을 접하기도 한다. 글을 읽을 때는 의리를 연구하는 격치공부를 하고, 홀로 있을 때는 스스로를 속이는 것을 금하는 성의공부를 하며, 사물에 응할 때는 마음이 분치·공구·호요·우환에 연루되지 않도록 하는 정심공부를 하며, 사람을 접할 때는 오륜에 해가 되지 않도록 자신을 닦는 수신공부를 한다. 이처럼 팔조목의 격(格)·치(致)·성(誠)·정(正)·수(修)·제(齊)·치(治)·평(平)은 순서가 있지만, 실제로는 함께 진행해나가는 것이다.

한편 최명길은 왕수인의 격물설도 비판한다. 왕수인은 '격물'의 '격'을 '정'으로, '물'을 '내 마음이 실려 있는 것'으로 풀이하여, '격물'을 '내 마음의 부정을 바로 잡는다'는 '정심'의 의미로 이해한다. 그런데 최명길은 왕수인의 이러한 격물해석을 비판한다.

> 명의 유학자인 왕수인은 …격물의 '격(格)'을 '정(正)' 자로 풀이하여 말하기를 '그 심의 물을 격하고', '그 의의 물을 격하고', '그 지의 물을 격한다'고 하며, 말하기를 '그 물의 심을 바르게 하고', '그 물의 의를 정성스럽게 하며', '그 물의 지를 이룬다'고 하니, 황홀하여 그 단서를 따져 물을 수 없다. 모두 고인의 학문하는 차례를 가져다가 그것을 전도시켜 어지럽혔으니, 후학을 그르친 것이 많다.[54)]

---

54) 위의 책, 「大學管見」, 517b. "明儒王守仁氏, 一從古本, 旣爲之作序, 又爲之傍什, 而其與門人問答有許多說話. 其所謂傍什者, 余時未見之. 但親民之親, 身有忿懥之身, 悉從古本, 其牽强難通矣. 甚至格物之格, 訓以正字, 而曰格其心之物, 格其意之物, 格其知之物, 曰正其物之心, 誠其物之意, 致其物之知, 怳惚莫詰其端, 悉取古人爲學次第, 顚倒

'그 심의 물을 격하고', '그 의의 물을 격하고', '그 지의 물을 격한다'거나, '그 물의 심을 바르게 하고', '그 물의 의를 정성스럽게 하며', '그 물의 지를 이룬다'고 한 것은 왕수인이 나흠순(羅欽順)과 격물에 관한 논쟁을 할 때 했던 말이다. 나흠순은 왕수인이 격물을 궁리공부가 아니라 정심공부로 풀이한 것에 대해 '만약 학문이 밖에서 구하는 데 의뢰하지 않고 내면을 살피는 데 힘쓰기만 하는 것이라면 정심성의 네 글자로 다하지 못할 것이 없을 터인데 하필이면 학문의 길에 들어설 즈음에 격물이라는 한 단락의 공부로써 어렵게 만들었는가'[55]라고 따진다. 이에 대해 왕수인은 '리는 안과 밖이 없고, 본성도 안과 밖이 없으므로 학문도 안과 밖이 없다'는 입장에서 격물공부 역시 안과 밖으로 나눌 수 없다고 주장한다. 그리고 "무릇 정심·성의·치지·격물은 모두 수신의 방법이지만, 격물은 그 힘쓰는 것을 실제로 살필 수 있는 곳이다. 그러므로 격물이란 그 심의 물을 격하는 것이며, 그 의의 물을 격하는 것이며, 그 지의 물을 격하는 것이다. 정심이란 그 물의 심을 바르게 하는 것이며, 성의란 그 물의 의를 정성스럽게 하는 것이며, 치지란 그 물의 지를 실현하는 것이다. 여기에 어찌 안과 밖, 저것과 이것의 구분이 있겠는가?"[56]라고 하여 나흠순의 비판에 대응한다. 이에 대해 나흠순은 "'그 심의

而眩亂之, 其誤後學者多矣."

55) 『傳習錄』, 「答羅整庵少宰書」, 174條. "如必以學不資於外求, 但當反觀內省以爲務, 則正心誠意四字, 亦何不盡之有? 何必於入門之際, 便困以格物一段工夫也?"

56) 『傳習錄』, 「答羅整庵少宰書」, 174條目. "格物者, 『大學』之實下手處, 徹首徹尾, 自始學至聖人, 只此工夫而已. 非但入門之際有此一段也. 夫正心·誠意·致知·格物, 皆所以修身. 而格物者, 其所用力, 實可見之地. 故格物者, 格其心之物也, 格其意之物也, 格其知之物也. 正心者, 正其物之心也. 誠意者, 誠其物之意也. 致知者, 致其物之知也. 此豈有內外彼此之分哉?"

물을 격한다, 그 의의 물을 격한다, 그 지의 물을 격한다'고 말한 것은 그 물건됨이 셋이지만, '그 물의 심을 바르게 한다, 그 물의 의를 정성스럽게 한다, 그 물의 지를 실현한다'고 말한 것은 그 물건됨이 하나일 따름이다"[57]라고 하여 왕수인이 말하는 '물(物)'이 무엇을 가리키는 것인지 알 수 없다고 반박한다. 최명길이 나흠순의 반박 내용을 보았는지는 알 수 없지만, 그도 역시 왕수인의 발언을 '황홀하여 그 단서를 따져 물을 수 없고', '대학의 공부 순서를 전도시켰다'고 비판한다. 그런데 왕수인에게서 "신(身)·심(心)·의(意)·지(知)·물(物)은 공부가 쓰이는 조리로서, 비록 각각 자기의 자리가 있지만 실제로는 단지 한 가지의 물(物)이다. 격(格)·치(致)·성(誠)·정(正)·수(修)는 그 조리가 쓰이는 공부로서, 비록 모두 그 이름이 있지만 실제로는 단지 한 가지의 일이다"[58] 최명길은 격물·치지·성의·정심·수신에 관한 왕수인의 이러한 이해를 받아들이지 않고 있는 것이다.

6. '성의' 중심의 공부론

최명길은 성의 공부를 중시한다. 그래서 『대학』 "팔조목 가운데 성의가 가장 긴요하다"[59], '긴요한 공부는 오로지 성의장에 있다'[60]

57) 羅欽順, 『困知記』 卷5, 「與王陽明書」(戊子冬). "夫謂其格其心之物, 格其意之物, 格其知之物, 其爲物也三. 謂正其物之心, 誠其物之意, 致其物之知, 其爲物也一而已."

58) 『王陽明全集』 卷26, 「大學問」. "蓋身心意知物者, 是其工夫所用之條理, 雖亦各有其所, 而其實只是一物. 格致誠正修者, 是其條理所用之工夫, 雖亦皆有其名, 而其實只是一事."

59) 앞의 책, 「大學記疑」, 514a. "愚意八條之中, 誠意最爲喫緊."

60) 위의 책, 「大學管見」, 517a. "此又單擧誠意爲言者, 喫緊工夫, 專在此一條故也."

고 말한다. 그가 「고본대학」 체제를 따른 것도 바로 그것이 '성의'공부를 긴요하게 여겼기 때문이다.

왕수인도 『대학』에서 제시하는 공부 가운데 특히 성의공부를 중시한다. 그는 "『대학』의 공부는 바로 '명명덕'이며, 명명덕은 단지 하나의 성의이다."[61]고 말한다. 그러나 왕수인과 최명길이 성의공부를 중시한다는 점은 같을지라도 양자 사이에는 차이점이 있다.

우선 왕수인에게서 '의(意)'는 마음이 발한 것으로서 거기에는 선도 있고 악도 있다. 의념에 선과 악이 있지만, 그 선과 악을 변별하여 아는 것은 양지이다. 이 양지가 알고 있는 바의 선을 성실하게 좋아하고 악을 성실하게 미워하는 것이 바로 성의이다. 그리고 실제로 선을 실천하고 악을 제거하는 것이 바로 격물이며, 그것은 부정한 마음을 바로잡아 바른 데로 돌리는 정심이다. 이처럼 왕수인에게 있어서는 격물·치지·성의·정심이 하나의 일이다.[62]

최명길에게서 '의(意)'는 마음이 발동하여 드러난 '정(情)'의 층차에서 한 걸음 더 나아가 계교하고 상량하는 것으로 규정된다.[63] 그리고 의가 발한 데에는 선도 있고 악도 있으며, 공도 있고 사도 있다.[64] 의가 발한 데에 선도 있고 악도 있다고 본 점은 왕수인과 차이가 없다. 그런데 왕수인은 의념에 내재된 선과 악을 변별하여 아는 것을 '양지'로 파악한 반면, 최명길은 의념의 선악과 공사를 계교

---

61) 『傳習錄』, 「薛侃錄」, 129조목. "『大學』工夫卽是明明德. 明明德只是箇誠意."

62) 『王陽明全集』 卷26, 「大學問」.

63) 앞의 책, 「中庸管見」, 520a. "蓋情是心之發動的, 意是就此情上計較商量的. 以此言之, 無意云者, 乃聖人之心純是天理, 元無計較商量之謂. 程子所云聖人有心而無情者, 正指此也."

64) 위의 책, 「中庸管見」, 519b. "愚按意之所發, 有善有惡, 有公有私."

하고 상량하는 것을 '의(意)' 자체의 기능으로 이해한다. 이 의념의 선악과 공사를 계교하고 상량하여 악을 제거하고 선을 따르는 것이 바로 '성의' 공부이다.[65]

'의' 개념과 '성의' 공부에 대한 최명길의 이러한 이해는 율곡(栗谷) 이이(李珥)를 계승한 것으로 보인다. 이이는 '심성정의(心性情意)'의 '일로경계설(一路境界說)'을 주장하면서 '성의' 공부를 중시한 바 있다.

> 대저 미발은 성(性)이고 이발(已發)은 정(情)이며 발하여 계교하고 상량하는 것은 의(意)이니, 심(心)은 성과 정과 의의 주재(主宰)가 된다. 그러므로 미발·이발과 그 계교는 모두 심이라고 이를 수 있다. 발하는 것은 기(氣)이고, 발하는 소이(所以)는 이(理)이다. 발하는 것이 곧바로 정리(正理)에서 나오고 기가 용사(用事)하지 않았다면 이는 도심(道心)이니 칠정 가운데 선한 일변(一邊)이요, 발할 즈음에 기가 이미 용사하였다면 인심이니 선과 악이 합해진 칠정이다. 기가 용사함을 알고 정밀하게 살펴서 정리를 따른다면 인심이 도심에게 명령을 들을 것이요, 정밀하게 살피지 못하고 오직 마음이 향하는 대로 놓아둔다면 정(情)이 이기고 욕(欲)이 치성(熾盛)하여 인심은 더욱 위태로워지고 도심은 더욱 미미해질 것이다. 정밀하게 살피는 것과 살피지 않는 것은 모두 의(意)가 하는 것이므로 스스로 닦는 공부는 성의보다 우선할 것이 없다.[66]

---

65) 위의 책, 「中庸管見」, 520a. "誠意云者, 亦是就此計較商量上, 去惡而從善之謂也."

66) 李珥, 『栗谷全書』 卷9, 「答成浩原壬申」. "大抵未發則性也. 已發則情也. 發而計較商量則意也. 心爲性情意之主. 故未發已發及其計較, 皆可謂之心也. 發者氣也, 所以發者理也. 其發直出於正理而氣不用事則道心也, 七情之善一邊也. 發之之際, 氣已用事則人心也, 七情之合善惡也. 知其氣之用事, 精察而趨乎正理, 則人心聽命於道心也. 不能精察而惟其所向, 則情勝慾熾, 而人心愈危, 道心愈微矣. 精察與否, 皆是意之所爲. 故自修莫先於誠意."

이이는 마음이 발동하는 데 '성발위정(性發爲情)'과 '심발위의(心發爲意)'의 두 길이 있음을 부정하고, 심-성-정-의의 하나의 길만 있다고 주장한다. 그리고 심-성-정-의의 경계를 구분한다. 먼저 심은 성·정·의를 통섭하고 주재하는 것이며, 성은 미발이고, 정은 이발이며, 그것을 다시 계교하고 상량하는 것이 바로 의이다. 이 '의'는 기가 발하여 칠정으로 드러날 때 천리와 인욕을 정밀하게 살피는 기능을 한다. 이 '의'의 기능을 성실히 수행하는 공부가 바로 '성의' 공부이다. 이이가 '성의' 공부를 중시한 데에는 '의'에 선과 악, 천리와 인욕을 계교하여 상량하고 정밀하게 살피는 기능이 있다고 보았기 때문이다. 최명길이 '의' 개념을 계교하고 상량하는 기능을 지닌 것으로 이해하고, '성의' 공부를 중시한 것은 이이의 학설을 이은 것으로 보인다.

7. 맺음말

『대학』은 수기치인의 이념과 방법이 담겨 있는 경전으로서 정치철학서이자 수양서로 평가를 받아왔다. 특히 12세기 이후로 동아시아인들의 정신과 행위를 이끌었던 주자학과 양명학의 이론적 기반은 『대학』에 대한 탐구 과정에서 형성되었다. 구체적으로 주희는 『대학』 해석을 통하여 학문 방법론을 정립하고 있으며, 왕수인은 주희의 『대학』 해석을 성찰하는 과정에서 자신의 독자적인 해석체계를 수립하게 된다. 주자학과 양명학의 차이는 『대학』에 대한 해석 차이라고 말해도 과언이 아니다.

이 글은 16~17세기 조선 경학의 한 측면을 잘 대변하고 있는 지천 최명길의 『대학』에 관한 이해를 살펴본 것이다. 최명길은 주자학과 양명학을 모두 접한 학자이다. 이 때문에 그 사유 방식과 폭이 비교적 자유롭고 넓은 편이다. 그의 삶의 행적을 살펴볼 때 두드러지게 나타나는 것은 그가 주체적이고, 비판적이고, 현실적인 사유를 한다는 점이다. 이러한 특성은 그의 학문 활동에도 그대로 반영된다. 그는 자기만의 독자적인 학문적 견해를 가지고, 주자학과 양명학을 비판적으로 성찰한다. 이러한 면모가 가장 잘 나타난 것이 바로 그의 『대학』에 대한 이해이다. 따라서 주자학이나 양명학과도 구분되는 그만의 독특한 학문이 무엇인지를 알기 위해서는 그의 『대학』관을 살펴보지 않을 수 없다.

최명길의 『대학』관은 「대학기의」와 「대학관견」이라는 두 자료에 잘 나타나 있다. 이 글은 이 두 자료를 주요 분석대상 자료로 삼아 그의 『대학』관의 특성을 규명한 것이다. 이 두 자료는 각기 그 특징이 있다. 「대학기의」는 주희의 『대학장구』 체제와 그 의리 해석에 의문을 제기한 글이다. 반면에 「대학관견」은 『대학』에 대한 최명길 자신의 독특한 견해를 밝힌 글이다. 이것은 당시 조선 사상계의 주류로 확고하게 자리 잡은 주자학을 비판적으로 성찰함으로써 자신의 독자적인 학문세계를 세우고자 한 그의 학문 태도와 방법이 『대학』에 관한 연구에도 발휘된 것이라고 하겠다. 이 점을 감안하여 이 연구에서도 최명길이 자신의 『대학』 이해를 주희의 그것과 어떻게 차별화하며, 정당화하는지를 고찰하였다.

이 연구에서는 최명길의 『대학』관의 특징을 크게 두 가지 측면에서 살펴보았다. 하나는 『대학』의 체제에 대한 이해이고, 다른 하나는 『대학』의 철학적 의미에 대한 이해이다.

최명길은 「고본대학」 체제를 수용하고, 주희의 『대학장구』 체제를 낱낱이 비판한다. '此謂知本, 此謂知之至也'를 전5장으로 옮긴 것, '성의'장을 전6장으로 옮긴 것, '첨피기욱'장을 전3장으로 옮긴 것, '어희전왕불망'장을 전3장으로 옮긴 것, '청송'장을 본말장의 전으로 옮긴 것, 그리고 격물장에 빠진 글을 보완한 것을 비판한다. 그리고 그 비판의 이유를 들어서 자기의 주장을 정당화한다.

최명길이 「고본대학」 체제를 수용한다는 점에서 보면 왕수인과 별 차이가 없어 보인다. 왕수인 역시 「고본대학」 체제를 따르고 있기 때문이다. 그러나 이 양자 사이에는 큰 차이가 있다. 왕수인은 「고본대학」을 '정본(定本)'으로 본 반면에, 최명길은 「고본대학」에 결함이 많은 것으로 본다. '此謂知本'과 '此謂知之至也' 사이에 빠진 글이 있다고 본 점, 『시경』 「열문편」까지는 증자의 문인 제자들이 저술한 것이지만 그 아래의 글들은 다른 문인 제자의 손에서 나온 것이고, 공자의 깊은 뜻을 제대로 드러내지 못했다고 본 점이 바로 그것이다.

다음 『대학』의 철학적 의미에 관한 부분은 '삼강령에 대한 이해', '지지이후유정장(知止而后有定章)'의 '안(安)'과 '려(慮)'에 대한 이해, '격물'에 대한 해석, '성의' 공부에 대한 이해로 나누어 살펴보았다. 이것들은 모두 최명길이 주희의 해석에 이의를 제기한 부분들이다. 최명길은 주희의 견해에 이의를 제기하고, 자기의 주장과 그 근거를 밝히는 방식으로 논의를 전개시키고 있다. 이 글에서도 그 순서를 따라서 최명길의 『대학』관을 살펴보았다.

최명길은 삼강령에 대한 주희의 이해를 모두 비판한다. '명덕'을 '본심의 덕'으로 이해함으로써 주희가 '마음'만 말하고 정작 '마음의 덕'에 대해서는 말하지 못했다고 비판하며, '신민'을 '명덕을 백성에게 미루는 것'으로 풀이함으로써 주희에게서 '명명덕'과 '신민'이 별개의 일로 이해될 수 있는 문제점을 극복하고 있으며, '지선'을 '의리당연지극'이라고 풀이함으로써 주희의 '사리당연지극'이라는 풀이가 지선을 외부 사물에서 구하는 것으로 치달릴 수 있는 위험을 배제하고 있다.

삼강령에 대한 최명길의 이해는 왕수인과도 다르다. 명덕을 '본심의 덕'으로 이해한 점은 같지만, 그 본심의 구체적인 내용을 왕수인은 천지만물을 일체로 파악하는 '인'이라고 명확하게 규정하는 반면, 최명길은 아직 명확하게 그 내용을 규정하고 있지는 않다. 신민에 대해서도 왕수인은 「고본대학」 그대로 '친민'으로 보는 것이 옳다고 주장하는 반면, 최명길은 '신민'으로 이해하고자 한다. 그러나 신민을 '명덕을 백성들에게 실천하는 것'으로 본 점은 양자 사이에 큰 차이는 없는 듯하다. '지선'에 대해서 왕수인은 마음의 본체인 양지로 이해한 반면, 최명길은 '의리당연지극'으로 이해한다. 이처럼 삼강령에 관한 이해에서 최명길은 주자학이나 양명학과도 다른 그만의 독특한 견해를 지니고 있다.

'지지이후유정'장의 '안'과 '려'에 대한 이해에서 최명길은 '안'과 '려'를 마음이 편안한 뒤에 의리를 정밀히 살피는 마음의 상태와 작용으로 해석한 반면, 주희는 처지를 편안히 여기고 일처리가 정밀하고 상세한 것으로 풀이한다. 최명길은 자신의 명덕이 밝혀지는 심리 상태와 의리를 판단하는 작용에 치중했다면, 주희는 처세와 사리를 판단한 이후의 일처리까지 고려한 것이다.

'격물'에 대한 해석에서 최명길은 주자학이나 양명학과도 다른 새로운 견해를 제시한다. 그는 '격(格)'을 주희처럼 '지(至)'나 왕수인처럼 '정(正)'으로 해석하는 것을 반대하고, 헤아리다는 의미의 '양탁(量度)'으로 풀이하는 것이 격물장의 훈고로 적합하다고 주장한다. 주희처럼 격물을 '즉물궁리'를 통하여 사물의 리에 이르는 것으로 해석할 경우에 지리하게 밖으로 치달릴 폐단이 발생할 우려가 있음을 지적한다. 이러한 지적은 주희의 격물해석에 대한 왕수인의 비판과 궤를 같이한다. 그는 왕수인이 '격물'을 '정심'으로 풀이한 것은 『대학』의 공부 순서를 전도시켜 어지럽힌 것이라고 비판한다. 이처럼 격물해석에서도 최명길은 자신의 독자적인 견해를 취하고 있다.

'성의' 공부에 대한 이해에서 최명길은 주자학과의 차이를 분명하게 지적하지는 않는다. 다만 그가 「고본대학」 체제를 따르는 주된 이유 가운데 하나는 「고본대학」 체제가 '성의'공부를 중시하였다고 보았기 때문이다. 주희가 격치공부에 상대적으로 많은 비중을 둔 것과는 달리, 최명길은 '성의'를 가장 긴요한 공부로 본다. 이 점은 왕수인과 견해를 같이한다고 하겠다. 그러나 '성의'의 '의'에 대한 이해에서 최명길과 왕수인 사이에는 간과할 수 없는 차이가 있다. 최명길은 의를 계교하고 상량하는 것으로 이해한다. 반면에 왕수인은 의를 마음의 발동으로 보고, 의념에 깃든 시비선악을 판단하는 것은 양지의 소임으로 이해한다. 의에 대한 최명길의 이해는 율곡 이이를 계승한 것으로 보인다. 이처럼 성의에 대한 이해에서도 최명길은 자신의 독자적인 의견을 가지고 있다.

이상의 논의를 통해서 보면 최명길은 주체적이고 비판적인 태도로 『대학』을 연구함으로써 자기 나름대로의 체계적인 이해를 지니고 있었음을 확인할 수 있다. 당시 조선의 학술 풍토에서 주자학의 권위에 도전하여 자신의 독창적인 견해를 제시하는 일은 쉽지 않았다. 주자학이나 양명학과도 구분되는 최명길만의 독특한 『대학』 해석은 조선 경학의 문화다원론적 특성을 드러내기에 부족함이 없다고 하겠다. ◈

참 고 문 헌

사료 :

『大學章句』

羅欽順, 『困知記』, 北京: 中華書局, 1990.

王守仁, 『王陽明全集』, 上海: 上海古籍出版社, 1992.

王守仁, 『傳習錄』, 정인재 · 한정길 역주, 청계, 2001.

李珥, 『栗谷全書』, 성균관대학교 대동문화연구원, 1986.

崔鳴吉, 『增補譯註遲川先生集』 1~4, 최병직 · 정양완 · 심경호 역주, 선비, 2008.

최명길, 『遲川集』, 민족문화추진회, 1989.

연구논문 :

김윤경, 「최명길의 『사문록(思問錄)』에 나타난 사서해석 경향과 사상적 특징(II) -「대학기의(大學記疑)」, 「대학관견(大學管見)」을 중심으로-」, 『유학연구』 35, 충남대 유학연구소, 2016.5.

한정길, 「조선조 관료 지식인의 양명학관 연구(3) -지천 최명길의 양명학관을 중심으로-」, 『한국사상사학』 52, 한국사상사학회, 2016.4.

정제두 「대학설」의 특성과 그 경학사상사적 의미

한 정 길

* 이 글은 『한국실학연구』 37호(2019.06)에 게재한 「정제두 「대학설」의 특성과 그 경학사상사적 의미」를 본 저서의 간행 취지에 맞춰 일부 수정한 것이다.

1. 들어가는 말

17세기 조선사상사에서 가장 주목할 만한 것은 주자학(朱子學) 일색이던 사상계에 '양명학을 성학(聖學)'이라고 주장하고 나선 이가 등장했다는 사실이다. 바로 소론계열의 학자인 하곡 정제두(鄭齊斗, 1649~1736)이다.

정제두는 양명학자다. 양명학의 특성 가운데 하나는 마음을 일체의 판단 준거로 삼는다는 점이다. 이러한 특성은 경학을 심학으로 간주하여 경전 주석에 특별한 관심을 기울이지 않는 태도로 나타난다. 왕수인(王守仁)은 "육경(六經)이란 내 마음을 기록한 전적이며, 육경의 실질은 내 마음에 갖추어져 있다"[1], "사서·오경은 이 심체(心體)를 말한 것에 불과하다. 이 심체가 곧 이른바 도심(道心)이다"[2]라고 말한다. 육경을 심체를 말한 것에 불과하다고 보는 입장에서는 경학에 관한 연구도 결국은 자신의 심체를 밝히려는 데 그 목적이 있다. 따라서 자신의 심체를 밝히면 그만이지, 굳이 경전에 대한 주석 작업에 힘을 기울일 필요가 없다. 경학에 대한 이러한 관점과 태도는 육구연(陸九淵)에게서도 보인다. 그는 "육경이 나를 주석하고, 내가 육경을 주석한다"[3]고 말한다. 육경이란 사람들이 보편적으로 지니고 있는 본심을 운용한 각종 사례를 기록한 것에 불과하다. 그 본심은 나에게도 갖추어져 있다. 따라서 육경에 기록된 본심 운용의 다양한 사례를 통해서 내 본심을 돌이켜 성찰할 수 있다. 이것이 바로 "육경이 나를 주석한다"는 말의 의미이다. 그리고 내 본심의 주재성을

---

1) 『王陽明全集』 卷7, 「稽山書院尊經閣記」. "六經者, 吾心之記籍也, 而六經之實則具於吾心."

2) 『傳習錄』 31條. "蓋四書五經不過說這心體. 這心體卽所謂道心."

3) 『象山全集』 卷34, 「語錄上」. "或問, '先生何不著書?' 對曰, '六經註我, 我註六經'."

확립함으로써 육경에 수록된 다양한 사례들이 본심이 제대로 운용된 것인지의 여부를 살펴볼 수 있다. 이것이 바로 "내가 육경을 주석한다"는 말의 의미이다. 이처럼 경학을 심학으로 간주하는 입장에서는 '심체'를 밝히는 일이 무엇보다 중요하다. 경전을 주석하는 일은 부차적인 것에 속한다. 이 때문에 양명학자들은 경전에 대한 주석 작업에 큰 관심을 기울이지 않는 것이 일반적이다. 왕수인의 경우도 유일하게 「대학고본방석(大學古本傍釋)」이라는 글을 남기고 있을 뿐이다. 그것도 『대학』의 구절들에 대한 상세한 풀이가 아니라 주요 단락들의 핵심적인 뜻을 간략하게 밝힌 정도이다.

그런데 정제두는 양명학자이면서 경학가이다. '사서'에 대한 주해만이 아니라, 『시경』, 『서경』, 『주역』, 『춘추』, 『예기』의 주요 내용을 풀이하고 있다. 뿐만 아니라, 『심경』과 『심경부주』를 대체하기 위하여 『심경집의(心經集義)』를 저술하였고, 경학의 주요 내용들을 21개의 조목으로 분류하여 정리한 『경학집록(經學集錄)』이라는 글을 남기고 있다. 이로 인하여 정제두의 학문은 '주자학과 양명학을 통일하여 경학적인 성학의 세계에서 이를 융해시키려던 통일성을 지향한 것'[4]으로 평가되기도 한다. 그러나 정제두가 경전을 주석한 이유와 그 주석의 특성에 유의한다면, 이러한 평가는 재검토되어야 한다.

정제두가 경전을 주석한 까닭은 양명학의 경전적 근거를 확보하기 위함이었다.[5] 주자학이 주류를 형성하고, 양명학이 이단으로 배

4) 윤남한이 그러한 견해를 취하고 있다. 윤남한의 『조선시대의 양명학 연구』, 집문당, 1986, 38쪽.

5) 이러한 관점을 지닌 대표적인 연구가로는 금장태를 들 수 있다. 그는 "정제두가 평생을 통해 상당히 광범하게 경전주석을 하는 데 심혈을 기울였던 사실도 양명학의 경전적 근거를 확보하기 위한 노력이었다"(금장태, 『한국양명학의 쟁점』, 83쪽)고 평가한다. 본 연구자도 이 관점에 동의한다.

척되던 조선의 학술 풍토에서 양명학자인 정제두가 부딪힌 학문적 과제 가운데 하나는 주자학자들의 비판으로부터 양명학을 변호하는 것이었다. 그가 주자학자들과 양명학에 관한 치열한 논쟁을 진행하고, 양명학을 변호하고 이해시키기 위하여 「학변(學辯)」이나 「존언(存言)」 등을 저술한 것은 모두 그 때문이었다. 그러나 이러한 작업으로도 주자학자들을 설득시키기 어려웠다. 말년에 이르면서 정제두는 주자학자들을 설득하는 일을 포기한 듯하다.[6] 그 대신 양명학의 입장에서 경전을 주해함으로써 양명학의 경전적 근거를 확보하는 일에 몰두한다. 당대의 주자학자들을 설득하는 일을 넘어서서 주자학과의 본격적인 대결을 시도한 것이다. 경학사에서 정제두가 차지하는 사상사적 지위도 여기에서 찾을 수 있다. 경전 주석을 통해 주자학과 본격적으로 전면적인 대결을 시도한 것은 흔치 않다. 특히 양명학의 입장에서 경전을 주석함으로써 주자학과 대결한 인물은 더욱 그러하다.[7]

여기에서는 정제두의 「대학설」을 기본 자료로 삼아, 그가 주자학과 어떻게 대결하면서 양명학의 경전적 근거를 확보해내고 있는지를 다루고자 한다.[8] 주자학과 양명학은 『대학』에 대한 해석에서 큰 차이

6) 하곡 나이 61세에 강화로 거처를 옮긴 이후로는 그와 양명학에 관한 학술토론을 진행할 만한 이가 없었다. 그와 함께 양명학에 관해 논변을 했던 박세채와 민이승은 이미 세상을 떠났고, 최석정은 그의 저서인 『예기유편』이 주희의 설과 다르다는 이유로 학계의 비판을 받고 있었다.

7) 조선의 경우 경전 주석을 통해 주자학과 전면적인 대결을 한 대표적인 인물로 하곡 정제두와 다산 정약용을 들 수 있다. 그러나 두 사람이 경전을 이해하는 기본 관점은 다르다. 하곡은 기본적으로 양명학의 관점을 취하고 있는 반면, 다산은 양명학에 대해서도 비판적이다.

8) 정제두의 대학관에 대한 기존 연구로는 유철호, 「하곡 정제두의 「대학설」에 관한 고찰」, 『양명학』 5, 한국양명학회, 2001; 김용재, 「하곡 정제두의 四書 經說

점을 드러낸다. 그것은 양명학이 처음부터 주희의 '격물치지설'에 대한 비판적 성찰을 토대로 세워진 데에서 비롯된다. 양명학자인 정제두가 심혈을 기울여 주해한 경전도 바로 『대학』이었다. 그는 『대학』에 관해 여러 편의 해설서를 남긴다. 22책본 『하곡집(霞谷集)』 권13 「대학설(大學說)」에는 「대학서인(大學序引)」·「대학(大學)」(1~6)·「대학경문이절도(大學經文二截圖)」·「대학(大學)」(7)·「독대학(讀大學)」·「대학고본(大學古本)」·「대학설(大學說)」, 권18 「심경집의(心經集義)」 가운데 「대학재지어지선장(大學在止於至善章)」·「대학수신위본장(大學修身爲本章)」 등이 수록되어 있다. 또 국립중앙도서관 소장 10책본 『하곡집』 제6책 「대학설」에도 「대학정경(大學正經)」, 「고본(古本)」, 「대학(大學)」, 「대학장구(大學章句)」가 실려 있다. 이 해설서들은 여러 시기에 걸쳐 이루어진 것으로 보인다. 이를 통해서 정제두가 『대학』 해설에 얼마나 많은 정성과 심혈을 기울였는지를 짐작할 수 있다. 여기에서는 이 글들을 주요 분석대상 자료로 삼아 정제두의 『대학』 해설의 특성과 그것이 경학사상사에서 지

연구」, 성균관대학교 박사학위논문, 2001; 민혜진, 「정제두의 大學說과 그 一體的 지향」, 『철학논총』 56, 새한철학회, 2004; Lloyd Scliban, CHUNG CHEDU'S COMMENTARYON THE GREAT LEARNING, 『양명학』 13, 한국양명학회, 2005; 장병한, 「霞谷 鄭齊斗와 白雲 沈大允의 경학 비교 -『大學』 '格致章'의 해석체계 比考를 중심으로-」, 『양명학』 18, 2007; 금장태, 『한국양명학의 쟁점』, 서울대학교출판문화원, 2008; 이동희, 「이언적의 주자 『대학장구』에 대한 비판적 연구」, 『유교사상연구』 34, 한국유교학회, 2008; 任文利, 「鄭齊斗對『大學』經典文本的疏解」, 『양명학』 22, 한국양명학회, 2009; 김유곤, 「한국 유학의 『대학』 체제에 대한 이해(2)」, 『동양철학연구』 66, 동양철학연구회, 2011; 선병삼, 「하곡 정제두의 『대학』관에 나타난 한국적 양명학의 탄생 고찰」, 『한문고정연구』 22, 2011; 박상리·송석준·김예호, 「정제두와 정약용의 『대학』 이해 연구」, 『유교문화사상연구』 56, 한국유교학회, 2014; 유정연, 「鄭齊斗와 中江藤樹의 『大學』 解釋 比較」, 『양명학』 50, 2018 등이 있다.

니는 지위를 규명하고자 한다.

이 연구에서는 두 가지 점에 주의를 기울일 것이다. 첫째는 정제두가 주희의 『대학장구』를 비판한 동기와 목적 및 그 구체적인 내용을 밝힘과 아울러 『대학』에 대한 그의 기본 관점이 양명학적이며, 그의 『대학』 해설은 조선 주자학자들의 양명학 비판에 대한 하나의 대응으로 이루어진 것임을 논증할 것이다. 둘째는 그의 『대학』 해설이 주자학만이 아니라 양명학의 『대학』 이해와도 다른 점을 드러내는 데 주의를 기울일 것이다. 이것은 주자학이나 양명학과도 다른 정제두만의 독특처를 탐색하는 작업으로서, 조선경학의 특성을 문화다원론적 입장에서 규명하는 일이기도 하다.[9] 양명학의 관점을 취하면서도 경전에 대한 세밀한 주석을 진행하는 것 자체가 이미 조선의 학술과 문화의 특성이 반영된 것이라고 할 수 있다.

2. 『대학』의 작자와 체제에 대한 이해

1) 정제두의 『대학』 해설 이유

정제두는 『대학』에 관한 여러 편의 해설서를 남긴다. 성인의 학문을 심학이라고 여기는 정제두의 입장에서 경전에 관한 해설은 부

9) 조선은 중국이나 일본과도 구분되는 독특한 문화를 가꾸어왔다. 따라서 중국이나 일본과도 구분되는 조선만의 고유한 문화가 반영된 경학사상사의 특성을 말할 수 있어야 한다. 조선경학사상사에 대한 문화다원론적 비판 연구란 문화의 다양성과 상대성을 인정하는 입장에서 조선의 고유한 문화가 반영된 조선경학사상사의 특성을 규명하려는 것이다.

차적인 것이다. 그럼에도 그 자신이 『대학』을 새롭게 주해하지 않을 수 없었던 부득이한 이유가 있었다.

> 하늘이 부여한 지선(至善)인데, 두 가지 해석이 생김은 무슨 까닭인가? 대저 육경의 글은 해와 별같이 밝아서 아는 사람이 보면 절로 환한 것이라 주해를 할 필요가 없다. 그래서 훈고만 있고, 주설(注說)은 없은 지 오래되었다. 주자가 물리(物理)로써 해석을 하게 되니, 주(注)를 짓지 않을 수 없었다. 이것이 고경(古經)이 변하게 된 까닭이다. 주자의 해석이 이미 경문 본래의 뜻을 어기었으니, 또 고쳐 해설을 하지 않을 수 없다. 이것이 이 주(注)가 다시 지어진 까닭이다. 그 고친 것은 대개 절실하고 긴요하여 부득이한 것에 한하고, 기타 문의(文義)와 해설의 온당한 것은 더 손댈 것이 없어 옛것대로 따랐다. 아! 변한 것이 없었으면 일이 없을 것을 변한 것이 있으니 되돌려 놓는 것은 부득이한 일이다. 이것을 알면 나의 죄를 알아줄 것이다.[10)]

정제두에 따르면 「대학」 고본은 그 자체로 의미가 분명하기에 달리 주해할 필요가 없다. 그런데 주희가 '격물(格物)'의 물(物)을 '물리(物理)'로 잘못 이해하고, 그것을 정당화하기 위하여 자기 나름의 독자적인 해설을 함으로 해서 『대학』의 본의를 어기게 되었다. 따라서 『대학』 경문의 본의를 회복하기 위해서는 주희의 주석을 다시 고쳐 해설을 하지 않을 수 없다. 이것이 바로 그가 『대학』에 관한 해설 작업을 하게 된 이유이다.

---

10) 『霞谷集』 卷十三, 「大學序引」. "天命至善, 二解之作, 何爲也? 夫六經之文, 昭如日星, 知者見之, 自無不洞如, 無事於注爲. 故有訓詁而無注說, 尙矣. 朱子以物理爲解, 則不得不作注. 此古經所以變也. 朱解旣以離之, 則又不得不改爲之說. 此今注所以更也. 其所改者, 蓋切要不得已之說也, 如他文義解說之當者, 無以加矣, 幷因於舊云. 噫! 無變則無事, 有變則有復, 此不得已也. 知此則知我之罪矣夫."

여기에서 우리가 주목해야 할 것이 몇 가지 있다. 첫째는 주희가 『대학』의 본의를 위배하게 된 그 관건처를 '격물'의 '물'을 '리(理)'로 이해한 데서 찾는다는 점이다. 정제두는 주희가 도통의 계열에서 벗어난 것이 바로 '물'에 대한 이해에서 비롯된 것으로 본다.[11] 주희가 '물'을 '리'로 이해함으로 해서 성인의 학문인 '대학'을 사사물물에서 리를 구하는 학문으로 변질시켰다는 것이다. 뿐만 아니라 정제두는 주자학과 양명학의 근본적 차이도 '물' 자에 대한 이해에 있다고 본다.[12] 주자학은 물을 리로 이해함으로 해서 심과 리를 분리시키고 물리를 궁구하는 길로 들어선 반면에, 양명학은 물을 마음 안의 일로 여김으로써 심과 리를 분리시키지 않을 뿐만 아니라 유가 본래의 마음공부를 중시하는 길을 계승했다고 보는 것이다. 둘째는 『대학』의 본의에 대한 주희의 왜곡을 바로 잡기 위하여 『대학』 경문 전체를 새롭게 해설한다는 점이다. 이것은 주희의 『대학』 해설에 대해 새로운 해설로 맞서는, 주자학에 대한 전면적인 대결이라고 할 수 있다. 정제두가 『대학』에 대한 해설로 주희의 해설에 맞서게 된 데

---

11) 『霞谷集』 卷8, 「學辯」. "然自有夫博古今求義理執物則, 以範制此心之學以來, 物理離而內外貳, 枝條先根本後, 至於論心一途, 推與佛徒而而欲諱言於心者何哉? 嗚呼! 爲此者亦有其說, 而出於此中, 何者? **'物'之一字是爾**. 其曰'天生蒸民, 有物有則', 以其則爲在物, 求理於事事物物(天命性率性之道, 在於事物之間, 至善爲事物之理, 而謂窮至事物理也), 謂事事物物上, 各有天然之中, 定理而欲執之."; 『霞谷集』 卷8, 「學辯」. "求物理之學, 旣於'物'字如是分離, 故遂以一箇在物之理, 爲天地間至極底道理, 聖學之宗主, 而爲天地萬物之主."

12) 『霞谷集』 卷8, 「學辯」. "其曰'格物致知', 謂以物者爲事物之理, 而以理爲在物也. 求識在物之理, 以明吾心之道, 則曰'在於窮至物理, 以極其心知.' 故以天地間一箇懸空道理, 該括天地萬物之則, 而心者不過爲受攝之地運行之資耳. 王氏所謂物者, 非外於吾心也, 乃吾心之日用可見之地, 而吾知之所在者也. 其有條理, 皆出於心, 而皆吾之性, 是物也理也無非心也內也."

에는 조선만의 독특한 학술적 배경이 있다. 조선에서는 주자학이 일찍이 학술의 중심에 자리하여 그 이외의 다른 학문을 이단으로 배척한 바 있다. 이 때문에 양명학자인 정제두로서 양명학에 대한 자신의 신념을 펼치기 위해서는 주자학과 대결하여 자신의 입지를 확보하지 않을 수 없었다. 주자학의 거센 흐름에 맞설 수밖에 없었던 것이 그가 놓인 사상사적 자리였다. 그리고 주자학에 대응하는 과정에서 주자학만이 아니라 양명학과도 차별화되는 그만의 고유한 학문적 특성이 드러난다. 주희의 『대학』 해설에 맞선 정제두의 『대학』 해설은 조선사상사를 그 배경으로 하고 있다는 점에서 조선경학의 특성이 반영된 것이라고 하겠다. 따라서 주자학이나 양명학과도 차별화되는 정제두의 『대학』 해설을 탐구하는 본 연구는 조선경학의 특성을 문화다원론적 입장에서 규명하는 일이기도 하다.

2) 『대학』의 작자와 유가 경전상의 지위

「대학」은 본래 『예기』에 들어 있는 하나의 편으로 그다지 중시되지 않았다. 당연히 그것의 작자와 유가 경전상의 지위 문제도 등장하지 않았다. 송대에 이르러 사대부들에 의해 「대학」이 중시되어 단행본으로 유통되고, 이정 형제가 그것을 전문적으로 연구하고, 주희가 사서 가운데 하나로 편입시키면서부터 『대학』은 사대부들의 필독서가 되었다. 이와 더불어 『대학』의 작자와 유가 경전상의 지위 문제가 논제로 등장하게 된다.

『대학』의 작자에 대해 정호(程顥)와 정이(程頤)는 다만 "공자의 유서"[13]라거나 "성인의 완전한 글"[14]이라고만 말하고, 그 구체적인 인물을 지적해서 언급하지는 않는다. 그런데 주희는 『대학』을 경과 전으로 구분하고, "경 1장은 공자의 말씀을 증자가 기술한 것이고, 전 10장은 증자의 뜻을 문인이 기록한 것이다"[15]라고 하여, 증자와 그 문인들이 저술한 것으로 본다. 주희가 『대학』을 증자와 그 문인들의 저작으로 본 데에는 『대학』을 사서에 포함시켜 그의 도통론을 확립하고자 했던 의도가 반영되어 있다. 이것은 곧 유가 경전상에서 『대학』의 지위를 도통을 전하는 경전으로 승격시킨 결과를 가지고 왔다.[16] 왕수인도 『대학』을 매우 중시한다.[17] 그런데 그는 『대학』의 작자에 대해서는 "공자의 문하에서 서로 전한 구본"[18]이라고만 말할 뿐, 그 구체적인 인물에 대해서는 언급을 자제하고 있다.

정제두는 『대학』을 공자의 가르침을 증자가 기술하여 책으로 만든 것으로 본다.

『대학』은 공자가 전하는 것을 증자가 기술하여 책으로 만든 것이니, ('증자왈(曾子曰)'이란 글의 뜻으로 미루어 이러함을 단정한다.) 마치 기자

13) 『二程集』 18쪽. "孔氏遺書." 정호의 말이다.

14) 『二程集』 24쪽. "聖人之完書." 정이의 말이다.

15) 『大學章句』. "右經一章, 蓋孔子之言而曾子述之, 其傳十章, 則曾子之意而門人記之也."

16) 한정길(2013.8), 304쪽; 『與猶堂全書』 第二集 經集第一卷○大學公議(一), 「大學公議序」. "朱子謂曾子作經一章, 曾子之門人作傳十章, 亦絶無所據. 朱子以意而言之也. 朱子以爲孔子之統, 傳于曾子, 以傳思孟, 而思孟有著書, 曾子無書, 故第取此以連道脈耳."

17) 『대학』에 대한 왕수인의 탐구는 용장(龍場)에서부터 이루어지고 있으며, 용장오도(龍場悟道)가 있고 난 4년 후(1512, 양명 41세)엔 서애(徐愛, 1488~1518)와 『대학』의 종지를 논하였고, 1518년(양명 47세)에는 「대학고본방석(大學古本傍釋)」이라는 주석서를 펴냈으며, 「대학고본서」를 세 차례에 걸쳐 수정하였고, 만년(1527년, 양명 56세)에는 「대학문」이라는 글로 『대학』 연구의 결실을 보게 된다.

18) 『王陽明全集』 卷2, 75~76쪽. "大學古本乃孔門 相傳舊本."

> (箕子)가 하우(夏禹)의 구주(九疇)를 서술하여 홍범(洪範)을 지은 것과 같다. (세 강령·여덟 조목·열 하나의 말이 다 성인의 심법(心法)으로 공자가 전해서 가르친 것이요, 그것을 지어서 책으로 이룬 것은 증자의 수필(手筆)이다. 마치 홍범의 구주·오십목(五十目)이 하우가 일러 준 것이지만, 그것을 서술하여 글로 만든 것은 다 기자가 했다는 말과 같다.) 그 처음과 끝이 한 붓에서 이루어졌고 말마다 조화(造化)의 수법이 있으니 확실히 『중용』보다도 위에 가는 문자로 고금 경전 가운데 이 글 같은 것이 없다. 성인에게서 나온 것이 아니고 이렇게 할 수 있을까? 증자가 아니고 이에 관여할 만한 사람이 또 있지 않다.[19]

『대학』을 증자가 공자의 가르침을 기술한 것으로 보는 정제두의 관점은 주희와 다르다. 주희는 『대학』을 경과 전으로 구분하는 관점에서 경은 공자의 말씀을 증자가 기술한 것이고, 전은 증자의 뜻을 문인이 기록한 것으로 본다. 그러나 정제두는 『대학』을 경과 전으로 나누어 전을 증자의 문인이 기록한 것으로 보는 관점을 반대한다.[20] 주희가 전10장을 증자의 문인이 기록한 것으로 보는 데는 그 이유가 있다. 바로 전문(傳文) 가운데 '曾子曰'이라는 구절이 있기 때문이다. 만약 전문까지 증자가 지은 것이라고 한다면 본인이 스스로를 '증자'라고 존칭한 꼴이 된다고 여긴 것이다. 그러나 정제두는 '증자왈'이라는 구절이 오히려 『대학』이 증자의 저술임을 알려준다고 여

19) 『霞谷集』 卷13, 「大學(七)」, 363쪽. "大學. 曾子述孔子之傳以爲書. (以曾子曰文之義. 斷推其如此.) 如箕子敍夏禹之疇, 作洪範是也. (三綱八目十一言, 皆聖人心法, 孔子之所授以爲教者也, 而其著而成書則乃曾子之筆. 如洪範之九疇五十目, 乃夏禹之所敍, 而其述而爲書則悉爲箕子之說.) 其首尾成於一筆, 而言言有造化手法, 明是中庸以上文字, 古今經傳中無如此書. 非出於聖人能之乎? 非曾子亦莫有能與此者也?"

20) 『霞谷集』 卷11, 「遺事·附南克寬語錄」, 291쪽. "鄭公曰大學不當分經傳, 以傳爲曾子門人所記者, 蓋由誠意章有曾子曰故耳."

긴다. 『맹자』는 맹자의 직접 저술임에도 '맹자왈'이라는 말이 있는 것처럼 『대학』에 '증자왈'이 있는 것도 문제될 것이 없다는 것이다.[21] 그가 이렇게 주장한 데에는 『대학』의 저술에 증자 이외의 다른 사람들이 관여할 여지를 없앰으로써 『대학』을 성인의 가르침을 온전히 전한 흠결 없는 경전으로 보려는 의도가 있었다. 이 점에서 보면 정제두는 주희보다 『대학』이 유가 경전에서 차지하는 지위를 보다 높이 평가했음을 알 수 있다.

『대학』에 대한 정제두의 이러한 평가는 양명 후학인 태주학파의 그것과 유사한 점이 있다. 왕수인이 『대학』고본을 회복하고, 그에 대한 새로운 해석체계를 수립한 이후로 양명후학들은 『대학』을 그 어떤 경전보다 중시한다. 그 가운데 대표적인 이들이 바로 태주학파의 인물들이다. 왕간(王艮)은 『대학』을 공자 문하에서 오랜 세월 동안 세상을 다스렸던 한 권의 완벽한 경세서로 읽어낸다.[22] 그의 재전제자인 안산농(顔山農)은 『대학』을 공자가 지은 것으로 보았고, 그 뒤로 하심은(何心隱)과 나근계(羅近溪) 모두 스승의 설을 계승하여 『대학』을 공자의 저작으로 여겼다.[23] 이들과 궤를 같이하여 정제두는 『대학』을 성학의 전체를 언급한 것으로서 만세심법의 정종으로 간주한다. 그리고 경전 가운데 정화한 것을 수집하여 매우 간결하고 요묘(要妙)하게 표현하고, 참되고 지극한 본체를 남김없이 통찰한 것은 여러 경전 가운데 오직 『대학』뿐이라고 찬탄한다.[24]

---

21) 『霞谷集』 卷11, 「遺事·附南克寬語錄」, 291쪽. "鄭公曰大學不當分經傳, 以傳爲曾子門人所記者, 蓋由誠意章有曾子曰故耳. 孟子自著七篇, 亦稱孟子曰, 曾子所著稱曾子曰, 何不可乎? 中庸稱仲尼曰者, 子思亦孔子故別之也."

22) 『王心齋全集』 卷3, 「語錄下」, 70쪽. "《大學》乃孔門經理萬世的一部完書."

23) 任文利(2009), 393쪽.

유가 경전 가운데 『대학』과 『중용』은 흔히 표리(表裏)나 경위(經緯)의 관계에 있는 것으로 언급된다. 그런데 이 둘의 경전상의 지위에 대해서는 학자들마다 그 의견이 같지 않다. 정제두는 『대학』을 『중용』 이상 가는 글로 여긴다. 뿐만 아니라, 『중용』의 주요 가르침들이 모두 『대학』으로 환원될 수 있다고 본다.[25] 이런 관점은 왕수인이 "자사(子思)는 『중용』 수장으로 『대학』 전체 내용을 개괄하였다"[26]고 말한 것과도 대조된다. 이 점에서 보면 정제두는 『대학』이 유가 경전에서 차지하는 지위를 왕수인보다 더 높이 평가했다고 할 수 있겠다.

3) 『대학』 체제에 대한 이해

정제두는 주희의 『대학장구』 체제를 부정하고, 「고본대학」 체제를 따른다. 여기에서는 그가 『대학장구』 체제를 어떻게 비판하는지, 그리고 「고본대학」 체제에 대한 그의 이해의 특성은 무엇인지를 알아보고자 한다.

---

24) 『霞谷集』 卷13, 「讀大學」, 369쪽. "至哉, 大學之書! 其三綱八目, 發出聖學全體, 爲萬世心法正宗, 自昔人論之已備矣. 至其造語曲當, 指意眞切, 一篇盡是採掇經傳中精華. 爲其形容本體之語, 而精神百倍, 則又在於其命言造辭之間, 極其簡潔要妙, 而眞至之軆洞徹無餘者盡, 諸經之中惟此書而已."

25) 『霞谷集』 卷13, 「大學說」, 373쪽. "中庸之說道不可離, 則至善之謂, 知止之義也. 其曰戒愼恐懼而愼其獨, 則爲明善而誠身之主宰者也. 所以爲止至善者也, 而爲格致誠意之本領工夫也. 下所謂擇善而固執之者, 大學格物致知之方也. 明善而誠其身者, 大學致知誠意之名目也. 未發之中, 大學心正之體是也. 中節之和, 大學身修之用是也. 中和位育, 則齊治平之事, 而明明德之在親民是耳."

26) 『傳習錄』, 42條目. "澄問『學』『庸』同異. 先生曰, "子思括『大學』一書之義, 爲『中庸』首章.""

(1) 『대학장구』 체제에 대한 비판

주자는 「대학」 고본에 빠진 글과 착간이 있다고 보고, 빠진 글을 보완하고 착간을 바로잡아 경1장과 전10장의 『대학장구』본을 새로 만든다. 그런데 정제두는 「대학」 고본에 결문과 착간이 있다고 여기는 주자의 관점을 비판한다.

① 격치장에 빠진 글이 있다는 주장에 대한 비판

주희는 『대학』을 삼강령과 팔조목의 체제로 재편집하는 과정에서 「대학」 고본의 첫 번째 단락에 있었던 '此謂知本, 此謂知之至也'의 구절을 '大畏民志, 此謂知本'의 뒤로 옮기고, 중첩된 '此謂知本' 가운데 하나를 연문(衍文)으로 본다. 이렇게 배치한 까닭은 '此謂知之至也'를 격물치지의 뜻을 풀이한 것으로 보려고 했기 때문이다. 그런데 심각한 문제가 발생했다. '此謂知之至也'가 어떤 의미가 연결되는 맥락 속에 놓이지 못하고 고립되어 버린 것이다. 그래서 주희는 '此謂知之至也' 앞에 빠진 글이 있다고 보고 134자를 보완해 넣는다. 정제두는 주희의 이러한 작업을 비판한다.

> 고본의 글은 그 경(經)의 한 장이 절마다 완비하여 한 마디로 그릇되거나 혼잡한 것이 없고, 전(傳)의 여러 해석하는 말도 다 관통되어 한 군데도 흠결이 없다. 그 대체가 이러하므로 그것을 착란(錯亂)한 글이라고 단정할 수 없다. 격치(格致)로 말하더라도 앞 첫 단에 시작한 증거가 없고 뒤 성의장(誠意章)에서 그것을 이어받은 말도 보이지 않으며, 착간(錯簡)인가 하여 찾아보아도 그 틀린 데를 발견할 수 없고, 공부에 있어서

> 고찰해 보면 이미 스스로 성의(誠意) 속에 갖추어 들어 있어 조금도 결함이 없다. 이제 그 글이 이러한데 빠졌다고 말할 수 있을 것인가? 삼강(三綱)·팔조(八條) 속에는 빠짐이 없는데 오직 이 격치에 따른 궁지(窮至) 한 단락이 홀로 빠졌다는 말인가? '이것을 앎의 지극함이라 이른다[此謂知之至也]'란 구절을 가지고 말하더라도 그 위에 곧 '이것을 근본을 아는 것이라고 한다[此謂知本]'라 하였지, 물에 즉하여 이치를 궁구한다[卽物窮理]는 뜻은 없으니, 그러면 그 글을 다 고쳐 놓아야 그 말이 통할 수 있다.[27]

정제두는 「대학」 고본이 완전무결하다는 기본적인 입장에서 격치장에 빠진 글이 있다는 주희의 주장을 비판한다. 그의 비판은 세 가지로 정리할 수 있다. 첫째는 격치(格致)로 말하더라도 앞 첫 단에 시작한 증거가 없다는 것이다. 정제두는 「대학」 고본을 6개의 장으로 나눈다. 그런데 그의 『대학』 분장은 첫 단락이 '所謂'로 시작한 것을 분장의 기준으로 삼는다. '격치로 말하더라도 앞 첫 단에 시작한 증거가 없다'는 것은 『대학장구』의 격치장이 '소위'로 시작하지 않음을 지적한 것이다. 이것은 『대학』의 서술형식으로 볼 때 '격치장'을 하나의 장으로 보기 어렵다는 것을 의미한다. 둘째는 『대학장구』의 격치장 뒤에 나오는 성의장(誠意章)에서 주희의 격물보전(格物補傳)을 이어받은 말이 보이지 않는다는 점이다. '격물보전'의 핵심 내용은 천하의 사물에 나아가서 그 이치를 궁구하는 '즉물궁리(卽物窮理)'이다. 그런데 격치장 뒤에 나오는 성의장에는 '즉물궁리'와 연관된 말이

27) 『霞谷集』 卷13, 「大學古本」, 372쪽. "格致章缺亡〇古本之文, 其經之一章, 節節完備, 無一語之錯雜, 傳之諸釋, 語皆貫通, 無一處之虧欠. 其大體如此, 未可斷其爲錯亂之書也. 雖以格致言之, 亦於前之首段, 未有起頭之證, 後之誠意一章, 未見承接之語. 求以錯簡, 未見其有誤在者, 而考之工夫則已自備於誠意之內, 儘足無欠. 今其文如此, 可乃謂之闕亡. 三綱八條中未嘗有闕, 惟此格致之帶得窮至一段, 乃獨爲闕亡耶? 雖以此謂知之至之句言之, 其上卽曰此謂知本, 未嘗爲卽物窮理之意焉, 則此必須盡改其文而後其說可通也."

없다. 이것은 『대학장구』본의 격치장과 성의장이 내재적 연관성을 지니지 못함을 지적한 것이다. 셋째는 '此謂知之至也'란 구절을 가지고 말하더라도 그 위에 곧 '이것을 근본을 아는 것이라고 한다[此謂知本]'고 하였지, '물에 즉하여 이치를 궁구[卽物窮理]'하는 뜻은 없다는 것이다. 이것은 '此謂知本'을 연문으로 간주한 것과, '此謂知之至也'를 '즉물궁리'로 풀이한 것을 비판한 것이다. '此謂知之至也'는 '此謂知本'과의 관계 속에서 이해되어야 한다는 것이다.

② 전(傳)의 여러 장에 착간이 있다는 주장에 대한 비판

주희는 「대학」 고본에 착간이 있다고 보고, 삼강령과 팔조목의 체제에 따라 그 순서를 재배치한다. 그가 착간이 있다고 여겨서 재배치한 곳은 모두 세 부분이다. 하나는 「대학」 고본 성의장에 속해 있는 ㉠康誥曰, "克明德." 太甲曰, "顧諟天之明命." 帝典曰, "克明峻德." 皆自明也. ㉡湯之盤銘曰, "苟日新, 日日新, 又日新." 康誥曰, "作新民." 詩云, "周雖舊邦, 其命惟新. 是故君子無所不用其極." ㉢詩云, "邦畿千里, 惟民所止." 詩云, "緡蠻黃鳥, 止于丘隅." 子曰, "於止, 知其所止, 可以人而不如鳥乎!" 詩云, "穆穆文王, 於緝熙敬止." 爲人君, 止於仁, 爲人臣, 止於敬. 爲人子, 止於孝. 爲人父, 止於慈. 與國人交, 止於信"의 문장이다. 그는 위의 문장을 『대학장구』본 경문의 마지막 구절인 "其本亂而末治者否矣, 其所厚者薄, 而其所薄者厚, 未之有也!"의 뒤에 옮겨 놓는다. 그리고 '康誥曰~皆自明也.'까지를 전(傳)의 수장으로 삼아 삼강령 가운데 '명명덕'을 풀이한 것으로 보고, '湯之盤銘曰~是故君子無所不用其極'까지를 전2장으로 삼아 '신민'을 풀이한 것으로 보며, '詩云, 邦畿千里~止於信'을 전3장의

'지어지선'을 풀이한 것으로 본다. 또 한 부분은 「대학」고본 성의장에 포함되어 있었던 〈詩云, "瞻彼淇澳, 菉竹猗猗. 有斐君子, 如切如磋, 如琢如磨. 瑟兮僩兮, 赫兮喧兮. 有斐君子, 終不可諠兮." 如切如磋者, 道學也. 如琢如磨者, 自修也. 瑟兮僩兮者, 恂慄也. 赫兮喧兮者, 威儀也. 有斐君子終不可諠兮者, 道盛德至善民之不能忘也. 詩云, "於戲! 前王不忘." 君子賢其賢而親其親, 小人樂其樂而利其利, 此以沒世不忘也〉의 문장이다. 주희는 이 구절을 '與國人交, 止於信' 뒤에 옮겨 놓고 역시 전3장에 소속시켜서 '지어지선'을 풀이한 것으로 본다. 마지막 한 부분은『대학』고본 첫 번째 단락에 속해 있었던 '此謂知本, 此謂知之至也'라는 구절이다. 그는 이 구절을 '大畏民志, 此謂知本'의 뒤에 옮겨 놓고 중첩된 '此謂知本' 가운데 하나를 연문(衍文)으로 간주한다. 그리고 '此謂知之至也'를 전5장의 격물치지를 풀이한 것으로 본다.

주희는『대학』을 경과 전으로 구분하고, 삼강령과 팔조목의 체계에 따라 그것을 재편집한다. 이러한 관점에서 볼 때「대학」고본 체제는 크게 2가지 문제점을 안고 있다. 하나는「대학」고본 '성의장'에 명명덕, 신민, 지어지선을 설명한 부분들이 뒤섞여 있다는 점이다. 그래서 그는 해당 구절들을 삼강령의 체계에 따라 재배치한다. 그가 '친민'을 '신민'으로 바꾼 것도 친민을 설명해야 할 전문(傳文)이 친민이 아니라 신민의 내용으로 이루어져 있다고 보았기 때문이다. 다른 하나는 팔조목 가운데 '치지격물'을 설명한 부분이 없다는 점이다. 그래서 그는 본인이 직접 그에 해당하는 전문을 짓는다. 그것이 바로 '격물보망장'이다. 정제두는 주희가「대학」고본의 '성의장'에 착간이 있다고 여겨서 재편집한 것을 비판한다.

> 성의장이 마땅히 정심(正心) 위에 있어야 한다는 말은 의심이 없다. 이것은 진실로 그러하다. 고본(古本)에서도 성의장이 경문(經文) 아래 정심 위에 있지 않았는가? 명덕·친민·지선의 단락이 서로 이어져 구슬을 꿴 것 같고, 성의·정심·수신·가·국·천하의 순서가 정연하여 섞이거나 어지러워진 것이 없는데 어째서 경문에 맞지 않는다고 하는가? 다만 명덕·지선 세 말[三語]이 성의장 안에 들어 있어서 이것을 틀렸다고 하지만, 옛사람의 글 짓는 것이 때로는 말을 섞어가며 서로 밝힘으로써 더욱 힘 있고 맛이 있게 하는 수도 있는 것이요, 다만 한 단락 한 단락씩 판에 박은 듯이 차례를 따라 제목을 메워 넣기만 하는 것은 아니다. 이제 삼강령의 뜻을 모두 경전(經傳)의 설을 인용해서 성의장 속에 총괄해 놓고 보니 더욱 글이 힘 있고 뜻이 막힘이 없는데, 경에 무엇이 위배된 바 있어서 경문을 따르지 않았다고 고쳐놓는 것인가?[28]

주희가 지적하고 있듯이 「대학」고본 성의장에는 명덕, 신민, 지선을 설명한 내용들이 섞여 있다. 주희는 삼강령의 순서에 따라 그것들이 정연하게 배열되어야 한다고 본다. 이 때문에 성의장에 착간이 있다고 주장하게 된 것이다. 정제두는 주희의 이러한 관점 자체에 문제가 있다고 여긴다. 일단 글쓰기 방법에서 순서에 따라 배열하는 것 이외에도 말을 섞어가며 서로 밝히는 것이 더 힘이 있고 맛이 있을 수 있다. 증자가 바로 그러한 서술방식을 따랐다. 성의장에 삼강령의 뜻을 모두 갖춘 것이다. 이로 인하여 글이 더욱 힘이 있고,

---

28) 『霞谷集』 卷13, 「大學古本」, 372쪽. “傳諸章錯簡○誠意章當在正心上無疑. 此誠然. 古本誠意一章. 豈不在經文之下正心之上耶. 其明德親民至善之段. 相連如貫珠. 誠意正心修身家國天下之序. 秩然亦循次而無雜亂. 則何可謂不合經文耶. 獨明德至善三語入在誠意章內者. 抑所謂有差者. 而但古人作文. 固有參錯爲說. 互相發越. 乃爲有力有味. 不但段段依樣. 只得塡次其題目爲事而已者. 今此三綱之旨. 擧引經傳之說. 總括之於誠意之內. 儘更文有力而意無窒. 不知於經有何所背. 而必以不遵經文格之耶.”

뜻이 막힘이 없게 되었다.

『대학장구』 체제에 대한 정제두의 비판이 설득력을 얻으려면 「대학」고본 자체가 완전무결하다는 것을 보여줄 수 있어야 한다. 적어도 주희가 「대학」고본에 제기한 의문들에 대해서는 답변하지 않을 수 없다. 정제두가 『대학』을 해설하면서 가장 주의를 기울인 것도 바로 이 부분이다.

(2) 「고본대학」의 분장

왕수인은 일찍이 주희의 『대학장구』 체제를 부정하고, 『예기』 속의 「대학」고본을 정본으로 인정한 바 있다. 정제두는 「고본대학」 체제를 따르면서, 그것을 몇 개의 장-절로 나누어 구조적인 이해를 도모한다. 그런데 그의 장-절 구분은 일정하지 않다. 저작 시기와 논설의 중점에 따라 장-절 구분에 편차가 있는 것이다. 『하곡집』 22책본의 「대학설」에는 7편의 「대학」 주해가 실려 있다.[29] 그 가운데 단락을 나누거나 장-절로 구분한 것은 「대학」(一), 「대학」(三), 「대학」(四), 「대학」(五), 「대학」(七)이다. 그리고 10책본 제6책 「대학설」 중의 〈대학장구(大學章句)〉가 있다. 그런데 이 가운데 22책본의 「대학」(一)과 「대학」(七), 그리고 10책본의 〈대학장구〉는 『대학』을 모두 여섯 장으로 나누고 있으며, 각 장의 범위도 동일하다.

그것을 도표화하면 다음과 같다.

---

29) 「대학」 7편의 저술 순서에 관한 연구로 참고할 만한 것은 任文利의 「鄭齊斗對『大學』經典文本的疏解」(2009)를 들 수 있다.

장	범 위
제1장	'大學之道' ~ '此謂知之至也'
제2장	'所謂誠其意者' ~ '沒世不忘也'
제3장	'所謂修身在正其心者' ~ '此謂修身在正其心'
제4장	'所謂齊其家在修其身者' ~ '此謂身不修不可以齊其家'
제5장	'所謂治國必先齊其家者' ~ '此謂治國在齊其家'
제6장	'所謂平天下在治其國者' ~ '此謂國不以利爲利, 以義爲利也'

제1장은 경(經)이고, 나머지 장은 첫머리가 모두 '所謂'로 시작된다. 정제두는 이 분장체제를 기준본으로 삼은 듯하다.[30] 그리고 이것을 기준본으로 하여 설명하고자 하는 내용의 중점에 따라 다시 세분화한다.

예를 들어 「대학」(三)은 다음과 같이 7장으로 분장한다.

장	핵심 내용	범 위
제1장	綱領·條目·至善·致知	'大學之道' ~ '此謂知之至也'
제2장	致知誠意 풀이	'所謂誠其意者' ~ '沒世不忘也'
제3장	明德至善 풀이	'康誥曰克明德' ~ '此謂知本'
제4장	正心修身 풀이	'所謂修身在正其心者' ~ '此謂修身在正其心'
제5장	修身齊家 풀이	'所謂齊其家在修其身者' ~ '此謂身不修不可以齊其家'
제6장	齊家治國 풀이	'所謂治國必先齊其家者' ~ '此謂治國在齊其家'
제7장	治國平天下 풀이	'所謂平天下在治其國者' ~ '此謂國不以利爲利, 以義爲利也'

30) 하곡 「대학설」의 장절 구분에 관한 기존 연구로는 유철호의 「하곡 정제두의 「대학설」에 관한 연구」(2001)와 이남옥의 「하곡 대학설의 경학사적 의미」(2011)가 참고할 만하다.

기준본과 비교하면 「대학」(三)의 분장은 기준본의 제2장인 성의장을 다시 두 장으로 나누었을 뿐, 다른 부분은 기준본과 동일하다. 성의장을 다시 두 장으로 나눈 까닭은 성의장 안에 치지·명덕·지선이 함께 들어 있음을 보다 명료하게 보여주고자 한 것이다. 여기에는 주희가 명명덕·지어지선·격물치지전을 별도로 만들려고 「대학」 고본 성의장의 내용을 흩어버린 것을 비판하려는 의도가 있었다.

정제두의 『대학』 분장(기준본)이 주자의 『대학장구』와 다른 점은 제1장과 제2장에 있다. 나머지 제3장~제6장은 둘 사이에 차이가 없다. 이것으로 미루어 보면 정제두 『대학』 해설의 특징은 제1장과 제2장의 풀이에 있음을 짐작할 수 있다. 여기에서는 정제두의 「대학설」 가운데 기준본 제1장과 제2장의 해설을 중심으로 그의 대학 이해의 특성을 살펴보고자 한다.

3. 「대학」 고본 제1장의 구조와 내용 해설

1) 「대학」 고본 제1장의 구조

정제두는 「대학」 고본을 완전무결한 것으로 인식한다. 이 점은 왕수인과 궤를 같이한다. 그러나 왕수인의 『대학』에 관한 견해를 그대로 따르는 데서 머물지 않는다. 그는 주희의 『대학』 해설의 잘못을 바로잡고, 「대학」 고본이 그 자체로 완전하다는 것을 '주해(注解)'를 통하여 밝히려고 하였다. 이 때문에 그의 『대학』 해설도 주희가 새로 편집한 부분들, 즉 친민을 신민으로 고친 것, 성의장에 착간이 있다고 본 부분, 그리고 「대학」 고본의 경문에 속해 있었던 '此謂知本, 此謂知之至也'를 전5장으로 옮기고 치지격물에 관한 해설을 보충한 부분들에 집중된다.

「대학」 고본 제1장에서 주희가 문제 삼았던 부분은 '此謂知本, 此謂知之至也'이다. 주희는 이 구절이 의미상 어떤 맥락도 없이 경문에 속해 있는 것으로 보았다. 이제 『대학』 고본을 완전무결한 것으로 보는 정제두로서는 이 두 구절이 『대학』 경문의 다른 부분들과 어떤 의미 연관을 지니는지를 해명해야 했다. 정제두는 이 문제를 해결하기 위하여 심혈을 기울인다. 『대학』 경문의 구조를 그림으로 그려서 풀이한 「대학경문이절도(大學經文二截圖)」가 이것을 입증한다. 이 그림은 정제두 『대학』 이해의 특징을 가장 잘 보여준다. 그럼 정제두는 『대학』 경문 내에서 이 두 구절의 의미를 어떻게 읽어내고 있는가?

결론부터 말하면 정제두는 『대학』 제1장 전체를 '격물치지장'으로 규정한다.[31] 그리고 '此謂知本, 此謂知之至也'의 두 구절을 격물치지에 관한 설명을 맺는 '결어(結語)'로 이해한다.[32] 그의 이러한 주장

31) 『霞谷集』 卷13, 「大學說」, 374쪽. "首章者, 是致知格物之章也."

32) 정제두의 이러한 관점은 매우 독창적이다. 기존의 경학가들 가운데 이러한 관점을 취한 인물은 찾아보기 어렵다. 격물치지에 대한 傳文을 「대학」 자체 내에서 찾으려는 시도는 없지 않았다. 대표적인 인물이 회재 이언적이다. 그는 주희가 「격물보전」을 지은 것에 이의를 제기하고 「고본대학」 내에 격물치지에 대한 전문이 있다고 주장한다. 바로 '物有本末, 事有終始, 知所先後, 則近道矣'와 '知止而后有定, 定而后能靜, 靜而后能安, 安而后能慮, 慮而后能得'의 두 소절이 그것이다. 그래서 그는 이 두 소절을 '此謂知本', '此謂知之至也' 앞에 배치하고 격물치지를 설명한 전문으로 삼는다.(강보승, 「회재 이언적의 대학장구 편차개정과 16~17세기 조선학계의 찬반론 고찰」, 국제퇴계학회 학술발표문, 2018.) 한편 태주학파의 창시자인 王艮의 경우는 '격물치지'의 傳文이 따로 있

이 타당성을 확보하기 위해서는 『대학』 제1장을 '격물치지장'으로 읽어내는 그의 독법(讀法)이 설득력을 얻어야 한다.

정제두는 『대학』 제1장을 물(物)과 사(事)가 경(經)과 위(緯), 즉 날줄과 씨줄로 얽혀 있는 것으로 파악한다. 이때의 물은 '물유본말(物有本末)'의 물이요, 사는 '사유종시(事有終始)'의 사이다. 이 물의 범주에는 삼강령 가운데 명명덕과 친민이 각각 본말(本末)·체용(體用)의 관계를 이루면서 소속되어 있다. 다시 명명덕에는 팔조목 가운데 의(意)·심(心)·신(身)이, 친민에는 가(家)·국(國)·천하(天下)가 소속되어 있다. 그리고 사의 범주에는 지어지선(止於至善)이 그에 소속되어 있다. 다시 지지(知止)·정(定)·정(靜)·안(安)·려(慮)·득(得)이 시(始)와 종(終)의 관계를 이루면서 지어지선에 속해 있고, 팔조목 가운데 격물(格物)과 치지(致知)가 지어지선의 조목으로 자리하고 있다.

물과 사가 경과 위로 얽혀 있는 이러한 체계에서 명명덕의 조목인 성의·정심·수신과 친민의 조목인 제가·치국·평천하가 각각 근본과 말단으로 이루어져 있음을 아는 것이 '此謂知本'으로 풀이된다. 그리고 성의·정심·수신과 제가·치국·평천하의 일에서 지선에 그칠 줄 알고 부정한 것을 바로 잡는 공부를 격물치지로 여긴다. 그리고 이 공부를 통하여 뜻이 성실하게 되고 마음이 바르게 되고 몸이 닦여지고 가정이 가지런해지고 나라가 다스려지고 천하가 평안하게 되는

는 것이 아니라 『대학』의 경문에 '격물치지'에 대한 설명이 담겨 있는 것으로 본다. 이점에서 하곡의 「대학」 이해와 유사한 점이 있다. 그러나 격물치지에 대한 풀이에서 양자는 큰 차이가 있다. 왕간은 '격물'의 '물'을 '物有本末'의 '물'로 이해하고, '격'을 '헤아린다'는 뜻으로 풀이한다. 그에 따르면 격물은 몸[身]이 근본임을 헤아려 알아서 몸을 편안하게 하는 것[安身]으로 이해된다. 그리고 몸이 근본임을 아는 것이 '此謂知本'이며, 그 앎을 다 발휘하는 것을 '此謂知之至也'의 뜻으로 이해한다.

공효를 이루는 것이 지선이 그칠 데를 얻은 것이다. 정제두는 이러한 상태에 도달한 것을 '此謂知之至也'의 의미라고 해설한다. 이상의 설명을 그림으로 풀이한 것이 바로 「대학경문이절도」이다.

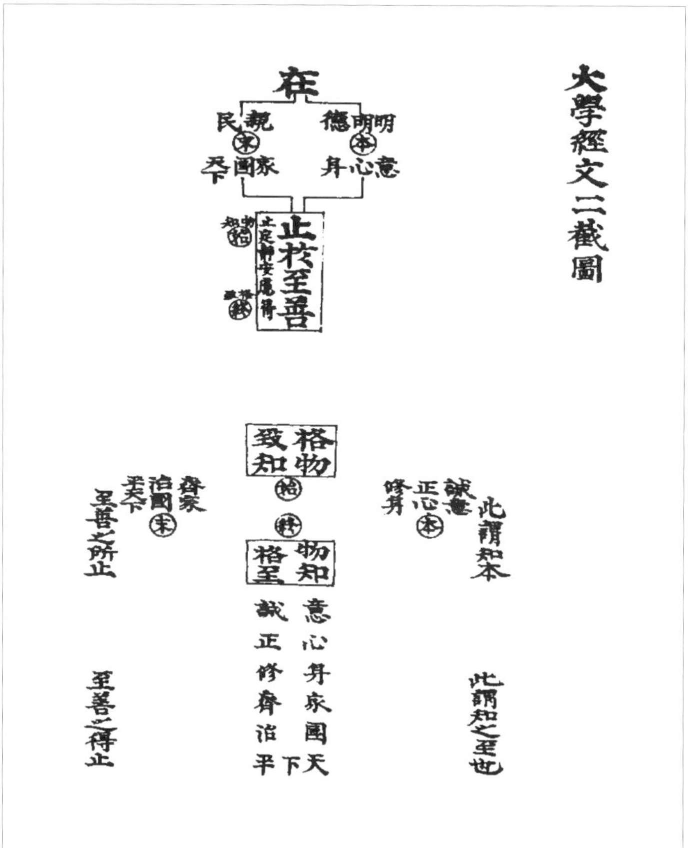

「대학」고본 제1장에 대한 이러한 구조적인 이해를 통하여 정제두는 '此謂知本'과 '此謂知之至也'의 두 구절이 경문 속에서 지니는 의미 맥락을 논리정연하게 설명함으로써 「대학」고본의 경문이 그 자

체로 완전무결함을 입증할 수 있었다. 「대학」고본 제1장 전체를 격물치지장으로 해설한 것은 매우 독창적이다. 그것은 왕수인의 『대학』 이해와도 차별화된다.[33] 뿐만 아니라 다산 정약용의 이해와도 다름이 있다.[34] 이 연구성과만으로도 정제두가 경학사상사에서 차지하는 지위는 적지 않다고 하겠다.

2) 「대학」고본 제1장의 내용: 綱領·條目·至善·致知

(1) 대학지도: 강령

주희나 왕수인 모두 '대학'을 '대인지학'으로 풀이한다. 그러나 '대인'에 대한 이해는 서로 다르다. 주희는 대인을 소인에 상대되는 개념으로 이해한다. 반면에 왕수인은 대인을 천지만물을 한 몸으로

---

33) 왕수인은 「大學古本傍釋」에서 "詩云瞻彼淇澳에서 民之不能忘也"까지를 격물치지를 말한 것으로 본다.(『王陽明全集』 권32, 1194쪽.) 그러나 그것은 설득력이 그다지 높지 않다.

34) 정약용도 「고본대학」에 착간이나 궐문이 없기 때문에 격물치지장이 망실된 것이 아니라고 주장한다. 그리고 '知止而后有定'부터 '此謂知本, 此謂知之至也'까지를 격물치지에 해당하는 부분으로 이해한다.(『與猶堂全書』 第二集 第一卷, 〈大學公議/大學公議二〉 : 自'知止而后有定'以下至此節, 都是格物致知之說, 格物致知, 不得更有一章.) 이러한 이해는 격물치지의 내용이 경문에 있기 때문에 주희처럼 보전을 지을 필요가 없다고 본 점에서는 정제두와 일치한다. 그러나 정제두는 『대학』의 경문 전체를 격물치지장으로 본 반면에, 정약용은 대학의 삼강령에 해당하는 부분은 격물치지에 해당하는 부분에서 제외하고 있다는 점에서 기본적으로 차이가 있다. 정제두와 정약용의 대학관에 관한 비교 연구로는 박상리·송석준·김예호의 「정제두와 정약용의 『대학』 이해 연구」(2014)를 참고할 만하다.

여기는 사람으로 이해한다. 천지만물을 일체로 여기는 '인자(仁者)'를 대인으로 본 것이다. 왕수인은 '대인', '명덕', '친민'의 '친', '지선', '양지' 등을 모두 '인(仁)'으로 풀이한다. 이것이 왕수인 『대학』 해석의 가장 중요한 특징이다.

그런데 정제두 당시에 왕수인의 '대인' 개념에 이의를 제기한 이들이 있다. 바로 박세채(朴世采)와 박대숙(朴大叔)이다. 박세채는 왕수인이 「대학문」에서 대인을 만물을 한 몸으로 여기는 사람으로 풀이한 것에 대해 그 설이 명백하여 자기의 주관적 견해를 충분히 드러냈다고 평가한다. 그러나 그런 해석은 선왕의 제도에서 8세에 소학에 입학하고 15세에 대학에 입학했던 객관적 사실에 부합하지 않는다고 비판한다. 뿐만 아니라 인자(仁者)는 천지만물과 한 몸이 된다고 말한 것은 정호(程顥)로부터 비롯된 것이지 공자가 『대학』을 지을 때 그러한 뜻이 있지는 않았을 것이라고 말한다.[35] 박대숙도 왕수인이 대인을 천지만물을 한 몸으로 여기는 사람으로 풀이한 것에 대해 의문을 제기한다.

이에 대해 정제두는 다음과 같이 변호한다. "『대학』이란 이름은 비록 어른이 된 사람으로 인해서 취해진 것이지만, 그 공부가 평천하와 지지선(止至善)에까지 이르고 보면, 『대학』의 도는 바로 『주역』에서 말한 '천지와 더불어 그 덕을 합한다'는 것이다. 어찌 어린 사람들의

35) 『南溪先生朴文純公文正集』 卷59, 「王陽明學辨」. "陽明傳習錄所爲發明格物良知之說, 縱橫變幻, 疊見層出, 使人眩惑. 惟所謂大學問者, 今見續編之首, 而實乃最晩征思田時所爲, 稍似完聚, 故特擧而論之. 其初段以長成之大人, 爲與天地萬物爲一體之大人. 以新民之新, 還作親民之親. (見退溪文集下至善同) 以至善爲明德之本體及其所謂良知者, 而要皆以一仁字蔽之. 其說亦可謂明白通透, 足以自主己見矣. 但先王之制, 必使八歲入小學, 十五入大學, 則所謂與天地萬物爲一體者, 恐不如長成之大人與小子相對者之親切. 又況仁者與天地萬物爲一體云者, 始見於程子之言, 聖人作大學時, 恐亦未必有此意也耶?"

일과 상대된다는 뜻일 뿐이겠는가? 그러면 양명의 이 뜻은 『대학』 본경(本經)의 '제가·치국·평천하·명명덕어천하(明明德於天下)'에 근거하여 얻은 것이요, 제멋대로 지어낸 것은 아니다."[36] 대인의 공부가 평천하와 지지선에까지 도달하게 되면 그 경지는 『주역』 건괘 문언전에서 말하는 천지와 덕을 합한 대인과 다를 바 없다는 것이다. 천지와 덕을 합한 대인은 곧 성인이다.[37] 이제 정제두는 『대학』의 도를 적극적으로 성인(聖人)의 도요, 성자(誠者)의 도로 규정하게 된다.[38] 이러한 규정은 공자를 천지와 덕을 합한 성인으로 간주한 것이며, 『대학』이라는 텍스트를 천도를 펼친 것으로 승격시킨 것이다.

『대학』에서는 명명덕·친민·지어지선을 대학의 도로 제시한다. 주희는 이 세 가지를 삼강령으로 규정한다. 그런데 정제두는 이 세 개의 강령이 명명덕과 지어지선 두 개의 강령으로 통합되고[39], 그것은 다시 '지어지선' 하나의 강령에 통합된다고 생각한다.[40] 이 세 가지 강령의 의미와 그 상호 관계에 대한 규정도 『대학』 이해의 주요 쟁점이 되고 있다.

---

36) 『霞谷集』 卷2, 「答朴大叔大學陽明說疑義問目」, 56쪽. "大人之學云云; 大學之名, 雖因於長成之人, 其功夫至於平天下止至善也, 則其爲道正是易所謂與天地合其德者也, 豈但對小子事而已邪? 然則陽明此義, 只就本經齊家治國平天下明明德於天下者得之, 非是杜撰也."

37) 주렴계는 「태극도설」에서 "聖人定之以中正仁義, 而主靜立人極焉. 故聖人與天地合其德, 日月合其明, 四時合其序, 鬼神合其吉凶"이라고 하여 천지와 덕을 합한 인물을 성인으로 묘사한다.

38) 『霞谷集』 卷13, 「大學(四)」, 358쪽. "大學云者, 大人之學也. 大學之道, 卽聖人之道也. 誠者之道是也."

39) 『霞谷集』 卷13, 「大學(三)」, 354쪽. "三者大學之綱領也. 大槩以物事二者經緯, 則實爲二綱而已."; 『霞谷集』 卷13, 「大學說」, 379쪽. "大學惟是明德至善二綱."

40) 『霞谷集』 卷13, 「大學」, 364쪽. "然則三綱一止於至善而已."

우선 '명명덕'의 명덕을 정제두는 하늘로부터 부여받은 사람의 마음으로 그 덕이 신명(神明)하고 영소(靈昭)하여 어둡지 않고 만 가지 이치가 그로부터 나오는 것으로 정의한다.[41] 그것은 하늘로부터 부여받은 본성이 지닌 좋은 능력으로서 영명하고 밝아서 시비를 분별할 뿐만 아니라, '낳는 덕[生之德]'을 지니고 있어서 온갖 이치를 창출하여 물의 법칙이 된다.[42] 이런 점에서 양지를 또 명덕이라고 말하기도 한다.[43] 명덕에 대한 정제두의 이러한 이해는 왕수인의 그것과 크게 다르지는 않다.[44] 다만 왕수인은 명덕을 인(仁)으로 정의하는 반면에 정제두에게서는 명덕을 적극적으로 인으로 규정하는 대목은 발견되지 않는다. 명덕을 인으로 규정할 때 마음의 전체적인 덕을 다 포함하기는 어렵다고 본 때문이 아닐까 싶다.

한편 명덕에 대한 정제두의 이해는 주희의 그것과는 적지 않은 차이가 있다. 주희는 명덕을 "사람이 하늘에서 얻은 것으로 허령불매하여 뭇 이치를 갖추고 온갖 일에 응하는 것"[45]으로 정의한다. 주희는 사람이 선천적으로 허령불매한 마음을 지니는 것으로 본다. 이

---

41) 『霞谷集』 卷13, 「大學說」, 379쪽. "明, 明之也. 明德者, 人心天命, 其德神明, 靈昭不昧, 而萬理出焉者也."; 『霞谷集』 卷2, 「答李君輔問目」. "蓋明德則以得乎天之本心者言之."

42) 『霞谷集』 卷9, 「存言下」. "性者天降之衷, 明德也. 自有之良也, 有是生之德, 爲物之則者也. 故曰明德, 故曰降衷, 故曰良知良能, 故曰秉彝. 自有之中故曰天地之中, 生生一理, 於穆流行者, 性之源也. 賦予具全, 同流無間者, 性之命也."

43) 『霞谷集』 卷1, 「答閔彥暉書」. "且良知者, 其文孟子, 其說卽大學致知而實明德是也."

44) 왕수인은 명덕을 마음의 덕으로서, 인이라고 정의한다.(『전습록』, 제89조) 사람마다 선천적으로 갖추고 있는 순수지선한 천명지성이 영명하고 밝아서 어둡지 않은 것이 바로 명덕의 본체이고, 곧 이른바 양지이다.(『왕양명전집』 권26, 「대학문」)

45) 『大學章句』. "明德者, 人之所得乎天, 而虛靈不昧, 以具衆理而應萬事者也."

마음은 뭇 이치를 갖추고 있으며, 만사에 대응할 수 있는 역량이 있다. 명덕에 대한 주희의 이러한 규정은 정제두의 그것과 적지 않은 차이가 있다. 주희가 사람이 선천적으로 허령불매한 마음을 지닌다고 본 점은 정제두가 영소불매한 마음을 지닌다고 본 것과 다르지 않다. 그러나 주희는 그 마음이 온갖 이치를 갖추고 있다고 보는 반면에 정제두는 그로부터 온갖 이치가 나온다고 말한다. 주희는 허령불매한 마음 가운데 천하의 온갖 이치가 선험적으로 내재되어 있다고 본 반면에 정제두는 영소불매한 마음이 온갖 이치를 창출해낼 수 있는 역량을 지닌다고 본 것이다. 주희의 경우 명덕을 밝히기 위해서는 사사물물에 나아가서 이치를 궁구하는 과정이 요구된다. 그러나 정제두의 경우는 명덕을 밝히기 위해서 사물에 나아가서 이치를 궁구할 필요가 없이 이치를 창출해낼 수 있는 마음의 역량을 발휘하기만 하면 된다.

정제두는 『대학』의 두 번째 강령은 '신민(新民)'이 아니라 '친민(親民)'이어야 한다고 주장한다.[46] 친민의 친은 친하는 것이요, 민은 자

46) 『霞谷集』 卷13, 「大學說」, 373쪽. "大學所謂親民之道, 固只是五典之教, 卽所謂敬敷之事, 與新之之事, 非有二義. 但其功則有別. 蓋親主己, 新主民. 親之自我, 其用功在己. 新之主民, 其所事在民. 考之篇中八目中, 其曰齊曰治曰平也, 其一章之本末厚薄之喩也, 其次章之盛德至善親賢樂利也, 其作新民之作也, 其仁敬孝慈五止之說也, 其民志之畏云者, 悉皆親字之義, 於新義一無所交涉矣. 下之齊家治國平天下三章, 則所論親民之功之說, 正於是乎在矣. 其於五其所辟焉者, 實齊家章主意, 孝弟慈三者之道, 如曰如保赤子者, 實治國章主意, 絜矩同好惡之道者, 實平天下章主意. 此三者無一而非親字之義也. 惟治國章內'興仁''興讓', '由家而后可以教國', 所可以謂之新之之義者此也. 然此實只以其本末之勢言之耳, 未嘗有正言其新之之實事. 蓋言其所效之如此, 則是亦其親之者之所新焉耳. 又何疑也? 不然, 章內何不以禮樂政治等法, 明言其作新之道, 而必以是孝弟慈德之所以親民者爲言而已耶? 篇中之旨, 斷可見矣. 虞書百姓不親, 其句意雖本指百姓之自相不親睦者言之, 原其百姓之所以不相親者, 則其實以我之德不能以親之之故也."

기와 대칭되는 것으로 가·국·천하가 모두 그것에 속한다.[47] 따라서 친민은 집안과 국가 및 천하 사람들을 친애하는 것이다. 친민에 대한 이러한 이해도 왕수인과 다르지 않다.

정제두는 명명덕과 친민을 체와 용의 관계로 파악한다. 명덕을 밝힘은 백성을 친함에 있고, 백성을 친함은 그 덕을 밝히는 것이니, 체와 용이 하나이다. 그리고 명덕을 밝히는 일을 가까운 데서부터 시작하여 먼 곳에까지 이르러 자타간의 거리가 없게 되면 천지 만물이 하나가 된다. 이것은 곧 백성을 친애하는 것이요, 인(仁)을 실천하는 일이기도 하다.[48] 명명덕과 친민의 관계에 대한 이러한 이해는 왕수인의 그것과 다름이 없다.[49]

지선(至善)이란 성(性)의 본체로서, 하늘로부터 부여받은 것이다. 그리고 그것이 발현된 것이 양지이다. '지어지선'이란 이 지선에 그쳐서 다른 데로 옮겨가지 않는 것이다. 지선은 명덕과 친민의 최고 법칙[極則]이기에, 명덕과 친민이 모두 그 지선에 그쳐서 지극함을 얻어야 한다.[50] 따라서 명명덕과 친민은 '지어지선'에 귀결된다. 지어지선의 의미, 지어지선과 명덕·친민의 관계에 대한 정제두의 이러한 견해도 역시 왕수인의 그것과 다름이 없다.[51] 다만 정제두가 명덕·

---

47) 『霞谷集』 卷13, 「大學說」, 379쪽. "親, 親之也. 民者, 對己之稱, 家國天下皆是也."

48) 『霞谷集』 卷13, 「大學說」, 379쪽. "明明德在親民, 而親民以明其德, 體用一焉. 其體之致, 由近而遠, 物我以盡則天地萬物爲一體矣. 親民者, 其義見於下之烈文詩, 仁之事也."

49) 『王陽明全集』 卷26, 「大學問」. "明明德必在於親民, 而親民乃所以明其明德也."

50) 『霞谷集』 卷13, 「大學說」, 379쪽. "止者一於是而不貳. 至善者, 是性之本體, 爲明德親民之極則者也. 其發見之良, 天則昭昭, 必於是而止焉, 則明德親民, 皆一於是而得其至矣. 蓋至善者, 是本然之善, 出於天而不繫於人, 其發見者良知也, 發見之感應者事物也."

51) 『王陽明全集』 卷26, 「大學問」. "至善者, 明德・親民之極則也. 天命之性, 粹然至善, 其靈昭不昧者, 此其至善之發見, 是乃明德之本體, 而卽所謂良知也."

친민과 지어지선을 날줄[經]과 씨줄[緯]의 관계로 파악한 것은 그만의 고유한 특징이다.

(2) 삼강령과 육위(六緯) 및 팔조목(八條目)

앞에서 살펴본 바와 같이 정제두는 「대학」 고본 제1장을 날줄[經]과 씨줄[緯]이 얽혀 있는 구조로 설명한다. 삼강령 가운데 명덕·친민과 지지선을 각각 날줄과 씨줄로 보고, '物有本末'과 '事有終始'의 물과 사를 각각 날줄과 씨줄로 본다. 그리고 (격물-치지-성의-정심-수신-제가-치국-평천하) 팔조목은 명명덕의 조리로 보아 물의 범주에 소속시키고, (知止-定-靜-安-慮-得) 여섯 가지를 지어지선의 공부로 보아 사(事)의 범주에 소속시킨다. 삼강령은 대학의 도로서 본체이면서 공부이다. 명덕과 지선은 본체이고, 명명덕과 친민 및 지어지선은 그 본체를 밝히고 실천하는 공부이다. 지지(知止)-정(定)-정(靜)-안(安)-려(慮)-득(得)의 육위(六緯)는 대학의 도를 실천하는 자가 마땅히 해야 할 일로서 공부이면서 본체이다. '그칠 데를 아는 것[知止]'은 공부이고 '그칠 데[止]'인 지선은 본체이다. 그리고 '(그칠 데를) 얻은 것[得]'은 공부의 효과이다. 격물-치지-성의-정심-수신-제가-치국-평천하의 팔조목 가운데 물-지-의-심-신-가-국-천하는 공부가 펼쳐지는 조리이다.[52)]

지지-정-정-안-려-능득의 여섯 가지는 '지어지선'의 공부가 이루

52) 『霞谷集』 卷13, 「大學說」, 377쪽. "明德親民, 大學之體用, 爲經者也. 止至善, 大學之本體, 爲緯者也. 三者大學之綱, 物爲經而事爲緯者也. 六者以至善之工夫言, 事之緯也, 物亦在其中. 八者以明德之條理言, 物之經也, 事首以貫之. 三綱, 大學之道也, 本體而工夫. 六緯, 大學之事也, 工夫而本體. 八經, 大學之物也, 工夫之條理."

어지는 절목(節目)이다. 그칠 데를 알고[知止] 안정하고[定] 고요함[靜]은 치지(致知)를 위주로 한 것이요, 편안하고[安] 생각하여[慮] 능히 얻음[能得]은 격물(格物)의 일이다. 이것은 물을 바르게[格物] 하고 지를 다하는[致知] 방법이니, 홀로를 삼가고 스스로 쾌족하여 그침에 이르면 지선이 얻어진다. 물이 바로잡히고 지가 다하여[至] 천하가 평안해지면 그 그침이 지극한 것이다.[53] '知止~能得'은 지어지선의 일로써 시(始)와 종(終)의 관계에 있다. 즉 지지가 시이고, 능득이 종이다.[54] 정제두는 또 지지는 치지의 일에, 능득은 격물의 일에 소속시킨다. 지지와 능득을 시와 종의 관계로 파악하는 것은 주자학과 다름이 없다. 그러나 지지와 능득을 지어지선의 공부가 이루어지는 조목인 격물치지로 간주한 것은 정제두만의 고유한 특징이다.

정제두는 격물-치지-성의-정심-수신-제가-치국-평천하의 여덟 가지를 삼강령의 조목으로 본다. 즉 성의-정심-수신은 명명덕의 조목이요, 제가-치국-평천하는 친민의 조목이며, 격물-치지는 지어지선의 공부가 이루어지는 조목이다.[55] 격물치지를 지어지선의 공부가 이루어지는 조목으로 본 것도 역시 정제두의 특성이다.

천하에 명덕을 밝히려면 백성을 친해야 한다. 즉 백성을 친하는 것이 바로 명덕을 밝히는 방법이다. 따라서 제가·치국·평천하가 모

---

53) 『霞谷集』 卷13, 「大學(三)」, 354쪽. "六者, 至善之節目, 此大學之緯也. 知止定靜, 致知之主, 安慮能得, 格物之事. 是爲格物致知之方, 愼獨自謙而致之止則至善得矣. 物格知至而天下平則其止至矣."

54) 『霞谷集』 卷13, 「大學」(三), 354쪽. "物者以經言, 明德爲本, 親民爲末. 事者以緯言, 知止爲始, 能得爲終. 本始所先, 末終所後."; 「大學」(四). "物有本末, 明德爲本, 親民爲末, 經也, 知止爲始, 能得爲終, 緯也."

55) 『霞谷集』 卷13, 「大學(三)」, 354쪽. "八者, 至善明德之條目, 此大學之經也. 修身以上, 明明德之事, 齊家以下, 親民之事. 格物致知, 則又爲止至善之工夫, 卽首包經緯."

두 명덕을 밝히는 일이요, 곧 수신(修身)의 일이다. 그런데 정제두에게서 제가·치국·평천하의 친민의 활동과 성의·정심·수신의 명명덕의 공부는 모두 격물의 일이 아닌 것이 없다.[56] 격물의 물은 의념이 실려 있는 일이며, 의념은 마음이 발한 것이다. 그리고 마음은 몸의 주인이다. 격물의 격은 바로잡는 것이다. 즉 마음이 가 닿아 있는 구체적인 일에서 부정한 의념을 바로잡아 바른 데로 돌리는 것이다.[57] 그것은 곧 의념을 정성스럽게 하는 일이며, 마음을 바르게 하는 일이자, 몸을 닦는 일이다. 따라서 명명덕의 조목인 성의·정심·수신이 모두 격물의 일이다. 제가·치국·평천하의 친민의 일은 또 내 마음이 발한 의념의 부정을 바르게 하는 격물의 일이다. 따라서 정제두에게서는 명명덕과 친민의 조목이 모두 격물의 일로 간주된다.

한편 정제두에게서 격물은 지선에 그치는 데 그 목적이 있다. 말하자면 격물은 '지어지선'의 공부인 것이다. 그런데 그에게서 '지어지선'은 곧 '치지'를 의미한다. '치지'의 '지'는 사람이 본래 타고난 지로 양지(良知)이다. 이 양지는 마음의 본체인 본성의 지선이 발한 것이다.[58] 치지의 치는 '이르다[至]', '이르러 극진히 한다'는 뜻이다.[59] 따라서 '치지'는 지선한 양지에 이르러 그것을 극진하게 다 발

56) 『霞谷集』 卷13, 「大學(二)」, 350쪽. "明明德於天下. 明其明德, 必在於親民, 以明其明德, 則凡齊家治平, 無非所以明德而修身也. 故治國而平天下, 卽所以爲明其明德于天下也. 天下國家身心, 總是一修身也. 誠正修齊治平, 無非所謂格物者也. 要之明其明德之功, 又只是一格物者耳."

57) 『霞谷集』 卷13, 「大學說」, 379~380쪽. "心者, 身之所主; 意者, 心之所動也. (是明德之體用) 致, 至之也, 至之極其盡也. 格, 正也, 正其不正以歸於正也. 知者, 心之本體也, 是良知之昭明者也."

58) 『霞谷集』 卷13, 「大學(三)」, 354쪽. "至善者, 其目爲格物致知. 至善之發見者良知也, 所用者事物也. 其天命本體, 不假有爲, 惟有止之. 卽曰致曰至是耳."

59) 『霞谷集』 卷13, 「大學說」, 373쪽. "其曰格物致知者, 何也? 格者, 正也, 正其不正,

휘한다는 의미를 지닌다. 그것은 곧 지선에 그치는 일인 것이다. 격물은 '지어지선'의 공부이고, '지어지선'은 곧 '치지'이다. 이것이 바로 "치지는 격물에 있다."는 말의 의미이다. 양지를 극진히 발휘하는 일은 추상적인 관념상의 일이 아니다. 그것은 마음이 관여하고 있는 구체적인 일을 떠나지 않는다. 마음이 가 닿아 있는 구체적인 일이 바로 '물'이다. 치지는 마음이 가 닿아 있는 구체적인 일에서 그 부정한 것을 바로 잡아 지선에 그치는 일이다. 이처럼 정제두에게서 치지격물은 곧 '지어지선'의 공부가 이루어지는 조목으로 이해되고 있다. 명명덕과 친민은 모두 '지어지선'을 이루고자 하는 것이며, 그 공부가 바로 격물치지이고, 격물치지의 공부가 이루어지는 구체적인 조목이 바로 성의·정심·수신과 제가·치국·평천하이다.[60] 성의·정심·수신과 제가·치국·평천하의 6조목을 격물치지가 이루어지는 조목으로 본 것도 정제두 대학 해설의 특성이다.

'此謂知本', '此謂知之至也'는 『대학』 고본 제1장의 결어로 공부가 지극한 데 이르러 양지본체가 다 실현되었음을 의미한다. 명덕을 밝히는 일이 수신을 근본으로 삼는다면 근본을 알았다고 말할 수 있다.[61]

以至于正也. 祖己曰惟先格王, 冏命曰格其非心, 孟子曰格君心之非, 堯典曰格于上下, 烝民詩曰有物有則, 畢命曰克勤小物, 中庸曰不誠無物, 樂記曰感於物而動, 物至知知, 然後好惡形焉, 皆是意也. 致, 至之盡也, 謂其知至之而極其至也. 文言謂知至至之, 知終終之, 是其意也. 中庸曰致中和, 曰致曲致廣大, 子游曰喪致乎哀而止, 子夏曰學以致其道. 知者, 是人心本然之知. 孟子曰是非之心知也, 人皆有之, 又曰人所不慮而知者良知, 不學而能者良能, 繫辭乾以易知, 坤以簡能, 顏氏之子有不善, 未嘗不知, 未嘗復行者, 皆是之謂也."

60) 『霞谷集』 卷13, 「大學」, 364쪽. "格物致知者, 卽止於至善之目也. 然則三綱一止於至善而已, 八目一格物致知而已."

61) 『霞谷集』 卷13, 「大學」, 364쪽. "此謂知本此謂知之至者, 乃功夫之造極而知體之盡

4. 「대학」 고본 제2장 해설

「대학」 고본 제2장은 '성의장'이다. 주희는 이 '성의장'에 착간이 있다고 본다. 명덕, 신민, 지선을 설명한 내용들이 '성의장'에 뒤섞여 있다는 것이다. 그리고 그것을 삼강령의 순서에 맞게 해당 부분들을 옮겨서 재편집한다. 그러나 정제두는 주희의 이러한 작업을 비판한다. 그는 성의장에 삼강령의 뜻을 모두 갖춤으로 해서 뜻이 막힘이 없게 되었다고 주장한다.[62] 여기에서는 정제두의 이러한 주장의 타당성을 검토하고자 한다.

1) 격물치지(格物致知)와 성의(誠意)

주희의 『대학장구』에서 '격물치지장'은 그 뒤에 이어지는 '성의장'과 내적 연관성이 떨어진다. 전자는 '명선(明善)' 공부이고, 후자는 '성신(誠身)' 공부로서 두 가지 공부가 함께 있어야 한다. 그러나 하나는 사사물물에 나가서 그것의 이치를 궁구해서 알아내는 공부이고, 다른 하나는 내면에 돌이켜 뜻을 성실하게 하는 공부이다. 격물치지와 성의 사이에 간극이 존재하는 것이다.

이와 달리 정제두는 "격물은 성의의 일이요, 치지는 성의의 근본으로 지선에 그치게 되는 것이다"[63]라고 말한다. 성의장에서 성의

也. 明德而以修身爲本則可謂知本矣."

62) 『霞谷集』 卷13, 「大學古本」, 372쪽. "今此三綱之旨, 擧引經傳之說, 總括之於誠意之內, 儘更文有力而意無窒."

63) 『霞谷集』 卷13, 「大學」(三), 354쪽. "格物爲誠意之事, 致知爲誠意之本, 所以爲止於至善也."

공부의 구체적 사례로 들고 있는 바의 '스스로 속이지 아니하고[毋自欺]', '스스로 만족하며[自謙]', '좋은 것을 좋아하고 미운 것을 미워하는 것[好好惡惡]'을 성의 공부만이 아니라, 격물치지 공부로 여긴다.[64] 격물치지와 성의의 관계에 관한 정제두의 이러한 견해는 양명학적 이해의 특징을 가장 잘 보여주는 대목이다. 양명학에서 격물은 의념의 바르지 못함을 바로잡아 바른 데로 돌리는 것으로서 그 자체가 뜻을 성실하게 하는 성의의 일이다.[65] 그리고 뜻을 성실하게 하는 일은 양지가 알고 있는 대로 실천할 수 있어야 가능하다. 성의의 근본은 곧 치지에 있는 것이다.[66]

정제두는 격물치지와 성의를 내적으로 연관되어 있는 것으로 설명함으로써 「대학」 고본 제1장 격물치지장과 제2장 성의장이 밀접하게 연관되어 있음을 밝혔다. 이러한 체계에서는 주자학에서 발생했던 격물치지와 성의 사이의 간극이 존재하지 않는다. 성의가 바로 격물치지의 실질적인 공부이기 때문이다. 앞에서 살펴본 바 있듯이 격물치지는 지어지선의 조목이요, 명명덕과 친민은 지어지선의 일에 포함된다. 따라서 이제 격물치지의 실질적인 공부가 이루어지는 성의장 안에서 제1장에서 언급되었던 명명덕과 친민 및 지어지선을 함께 말하는 것은 매우 자연스러운 일이 되었다.

---

64) 『霞谷集』 卷13, 「大學」(三), 354쪽. "誠意在致知, 致知在格物, 此之謂也. 毋自欺, 致自謙, 是也. 其好好惡惡, 致知自謙, 是謂格物, 是爲致知, 所以爲誠意功夫."

65) 『傳習錄』, 「徐愛錄」, 6條目. "『大學』明明德之功, 只是箇誠意, 誠意之功, 只是箇格物."

66) 『王陽明全集』 卷26, 「大學問」. "然誠意之本, 又在於致知也. 所謂"人雖不知, 而已所獨知"者, 此正是吾心良知處. 然知得善, 卻不依這箇良知便做去, 知得不善, 卻不依這箇良知便不去做, 則這箇良知便遮蔽了. 是不能致知也. 吾心良知, 旣不能擴充到底, 則善雖知好, 不能著實好了, 惡雖知惡, 不能著實惡了. 如何得意誠? 故致知者, 意誠之本也."

2) 명덕(明德)·지선(至善)·친민(親民)과 성의(誠意)

정제두는 「대학」고본 성의장에서 명명덕과 지어지선 및 친민을 함께 언급하는 것이 지극히 자연스럽고 당연한 것임을 밝혔다. 여기에서는 주자가 「대학」고본 성의장에서 '성의'와 무관하다고 생각하여 추출해 낸 부분들이 어떻게 '성의'와 연관되는지를 살펴보고자 한다.

먼저 '瞻彼淇澳'와 '於戲! 前王不忘'의 두 시가 인용된 부분이다.[67] 이 단락은 주희가 성의장에서 뽑아내어 '지어지선'을 풀이하는 장으로 삼은 것이다. 그런데 정제두는 이 부분을 다음과 같이 주해한다. "이것은 성의가 명명덕이 되고, 지어지선이 되고, 친민이 됨을 말한 것이다. 두 시는 덕을 닦는 실질을 갖추어 인용하여 성의 공부를 닦는 일과 격물치지에 힘쓰는 방도를 밝힌 것이다."[68] '瞻彼淇澳'와 '前王不忘'의 두 시가 인용된 단락에는 지어지선만이 아니라, 명명덕과 친민의 내용이 함께 들어 있다. 정제두는 그것들이 모두 성의 공부라고 본다.

다음은 「康誥曰, "克明德." 太甲曰, "顧諟天之明命." 帝典曰, "克明峻德." 皆自明也. 湯之盤銘曰, "苟日新, 日日新, 又日新." 康誥曰, "作新民." 詩云, "周雖舊邦, 其命惟新." 是故君子無所不用其極.」이다. 주희는 '康誥曰 ~

---

67) "詩云, "瞻彼淇澳, 菉竹猗猗. 有斐君子, 如切如磋, 如琢如磨. 瑟兮僩兮, 赫兮喧兮. 有斐君子, 終不可諠兮." 如切如磋者, 道學也. 如琢如磨者, 自修也. 瑟兮僩兮者, 恂慄也. 赫兮喧兮者, 威儀也. 有斐君子終不可諠兮者, 道盛德至善民之不能忘也. 詩云, "於戲! 前王不忘." 君子賢其賢而親其親, 小人樂其樂而利其利, 此以沒世不忘也."

68) 『霞谷集』 卷13, 「大學」(三), 355쪽. "此謂誠意之爲明明德, 止於至善, 親民也. 二詩備引修德之實, 以明修其誠意工夫之事, 力於格物致知之道."

皆自明也'를 명명덕을 풀이한 장으로 옮기고, 그 뒷부분은 신민을 설명한 장으로 옮긴 바 있다. 명명덕과 신민을 분리시킨 것이다. 그런데 정제두는 이 부분을 다음과 같이 주해한다. "이것은 명덕을 밝힘에 있고, 백성을 친함에 있다는 것을 말한 것이다. 명덕은 또 그 나라를 새롭게 함으로써 그 극치를 삼는다."[69] 그리고 '일신(日新)'을 풀이하기를, "이것은 명덕의 공(功)을 마땅히 날로 새롭게 해야 한다는 것을 말한 것이다. 즉 백성을 진작시키고 나라를 새롭게 하는 것을 반드시 그 극치에 이르도록 해야 한다는 것이다. 그 밝히는 공부가 이러하다"[70]고 말한다. 주희와는 달리 정제두는 명덕을 밝히는 공부가 친민에 있으며, 그 공부는 극치에까지 이르러야 한다고 풀이한다. 명명덕과 친민이 분리되지 않는 하나의 일이라고 본 것이다.

다음은 「詩云, "邦畿千里, 惟民所止." 詩云, "緡蠻黃鳥, 止于丘隅." 子曰, "於止, 知其所止, 可以人而不如鳥乎!" 詩云, "穆穆文王, 於緝熙敬止." 爲人君, 止於仁, 爲人臣, 止於敬. 爲人子, 止於孝. 爲人父, 止於慈. 與國人交, 止於信. 子曰, "聽訟, 吾猶人也, 必也使無訟乎." 無情者不得盡其辭. 大畏民志, 此謂知本.」이다. 주희는 '詩云~止於信'을 '지어지선장'으로 옮기고, 청송 부분은 별도의 '청송장'으로 삼은 바 있다. 그런데 정제두는 이 단락을 다음과 같이 주해한다. "이것은 지선에 그침에 있고, 백성을 친함에 있다는 것을 말한 것이다. 지선 역시 신(信)에 그침을 가리켜 근본을 아는 것이라고 하였다. 청송(聽訟)과 지본(知本)에서는 그 하나의 신(信)을 들어서 그 나머지를 덮었지만 다섯 가지 일이 실은 하나인 것이다. 마치 어버이에게 순종하려면 반드시 자신에게 진실해야

---

69) 『霞谷集』 卷13, 「大學」(三), 355쪽. "此謂在明明德在親民. 明德又以新其邦爲極至."

70) 『霞谷集』 卷13, 「大學說」, 380쪽. "日新. 此言明德之功, 當以日新, 卽作民新邦而必至其極也. 其明之之功如是."

하고, 윗사람에게 신용을 얻으려면 반드시 벗에게 신의를 지켜야 하고, 어린애를 보호하려면 반드시 마음으로 진실함을 구해 보아야 하는 것과 같다."[71] "'송사가 없게 한다[使無訟]'는 것은 인(仁)과 신(信)의 효과이니, 이른바 명덕이 밝아진 것이다. 위 글의 지어신(止於信)에 관련시켜 친민하는 것은 덕을 밝힘에 있으므로 반드시 근원에 중점을 두어야 하는 것이 이러함을 말하였다."[72] 주희는 이 단락을 '지어지선'장과 '청송장'으로 나눈 반면에 정제두는 그것을 이어지는 것으로 본다. 그리고 이 단락을 지어지선과 친민을 함께 말한 것으로 이해한다. 지어지선의 구체적인 사례인 오지(五止: 仁·敬·孝·慈·信)를 성의의 일로 간주한다.[73] 또 청송의 핵심은 송사가 없게 하는 데 있으며, 그것은 다스리는 이가 자신의 명덕을 밝힌 효과라고 본다. '차위지본'이라고 말을 맺은 것도 명명덕이 근본임을 언급한 것이다.[74]

「대학」고본 성의장에 대한 정제두의 해설은 「대학」고본이 완전무결함을 밝히는 데 그 중점을 두고 있다. 그것은 주희의 『대학장구』가 잘못되었음을 밝히려는 데 그 목적이 있다. 그것이 바로 그가 『대학』

---

71) 『霞谷集』 卷13, 「大學」(三), 355쪽. "此謂在止於至善, 在親民. 至善, 亦指止於信爲知本. 聽訟知本, 提其一信, 以蔽其餘, 其實五事一也. 如順親必誠乎身, 獲上必信于友, 保赤子必心誠."

72) 『霞谷集』 卷13, 「大學(七)」, 365쪽. "使無訟, 仁信之效, 所謂明德之明者也. 因上文止於信言. 親民之在明德, 而必主於本原者如此."

73) 『霞谷集』 卷13, 「大學說」, 380쪽. "止至善. 此言明德之止, 當以至善. 卽五止其目, 而知止意誠則所以至也. 發明其明德之本體者卽如是, 其止之之實, 正在是矣."

74) 『霞谷集』 卷13, 「大學(七)」, 365쪽. "右第二章. 主於明明德, 而以誠意爲明明德之首. 又以至善付著互發. (至善明德之於致知誠意, 乃其全體也. 故此上下二章, 必以至善明德, 相續經緯焉.) 蓋致知之實功, 至善之條目, 則又於是焉備矣.(幷其全體而明之者如此. 故上下二章之於知止文王二節, 旣盡其至善之功程條目, 淇澳湯盤, 又悉其工夫之詳. 本然之▣云.) 故言誠意而亦詳於言德, 重以知本結之."

을 주해한 이유이기도 하다. 그가 제1장 주해에 심혈을 기울인 것도 결국은 주희가 손을 댄 「대학」고본 성의장이 흠결이 없음을 보여주기 위함이었다.

5. 맺음말

정제두의 『대학』 주해는 기본적으로 「대학」고본을 정본으로 여기는 양명학의 입장을 취하고 있다. 뿐만 아니라, 『대학』의 핵심 개념들의 의미와 상호관계에 대한 이해도 양명학을 따른다. 그는 양명학의 입장에서 『대학』을 주해함으로써 『대학장구』의 문제점을 폭로함과 아울러, 양명학으로 하여금 굳건한 경전적 근거를 지닐 수 있게 했다. 이런 점에서 그의 『대학』 주해 작업은 당초 의도했던 목적을 달성한 것으로 평가해도 좋을 듯하다.

양명학의 입장에서 『대학』에 대한 정밀한 주석을 통해 주자학과 정면 대결을 시도하고, 『대학』 전체를 체계적으로 풀이해낸 것은 『대학』 경전 해석사에서 정제두만한 인물이 없을 듯하다. 그가 주자학과 전면적으로 맞서게 된 데에는 주자학 이외의 다른 학문을 이단시하는 조선만의 고유한 학술 풍토가 있었다. 양명학이 이단사설로 배척되는 상황에서 양명학자로서 학문적 신념을 지키고자 했던 정제두는 당대의 저명한 주자학자들과 논쟁을 하고, 양명학을 변호하는 전문적인 저술을 하는 한편, 양명학의 입장에서 유가 경전들을 주해한다. 『대학』에 관한 주해 작업도 그 가운데 하나였다.

정제두는 주희가 『대학장구』를 만들면서 「대학」고본에 손을 댄

부분들을 낱낱이 비판한다. 그리고 「대학」고본 자체가 조금도 흠결이 없음을 밝힌다. 그 과정에서 그의 『대학』 주해의 독창성이 드러난다. 주희의 「격물보망장」을 비판하고 「대학」고본 제1장을 격물치지장으로 규정한 것이 대표적이다. 정제두 이전이나 이후에도 '격물치지'에 대한 풀이를 『대학』 자체에서 찾으려는 시도가 없지 않았지만, 「대학」고본 경문 전체를 격물치지장으로 규정한 사례는 아직 보이지 않는다. 그것은 왕수인의 『대학』 이해와도 차별성을 지닌다.

또 정제두가 「대학」고본 경문을 '격물치지'장으로 주해함으로 해서 그것이 제2장 성의장과 밀접한 연관을 지니게 한 것도 특징적이다. 제1장 주해의 성과가 성의장이 흠이 없음을 보여주는 데 여실히 드러나고 있기 때문이다. 여기에 이르러서야 제1장에 대한 정제두의 주해가 성의장을 염두에 두고 진행되었음을 알 수 있다. 정제두는 그야말로 경학가에게 요구되는 치밀한 사유의 소유자라고 할 수 있다. 양명학자들 가운데 그와 필적할 만한 인물을 찾기 어려운 것도 그 때문이 아닐까 싶다.

정제두의 『대학』 해설은 앞에서 살펴본 바대로 주자학이나 양명학과도 구분되는 그만의 독특성이 있다. 그 독특성은 조선의 고유한 학술 풍토 위에서 이루어진 것이라는 점에서 그 문화다원론적 의의를 찾을 수 있다. ◆

참고문헌

사료 :

程顥·程頤, 『二程集』

朱熹, 『大學章句』

陸九淵, 『象山全集』, 中華書局, 1987.

王守仁, 『王陽明全集』, 上海古籍出版社, 1992.

_____, 『傳習錄』, 정인재 · 한정길 옮김, 청계, 2002.

朴世采, 『南溪集』, 한국문집총간, 민족문화추진위원회, 1994.

鄭齊斗, 『霞谷全集』(上 · 下), 서울: 여강출판사, 1988.

_____, 『霞谷集』, 한국문집총간 160, 민족문화추진위원회, 1995.

丁若鏞, 『與猶堂全書』, 서울: 여강출판사, 1985.

연구단행본 :

금장태, 『한국양명학의 쟁점』, 서울대학교출판문화원, 2008.

윤남한, 『조선시대의 양명학 연구』, 집문당, 1982.

연구논문 :

강보승, 「회재 이언적의 대학장구 편차개정과 16~17세기 조선학계의 찬반론 고찰」, 국제퇴계학회 학술발표문, 2018.

강보승, 「하곡 정제두의 『대학』 해석과 격물치지론」, 『양명학』 51, 2018.

김용재, 「하곡 정제두의 사서 경설 연구」, 성균관대학교 박사학위논문, 2001.

민혜진, 「정제두의 대학설과 그 일체적 지향」, 『철학논총』 56, 새한철학회, 2004.

박상리·송석준·김예호, 「정제두와 정약용의 『대학』 이해 연구」, 『유교문화사상연구』 56, 한국유교학회, 2014.

선병삼, 「하곡 정제두의 『대학』관에 타나난 한국적 양명학의 탄생 고찰」, 『한문고정연구』 22, 2011.

유정연, 「鄭齊斗와 中江藤樹의 『대학』 해석 비교」, 『양명학』 50, 2018.

유철호, 「하곡 정제두의 「대학설」에 관한 고찰」, 『양명학』 5, 한국양명학회, 2001.

이남옥, 「하곡 대학설의 경학사적 의미」, 『역사와 실학』 45, 역사실학회, 2011.
任文利, 「鄭齊斗對『大學』經典文本的疏解」, 『양명학』 22, 한국양명학회, 2009.
한예원, 「유교경전해석학-『대학』의 해석학적 접근 -일본 유자의 『대학』 수용과 해석에 관하여」, 『동양철학연구』 63, 2010.44.
한정길, 「유희의 대학관 연구」, 『진단학보』 118, 진단학회, 2013.8.

※ 이 책에 수록된 논문은 다음의 학술지에 수록된 내용을 수정 보완한 것이다.

권수	주제	저자	제목	학술지	연도
2	심화와 분기	강경현	『논어』 "오여회언(吾與回言)"장(章)에 대한 조선의 주자학적 접근	태동고전연구	2018.06. 40집
		강경현	『논어상설(論語詳說)』의 편찬 목적과 의의-『논어(論語)』 이해를 위한 주자서(朱子書) 재구성	태동고전연구	2019.06. 42집
		이행훈	조선 전기 '격치' 개념의 의미화	한국철학논집	2018.08. 58집
		황병기	경학사적 관점에서 본 浦渚 趙翼의 中庸觀	대동철학	2018.06. 83호
		이해임	『맹자(孟子)』「호연지기(浩然之氣)」장(章) 주석사의 전개 양상 연구 : 조기(趙岐)와 주희(朱熹)를 중심으로	철학탐구	2019.05. 54집
		이원석	『대학』의 주요 개념에 대한 이언적(李彦迪)과 이이(李珥)의 해석 비교 -'격물치지'와 '인'에 대한 해석을 중심으로-	유교사상문화연구	2019.03. 75집
	비판과 대안	엄연석	문화다원론적 관점에서 본 한원진 중용관의 경학적 특징	한국학논집	2019.06. 75집
		이영호	경학사적 관점에서 살펴본 조선경학에서의 '古'의 지향 -조선 논어학의 중요개념어에 대한 분석을 중심으로-	대동한문학	2018.06. 55집
		임재규	16-17세기 朝鮮 經學에 있어서 朱子 中和說의 수용과 비판 -趙翼과 朴世堂의 中和說을 중심으로	대동철학	2018.06. 83호
		이원석	이언적(李彦迪)의 『대학(大學)』 이해 -『대학』 편장 개정과 격물치지(格物致知) 개념을 중심으로	대동철학	2018.06. 83호
		이영호	『대학장구』「정심수신」장에 대한 조선 경학자들의 변석 -'察'의 문제의식을 중심으로-	한국한문학연구	2022.04. 84호
		한정길	遲川 崔鳴吉의 『대학』관 -주희의 『대학』 해석에 대한 반성의 한 양상-	대동철학	2018.06. 83호
		한정길	정제두 「대학설」의 특성과 그 경학사상사적 의미	한국실학연구	2019.06. 37호